KB151430

U N D E R S T A N D I N G T A S
O C T Y W D F B X S F A
Q U A L I T A T N V Y E M L
F G K L X L S I E N D V E F
G Q W D S E V W I V W T E
V B R R Q T J E A X U G H N
Z C E V U Z B A K H R V W O O
R E S E A R C H S I B C I D S
S F N E V C F P X Z K N H S F

개정판 (2nd ed.)

질적 연구방법의 이해

유기웅 | 정종원 | 김영석 | 김한별

박영story

개정판(2nd ed.) 머리말

먼저 2012년에 출판된 1판에 대한 많은 독자들의 관심과 격려에 감사드린다. '질적 연구방법의 이해' 1판이 출판되었던 당시와 비교해 볼 때, 질적 연구에 대한 연구자들의 관심이 꾸준히 증가하였고, 여러 학문분야에서 질적 연구방법을 활용하여 수행된 연구물들도 늘어나고 있다. 대학원 과정에서 질적 연구에 대한 강좌가 개설되고, 여러 기관에서 특강을 개설하여 질적 연구방법을 소개하고 있다. 개정판은 질적 연구에 대한 이러한 현실적 관심도를 고려하고, 앞으로 사회과학 분야에서 비중 있는 연구방법으로서의 존재감을 반영하는 형태로 만들어졌다.

개정판에서는 기본적으로 1판의 구성을 유지하면서 1장(질적 연구의 철학적 배경), 3장(질적 연구방법의 탐구유형), 19장(질적 연구방법의 최근 동향)을 새롭게 추가하였다. 또한 1판에서 제시되었던 16개의 모든 장에 대한 내용 수정 및 보완 작업을 실시하였다.

이 책은 총 19개의 장으로 구성되었다. 4장(근거이론 방법), 13장(문서), 16장(테크놀로지와 질적 연구), 17장(질적 연구의 타당성과 신뢰성), 18장(질적 연구 윤리), 19장(질적 연구방법의 최근 동향)의 집필은 유기웅 교수가, 5장(문화기술지), 7장(사례연구), 12장(관찰), 16장(테크놀로지와 질적 연구), 19장(질적 연구방법의 최근 동향)은 정종원 교수가, 1장(질적 연구의 철학적 배경), 6장(현상학적 연구), 9장(내러티브 연구), 10장(질적 연구 설계), 14장(질적 연구 자료분석법), 15장(글쓰기)은 김영석 교수가, 그리고 2장(질적 연구방법의 이해), 3장(질적 연구방법의 탐구유형), 8장(실행연구), 11장(인터뷰)은 김한별 교수가 각각 집필하였다.

이 책이 질적 연구방법의 모든 것을 설명하고 있다고는 말할 수 없다. 단지 질적 연구에 대한 이해와 실천적 활용에 작은 도움이 되길 바랄 뿐이다. 이 책에 대한 여러 독자들의 소중한 의견을 기대하고 앞으로 더욱 심도 있는 연구를 통해 질적 연구방법을 발전시켜야 할 의무가 저자들에게 있다. 개정판 출판 과정에 많은 도움을 주신 박영사 안종만 대표님, 안상준 상무님, 이선경 과장님, 박송이 대리님, 그리고 원고 교정 작업에 수고한 유예인 님께 깊은 감사를 드린다.

2018년 3월
저자 일동

머리말

질적 연구를 한다는 사람들끼리 만나서 연구에 관해 이런 저런 얘기를 나누고 있자면 왠지 모르게 서로가 통(通)한다는 것을 느낄 때가 있다. 학문의 분야가 다르고 개인이 처한 상황도 다르며 성격도 취향도 모두 다를 수 있다. 하지만 연구와 관련하여 혹은 우리가 일상적으로 삶을 살아가는 과정에서 발생하는 궁금한 현상에 대해 답을 찾아가는 접근방식과 관점에서는 서로 통하는 점이 적지 않게 있다는 것을 발견하게 된다.

이 책을 집필하게 된 저자들도 그랬다. 하루는 네 명이 오랜만에 만나 각자의 연구에 대해 이런 저런 얘기를 나누게 되었다. 이미 수행한 연구, 진행하고 있는 연구, 다른 사람의 연구를 지도하거나 도와주고 있는 연구, 앞으로 하고 싶은 연구 등에 관해 대화를 나누면서 우리는 서로 무엇인가에 대한 공통점을 발견하게 되었다. 사회적 현상을 바라보는 시각이다. 모종의 사회적 현상에 대해 사람들이 어떠한 가치와 가정을 바탕으로 그 현상을 바라보고 있는지에 대해 그들의 관점에서 그들의 경험세계를 해석하고 이해하려는 노력을 통해 총체적으로 접근한다는 점이다.

하지만 문제는 내 자신도 아닌 다른 사람의 경험세계를 심층적으로 이해하고 해석한다는 게 도통 쉽지 않다는 점이다. 과연 어떻게 해야만 사회적 현상 및 다른 사람의 경험세계를 심층적으로 이해하고 해석할 수 있을지에 대해 저자들은 자신들이 수행한 질적 연구 경험, 대학원 과정에서 수강했던 질적 연구 수업, 질적 연구 관련 강의 경험, 질적 연구의 지도 경험 등을 바탕으로 자신의 생각과 노하우를 공유하였다. 이 책의 집필은 바로 이렇게 시작하였다.

이 책에서 소개되는 질적 연구방법은 연구자에게 이러한 문제와 관련하여 어떻게 하면 '잘' 그리고 '제대로' 원하는 답을 얻어낼 수 있을지에 대한 근본적인 지침과 방법을 제공해 줄 수 있는 방법으로서 네 명의 저자 모두가 공통적으로 인정한 일종의 안내, 도구, 절차라고 할 수 있다. 최근에 많은 사람들이 질적 연구에 관심을 보이고 있는 이 시점에서, 이 책은 질적 연구를 통하여 타인의 경험세계를 통한 어떠한 현상, 사건, 대상 등을 탐구하려는 연구자들에게 좋은 길잡이가 될 것이다.

이 책은 총 16개의 큰 주제로 구성되어 있는데, 1장(질적 연구방법의 이해), 6장(실행연구), 9장(인터뷰)의 집필은 김한별 교수가, 그리고 2장(근거이론 방법), 11장(문서), 15장(질적 연구의 타당성과 신뢰성), 16장(질적 연구 윤리)은 유기웅 교수가 각각 집필하였다. 3장(문화기술지), 5장(사례연구), 10장(관찰), 14장(테크놀로지의 활용과 질적 연구)은 정종원 교수가, 그리고 4장(현상학적 연구), 7장(내러티브 연구), 8장(질적 연구 설계), 12장(질적 연구 자료 분석법), 13장(글쓰기)은 김영석 교수가 각각 집필을 담당하였다.

우선 1장은 질적으로 연구한다는 것의 의미, 양적 연구와 비교한 질적 연구의 성격, 그리고 질적 연구방법의 주요 특징을 중심으로 질적 연구방법이란 어떤 것인지를 개관적으로 살펴보았다. 2장에서부터 7장까지는 질적 연구의 대표적인 유형에 대해 살펴보았다. 우선 2장에서는 질적 연구방법으로서의 근거이론의 정의 및 목적, 주요 구성요소 및 특징, 그리고 근거이론 방법의 절차와 평가에 대하여 살펴보았다. 3장은 문화기술지의 정의와 배경, 그리고 문화기술지의 특징과 수행절차에 관한 내용으로 이루어져 있다. 4장은 현상학적 연구에 관한 내용으로 현상학의 철학적 이념, 주요 개념, 그리고 현상학적 연구의 수행 과정에 관해 살펴보았다. 5장에서는 사례연구의 특징, 자료수집과 분석의 일반적인 원리, 그리고 사례연구의 질적 수준을 제고하기 위한 고려할 점에 대해 살펴보았다. 6장은 실행연구의 의미, 실천적 가치, 그리고 실행연구의 특징과 수행원리에 관한 내용이다. 7장에서는 내러티브 연구의 주요 개념 및 실행 과정을 살펴보았다.

8장에서는 질적 연구를 설계하는 데 있어서 꼭 알아야 할 사항 및 절차에 관한 내용으로, 구체적으로는 연구 주제 및 문제 선정, 질적 연구 방법 및 이론적 틀의 선정, 문헌 분석, 연구참여자 선정, 자료 수집방법 선정 등에 관해 살펴보았다. 9장, 10장, 11장은 질적 연구방법에서의 대표적인 자료 수집방법인 인터뷰, 관찰, 그리고 문서에 관한 내용으로 주요 특징, 방법, 및 자료 수집 절차 등을 중심으로 정리하였다. 12장에서는 수집된 자료를 분석하는 과정을 반복적 비교분석법을 중심으로 살펴보았으며, 13장은 질적 연구에서의 글쓰기에 관한 내용으로 이루어져 있다. 14장에서는 테크놀로지를 활용한 질적 연구의 계획과 설계, 자료수집 및 분석 등에 관해 살펴보았다. 15장에서는 질적 연구에서의 타당성과 신뢰성의 의미와 특징을 살펴보고, 이를 제고하기 위한 전략을 사례를 중심으로 살펴보았다. 마지막으로 16장에서는 질적 연구의 각 단계에서 고려해야 할 윤리적 문제에 관한 내용을 다루고자 하였다.

이 책이 나오기까지 많은 분들의 도움이 있었다. 네 명의 동료 저자들을 비롯하여 스승, 선배, 후배, 동료, 대학원생, 그리고 가족이 있었기에 이 책을 마무리할 수 있었다. 원고 교정 작업에 수고한 전신영 대학원 조교와, 특히 집필 기한을 많이 넘겼음에도 넉넉하게 기다려 주신 박영사 안종만 대표님, 안상준 상무님, 그리고 좋은 책이 나올 수 있도록 세심하게 도와주신 박영사 편집부 정순정 선생님과 직원 여러분들께도 진심으로 감사의 마음을 전하고 싶다. 그 고마움을 기억하면서 앞으로도 질적 연구의 이해를 돕는 작업에 계속해서 정진하고자 한다.

2012년 3월
저자 일동

차 례

qualitative research methods

qualitative research methods

S F N E V C F P X Z K N H S F

UNDERSTANDING

O C T Y W D F B X S F **M** A

R E S E A A C W S I B C I **E** S

QUALITAT N V Y E **T** L

F G K X L S D **I** E N I D V **H** F

G Q W D S E **V** W I V W **O** E

V B R R Q T J **E** A X U G **D** N

Z C E V U Z B A K H R V W **S** O

Z U **R** Q K C I O

W I **E** V H E G S

Q A **SEARCH**

Q **E** A L I T A T

I E M V L S O M

O V P B X C Y W

Chapter *1*

질적 연구의
철학적
배경

C·H·A·P·T·E·R

1

질적
연구의
철학적 배경

연구란 무엇인가? 다양한 답이 있을 수 있겠으나 간단히 말해 연구는 진리를 탐구하는 체계적 활동이다. 사회과학 분야의 주된 연구 대상인 복잡다단한 생활 세계 속에 존재하는 진리를 찾는 활동은 결코 단순한 활동이 아니다. 이를 위해 연구자는 체계적, 구체적, 논리적 방법으로 증거를 확보해야 하며(성태제, 시기자, 2016), 동시에 연구대상을 반복적, 체계적으로 살펴보아야 한다(Merriam & Simpson, 2000). 진리를 찾기 위해 누구는 양적 연구를 선호하며, 반대로 누구는 질적 연구를 수행한다. 진리를 추구하는 동일한 '연구'를 수행하면서 양적 연구와 질적 연구 간의 차이(또는 대립)는 어디서부터 기인하는가? 이는 연구자가 연구에 대해 갖고 있는 철학적 배경의 차이라고 할 수 있겠다. 본 장에서는 질적 연구를 수행하기에 앞서 반드시 이해해야 할 철학적 배경에 대해 기술함으로써 질적 연구의 수행에 대한 근거를 찾는 데 도움을 주고자 한다.

1. 연구 패러다임의 이해

국립국어원 표준국어대사전에 따르면 연구란 "일이나 사물에 대하여서 깊이 있게 조사하고 생각하여 진리를 따져 보는 일"로 정의하고 있다. 굳이 이 정의를 들지 않더라도 연구자가 많은 시간과 노력을 투자하여 연구를 수행하는 근본적 이유는 자신이 궁금해 하는 어떠한 현상에 대하여 진실이라고 여겨지는 지식, 즉 진리를 찾기 위함이라고 할 수 있다. 연구자가 자신이 발견한 것을 진리라고 주장한다는 것은 연구자마다 '현상을 인식하는 특정한 시각 또는 이론'(김영천, 2012) 또는 '한 연구자의 기본적 신념 체계'(beliefs system)(Guba & Lincoln, 1994)를 갖고 있다는 의미이다. 연구자들이 연구하고자 하는 현상에 대한 신념, 연구를 통해 발견하는 지식에 대한 가정, 연구 행위를 대하는 태도 등을 일컬어 연구 패러다임(김영천, 2012; Guba & Lincoln, 1994), 인식론(조용환, 1999), 철학적 견해(philosophical perspectives)(Merriam & Tisdell, 2015) 등으로 학자들마다 다양하게 지칭하고 있다. 본 절에서는 이를 연구 패러다임이라 지칭하며, 연구 패러다임을 연구자가 연구하는 현상을 분석하고 이해하는 일정한 틀로 정의하겠다. 연구 패러다임은 연구자가 왜 질적 연구방법을 수행하는지를 다른 사람들에게 설명할 수 있는 근거를 제공해 줄 수 있다(Creswell, 2011).

연구자가 어떤 연구 패러다임을 갖고 있는지에 따라 그가 연구를 수행하는 연구방법론(methodology: 연구의 설계, 자료수집, 분석 등에 대한 일정한 체계)과 연구기법(methods: 실제 연구현장에서 연구자의 수행 전략)이 결정된다(Crotty, 2003). 우리가 흔히 알고 있는 현상학적 연구, 근거이론, 문화기술지 등의 질적 연구방법론을 활용할지, 아니면 조사연구, 실험연구 등의 양적 연구방법론을 사용할지는 연구자의 연구 패러다임이 무엇이냐에 따라 결정된다고 할 수 있다. 즉 연구자가 어떠한 연구 패러다임을 갖는지에 따라 양적 연구와 질적

표 1-1 연구 패러다임에 따른 질적 연구의 특성 비교

연구 패러다임	실증주의	해석주의	비판이론	포스트모더니즘
진리 및 현상에 대한 가정	•진리는 인간의 지각과 별도로 존재 •진리는 객관적으로 탐구 가능	•진리는 인간의 지각과 연결되어 존재함 •진리는 탐구자의 경험 및 특성에 따라 다르게 구성됨	•진리는 사회적 권력관계에 영향을 받음 •사회적 현상은 이데올로기와 분리될 수 없음	•절대적 진리는 존재하지 않음 •근대주의에 기반한 진리는 잘못된 개념임
연구목적	•사회현상 속 원리(이론) 발견 •원리(이론)를 통한 사회현상 예측 및 통제	•연구 참여자가 구성한 의미 이해 •연구 참여자가 구성한 의미의 재구성	•억압의 구조로부터 해방 •민주적이고 평등한 사회 구성	•일원성 및 논리성에 기반한 실재의 개념 해체 •작은 목소리와 다양한 실재의 부각
연구자 역할 및 연구 방법	•연구자의 주관적 견해 최대한 배제 •설문지(측정도구)를 통한 측정, 실험을 통한 조작과 통제의 방법 활용	•연구 참여자와 실재에 대한 지식 공동 구성 •인터뷰, 관찰, 문서 수집의 방법 활용	•수집된 자료에 존재하는 불평등적 실재에 대한 반성과 성찰 •연구 참여자의 적극적 연구과정 참여 및 연구현장에 대한 개선 추구	•지속적 자기비평 및 연구자의 주관성 인식 •**창의적 표현방식**을 통한 연구결과 제시
타당도 개념 및 확보방안	•객관적으로 존재하는 실재를 정확하게 포함한 정도 •삼각검증법(triangulation), 연구 참여자 확인(member's checking), 추적조사(audit trail) 등	•연구가 독자에게 가치 있게 여겨지는 정도 •연구결과와 적합하지 않는 자료 찾기, 연구 참여자의 인식 충분히 파악하기, 연구현상에 대한 풍부한 기술 제공 등	•사회의 권력관계를 드러낸 정도 / 사회구조 변혁에 영향을 미친 정도 •연구 참여자를 연구 과정에 참여시키기, 연구의 전제 및 과정에 대한 전문가 검토 받기 등	•다성성, 차이, 타자의 역할을 인정한 정도 •글 이외의 다양한 표현방식 활용, 연구자와 다른 의견 기술, 타 학문 분야의 연구방식 활용 등

qualitative research methods

연구 중 어떠한 방법을 사용할지가 결정된다(Guba & Lincoln, 1994).

연구 패러다임을 어떻게 구분할지 역시 학자들마다 견해의 차이가 존재한다. 그러나 본 절에서는 Merriam과 Tisdell(2015),[1] 김영천(2012)이 제시한 실증주의(positivism), 해석주의(interpretivism), 비판이론(critical theory), 포스트모더니즘(postmodernism)의 구분이 질적 연구의 특성을 보다 잘 이해할 수 있도록 돕는다고 판단되어 이 연구 패러다임에 대해 기술하도록 하겠다. 다음 절에서부터는 각 연구 패러다임의 전제, 연구 패러다임별 연구 타당도 개념 등을 살펴보겠다.

2. 실증주의 및 후기실증주의

근대이후 오랫동안 실증주의(positivism)는 자연과학에서 뿐만 아니라 사회과학에서도 공식적 담론을 지배해 온 연구 패러다임으로 자리매김했다(김영천, 2012). 실증주의가 사회과학의 영역으로 들어오는 데 가장 큰 역할을 한 사람은 철학자인 콩트(Comte, 1798-1857)다. 그는 '실증주의 철학'의 개념을 통해 자연과학이 축적한 다량의 자료를 종합하여 현상의 있는 모습 그대로를 기술하고 탐구하고자 하였다(철학사전편찬위원회, 2009). 그는 역사 또는 인간의 정신이 다음의 3단계를 거쳐 발전한다고 주장하였다. 자연현상을 신의 영역 또는 초자연적 힘을 통해 설명하는 '신학적 단계' 이후 허구적 논리가 신앙을 대체하는 '형이상학적 단계' 그리고 마지막으로 반복적 관찰과 논리적 분석을 통해 법칙을 끌어내고 경험적으로 증명할 수 있는 것만을 믿는 '실증과학'의 단계이다. 그의 주장에서 알 수 있듯이 실증주의의 목적은 사회과학 분야의 학문 연구를 신학과 형이상학의 억압으로부터 해방시키기 위해서 사

---

1) Merriam & Tisdell(2015)은 연구 패러다임이라는 용어 대신에 연구자마다 각자 영향을 받은 철학적 특성이 있다고 전제하여 '철학적 견해(philosophical perspectives)'라는 용어를 사용했음.

회연구에 자연과학적 방법을 도입함으로써 사회변혁 속에 적절히 대책을 마련하기 위함으로 볼 수 있다. 다시 말해 실증주의 패러다임은 서구 사회에서 신으로부터 독립하여 사유를 통해 인간 스스로 존재할 수 있음을 천명하려 했던 근대주의의 산물이다(이혁규, 2004).

실증주의는 비경험적이며, 종교적 믿음을 거부하며 사실에 근거하여 관찰할 수 있는 것만을 연구하고자 하는 신념체계이다(Pring, 2015). 지금으로 보면 사회과학의 연구방법을 자연과학의 연구방법과 동일시한다는 점이 무리라고 비추어질 수 있으나, 실증주의가 추구하고자 했던 정신과 동기는 그 시대적 배경을 통해 보면 의미가 있다. 즉 실증주의는 사회적 현상에 대한 증거가 없는 설명, 불평등한 사회적 부조리에 대한 비판 없는 수용을 거부하고, 사회현상을 증거수집과 관찰을 통해 있는 그대로 받아들이고 이해하려는 연구자들의 노력이라고 할 수 있다. 실증주의자들은 사회의 부조리와 불평등에 대하여 연구로써 그 문제점을 찾아내어 효과적 행위를 야기하는 지식을 발견할 수 있다는 믿음을 갖고 있었다(Pring, 2015).

실증주의 패러다임에서는 연구의 대상이 되는 사회적 현상이 자연과학의 탐구방법처럼 관찰되고, 자연의 법칙처럼 어떠한 사회적 현상을 설명할 수 있는 보편적 법칙이 발견될 수 있다고 가정한다(조영달, 2015). 실증주의에서 연구의 대상이 되는 실재(reality)[2]는 시간 또는 환경과 상관없이 불변하는 자연법칙과 메커니즘에 의해 존재한다(Guba & Lincoln, 1994). 따라서 자연과학의 연구방법처럼 사회현상에 대해서도 기존의 경험을 토대로 가설을 만든 후 이를 수집한 자료에 의해 검증하려는 절차를 따른다. 실증주의자들이 사회적 현상을 자연과학의 절차에 따라 탐구한다는 것은 사회적 현상 안에도 인간의 지각과 별도로 객관적이고 절대적 진리가 존재가능하다는 믿음 때문이다(김영천, 2012). 연구를 통해 절대적 진리는 양적으로 측정가능하고, 이해가능하다는 전제를 갖고 있다(Crotty, 1998). 실증주의에 따르면 연구의 목적은 사회현

---

2) Reality는 기존 연구물들에서 '실제(實際)' 또는 '실재(實在)'로 번역되어 활용됨. 국어사전에 따르면 '실제'는 '사실의 경우나 형편'을, '실재'는 '실제로 존재함'을 의미함. 본 논문에서는 '존재'적 측면을 강조한 '실재'로 번역하여 사용함.

상을 통제하고 예측하는 것이며, 사회현상 속에 존재하는 원리를 밝히는 것이다(Lincoln, Lynham, & Guba, 2011).

그러나 사회현상은 통제된 실험이 불가능하며, 역사와 문화를 뛰어넘는 법칙이 존재하지 않고, 인간은 가치중립적이지 않기 때문에 연구를 통해 사회현상을 자연 현상처럼 연구하는 데에는 일정한 무리가 있다(조영달, 2015). 이로 인해 기존의 실증주의적 가정을 따르고 있지만 절대적 객관성에 대한 믿음보다는 일정 수준 이상의 객관성에 기반하여 진리에 대한 완전한 탐구가 아닌 진리에 대한 접근을 추구하는 후기 실증주의가 출현하였다(조영달, 2015). 후기 실증주의는 절대적 진리가 아닌 객관적 진리에 대해 관찰과 측정에 기초하는 탐구를 통한 지식 창출을 추구한다(Creswell, 2011). 후기 실증주의에서는 사회현상을 이해하기 위해 실증주의와 마찬가지로 가설(이론)을 세우고 이를 검증하는 절차를 강조하지만, 연구자가 수집하는 증거가 불완전하고 연구 과정 중에 연구자가 오류를 범할 수 있기 때문에 가설을 증명하기보다는 가설을 기각하지 않을 뿐이라고 전제하고 있다(Creswell, 2011). 후기 실증주의에서는 실체가 존재하는 것을 부인하지는 않지만, 연구자들은 자신의 기존 경험과 세계관에 의해 편견을 갖게 되므로 일정한 가설 또는 이론을 자료에 근거하여 검증하고 연구자들끼리의 상호 비판을 통해 객관적 실재에 접근한다고 가정한다(조영달, 2015).

이러한 실증주의 연구 패러다임은 지금까지 다양한 사회과학 분야에서 주를 이루고 있다. 일정한 가설을 세우고 이를 검증하려는 다양한 연구물들이 모두 실증주의 또는 후기 실증주의 패러다임에 근거하고 있다고 할 수 있다. 예를 들어 박현준, 이자형, 김경근(2015)의 연구에서는 고등학생의 대학 전공 선택이 그들의 가정배경 및 성장 지역에 따라 차이가 있을 것이라는 가설을 세우고 이를 한국고용정보원의 대졸자직업이동경로조사를 통해 수집한 자료를 사용하여 검증한다. 본 연구를 통해 부모의 소득이 높고 서울에서 성장한 경우 4년제 대학의 실용학문보다는 기초학문의 전공을 선택할 가능성이 보다 높고, 부모의 학력이 높고 소득이 높을수록 의약계 전공을 선택할 가능성이 높다는 것을 밝혔다.

연구에는 그 연구가 얼마나 좋은 연구인지를 파악하는 타당도(validity)와 신뢰도(reliability)의 개념이 존재한다. 타당도 및 신뢰도에 대한 다양한 정의가 존재하지만 타당도는 연구가 연구의 목적대로 진행되었는가와 관련되어 있고, 신뢰도는 연구가 얼마나 정확하게 진행되었는가로 이해할 수 있다. 타당도와 신뢰도는 질적 연구에서도 중요한 연구의 수준을 판단하는 중요한 개념으로서 여겨진다. 연구 설계의 중요한 부분인 타당도와 신뢰도는 연구 패러다임에 영향을 받기 때문에 각 연구 패러다임별로 타당도 또는 신뢰도를 확보하는 방안이 존재한다(나장함, 2006; 이혁규, 2004).

실증주의 연구 패러다임이 갖고 있는 주요 연구 목적은 예측, 조정, 일반화이며(Merriam & Tisdell, 2015), 연구자의 역할은 주관적 견해를 최대한 배제하고 객관적으로 자료를 수집하고 해석하는 것이다(김영천, 2012). 따라서 이러한 연구 패러다임의 인식은 일반적으로 질적 연구자들의 인식과 다르기 때문에 질적 연구자들이 연구의 방법론(methodology)과 연구기법(methods)에는 실증주의 연구 패러다임을 채용하지는 않는다. 그러함에도 불구하고 질적 연구에서 활용되는 타당도에 대한 논의 대부분이 실증주의에 토대를 두고 있다는 점은 이상하다고 할 수 있다(이혁규, 2004). 즉 많은 질적 연구에서 타당도를 논의하면서 연구자의 반응성(reactivity)과 편견(bias)을 최소화하고 인식 대상의 속성을 객관적으로 경험하려는 노력을 보여 왔다(김경희, 김기덕, 박지영, 2011). 나장함(2006)은 질적 연구에서 논의되는 타당도 확보 방안 중 삼각검증법(triangulation),3) 연구 참여자에 의한 연구 결과 확인(member's checking), 외부인에게 연구과정 및 연구결과에 대해 평가받는 추적조사(audit trail)가 (후기) 실증주의에 입각하였다고 주장한다. 질적 연구에서 가장 빈번하게 사용되는 타당도 확보방안인 삼각검증법은 다양한 자료수집 방법 사용, 복수의 연구자 참여, 다양한 이론 활용을 통해 연구의 타당도가 높아진다고 가정하고 있다. 이러한 가정은 연구자의 외부에 객관적으로 검증가능한 연구 현상의 의미가 존재하며 일정한 방법을 통해 이것이 발견될 수 있다는 실증주의의 기본 가

---

3) 삼각측정법, 다각화전략 등으로 해석되기도 함.

정에 충실하다고 할 수 있다(이혁규, 2004). 실증주의 패러다임을 갖고 있지 않는 질적 연구자들이 본인들의 연구 패러다임과 맞지 않는 실증주의에 기반한 질적 연구의 타당도 확보방안을 활용하는 이유는 연구자들의 연구 행위에 대한 반성 부족과 실증주의가 사회과학분야에서 오랫동안 당연한 것으로 여겨졌기 때문으로 여겨진다(이혁규, 2004).

3. 해석주의 패러다임

엄밀히 구분하면 해석주의(interpretivism) 패러다임과 구성주의(construction-ism) 패러다임 간에는 차이가 존재하지만 이 둘 간의 공통점이 존재하기 때문에 이 둘 패러다임을 해석주의 패러다임으로 총칭하여 공통점을 중심으로 살펴보겠다. 해석주의 패러다임은 실증주의 패러다임에서 주장하듯이 실재란, 이 실재에 다가가는 인간의 존재와 상관없이 개별적 형태로 존재하지 않는다고 가정한다(Merriam & Tisdell, 2015). 대신 실재란 실재에 다가가는 인간의 경험에 따라, 그리고 인간이 처한 장소와 시간에 따라 다르게 존재하는 성격을 갖고 있다고 가정한다(Guba & Lincoln, 1994). 구성주의 패러다임에서는 인간이 세상과 상호작용하면서 의미를 구성해 가는 것이기 때문에, 세상을 해석할수 없는 의식이 존재하기 전에는 세상은 어떤 의미도 없다고까지 강조할 수 있다(Crotty, 1998). 따라서 해석주의 패러다임에서는 실재에 다가가서 이를 해석하는 인간이 여러 명인 이상, 그 인간의 숫자만큼 다양한 다수의 실재들(realities)이 존재한다고 주장한다(김영천, 2012). 예를 들어 해석주의 패러다임에서는 대학의 전공선택이라는 사회적 현상은 모든 학생이 그들과 상관없이 외부에 존재하는 하나의 실재를 경험하는 것이 아니라, 각 개별 학생들마다 서로 다른 실재를 구성하여 나름대로 서로 다른 경험을 하는 것으로 이해한다.

해석주의 패러다임에서는 연구 참여자들의 숫자만큼 서로 다른 실재가 존재한다고 가정하기 때문에 연구의 목적은 모든 연구 참여자들에게 일반화할 수 있는 동일한 실재를 발견하는 것이 아니라, 개별 연구 참여자들이 동일한 사회현상에 대해 서로 다르게 구성한 의미를 '이해(understanding)' 또는 '재구성(reconstruction)'하는 것이다(Guba & Lincoln, 2005). 이해와 재구성의 개념을 자세히 살펴보면 다음과 같다. 먼저, 해석주의 패러다임이 연구를 통해 추구하는 개념은 연구 참여자가 사회적 현상에 대해 구성한 의미에 대한 '이해'이다. 연구 참여자들은 그들이 처한 상황이나 맥락에 따라 동일한 사회적 현상이라 할지라도 서로 다른 의미를 구성하기 때문에 해석주의 패러다임에 따른 연구에서는 연구 참여자의 상황 또는 맥락에 대한 이해가 요구된다(김영천, 2012). 아울러 사회과학의 연구대상이라 할 수 있는 인간이 무엇을 수행하는지 이해하기 위해서는 인간의 수행 뒤편에 존재하는 의도를 알 필요가 있다(Pring, 2015). 의도란 그들이 연구현상이 되는 실재에 부여한 의미로서 해석주의 패러다임이 추구하는 연구 목적은 연구 참여자가 연구현상에 부여한 의도에 대한 이해라고 할 수 있다.

다음으로 '재구성'의 목적을 살펴보면, 해석주의가 다른 패러다임과 갖고 있는 큰 차이 중 하나는 연구자와 연구 참여자가 함께 지식과 이해를 공동으로 창조해 간다는 가정이다. 연구 참여자가 연구현상에 부여한 의미를 이해하는 대상은 연구자이다. 따라서 엄밀히 말하면 연구자는 연구 참여자가 연구현상에 부여한 의미를 '이해'하기 위해 연구현장에서 연구 참여자와의 상호작용을 하게 된다(김영천, 2012). 이 상호작용을 통해 연구자는 연구 참여자가 내부적으로 구성한 의미, 의식, 의도 등을 파악하게 되며 이를 연구자의 입장에서 '재구성'하여 연구결과물로 표현하게 된다. 따라서 해석주의 패러다임에서는 연구자가 갖고 있는 주관성(subjectivity) 또는 기존의 경험을 완전히 배제한 채 연구를 수행하는 것은 불가능하다고 가정한다. 다만 연구자의 주관성 또는 경험 등이 연구 과정에 어떻게 영향을 미치는지를 인식하는 것이 필요하다(김영천, 2012). 연구의 주체(연구자)와 연구의 객체(연구현상, 연구 참여자)는 분리할 수 없고, 이 둘은 언제나 의도를 통해 연합되어 있다고 볼 수 있다(Crotty, 1998).

질적 연구를 연구방법론으로 활용하는 연구자들은 대부분 해석주의 패러다임을 갖고 있다고 볼 수 있다(조용환, 1999; Merriam & Tisdell, 2015). 2000년
도에서 2013년도 사이의 평생교육학 분야의 질적 연구 동향을 분석한 김영석
(2014) 연구에 따르면 두 학술지에 실린 총 141편의 질적 연구물 중에 연구목
적이 '이해'라고 판단되는, 즉 해석주의 패러다임을 토대로 진행된 연구가
95.7%(135편)로 파악되었다. 해석주의 패러다임을 갖고 있는 연구자들이 질적
연구방법론을 주로 활용하는 이유는 다음과 같이 해석주의 패러다임과 질적
연구방법 간에 서로 유사한 점이 있기 때문이다. 첫째, 해석주의 패러다임에
기반을 둔 연구의 주요 목적은 연구 참여자가 연구현상에 부여한 의미에 대
한 이해인데(Lincoln et al., 2011), 질적 연구방법은 양적 연구방법과 비교하여
바로 이 현상에 대한 심층적 이해를 추구하기에 적합한 연구방법이기 때문이
다. 양적 연구방법은 연구자가 주목하는 많은 수로 구성된 모집단이 가진 주
요 변수들과 관련한 인식 또는 행동의 패턴을 일반화하여 연구하는 데 적합
하다. 반면 질적 연구는 인터뷰, 관찰, 문서수집의 자료수집 기법 등을 활용하
여 비교적 소수의 연구 참여자들이 그들의 인식 속에 구성한 연구현상에 대
한 의미를 비교적 심도 있게 이해하는 것이 가능하다.

둘째, 해석주의에서는 연구현상이 갖는 의미는 연구 참여자가 처한 상황과
맥락에 대한 이해를 통해 가능하다고 전제한다(김영천, 2012). 즉 연구자는 그
가 처한 다양한 상황적, 문화적, 시공간적 맥락에 기반하여 동일한 연구현상
일지라도 다른 의미를 구성하기 때문에 사회현상과 그것을 둘러싼 상황을 분
리하지 않는다. 양적 연구방법과 비교하여 질적 연구방법 역시 연구의 현상과
맥락을 분리하지 않는다. 양적 연구방법은 인위적으로 연구 참여자를 실험적
상황에 처하게 하거나, 설문지를 통하여 탈맥락적으로 자료를 수집한다. 그러
나 질적 연구는 최대한 연구 참여자가 구성했던, 또는 구성한 의미와 그들이
처했던, 또는 처한 상황을 분리하지 않고 자연스러운 상황 속에서 연구가 진
행되도록 노력한다.

해석주의에서는 실재에 대한 진리는 연구자 외부에 존재하는 것이 아니라
연구자와 연구 참여자가 함께 구성하는 것으로 간주한다. Guba와 Lincoln
(2005)은 해석주의 패러다임에 따라 기존의 타당도 개념 대신 '어떻게 연구자

가 독자 또는 스스로가 연구 결과에 주목하고 이를 고려할 가치가 있는 것으로 여기도록 설득할 수 있는가'를 의미하는 신실성(truthworthiness)의 개념을 제안하였다. 신실성의 개념은 양적 연구에서 활용한 개념과 비교하여 다음의 네 가지 하위 개념으로 구분할 수 있다(Lincoln & Guba, 1985). 신실성의 첫째 요인은 신뢰성(credibility)으로 이는 연구 참여자가 구성한 실재의 다양한 모습을 연구가 얼마만큼 진실되게 보여주고 있는가를 의미하며, 이는 양적 연구의 내적 타당도(internal validity)와 유사한 개념이다. 둘째 요인은 전이가능성(transferability)으로 한 연구의 결과가 다른 상황에 대입가능한지를 다른 상황에 대해 잘 알고 있는 독자가 판단하는 정도를 의미하는 것으로 이는 양적 연구의 외적 타당도(external validity)와 유사한 개념이다. 셋째 요인은 의존성(dependability)으로 연구가 변화하는 성격을 갖고 있는 연구현상과 연구 대상의 특수성을 잘 포착하였는가로 이는 양적 연구에서 신뢰도(reliability)와 유사한 개념이다. 마지막 요인은 확증성(confirmability)으로 질적 연구가 연구자의 주관성에 의해 영향을 받는 중에도 다른 연구자에 의해 확증될 수 있는 정도를 의미하는 것으로 이는 양적 연구의 객관성(objectivity)을 의미한다. 나장함(2006)은 이러한 해석주의 패러다임에 입각한 타당도를 확보할 수 있는 방안으로 연구자가 본인이 내린 연구결과에 적합하지 않는 자료를 찾기 위해 노력 기울이기, 장기간의 현장조사를 통해 연구 참여자들의 인식에 대해 충분히 파악하기, 연구현상에 대한 풍부한 기술을 통해 독자들이 다른 맥락에 연구결과를 적용할 수 있도록 돕기 등을 제안하였다.

4. 비판이론 패러다임

비판이론(critical theory) 패러다임에서는 실재란 사회적, 정치적, 문화적, 경제적, 인종적, 성별적 요소에 의해 규정되는 것으로 역사적 흐름에 따라 변화하는 성격을 갖고 있다고 가정한다(Guba & Lincoln, 1994). 특히 사회 내에는 인종, 성별, 경제적 계층 등에 근거한 불평등한 권력 구조가 존재하며, 이로 인해 세상에 존재하는 진리와 지식 역시 이러한 불평등한 권력 구조 속 산물로 가정한다(이혁규, 2004). 즉 사회 내 지배계층은 피지배계층을 억압하여 자신들의 특권을 누리고 있으며, 이러한 지위를 지속적으로 누리기 위해 사회 내 다양한 제도와 사상을 만들어 이러한 억압 구조를 당연한 것으로 여겨지게 하고 있다. 그로 인해 인간의 사고는 사회 내 권력 관계에 의해 중재되며 의도하지 않았다 하더라도 연구를 통해 밝혀내는 지식 역시 순수하지 않고, 실재를 규정하는 불평등한 요소에 의해 영향을 받아 존재한다(김영천, 2012).

해석주의에서는 수집된 자료 내에 존재하는 연구 참여자가 구성한 '의미'를 이해하는 것에 초점을 두는 반면, 비판이론에서는 자료 속에 존재하는, 잘못된 인식과 불평등적 사고에 대한 반성과 성찰을 통해 사회 변화를 추구한다(김영천, 2012; Merriam & Tisdell, 2015). 비판이론 패러다임은 해석주의 패러다임이 사회에서 소외된 사람들을 위한 연구를 수행하지 못한다는 점을 비판하면서, 권력, 불평등, 억압, 소외와 같은 일상생활에 존재하는 사회적 이슈를 연구주제로 다룬다(Creswell, 2011). 비판이론의 대상은 자본주의 사회에서 경제적 계급 간의 갈등으로 인해 존재하는 노동자들의 착취 및 소외 현상에 대한 사회적 비판으로부터 시작하였다(조영달, 2015). 그 후 비판이론은 사회 내 존재하는 경제적 계급 간의 사회적 문제 이외에도 성 차별, 인종 차별, 성소수자 차별 등의 다양한 사회적 문제에서 소외되거나 권리를 빼앗긴 집단의 목소리를 대변하는 역할로 확대되었다(Creswell, 2011).

비판이론 패러다임의 연구는 연구 참여자의 일상생활에 영향을 미친 사회의 불평등한 구조의 힘을 분석해 내고, 현재 사회구조의 정당성에 대한 의문을 제기하여 보다 평등하고 민주적 사회 구성을 목표로 한다(이혁규, 2004). 또한 비판이론 패러다임의 연구는 사회 내 존재하는 불평등한 구조 속에 존재하는 소외계층을 이로부터 해방하는 것을 목적으로 한다(김영천, 2012). 이를 위해 비판이론 패러다임에 입각한 연구들은 연구 현상과 관련한 사회 내 이데올로기(지배집단이 지배를 정당화하고 공식화하기 위해 지배를 받는 집단에게 부과하는 세계관 및 신념 등의 허위의식)를 드러내고 이를 비판하게 된다(김영천, 2012). 예를 들어 이현주, 손승남(2014)은 질적 연구를 통해 다문화가정 여성결혼이민자의 일상의 삶, 정체성 형성, 자녀교육을 탐구하였다. 연구결과에 의하면 다문화가정 여성결혼이민자들은 여성에 시부모 봉양, 가사 및 육아를 강요하는 가부장적 문화, 가정에서 자국어를 사용하지 못하게 하는 가정 문화, 다문화 가정의 자녀들의 낮은 학업성취도에 영향을 미치는 부모의 낮은 경제력 및 교육 수준 등으로 인해 힘든 삶을 살고 있음을 잘 보여주었다.

비판이론 패러다임에서는 실천(action)과 연구와의 불가분의 관계에 주목한다. 실증주의(후기실증주의) 패러다임은 연구자 또는 연구 참여자의 실천을 연구의 객관성을 방해하는 요소로 인식하며, 해석주의 패러다임에서는 연구로 인한 실천을 의미 있는 연구 과정의 결과로 인식한다(Guba & Lincoln, 2005). 한편 비판이론 패러다임에서는 연구현상과 관련한 특정한 분야의 변화이든 혹은 전체 사회의 개혁이든지 간에 연구와 실천을 분리하지 않는다(Guba & Lincoln, 2005). 즉 연구 행위자체가 사회적 불평등의 문제를 해결하는 활동이며, 사회적 실천은 또 다른 연구로 이어질 수 있다. 예를 들어 김경희, 정은희(2013)의 연구목적은 소외계층아동이 '가정과 사회가 함께하는 토요학교' 사업을 통해 다양한 지역사회 구성원들과 상호작용을 하면서 그들이 성장할 수 있는 기회를 제공하는 교육공동체를 실제적으로 구성하는 것이다.

비판이론 패러다임을 통해 진행되는 연구 역시 해석주의 패러다임과 유사하게 질적 연구방법을 일반적으로 사용한다. 그러나 해석주의 패러다임이 연구현상에 대해 연구 참여자들이 구성한 의미를 알기 위해 연구를 수행한다면, 비판이론 패러다임에서는 자료 속에 존재하는 이데올로기 즉 잘못된 허위의식에 대한 성찰을 통해 이를 분석하여 밝혀 내는 것을 목적으로 한다(김영천, 2012). 비판적 패러다임을 수용한 연구자는 연구를 통해 끊임없이 자기 성찰을 하게 되며, 자신의 연구물을 읽는 독자들도 자기 성찰을 유도하도록 하여 보다 민주적이고 평등한 사회로 나아가도록 돕는다(김영천, 2012).

비판이론 패러다임을 갖고 연구를 수행할 경우 질적 연구의 타당도를 결정하는 가장 중요한 기준은 사회 내 불평등한 권력 관계가 연구에 미치는 영향에 대한 반성 및 연구를 통한 보다 평등한 사회의 건설이다. 따라서 비판이론 패러다임을 통해서 질적 연구의 타당도를 이해할 때 연구주제가 사회적 사건을 반영하고, 사회 내 불평등한 구조를 드러내며, 사회적 구조를 보다 평등하게 개선하는 데 미친 영향을 기준으로 삼을 수 있다(Guba & Lincoln, 1994). 또한 비판이론 패러다임에서는 연구 참여자가 연구 결과로부터 소외되지 않도록 연구가 진행되는 것이 수준 높은 연구의 기준이 된다(Creswell, 2011).

Guba와 Lincoln(2005)은 해석주의 패러다임에 입각하여 제시한 질적 연구의 타당도 개념을 수정하여 비판이론 패러다임에 입각한 진실성(authenticity)의 개념을 새롭게 추구하였다. 연구의 진실성이란 연구가 연구자의 목소리와 사회의 목소리를 동등하게 표현하려고 했는가(공정성, fairness), 연구가 연구 참여자들이 연구된 현상에 대해 이해하도록 도왔는가(존재론적 진실성, ontological authenticity), 연구를 통해 독자들이 타인의 관점을 학습하도록 도왔는가(교육적 진실성, educative authenticity), 연구가 연구 참여자의 행동을 촉진하도록 했는가(촉진적 진실성, catalytic authenticity), 연구 참여자들이 행동하도록 역량을 강화시켰는가(전술적 진실성, tactical authenticity)로 구성되어 있다. 이러한 진실성의 개념에는 연구 역시 사회에 존재하는 다양한 힘의 관계가 영향을 미치는 정치적 행위이며, 연구자가 연구를 통해 윤리적 실천의 의무를 다해야 한다는 주장이 들어 있으며 이는 비판이론 패러다임과 연결되어 있다(이혁규, 2004). 비판이론 패러다임에 입각하여 타당도를 확보할 수 있는 연구 기법으로는 연구자가 자신의 연구에 대해 지속적으로 갖고 있는 생각 및 태도에 대해 반성하기, 연구 참여자들을 다양한 연구 과정에 참여시키기, 연구의 전제 및 과정에 대해 전문가에게 검토받기 등이 있다(나장함, 2006).

5. 포스트모더니즘 패러다임

포스트모더니즘(postmodernism)의 어휘의 뜻만 보자면 이후를 뜻하는 접두사(post)와 근대주의(modernism)의 합성어로서 근대주의 이후의 사상을 뜻한다. 그러나 이 패러다임의 실질적 의미를 살펴보면 단순히 시대적으로 근대주의 이후의 사상을 뜻하는 것이 아니라, 근대주의의 사상에 반대하고, 이에 대해 의문을 제기하는 사상으로 이해하는 것이 바람직하다(Pring, 2015). 즉 포스트모더니즘에서는 근대주의 패러다임에서 강조되었던 합리성(rationality), 과학적 방법, 진리의 확실성은 단순히 그 당시 사회적 맥락에서 필요하다고 강조되어 온 것뿐이며, 현대 사회의 맥락에서는 더 이상 근대주의적 인식이 적합하다고 보기 어렵다고 가정한다(Merriam & Tisdell, 2015). 근대주의 사상의 특성은 실증주의 패러다임에 근거하여, 사회적 현상은 과학적으로 설명이 가능하다는 이상을 갖고 있으며, 지식은 논쟁의 여지가 없는 학문연구를 통해 발견되고 개발되며, 사회 내 다양한 문제는 연구를 통해 얻은 지식을 통해 개선될 수 있다고 가정한다(Pring, 2015). 근대주의에서 절대시된 '합리성'이라는 개념은 근대주의 패러다임에서만 유용한 것이다.

포스트모더니즘은 하나의 패러다임으로 묶을 수 없는 다양한 사상체계로 구성되어 있다. 특히 포스트모더니즘에서 주장하는 다양한 사상을 근대주의에서 절대시했던 합리성에 기인하여 통일적으로 이해하려는 태도는 포스트모더니즘을 이해하는 데 적합한 태도가 아니다(Pring, 2015). 그러함에도 불구하고 포스트모더니즘을 다른 사상적 체계와 비교하여 이해하기 위해 그 공통적 특성을 찾는다면 본질적으로 근대 사회에서 완성되었던 동일성과 일원성의 해체를 그 철학적 기반으로 삼고 있는 것이다(신승환, 2013). 포스트모더니즘을 받아들인다는 것은 단순히 우리사회의 문화가 다원화되어 있다는 것을 인정하는 것을 넘어 합리성과 학문의 관점 역시 다양한 양식이 있음을 인정하는 것이다(Pring, 2015). 포스트모더니즘의 핵심적 가정과 전제를 살펴보면 다음과 같다(주재홍, 김영천, 2012). 첫째, 포스트모더니즘에서는 자연 및 인간사회 내 존재하는 보편적 법칙을 추구하는 총체화의 경향 즉 '메타 내러티브(meta-narrative)'를 거부한다. 대신 다양한 삶의 맥락에서 끊임없이 발생하는 작은 이야기들을 지지하고, 인간사회 내 존재하는 다양성, 특수성, 우연성을 강조한다. 둘째, 포스트모더니즘에서 진리의 개념은 어떤 상황 속에서 그 누구도 부인할 수 없는 절대적 존재가 아니라, 기호에 의해 해석되고 만들어진 사회 구성원들에 의해 합의된 개념일 뿐이다. 셋째, 포스트모더니즘은 인식의 주체 밖에 존재하는 실재가 언어나 기호를 통해 재현(representation)될 수 있다는 가정을 거부한다. 왜냐하면 기호와 그 기호가 가리키는 의미나 대상과의 관계는 우연적일 뿐이며, 기호는 그 기호가 가리키는 대상의 의미나 대상의 본질에 절대로 다가갈 수 없기 때문이다.

질적 연구에서 포스트모더니즘 패러다임이 추구하는 바는 과학이 객관적이라는 인식, 중립적 연구가 가치 있다는 인식, 절대적 지식은 존재한다는 근대주의적 인식에 의문을 제기하고, 근대주의에서 추구해 왔던 연구의 이론 및 방법 등의 불확실성을 제기하며 이를 해체하는 것이다(주재홍, 김영천, 2012). 또한 포스트모더니즘의 사상적 근거에 기반을 둔 질적 연구는 우리 사회 내 메타 내러티브가 가정하는 진리의 개념을 해체하고 절대적 진리성에 기반을 둔 사회 구성원들의 사고와 행동을 폭로하는 것을 목적으로 한다(김영천, 2012). 이러한 연구의 목적에 부합한 실증적 연구로 나윤경, 박은실, 강미연, 서정미(2009)의 연구를 예로 들 수 있다. 이 연구는 기혼자들이 외도를 통해 가족의 울타리 밖에서 배우자 이외에 타인과 갖는 '친밀감'에 대해 우리 사회가 구성한 가치를 해체하고 외도를 통해 얻게 되는 친밀감이 갖는 평생교육적 의미를 새롭게 구성하는 것을 목적으로 진행된 질적 연구이다.

포스트모더니즘 패러다임에 입각한 질적 연구들은 포스트모더니즘의 사상적 기반의 특성으로 인해 다른 질적 연구들과 달리 다음과 같은 특성을 갖고 있다. 첫째, 메타내러티브가 아닌 다양성, 특수성, 우연성에 기반을 둔 '작은 이야기'의 가치를 존중하는 포스트모더니즘의 특성으로 인해 질적 연구에서 한 명 한 명의 연구 참여자를 연구의 주변부에 위치시키는 것이 아니라 그들이 갖고 있는 국지적 지식(local knowledge)을 연구의 핵심적 가치로 인정한다(주재홍, 김영천, 2012). 특히, 그동안 연구대상으로 주변부에 위치해 있던 장애인, 성소수자, 외국인들의 숨은 목소리를 찾아내어 그들의 언어로 표현하고자 하는 경향성을 보인다(유혜령, 2011). 둘째, 포스트모더니즘에서 인식의 주체는 언어와 역사가 만들어 낸 구조로 간주되기 때문에 인식의 주체인 연구자 역시 불완전한 존재이므로, 연구자의 주관적 특성(subjectivity)이 연구에 미친 영향을 해체할 것을 강조한다(주재홍, 김영천, 2012). 연구자는 연구 참여자가 구성한 의미를 이해하려고 하지만 이는 어디까지나 연구자의 주관적 판단이 연구의 전 과정에 포함된 '연구자'의 이해일 뿐이다(주재홍, 김영천, 2012). 따라서 질적 연구자는 아무리 노력한다고 하더라도 자신의 연구결과는 자신의 주관성이 포함된 결과물임을 인정하는 태도가 필요하다(주재홍, 김영천, 2012). 따라서 포스트모더니즘 패러다임의 질적 연구에서는 연구 참여자가 갖고 있는 주관성과 한계를 숨기지 않고, 이에 대한 반성을 연구 결과물에 기록함으로써 연구결과에 대한 독자의 해석과 이해를 도울 수 있다고 가정한다(주재홍, 김영천, 2012). 셋째, 포스트모더니즘은 사회 내 존재하는 다성성(plurality, 多性性4))을 나타내는 것을 강조하기 때문에, 질적 연구 역시 단일한 이론 또는 연구자의 견해를 드러내는 것이 아니라 연구 참여자들이 갖고 있는 다양한 관점을 표현하는 것이 가치 있다고 여긴다(유혜령, 2011; 주재홍, 김영천, 2012). 즉 명확한 연구 결과를 제시하기보다는 연구 참여자 간에 불일치한 목소리, 다양한 방식으로 해석이 가능하도록 기술하는 방식 등을 통해 연구의 결과가 일회적 사건의 성격을 갖고 있음을 드러내려고 노력한다(유혜령, 2011). 이를 위해 기존의 경직된 논문 형식 이외에 이야기, 시, 소설, 희곡 등 문학적 글쓰기 방식이나 공연 등의 다양한 표현방식으로 다양한 연구 참여자들의 관점을 생생하게 나타냄과 동시에 논문의 기존 형식을 해체하는 경향을 보인다(유혜령, 2011; 주재홍, 김영천, 2012).

포스트모더니즘에 입각한 질적 연구의 타당도에 대한 논의에서는 기존의 타당도 개념이 갖고 있는 진리/비진리의 구분, 좋은 연구/나쁜 연구의 이분법적 태도에서 벗어나 다성성, 차이, 타자의 가치를 인정하는 새로운 타당도의 개념 정립을 추구한다(이혁규, 2004). 포스트모더니즘 패러다임에 입각한 질적 연구 타당도의 개념에 대해 다양한 학자들의 논의가 있지만, 그 대표적 주장으로 Lather(1993)가 제안한 탈주적 타당도(trangressive validity)의 네 개의 하위

---

4) 원래는 다양한 성악 파트로 구성된 음악을 가리키는 용어였으나, 실재의 절대성과 독단주의를 배제하고 한 개인 및 사회 내 존재하는 다중성을 가리키는 용어로 확장됨(주재홍, 김영천, 2012).

개념이 있다(이혁규, 2004; 조재식, 허창수, 김영천, 2006). 첫째, 역설적 타당도 (ironic validity)의 개념에서는, 언어는 결코 언어가 지시하고자 하는 실재의 의미에 다가갈 수 없다는 것을 인정하고, 언어로 구성된 연구 역시 실재를 표상하고 있지 못하다는 점을 인정할 것을 요구한다(Lather, 1993). 따라서 언어가 갖고 있는 이러한 한계를 극복하여 역설적 타당도를 확보하기 위해서는 예를 들어 사진의 나열로 연구결과를 제시함으로써 이를 대하는 사람들이 각자 나름대로 연구결과에 대한 다양한 시각을 부여할 수 있도록 한다(조재식 외, 2006). 둘째, 포스트모더니즘에서는 메타 내러티브에 의해 정당성을 추구하기보다는 의견불일치(dissensus)를 통해 의견일치(consensus)를 통합할 수 있는 새로운 아이디어를 꾸준히 탐색한다(Lather, 1993). 따라서 배리(背理)적 타당도 (paralogical validity)의 개념에서는 연구 결과 내 얼마나 연구 참여자와 연구 참여자 간 그리고 연구자와 연구 참여자 간의 갈등과 다름이 잘 부각되었는지가 중요하다. 배리적 타당도를 확보하기 위해 연구 참여자들이 참여하는 토론의 기회를 마련하여 다양한 의견을 청취하고, 연구자가 자신의 주장만을 내세우기보다는 자신의 의견과 다른 생각을 갖고 있는 연구자들의 해석을 연구결과에 포함시키는 방안이 있다(조재식 외, 2006). 셋째, '리좀(rhizom)'은 은유의 개념으로서 나무의 기둥과 가지와 같이 서열적이고 구조적 체계와 대비되는, 땅 밑의 나무 뿌리와 같이 상호 연결적이며 배척적이지 않은 관계를 가리킨다. 리좀의 개념은 권위(authority), 정상(regularity), 상식(commonsense)의 제약에 대항하여, 창조적 구성을 위한 열린 생각을 채택하게 된다(Lather, 1993). 리좀적 타당도는 연구자가 포함된 학문분야의 보편성, 정상성에서 벗어나 새로운 개념 및 해석을 창조하려는 노력으로 이해할 수 있다(조재식, 허창수, 김영천, 2006). 이를 위해 연구자가 타 학문분야에 속한 학자 또는 일반인들을 연구에 초대하여 학문분야의 보편적 해석과 전통적 추론과정에 따른 해석에서 벗어난, 새로운 해석의 기회를 제공하는 실질적 방안이 있다(조재식 외, 2006). 포스트모더니즘에서는 남성중심의 학문세계에 대한 지속적 자기반성을 통해 자율적 주체로서 여성성의 새로운 모델이 창조되어야 함을 강조한다(조재식, 외, 2006). 여성적 타당도(voluptuous validity)는 남성과 다른 여성의 창의적이고 생산적 특성을 반영하여 연구가 자유로운 상상력과 부분적 실험성(tentativeness)을 포함하고 있는지를 의미한다(Lather, 1993). 연구자의 부단한 자기반성이 여성적 타당도 확보를 위해 요구된다. 이를 위해 연구자는 자신의 연구가 남성적 인식론과 연구태도에 기반을 두고 있는 것은 아닌가, 실험적 태도를 취했는가에 대해 꾸준히 반성하는 것이 요구된다.

◈ 참고문헌_

김경희, 김기덕, 박지영 (2011). 질적 연구의 타당도 담론에 관한 탐색적 연구:주관성과 사회성의 긴장을 중심으로. **한국사회복지학**, 63(2), 155-177.

김경희, 정은희 (2013). 소외계층아동을 위한 지역참여 평생학습활동에 관한 실천연구. **평생교육학연구**, 19(2), 239-269.

김영석 (2014). 평생교육학 분야의 질적 연구 동향분석(2000년-2013년): '평생교육학연구'와 'Andragogy Today'를 중심으로. **평생교육학연구**, 20(3), 135-166.

김영천 (2012). **질적 연구방법론** 1: Bricoleur (2판). 서울: 아카데미프레스.

나윤경, 박은실, 강미연, 서정미 (2009). 기혼자들의 '외도'를 통해서 본 한국 사회의 가족, 그 평생교육학적 의미. **평생교육학연구**, 15(4), 387-412.

나장함 (2006). 질적 연구의 다양한 타당성에 대한 비교 분석 연구. **교육평가연구**, 19(1), 265-283.

박현준, 이자형, 김경근 (2015). 대학 전공 선택에 대한 가정배경 및 성장지의 영향. **교육사회학연구**, 25(4), 25-51.

성태제, 시기자 (2016). **연구방법론**. 서울: 학지사.

신승환(2013). **포스트모더니즘에 대한 성찰**. 경기: 살림.

유혜령 (2011). 포스트시대 질적 연구방법론의 경향과 논리: 해체와 생성의 패러다임. **유아교육연구**, 31(6), 511-533.

이혁규 (2004). 질적 연구의 타당성 문제에 대한 고찰. **교육인류학연구**, 7(1), 175-210.

이현주, 손승남 (2014). 다문화가정 여성결혼이민자의 삶과 자녀교육에 관한 질적 종단 연구. **교육종합연구**, 12(4), 209-236.

조영달 (2015). **질적 연구 방법론 [이론편]: 학교와 수업 연구의 새 지평**. 서울: 드림피그.

조용환 (1999). **질적 연구: 방법과 사례**. 서울: 교육과학사.

조재식, 허창수, 김영천 (2006). 교육학/교육과정 연구에서 질적 연구자가 고려해야 하는 타당도 이슈들. **교육과정연구**, 24(1), 61-95.

주재홍, 김영천 (2012). 질적 연구의 지적 전통으로서 포스트모더니즘: 그 방법적 이슈들. **교육인류학연구**, 15(3), 29-61.

철학사전편찬위원회 (2009). **철학사전**. 서울: 중원문화.

Creswell, J. W. (2011). **연구 방법: 질적, 양적 및 혼합적 연구의 설계**(3판)(김영숙, 류성림, 박판우, 성용구, 성장환 공역). 서울: 시그마프레스. (원저 2009년 출판).

Crotty, M. (1998). *The foundations of social research: Meaning and perspective in the research process*. Thousand Oaks, CA: Sage Publications.

Guba, E., & Lincoln, Y. (1994). Competing paradigms in qualitative research, In N. K. Denzin & Y. S. Lincoln (Eds.), *Handbook of qualitative research* (pp. 105-117). Thousand Oaks, CA: Sage.

Guba, E., & Lincoln, Y. (2005). Paradigmatic controversies, contractions, and emerging confluences. In N. Denzin & Y. Lincoln (Eds.). *The Sage handbook of qualitative research* (3rd ed.) (pp. 191-215). Thousand Oaks, CA: Sage.

Lather, P. (1993) Fertile obsession: Validity after poststructuralism. *The Sociological Quarterly, 34*(4), 673-693.

Lincoln, Y., Lynham, S., & Guba, E. (2011). Paradigmatic controversies, contractions, and emerging confluences, revisited. In N. Denzin & Y. Lincoln (Eds.). *The Sage handbook of qualitative research* (4th ed.) (pp. 97-128). Thousand Oaks, CA: Sage.

Merriam, S. B., & Simpson. E. L. (2000). *A guide to research for educators and trainers of adults* (2nd ed.). Malabar, FL: Krieger Publishing Company.

Merriam, S., & Tisdell, E. (2015). *Qualitative research: A guide to design and implementation* (4th ed.). San Francisco, CA: Jossey-Bass.

Pring, R. (2015). **교육연구의 철학: 진단과 전망**(곽덕주, 김회용, 유재봉, 홍은숙 공역). 서울: 학지사. (원저 2000년 출판).

UNDERSTANDING

QUALITAT

RESEARCH

METHODS

Chapter 2

질적
연구방법의
이해

Qualitative
Research Methods

C·H·A·P·T·E·R

2

질적
연구방법의
이해

주요 내용

1. '질적'으로 연구한다는 것의 의미
2. 양적 연구와 비교한 질적 연구의 성격
3. 질적 연구방법의 주요 특징

구체적인 현실에서 수집할 수 있는 실증적 자료를 기초로 수행하는 연구는 사회과학의 전통에서 시도하는 대표적인 접근방식이다. 실증 연구(empirical study)는 크게 두 가지 유형이 있는데, 수량화된 자료를 바탕으로 현실을 검증 하려는 양적 연구방법과 언어적 표현에 내재되어 있는 의미해석을 통해서 현상을 이해하려는 질적 연구방법으로 구별해 볼 수 있다. 본 장에서는 질적 연구방법이란 어떤 것인지 개관적으로 살펴본다.

1. 질(質)의 의미

　넓은 마당이 있는 집에 살고 있는 집주인은 벽돌을 쌓아서 예쁜 화단을 만들려고 한다. 화단을 꾸밀 적절한 위치를 결정한 집주인은 벽돌을 사러 시장에 갔다. 시장에서 화단꾸미기에 필요한 벽돌을 사 가지고 돌아오기 위해서 집주인은 최소한 두 가지 사항에 대해 구체적인 생각을 가지고 있어야 할 것이다. 우선 화단을 꾸미는 데 몇 장의 벽돌이 필요한가에 대한 구체적인 생각을 가지고 있어야 한다. 필요한 벽돌의 수요를 정확히 알고 있지 못한다면, 불필요하게 많은 벽돌을 구매하여 낭비할 수도 있으며, 반대로 충분한 개수의 벽돌을 구매하지 못함으로써 나중에 다시 시장을 들르게 되거나, 애초에 꾸미려던 화단의 규모를 줄여야만 하는 수도 있을 것이다. 그뿐만 아니라, 집주인은 화단을 꾸미는 데 있어서 어떤 종류의 벽돌을 이용할 것인지에 대해서도 나름대로의 구상을 가지고 있어야 한다. 화단에 심을 식물의 종류와 꽃의 색깔을 고려하여 적절한 벽돌의 색깔과 종류를 결정하여야만 화단꾸미기에 적절한 벽돌을 구매할 수 있을 것이다. 예쁜 화단을 꾸미는 데 있어서 건축용 벽돌은 아무래도 어울리지 않을 것이다. 이처럼 화단을 꾸미는 데 있어서 집주인은 필요한 벽돌의 양(量)과 적절한 벽돌의 종류, 즉 벽돌의 질(質)에 대해서 충분한 정보를 가지고 있어야 한다.

　'질(質, quality)'이란 단어의 의미를 살펴볼 필요가 있다. '품질', '재질', '자질'이란 방식으로 사용되는 것처럼 질은 어떤 대상이 가지고 있는 독특한 특징과 성격을 가리키는 말이다. 감각적으로 확인할 수 있는 벽돌들의 서로 구별되는 특성이 바로 '질'인 것이다. 이처럼 대상의 질을 탐구하는 과정을 질적 연구라고 한다면 위의 예에서 적절한 벽돌을 고르기 위해 벽돌의 특성을 꼼꼼이 따져 보는 집주인의 노력과 고민은 질적 연구의 과정을 은유적으로 표현한 것이다.

　'질'의 개념을 보다 정확하게 이해하기 위하여 구체적인 사물을 가지고 이야기한 내용에서 벽돌은 사람과 사람이 모여서 이루어지는 사회적 현상으로 대신 생각해 볼 수도 있다. 어떤 사람은 명절 연휴기간 동안 오랜만에 만난 가족들과 윷놀이를 하면서 즐거운 시간을 보내었던 반면, 또 다른 사람은 명절 연휴기간 동안 가족들과 함께 해외여행을 다녀오면서 행복한 시간을 보냈다. 이들에 대해서 우리는 같은 명절 연휴기간에 똑같이 가족들과 함께 시간을 보냈으며 그 시간에 대해서 만족하고 있다는 것에 주목하고 이 두 사람이 명절 연휴기간에 느꼈던 즐거움이나 행복이 동일하다고 이야기할 수 있을까? 우리가 만약 두 사람이 느낀 행복감이 동일하다고 판단하는 경우라면, 두 사람의 행복감으로부터 비교할 만한 것들이 없다고 생각하는 것과 비슷하게 해석할 수 있다.

하지만, 명절 연휴기간 동안 누가 더 행복했는지, 누가 더 명절을 잘 보냈는지 등에 대해서 상대적으로 비교하기 어렵다고 생각하는 경우라면, 우리는 두 사람의 행복감이 양적으로나 질적으로나 동일하지 않다고 판단하는 것이 된다. 아마도 대부분의 독자라면 두 사람의 행복감은 상대적이기 때문에 동일하지도 않으며, 비교하기도 어렵다는 판단에 공감할 것으로 보인다. 상대적인 것을 강조하는 것은 곧 두 사람이 명절 연휴기간 동안 가졌던 경험의 질적인 차이를 인정하는 것이다. 윷놀이와 같은 가족들이 함께 즐기는 전통 놀이가 주는 즐거움은 해외여행을 하면서 갖는 즐거움과 비교할 수 없을뿐더러, 개인에 따라서도 즐거움을 느끼게 되는 원인이 서로 다르다. 그렇기 때문에 어떤 사람이 가족들과 해외여행을 하면서 즐거운 경험을 하였다고 해서 다른 사람들도 해외여행을 하면 즐거운 시간을 가질 것이라고 추론할 수 없는 것이다. 즉 두 경험은 하나의 절대적 기준에 의해서 서로 비교할 수 있도록 표준화하는 것이 불가능하며, 두 경험을 비교할 수 있는 절대적 기준을 만드는 것도 거의 불가능하다. 다시 말하면 탐구의 대상이 가지는 속성은 일정한 기준이나 내재되어 있는 정보들을 양(量)화함으로써 현상을 비교하고 이해하려는 양적 연구의 전통에서 접근하기 어려운 주제인 것이다.

질적 연구는 바로 양적 연구로 탐구하기 어려운 개별 연구 대상의 독특성과 맥락성, 즉 질에 대한 관심에 치중하여 접근하는 시도라고 할 수 있다. 만약 명절 연휴기간 동안 두 사람이 가족들과 대화를 어느 정도 나누었는지 알고 싶다면—대화경험의 양—시간이라는 대표단위로 두 사람이 대화를 나눈 시간을 모두 조사하여 비교할 수 있을 것이다. 이런 경우에는 양적 연구의 접근이 우리의 관심을 보다 객관적으로 충족할 수 있다. 처음에 들었던 예시를 이용하여 다시 정리하면, 양적 연구는 집주인이 화단을 꾸미는 데 얼마만큼의 벽돌이 필요한가에 대한 답을 제시해 줄 수 있는 접근이라고 한다면, 질적 연구는 화단을 꾸미는 데 적합한 벽돌의 재질에 대한 고민을 하는 접근이라고 할 수 있다. 물론 두말할 나위도 없이 마당의 크기와 모양에 알맞은 예쁜 화단을 꾸미기 위해서는 이 두 가지 모두에 관한 고민이 중요할 것이다.

2. 질적 연구방법의 의미

가. 질적 연구의 성격

질적 연구를 한마디로 정의하는 것은 쉽지 않다. 질적 연구에서 말하는 질(quality)이란, 현상에 참여하고 있는 행위자들이 환경, 타인, 사건 등에 대해서 부여하고 있는 의미이자, 그러한 의미를 바탕으로 발생하는 행위의 의미를 뜻하는 것이라고 볼 수 있다. 앞서 살펴본 것처럼 질적 연구란 행위자들이 모종의 사회현상에 대하여 어떠한 가치와 가정을 바탕으로 개인의 경험으로 해석하고 있는지 이해하는 방법이다. 질적 연구는 이러한 개인의 경험을 온전히 이해하기 위해서 경험이 발생하는 상황적 조건에 대한 가공이나 통제를 배제한 채 자연스러운 조건에서 총체적으로 접근하는 것이 중요하다는 점을 강조하는 방법이라고 할 수 있다.

질적 연구방법은 연구대상으로서 사회현상, 혹은 사회적 현상의 참여자들의 경험을 심층적으로 해석하고 이해하는 해석학적 입장에 근간하고 있다. 해석이란 텍스트를 생성해 낸 저자의 정신적 과정을 다시 체험하여 재구성하는 과정이며, 이는 창작과정의 역전이라고 할 수 있다. 즉, **그림 2-1**에서 보는 바와 같

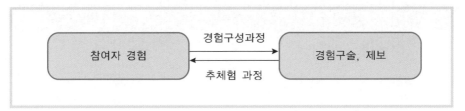

그림 2-1 질적 연구의 구조

이 참여자의 이야기가 연구자의 질문과 연구주제에 따라서 자신의 경험을 구성하는 일종의 창작의 과정이라면, 참여자의 이야기를 바탕으로 참여자의 경험이 본질적으로 어떤 성격의 것인지를 확인하는 작업이 해석의 과정인 것이다. 신경림, 조명옥, 양진향(2004)은 해석의 행위를 이미 고정되고 완결된 표현에서 시작하여 원래 그 표현이 생겨났던 정신적 삶으로 거슬러 올라가는 행위로 설명할 수 있다고 설명한다. 그래서 질적 연구의 대상으로서 개인의 경험을 상정하였을 때 해석은 경험이 형성되는 과정을 거슬러 올라가서 본래의 그 의미를 확인하려는 노력이며, 이를 다른 말로 '추(追)체험'이라고 할 수 있다고 본다.

질적 연구는 사회적 현상에 참여하는 개인의 경험을 이해하기 위해 상대방의 체험 속으로 들어가는 추체험의 과정이라고 할 수 있다. 개인의 경험에 대한 이해는 개인이 사회적 활동을 하는 가운데에서 접하는 외적인 조건, 사건, 인물들과의 상호작용을 통해서 접하는 실재적 대상에 대하여 어떻게 의미를 해석하는지 살펴보는 것이며, 이러한 과정은 해석학적 순환의 원리에 따른다. 해석학적 순환(hermeneutic circle)이란 부분을 이해하기 위해서는 전체를 파악해야 하며, 반대로 전체를 이해하기 위해서는 부분을 파악해야 한다는 점을 강조한 것이다(조영달, 2005). 즉 전체의 의미는 각 부분들의 기능과 의미를 규정하며, 의미는 일정한 관점과 조건에서 본 부분과 전체와의 관계 속에서 획득된다. 따라서 의미와 무의미는 맥락적 상황에 의존하는 것이다(신경림 외, 2004). 그러므로 전체적 대상으로서 경험은 하위의 부분들로 이루어지게 되며, 부분들의 상호작용을 통하여 전체로서 경험이 구성되는 것이기 때문에 인간의 경험의 의미를 이해하는 것은 경험의 전체적 맥락과 부분이 상호작용하는 해석학적 순환 속에서 이루어지는 것이다.

해석학의 어원

해석학(hermeneutics)은 그리스, 로마신화에 나오는 헤르메스(Hermes)의 이름으로부터 기원하는 단어이다. 헤르메스는 전령(傳令)으로서 '지옥과 천국'을 넘나들고 신들의 세계와 인간계를 넘나들듯이 모든 경계를 넘나드는 신이다. 헤르메스는 우주의 모든 비밀을 간직한 위대한 신들의 지혜를 담은 총서인 '헤르메티카'라는 책을 만들기도 한다. 신화에서 헤르메스와 비교되는 존재가 바로 아폴론이다. 아폴론은 빛의 신으로서 세상의 이치와 원리를 환히 밝히면서 명료하게 한다. 아폴론의 안내와 그러한 이치와 원리를 바탕으로 인류의 문명이 창조되고 있었기에 아폴론은 문명의 신으로 간주된다.

신화에서 보면 헤르메스는 아폴론을 속이고 그의 소를 훔치게 되는데, 이를 보고 크게 화가 난 아폴론을 달래기 위해 거북의 등껍질로 악기를 만들어 주게 된다. 이는 지혜의 신이며 엄숙하고 모든 것을 꿰뚫어보는 아폴론도 거북의 등껍질로부터 미처 보지 못한 것을 본 것이다. 다시 말하면, 헤르메스는 거북 등껍질로부터 악기를 창조할 수 있는 속성을 감지한 것으로서 이는 사물의 겉 표면만 밝힐 수 있는 '빛'과는 전혀 다른 특징인 것이다. 헤르메스의 창조성은 사물에 내재되어 있는 잠재성을 읽고 그것을 끄집어 낼 수 있는 능력이며, 그것은 쉽게 사물의 경계를 가르지 않고 유연한 사고를 가질 때만이 가능한 능력인 것이다. 한마디로 빛의 신인 아폴론으로서는 쉽게 가질 수 없는 능력으로서 헤르메스는 모든 것의 경계를 넘듯이 모든 것을 화해시키고 만나도록 만드는 존재였던 것이다.

따라서 헤르메스적 사고란 보이는 것에만 국한하지 않고 사물의 내면에까지 담긴 힘을 읽고 해석하는 유연한 사고를 말하며 적과 아군을 가르지 않고 평화와 화해를 이끌어 내는 생각을 말하는 것이다. 그리고 인간의 능력을 초월하여 있는 것을 인간의 지성으로 파악할 수 있도록 전환시켜 주는 기능을 한다.

질적 연구방법이 하나의 방법론으로 자리 잡는 과정에서 시카고 학파(Chicago School)의 학문적 관심사가 중요한 영향을 미쳤다. 시카고 학파는 시카고대학교 사회학과에서 활동하던 학자들을 지칭하는 표현으로서 이들은 서로 다른 관심주제에도 불구하고 사회현상을 탐구하는 데 있어서 개인이 사회의 여러 현상 및 사물에 대해서 가지고 있는 상징체계나 개인의 특성, 정체성 등은 모두 사회적 상호작용의 결과라는 기본 가정을 공유하고 있었다. 즉 거시적인 사회구조에 의해서 개인의 사고나 경험, 사회적 상징체계가 조형되는 것이라기보다는 개인이 자신을 둘러싸고 있는 환경과 접하는 사건 등에 대한 능동적인 의미해석을 바탕으로 자신의 행위를 조정하게 되는 것이며, 그러한 행위들이 교섭하는 가운데 일정한 사회현상이 나타나게 된다는 것이다. 따라서 중요한 것은 행위자들이 벌이는 의미해석의 양상을 이해하는 것이 중요하다고 본다.

이들은 단일한 사례에 대한 심층적인 연구에 주로 초점을 맞추었으며, 이를 위해서 연구대상 집단의 일인칭 시점의 아이디어를 수집하는 것이 중요하다고 강조하였다. 예컨대, 폴란드 이주민의 사회적 삶이 이들의 관점에서 어떻게 이해되는지를 살펴보기 위하여 폴란드 이주민들이 주고받은 편지나 공공서한에 대한 분석을 시도하였다. 시카고 학파의 대표 학자인 Robert Park는 자신의 신문기자로서의 경험을 바탕으로 현장방문의 중요성, 방문자의 현장 관찰 및 소감의 중요성을 강조하였다(Bogdan & Biklen, 2007).

시카고 학파는 또한 도시민들의 일상적 삶에 대하여 많은 관심을 가졌으며, 이러한 삶의 양식들을 지역사회의 특징을 이해하고 설명하는 배경지식으로서 사용하고자 하였다. 왜냐하면 개인이 삶에서 보이는 사회적 행위는 그 행위가 발현되는 사회적 상황과 분리되어 나오는 것이 아니기 때문이다. 또한 시카고 학파는 전통적으로 사회에서 소외되거나 배제되었던 취약계층—범죄자, 이주민, 노숙자, 장애인, 유색인종, 미국 원주민 등—의 목소리에 대한 관심을 증폭하였으며, 이들의 관점에서 이들이 살아가는 사회적 현실이 어떤 의미를 갖는지를 설명하고 이해하는 데 많은 기여를 하였다.

나. 질적 연구와 양적 연구의 비교

질적 연구방법의 성격을 이해하기 위해서는 그 인식론적 배경이 양적 연구 방법의 그것과 다르다는 것을 확인할 필요가 있다. 질적 연구를 수행하는 것은 연구 참여자의 주관적 속성이 개입하는 대상에 대해서 객관적으로 탐구하는 노력에 대한 구조와 형식이라고 볼 수 있다(Bogdan & Biklen, 2007). 질적 연구방법이 무엇인지에 대해서 학자들마다 다양하게 정의를 내리고 있지만, 대체로 설문조사나 실험연구를 통해서 수집되는 양화된 자료를 통계적으로 처리하지 않고 언어적 형태로 제시되는 자료를 분석하는 것, 그리고 언어적 형태의 자료를 관통하고 있는 내포된 의미를 해석하는 시도를 질적 연구로 파악하는 경우가 일반적이다.

양적 연구방법은 우리가 연구대상으로 삼는 다양한 사회적 현상을 양화함으로써 현상의 패턴을 보여주는 데 기여하고 있다. 양적 연구의 전통의 인식론적 기반이 되는 실증주의(positivism)는 실재를 탐구하는 주체에 상관없이 객관적으로 존재하는 실재 또는 보편타당한 진리가 존재한다고 보며, 연구란 그러한 진리를 왜곡없이 정확하게 파악하는 것을 목적으로 한다. 따라서 과학적으로 정밀한 도구와 절차에 따른 탐구활동을 통해서 연구자의 주관과 편향이 개입하는 것을 억제할 수 있으며, 그럼으로써 객관적 진리에 도달할 수 있다고 믿는다(Crotty, 1998). 표준화된 조사도구와 분석절차를 통해서 획득된 정보들은 현상을 요약적으로 재현하고, 결과들의 상호비교 및 일반화 등에 있어서 강점을 갖는다. 하지만 이러한 연구 설계는 우리가 지각하는 사회적 현상을 숫자로 환원하고 있으며, 숫자로 재현된 현상은 탐구하는 실제 대상 그 자체라기보다는 대상을 보다 간명하게 이해할 수 있도록 조직된 실재라고 할 수 있다. 이러한 양적 연구의 전통에는 연구 참여자들이 실험집단과 통제집단 각각에 할당될 확률이 동일하게 유지되면서 외생변인들을 통제하는 실험설계 (experimental research)나, 모집단에서 무선으로 표본을 추출하고 구조화된 조사도구를 사용함으로써 참여자들의 반응을 요약된 형태로 수집하는 조사연구 (survey research) 등이 있다.

이에 비해서 질적 연구방법은 인식론적으로 잠정적, 상대적 진리관을 갖는 후기실증주의(post-positivism)나 구성주의(constructionism)의 입장과 관련된다고 볼 수 있다. 후기실증주의나 구성주의 양자 모두는 객관적 실재나 보편적인 진리의 존재에 대해서 회의적인 입장을 취한다. 특히 구성주의 입장에서 보았을 때, 사회적 실재란 다양한 가치와 문화적 신념을 가지고 있는 개인들의 모임인 사회에서 개인들의 언어적 의사소통을 포함한 다양한 사회적 상호작용 가운데 구성되는 속성을 가진다. 이와 관련해서 사회학 분야에서 소위 시카고 학파로 대별되는 학자들이 주장하는바, 즉 개인이 사회의 여러 현상 및 사물에 대해서 가지고 있는 상징체계나 개인의 특성, 정체성 등은 모두 사회적 상호작용의 결과라는 입장과 일맥상통한다고 볼 수 있다. 즉 우리가 지각하는 실재의 의미는 맥락을 벗어나서 일관된 모습을 유지하는 것이라기보다, 사회구성원들의 소통양상에 따라서 가변적인 성격을 가지는 것이다(Crotty, 1998). 그러므로 연구를 통해서 도달하고자 하는 진리라는 것은 유동적이고 잠정적이며, 연구자가 파악하고자 하는 실재의 의미는 언제나 맥락에 붙박혀 있는 것이다.

이런 점에서 질적 연구방법은 연구자의 관심사와 부합하는 선별된 사회적 현상, 인물, 문제 등과 같은 탐구대상을 그것이 붙박혀 있는 맥락 속에서 심층적으로(in-depth) 탐색하고 이해하는 것을 지향한다. 이를 위해서 연구자는 연구의 대상이 되는 현상이나 인물의 의견을 사전에 제작된 조사도구를 통해서 통제하거나 연구대상을 설명할 수 있을 것으로 예상되는 변인을 사전에 결정하지 않는다. 연구자는 직접 연구대상에 참여하여 무슨 일들이 어떻게, 왜 일어나고 있으며, 어떠한 요인들이 그러한 현상과 관련되어 있는지에 대해서 살펴보는 것을 궁극적으로 의도한다.

이러한 질적 연구방법의 특징은 자연주의적 탐구(naturalistic inquiry)라는 개념으로 요약될 수 있다(Guba & Lincoln, 1981). 쉽게 이야기하면, '자연주의적'이라는 것은 말 그대로 연구대상에 대한 연구자의 통제나 조작가능성을 거부하고 연구자가 자연스러운 연구상황에 참여하여 탐색하는 것을 의미한다. 질적 연구방법의 전통은 연구자가 연구결과에 대해서 가지는 인위적인 기대나 예상의 개입, 그리고 의도적인 연구대상의 통제 시도에 대해서 부정적인 입장을 견지한다. 그래서 연구자가 연구의 대상으로부터 도출할 수 있을 것으로 기대, 혹은 예상하는 결과뿐만 아니라 사전에 예상하지 못했던 결과나 현상의 의미들도 포착할 수 있다는 점을 강조한다. 이러한 자연주의적 입장이 질적 연구방법의 특징으로 부각될 수밖에 없는 것은 연구 대상 ―사건, 행위, 인물 등―의 본래 의미는 바로 대상이 존재하는 상황과 결부됨으로써 나타나기 때문이다. 따라서 상황으로부터 유리되어 대상을 분석하는 것은 그 본래의 의미를 파악하는 데 한계가 있을 수밖에 없다. Guba와 Lincoln(2000)은 양적 연구방법의 인식론적 틀이 되는 합리주의, 실증주의적 전통에 대응하여 질적 연구방법의 인식론적 가정인 해석적, 자연주의적 탐구가 어떻게 다른지 다섯가지 측면에서 설명하고 있다.

첫째, 합리주의적 전통에서는 연구자로부터 분리되어 독립적으로 존재하는 객관적인 실재(reality)의 존재를 인정한다. 하지만 자연주의적 입장에서는 객관적인 실재란 존재할 수 없으며 연구의 대상은 연구자의 인식과정 가운데 구성되는 것으로 파악한다. 따라서 실재를 연구 가능한 부분들로 조작적으로 분할한다는 것은 불가능하며, 분할을 시도할 경우에 원래 탐구하려는 실재의 본질은 원래 이해하려는 그것으로부터 왜곡된다고 주장한다.

둘째, 연구자와 연구대상 간의 분리가 가능하다고 이해하는 실증주의적 입장에서 연구자는 연구대상과 거리를 두고 객관적으로 탐구할 수 있다고 파악한다. 그러나 자연주의적 입장에서 연구자와 연구대상, 특히 연구대상이 인간들의 사회적 경험일 경우, 양자 간에는 상호영향이 필연적으로 존재할 수밖에 없다고 주장한다.

셋째, 실증주의적 입장에서는 소위 과학적 탐구 과정을 통해서 보편적, 법칙적 지식을 생산할 수 있다고 주장하나, 자연주의적 입장에서는 선별된 연구대상, 즉 사례에 대한 풍부한 기술을 통해서 해당 사례와 자료에 가장 적합한 지식을 생산한다고 본다. 그리고 특수한 상황의 구체적인 지식은 독자들이 각자 관심을 갖는 영역에 대한 시사점을 스스로 얻어갈 때 일반화될 수 있다고 말한다.

넷째, 실증주의적 입장에서는 어떤 사건이나 인물의 행위의 실제 요인을 추려 내어 밝힐 수 있으며, 각 요인이 얼마만큼의 영향을 가졌는지 확인할 수 있다고 주장한다. 그러나 자연주의적 입장에서는 어떤 사건이나 행위의 원인은 다양한 요인들이 복합적으로 작용하여 발생한 것으로 이해하기 때문에 이러한 요인들을 구분하여 이해하는 것이 불가능하다고 파악한다.

끝으로, 이러한 특징들 때문에 실증주의적 입장에서는 연구과정에 있어서 연구자의 가치개입은 체계적 연구설계를 통해서 막을 수 있다고 보지만, 자연주의적 관점에서는 연구자의 가치관, 연구환경, 문화 등에 내재되어 있는 가치는 연구설계의 과정에 있어서 필연적으로 개입될 수밖에 없다고 주장한다. 따라서 최소한 사회과학의 맥락에서 어떠한 형태의 가치든지 그것이 배제되는 연구란 있을 수 없다고 본다.

앞서 언급한 바와 같이 양적 연구방법과 비교하여 질적 연구방법이 갖는 이러한 차이점은 기본적으로 질적 연구방법론의 출발이 되는 인식론적 가정이 다르다는 것에 기인한다.

보충자료

Constructionism과 Constructivism

　　Crotty(1998)는 우리말로는 모두 '구성주의'로 번역되는 두 가지 개념의 다른 점을 설명하고 있다. Constructionism이란, 우리가 지각하는 세계란 지각의 주체인 사회 구성원들의 사회적 활동을 통해서 형성되는 사회적 구성체(social construct)라는 점에 주목하는 반면, Constructivism은 개인의 세상을 인지하는 것은 개인의 경험과 상황에 따라서 각자가 독특한 방식으로 그 대상의 의미를 구성해 가는 과정이라는 점에 주목한다. 다시 말하면, Constructionism이 실재, 현상의 속성에 대해서 설명하는 것이라면, Constructivism은 인간의 현상 인지방식에 대해서 설명하고 있는 것이다.

이상에서 지적한 바와 같이 질적 연구방법론은 실증주의적 인식론에 기반하고 있는 양적 연구방법론과 근본적으로 다른 후기실증주의, 구성주의 인식론적 바탕에서 출발하고 있다. 이러한 인식론적 차이를 고려하였을 때, 양적 연구방법론과 질적 연구방법론은 어느 입장이 더 정당하고 우월한가를 가름해야만 하는 경쟁적 관계라기보다는 탐구하고자 하는 복잡다단한 사회현상을 이해하는 데 있어서 상호 보완적 관계로 이해할 수 있다. 다시 말하면 우리는 질적 연구방법론이 양적 연구방법론이라는 기존의 정답을 부정하는 것이라기보다는 전혀 다른 관점에서 파악될 수 있는 새로운 정답의 가능성을 제시하는 것으로 이해하고, 두 가지 연구방법 전통이 갖는 학문적 독자성과 기여도를 인정할 필요가 있다.

3. 질적 연구방법의 특징

지금까지 살펴본 것처럼 해석주의와 구성주의와 같은 인식론적 가정을 바탕으로 하는 질적 연구방법은 상황적 특성과 맥락에 따라서 가변적 속성을 지니는 연구대상에 대한 탐구를 목적으로 한다. 따라서 연구자의 조건과 연구상황의 구체적 맥락과 상관없이, 탐구하려는 대상은 고정되어 있다고 전제하는 실증주의적 전통에 근간하는 양적 연구방법과는 사뭇 다른 연구방법으로서의 모습을 보인다.

가. 심층적 이해

질적 연구방법은 현상에 대한 심층적 이해(understanding)를 목적으로 한다. 연구대상에 존재하고 있는 참여자들이 해석하고 있는 의미를 이해하고자 노력한다. 여기서 이해는 연구자의 주관이 개입하고 연구자의 분석에 의해서 구성된 실체를 통해서 이루어진다. 하지만 연구자의 주관이 들어간다고 하여 연구자가 자신이 보고 싶어하는 대로 현상을 이해하고 설명하는 것을 뜻하지는 않는다. 질적 연구의 수행은 연구의 대상이 되는 참여자들이 현상을 어떻게 해석하고 있는지, 그래서 그러한 해석의 결과로 어떤 행위를 어떤 맥락에서 하고 있는지를 확인하고 그럼으로써 현상이 어떻게 나타나게 되는지에 대해서 독자들의 이해를 돕는 과정이며, 이러한 노력에서 연구자의 가치와 주관을 완전히 배제할 수 없다. 다시 말하면, 연구대상에 관련되는 참여자들이 자신의 상황—연구대상이 되는 사회현상—에 대해서 어떻게 생각하며 이해하고 있는지를 연구자가 최대한 과학적이고 합리적으로 분석, 구성해 내는 시도인 것이다(Bogdan & Biklen, 2006). 이런 점에서 연구자는 내부자의 시각(emic perspective)을 파악하고 그러한 관점으로부터 현상에 대한 이해를 시도하는 노력이 필요하다.

이 부분에서 혼란이 있을 수 있기 때문에 좀 더 구체적으로 설명한다. 사람들의 상호작용을 통해서 나타나는 사회현상에 대한 탐구에 주안점을 두는 사회과학의 맥락에서는 사람들이 이해하고 행위하는 양상을 심층적으로 이해할 필요성이 제기된다. 왜냐하면 개인의 행위 양상은 개인 스스로에 대한 의미해석, 환경에 대한 해석, 사건에 대한 해석 등이 종합됨으로써 적절하게 나타나기 때문이다. 예를 들면, 재래시장을 둘러보는 경우와 영화관에서 영화를 보는 경우를 비교할 때 우리가 행동하는 모습은 사뭇 다르다. 둘 다 많은 사람들이 모인 공공장소라는 점에서 비슷하지만, 우리는 재래시장에서 보이는 행태를 영화관에서 보이지 않는다. 이렇게 우리 스스로의 행위가 다른 까닭은 맥락에 대한 의미해석의 결과가 다르기 때문이다. 그렇기 때문에 사람들이 현상에 내재되어 있는 상황적 맥락을 어떻게 해석하고 있는가는 현상을 이해하는 단초가 된다. 질적 연구방법에서 강조하는 현상에 대한 심층적 이해란 바로 이런 연구의 대상으로서 사회현상에 대해서 참여자들이 어떻게 이해하고 있는 바를 깊이 있게 이해한다는 것을 뜻한다.

나. 현장활동

심층적 이해라는 목적을 달성하기 위해서 질적 연구는 연구자의 현장활동 (fieldwork)을 강조한다. 연구자는 현장활동을 통해서 연구대상의 의미를 해석해 낼 수 있는 자료들을 수집하게 된다. 질적 연구의 기본적인 틀은 텍스트에 대한 해석이다. 그리고 그 텍스트는 참여자들이 제보하는 구체적인 경험, 연구자가 자신의 감각을 이용하여 관찰한 현상, 그리고 연구대상의 맥락에서 생산되고 수집된 다양한 형태의 자료들을 포함한다. 이러한 텍스트로서 수집된 자료들은 연구자가 현상을 심층적으로 이해할 수 있는 단서가 되기 때문에, 그 자료가 풍부할수록, 그리고 그 자료가 왜곡 없이 수집되었을수록 가치가 더해지게 된다. 이러한 맥락에서 왜곡되지 않은 풍부한 자료들을 수집하기 위한 연구자의 노력이 강조되는 것이다.

금방 요리한 죽이 뜨거워서 먹기 어려워 식혀야 하는 경우가 있다고 가정해 보자. 죽을 식히는 방법에는 죽을 빨리 식히기 위하여 냉장고 등과 같은 차가운 곳에 임의로 가져다 놓는 방법과, 상온에 그냥 가만히 두는 방법이 있을 수 있다. 결과적으로는 비슷하겠지만, 과정의 측면에서 볼 때 전자는 자연스럽게 죽이 식는 것보다 더 빨리 죽을 식히기 위해서 인위적인 처치를 가하는 반면, 후자는 말 그대로 자연스럽게 식어 가는 죽을 기다리면서 먹을 만큼 식었는지 맛보는 경우이다. 질적 연구를 수행하는 연구자는 후자의 입장을 견지하는 모습을 보인다. 즉, 연구자는 연구의 대상으로서 사회현상을 임의적으로 조작하고 통제하기보다는 연구와 상관없이 자연스럽게 나타나는 사회현상에 참여하는 것이 필요하다. 나의 연구목적에 부합하는 현상이 보다 더 잘 보일 수 있도록 하기 위하여 의도적으로 변인에 어떠한 처치를 가하거나 통제하는 경우, 그로 인해서 나타난 현상은 연구자가 본래에 관심을 가지고 있던 자연스러운 조건에서 보이는 현상과 달라지게 된다고 보기 때문이다.

현장활동이란 자연주의적 접근이라는 표현에서도 확인할 수 있는 바와 같이 연구자의 출현과 상관없이 본래에 나타나고 있었던 사회현상에 대하여, 일정한 연구목적과 관심을 가지고 있는 현상 그대로에 참여하여 자료를 획득하는 과정이다. 이를 위해서 현상의 연구 참여자들을 만나 이들이 가지고 있던 생각이나 경험을 확보하고, 현상에서 이루어지고 있는 사건이나 행위의 양상을 가만히 들여다봄으로써 연구의 대상으로서 일정한 현상의 의미를 해석할 수 있게 된다.

다. 귀납적 접근

연구자가 자신의 의지에 따라서 임의로 가공하여 획득한 자료가 아닌, 현장에 직접 참여하여 확보한 자료를 바탕으로 현상에 대한 이해를 시도한다는 점에서 질적 연구는 귀납적 접근방법을 취한다고 설명한다. 즉 실제로 수집한 구체적인 자료들을 기초로 하여 이들 자료들이 가리키는 의미를 도출하는 방식으로 연구를 수행한다. 연구자가 가지고 있는 이론적 논리와 현상에 대한 예측이나 기대를 기초로 가설을 설정하고 수집된 자료를 이용하여 가설의 타당성을 검증하는 연역적인 접근과 대비되는 귀납적인 접근은 연구자가 미리 이론적 가정과 기대를 세우는 것에 대하여 부정적으로 인식한다. 연구자의 주관이 불가피하게 개입되는 질적 연구에서 연역적인 접근은 자칫 연구자가 이야기하고 싶은 내용에 의해서 합리적이고 타당한 방식으로 현상을 왜곡, 해석할 수 있기 때문에, 현장에서 수집된 객관적인 자료들을 바탕으로 현장의 의미를 해석하는 귀납적 분석을 강조하는 것이다. 이런 점에서 연구자는 자신의 연구에서 사용한 자료수집의 전략과 그에 대한 논리적 근거를 충분히 설명할 수 있어야 한다. 그렇지 못할 경우, 연구자가 수집한 자료들이 연구의 의도와 관련된다는 점을 독자들에게 충분히 납득시키기 어려울 수 있으며, 결과적으로 연구결과에 대해서 신뢰성을 확보하기 어렵게 되기 때문이다.

연구자의 논리적인 자료수집 근거와 그에 따른 적절한 전략을 사용하여 수집한 자료들을 바탕으로 연구결과를 도출하는 질적 연구는 양적 연구와 구분되는 목적을 가진다. 질적 연구는 특정한 이론적 논의나 그를 바탕으로 수립된 가설을 검증(verification)하는 것을 목적으로 하는 것이 아니라, 현상에서 획득한 실증적인 자료들을 바탕으로 현상의 의미가 무엇인지 탐색(exploration)

하는 것을 목적으로 한다. 흔히 표현하는 "자료가 이야기하게끔 하라"는 표현은 현장에서 수집한 자료에 충실하여 분석할 것을 주문하는 질적 연구의 입장을 보여주는 것이다.

하지만 질적 연구의 목적이 특정한 이론이나 가설을 검증하는 것이 아니라는 설명은 연구자가 가지고 있는 주관적 가치가 배제된다는 설명과는 또 다른 차원의 이야기란 점을 유념할 필요가 있다. 일반적으로 질적 연구는 연구자의 주관적 가치나 신념 등이 개입하는 가운데 현상에 대한 해석이 이루어지는 점을 인정한다(Bogdan & Biklen, 2007; Merriam, 1998). 이런 설명에 치중하다 보면, 연구자가 관심을 갖는 이론이나 가설의 사전 설정을 부정하는 귀납적 접근에 대한 이야기가 논리적 모순으로 들릴 수 있기 때문이다. 하지만 검증해야 할 가설이나 이론적 논의와 연구자가 가지고 있는 주관적 가치나 신념 등은 전혀 다른 성격의 것이다. 한마디로 이야기하면 연구자의 주관적 가치나 신념이 연구대상을 이해하는 일종의 렌즈라고 한다면, 연구의 수행을 통하여 검증하려는 가설이나 이론은 연구의 대상이 되는 것이다. 어떤 방법으로든 연구를 하기 위해서는 연구대상을 지속적으로 바라봐야 하며, 이 과정에서 바라보는 이, 즉 연구자의 가치를 배제하기란 사실상 불가능하다. 질적 연구에서 연구자의 주관적 가치의 개입을 인정하는 것은 바로 이 점을 부각하는 것이며, 그런 의미에서 양적 연구 역시 결코 완전히 객관적인 접근이라고 보기 어렵다고 주장한다(Guba & Lincoln, 2000).

반면, 가설 또는 이론을 미리 세워놓지 말라는 이야기는 기존의 이론을 토대로 연구대상에 대한 기대나 예측을 미리 하지 않는다는 의미이다. "가을이 되면 낙엽이 질 것이다"라는 것은 이미 알려진 자연법칙에 따라서 우리가 가질 수 있는 기대나 예측 —낙엽이 질 것이다—이 포함된 것이다. 반면, "가을이 되면 나무에서는 어떤 일들이 벌어질까?"라는 것은 나무에서 어떤 변화가 일어나는지에 대한 예측을 보류하고 있는 것이다. 양적 연구의 전통에서는 선행연구에 대한 충분한 고찰을 통해 연구대상에 대해서 가질 수 있는 이론적 예측, 즉 가설을 수립하고 그에 대해서 실증적 자료를 투입하여 해석할 것을 강조한다. 하지만 질적 연구의 전통에서는 연구자가 검증하려는 가설에 대해서 과잉 해석할 수 있는 여지가 있을 수 있기 때문에 연구대상에 대한 이론적 예측이 필요하지 않다고 주장하는 것이다.

라. 연구자의 역할

질적 연구방법에서는 자료들을 수집하는 연구자의 역할이 연구과정에서 매우 중요한 요소란 점을 부각한다. 다시 말하면, 연구의 핵심적인 자료수집의 도구(instrument)로서 연구자의 위상을 강조하는 것이다(Merriam, 1998). 양적 연구방법에서는 연구자의 면밀한 검토를 통하여 체계적으로 계획된 실험 설계에 따른 실험이나 엄밀하게 구성된 조사지를 이용하면 연구대상에 대한 객관적이고 신뢰로운 자료를 획득할 수 있다. 리커트 척도를 이용하여 제작된 설문지에 응답한 내용 자체에는 연구자의 자의적인 해석이 개입할 여지가 적은 것이다. 하지만 질적 연구방법에서는 면담이나 관찰 등과 같이 자료수집의 과정에서 연구자의 감정과 의지, 그리고 주관성이 개입할 가능성이 큰 방법을 통해서 자료를 획득하게 된다. 아무리 연구자가 객관적으로 자신의 가치개입을 중지한 채 참여자와 대화를 하고, 또 관심 현상을 관찰하려고 하더라도 사실상 불가능한 일인 것이다. 연구자는 자신이 살아온 경험을 토대로 형성된 기대나 선입견이 있기 마련이고, 이런 것들이 자료수집의 과정에 영향을 미치게 된다. 따라서 면담이나 관찰을 통해서 산출된 정보들은 누가 면담이나 관찰을 했는지에 따라서 동일한 주제, 동일한 대상에 대해서도 상이한 내용의 정보들을 만들어 낼 수 있다.

이처럼 연구도구 자체의 일관성에 대해서 논의하게 되면, 질적 연구방법은 상대적으로 취약한 연구도구를 가지고 실행하는 방법으로 간주될 수 있다. 연구자가 신뢰롭고 타당한 도구를 구안하여 정확하게 사용함으로써 연구의 목적을 충실히 달성할 수 있다는 양적 연구의 입장에서 보았을 때, 질적 연구에서의 핵심적인 연구도구인 연구자가 고스란히 가지고 있는 인간으로서 특성—보유하고 있는 정보의 양, 기억력의 한계, 가변적인 개인의 감정이나 편견 등—이 개입함으로써 객관적인 실제에 대해서 나름대로 오해할 수 있으며 왜곡할 수 있기 때문이다. 따라서 이러한 조건들을 고려할 때, 질적 연구는 도구의 정교함을 가지고 연구과정과 그 결과물에 대한 가치를 판단하기 어렵게 된다.

양적 연구에서는 연구의 신뢰성과 타당성을 점검하기 위하여 연구도구의 신뢰도와 타당도에 주목한다. 앞서 언급한 것처럼 연구를 통해서 탐구하려는 실체는 연구자의 조건과 연구의 맥락과 상관없이 불변하기 때문에 연구자가 기울여야 할 노력은 그러한 실체를 정확히 파악할 수 있는 도구를 갖추고, 그 도구를 객관적이고 타당하게 이용하는 것이 된다. 하지만, 질적 연구에서는 연구의 탐구대상이 사회문화적 맥락에 따라서 다양한 의미해석이 가능한 유동적인 실체일 뿐 아니라, 이를 탐구하는 연구자 역시 매우 가변적인 존재이기 때문에 연구를 수행하는 과정에서 엄밀성과 객관성을 보장하는 것이 쉽지가 않게 된다. 물론 그렇다고 질적 연구의 수행이 연구자의 자의적 판단에 따라서 편리하게 이루어져도 된다는 것은 아니다. 질적 연구 역시 연구의 설계과정과 실행과정에 있어서 최대한 합리적이고 과학적인 접근을 취할 것을 강조한다. 이런 맥락에서 Bogdan과 Biklen(2007)은 "주관적인 연구대상에 대해서 주관성을 갖는 연구주체가 최대한 객관적이고 과학적으로 접근하는 연구방법"(p. 37)이라고 설명한다.

마. 연구주제의 성격

마지막으로 연구자에 의해서 구성, 혹은 해석되는 내용은 단순한 객관적인 정보의 산출보다는 현상의 질, 즉 왜(why), 어떻게(how) 질문에 대한 답을 구명하고자 한다. 다시 말하면, 어떤 현상이 변천해가는 과정을 살펴보려고 하거나, 그러한 변천과정에 작용하는 다양한 상황적 요인들은 무엇이며, 이들이 어떻게 개입하고 있는지 등과 같이 동적인 요소에 대한 것이 질적 연구방법에서 관심을 갖는 주제이다. 질적 연구는 현상으로부터 수집한 다각적인 자료를 바탕으로 연구의 주제현상에 대한 깊이있는 설명을 함으로써 독자들의 이해를 돕고자 한다. 질적 연구에서는 연구의 주제현상에 내포되어 있는 핵심적인 것이 무엇인지 간결하게 짚어내기보다는 심층적이고 풍부한 설명을 통해서 현상에 대한 이해를 도울 수 있다고 생각한다. 양적 연구에서는 객관적인 수(number)라는 단위를 이용하여 현상을 간결하게 환원함으로써 독자들로 하여금 현상의 핵심적인 요인들을 확인할 수 있도록 돕는다. 그리고 그러한 요인들이 엄밀한 연구설계와 자료수집의 절차, 그리고 분석을 통해서 도출이 된 것이라면 객관적인 것이라고 생각한다. 하지만 사회현상을 충분히 이해하기 위해서는 문제의 원인이나 매개요소 등을 규명하는 무엇(what)을 확인하는 노력뿐만 아니라, 이러한 요소들이 어떤 조건에서 어떻게, 왜 상호작용함으로써 현상으로 귀결되는지에 대한 정보도 필요하다. 가령, 맛있는 음식을 요리하기 위해서는 필요한 재료들이 무엇인지 아는 것뿐만 아니라, 이들 재료들을 어떻게 요리하였는가를 아는 것도 필수적이다. 질적 연구는 바로 이 점에 대해서 주목하는 연구방법론이라고 할 수 있다.

질적 연구방법은 탐구를 시도하는 인식론적 출발점에서부터 양적 연구방법과 전혀 다르다. 그래서 연구주제에 대해서 접근하는 방법도 구별될 뿐만 아니라, 연구의 문제의식 자체도 다른 모습을 보이게 된다. 따라서 질적 연구방법을 정확히 이해하고 평가하기 위해서는 이러한 근본적인 차이를 인정하고 접근하는 것이 필요하다. 소위 과학적이고 객관적인 연구수행을 지향하는 기준으로 놓고 보았을 때, 주관성을 가지고 있는 연구자가 역동적인 의미해석의 가능성을 내포하고 있는 현상을 탐구하는 질적 연구방법의 연구의 수행과정은 비판의 여지가 많다. 하지만 이러한 비판은 기본적으로 질적 연구방법과 양적 연구방법이 근간으로 하고 있는 존재론과 인식론적 차이를 간과하는 데서 기인한다. 앞서 설명하였던 것처럼 질적 연구방법과 양적 연구방법은 단순히 연구대상에 대해서 다른 기법과 전략을 선택하는 정도의 차이가 아니라, 연구하려는 대상과 연구의 수행상황에 대한 기본적인 전제 자체가 다르다. 이러한 차이는 근본적으로 종(種)이 다른 인간이 하늘을 날지 못한다고 해서 새들보다 열등하다고 이야기할 수 없는 것과 같은 맥락으로 이해할 수 있다.

다섯 가지 범주로 정리한 질적 연구방법의 특징을 정리하면, 질적 연구방법은 연구 상황에 개입하는 참여자들이 해석하는 현상의 의미를 맥락과 결부하여 전체적(holistic)으로 설명, 이해하고자 한다. 질적 연구의 분석대상이 되는 사회적 현상은 행위자들의 구체적인 실천의 집합이라고 할 수 있으며, 그 행위의 의미는 행위자들이 스스로 자신이 처한 상황에 대한 규정과 해석이 이루어진 후, 그러한 해석을 토대로 발생하는 것으로 이해할 수 있다. 즉 연구의 대상인 현상은 행위자들의 상황에 대한 종합적인 의미해석을 담고 있는 것이다. 그러므로 보다 정확하게 체계적인 분석을 위해서는 연구 대상의 상황과 행위자의 상황에 대한 해석내용과 형식, 그리고 그에 대한 대응으로서 행위 방식을 함께 고려하고 살펴보는 것이 중요하다(Bogdan & Biklen, 2007). 연구대상에 대한 연구자의 예측이나 기대를 배제한다는 점에서 질적 연구방법론은 "귀납적인 분석"(inductive analysis)을 근간으로 하고 있다. 즉, 어떤 가설을 먼저 설정하고 난 후 현상에서 수집된 자료로써 가설의 적절성을 검증하는 연역적인 분석을 택하기보다, 질적 연구의 전통을 따르는 연구자는 현상에서 직접 관찰이나 인터뷰를 통해서 획득한 실증적 정보를 바탕으로 그 현상을 깊이있게 기술하고자 한다. 연구자의 탐구 대상이 되는 현상의 의미는 바로 그 현상 자체에서 수집된 자료들로부터 도출되는 것이다.

◈ 참고문헌_

신경림, 조명옥, 양진향 (2004). **질적 연구방법론**. 서울: 이화여대출판부.

조영달 (2005). **제도공간의 질적연구방법론**. 서울: 교육과학사.

Bogdan, R. C., & Biklen, S. K. (2007). *Qualitative research for education* (5th ed.). Boston: Pearson Education.

Crotty, M. (1998). *The foundations of social research*. London: Sage.

Guba, E. G., & Lincoln, Y. S. (2000). Epistemological and methodological bases of naturalistic inquriy. In D. L. Stufflebeam, G. F. Madaus, & T. Kellaghan (Eds.), *Evaluation models*, (pp. 363-381). Boston: Kluwer Academic.

Merriam, S. B. (1998). *Qualitative research and case study application in education*. San Francisco: Jossey-Bass.

UNDERSTANDING

QUALITAT

SEARCH

METHODS

Chapter3

질적
연구방법의
탐구유형

Qualitative
Research Methods

C·H·A·P·T·E·R
3
질적 연구방법의 탐구유형

질적 연구방법을 이용하여 쓰여진 많은 논문들을 보다 보면 '문화기술지', '실행연구', '근거이론', '생애사 연구', '사례연구', '현상학적 연구' 등과 같은 개념을 동원하여 연구의 제목을 밝히고 있는 것을 어렵지 않게 확인할 수 있다. 질적 연구를 공부하는 입장에서 이와 관련한 질문들, '이러한 개념들은 각각 무엇을 말하는 것일까?' '문화기술지와 근거이론은 다른 연구방법인가?' '이 모든 것들이 질적 연구방법론에서 다루어지고 있는데, 그렇다면 질적 연구방법의 전통에서 이러한 개념 차이는 무엇을 말하는 것일까?'를 던지는 것은 어쩌면 당연한 모습일 것이다. 이러한 개념 차이를 한마디로 이야기하면,

질적 연구방법에 의해 수행되는 일련의 연구들이 단순히 질적 연구방법에 의한 논문이란 점을 밝히는 데 머무르지 않고, 각 연구들이 가지고 있는 보다 구체적인 관심주제를 드러내고, 그러한 관심주제를 탐구하기 위하여 특별히 강조한 연구설계의 특징을 부각하는 것이라고 할 수 있다.

Creswell(2013)은 이러한 개념들을 "질적 탐구의 접근유형(approaches to qualitative inquiry)"이라고 규정하면서 크게 문화기술지(ethnography), 근거이론(grounded theory), 사례연구(case study), 내러티브 연구(narrative research), 현상학(phenomenology) 등의 다섯 가지 유형으로 소개하고 있다. 물론 질적 연구의 탐구유형에 대한 이러한 구분이 항상 정답은 아니다. 질적 연구에 의한 연구들을 찾아보면 Creswell이 분류한 다섯 가지 질적 탐구의 유형 이외에도 실행연구(action research)에 해당하는 유형도 종종 발견할 수 있으며, 생애사 연구라는 용어로 연구를 규정하는 경우도 심심치 않게 발견할 수 있다. 그뿐만 아니라, 질적 연구임에는 틀림이 없으나 특정한 탐구유형에 포함될 수 없는 연구들도 있는데, Merriam(1998)은 현상에 공통적으로 내재되어 있는 중심주제와 범주를 귀납적으로 추출하는 데 주력하는 일반적인 형태의 연구를 "본질적 혹은 기본적 질적 연구(genric or basic qualitative research)"라고 설명한다(Merriam, 1998).

한 가지 덧붙여서 이야기하면, 우리가 알고 있는 양적 연구방법에서도 연구의 목적에 따라서 연구를 다르게 설계하는 것을 생각해 본다면 질적 연구의 탐구유형 구분에 대해서 좀 더 쉽게 이해할 수 있을 것이다. 즉, 양적 연구방법의 전통에서도 조사연구(survey research)와 실험연구(experimental research) 등으로 구분되는 연구 설계 유형이 있고 그에 따라서 수행하는 연구자의 활동이 구별되는 것처럼, 질적 연구방법에서도 연구의 목적과 그 목적을 달성하는 데 있어서 특별히 강조하는 자료수집, 분석상의 절차, 연구자의 역할이 있을 수 있다. 이 장에서 개괄적으로 살펴보고자 하는 질적 연구방법의 탐구유형은 질적 연구방법의 전통을 따르지만, 구체적인 연구가 갖는 이러한 차이를 주목하는 것이라고 하면 좋을 것이다.

1. 문화기술지(Ethnography)—"문화(cultural context)"

문화기술지는 특정한 사회집단이 가지고 있는 문화의 의미를 집단 구성원의 내부자적 관점에서 어떻게 이해되고 수용되는지 탐색하고, 집단 구성원들이 자신들의 문화에 대한 스스로의 이해를 바탕으로 다양한 문화적 속성들을 생산, 유지, 변화해 가는 과정을 외부자적 관점에서 담아 내려는 질적 탐구유형이다(Bogdan & Biklen, 2007). 문화기술지에서 주목하는 문화란 바로 사람들의 모임인 사회집단에서 사람들이 벌이는 행위양식, 언어적 습관 및 상호작용, 그리고 이러한 행동적, 언어적 행위활동에 내재되어 있는 사회적 규범이나 가치, 신념 등을 총칭하는 개념이다. 문화에 대한 이해를 도모하는 까닭은 문화가 단순히 집단 구성원들의 행위에 대한 설명력을 가지고 있기 때문이 아니라, 구성원들의 행위를 심층적으로 이해할 수 있는 맥락(context)이기 때문이다(Geertz, 2009). 그러므로 한 집단의 문화적 특성에 주목하는 문화기술지에서 '두터운 서술(thick description)'은 특히 요구되는 사항이다.

문화기술지의 전통은 19세기 문화인류학자들이 자신들의 문화적 전통과 다른 사회집단(남미지역의 원주민, 아프리카 지역의 부족집단 등) 구성원들의 사회적 상호작용의 양상과 이들이 공유하는 신념과 가치체계를 이해하고자 하였던 문화인류학(anthropology)의 학문적 전통에 근원을 두고 있다(Bogdan & Biklen, 2007). 사회진화론(social evolution)에 근간하여 주로 유럽중심의 서구문화를 문명화된 상태로 규정하고, 탐구의 대상이 되는 사회집단—유럽중심의 서구문화와 구별되는 집단—의 문화적 전통과 상징체계를 이해함으로써 각 문화권의 문화적 발달단계가 어떠한지 정의하고자 시도했던 것이다. 이런 점에서 전통적인 문화인류학은 인종차별적 성향과 유럽중심의 문화해석이라는 한계를 노정하고 있다(Glesne, 2006). 즉, 문화기술지의 모태가 되는 문화인류학의 출발은 소위 '덜 문명화된' 사회집단에서 작동하는 사회적 소통방식과 구조, 그리고 집단 구성원들이 해당 사회를 살아가면서 학습한 가치나 행위습관 등을 탐색하여 이를 문명화된 유럽중심의 서구문화와 비교함으로써 각 집단이 가지고 있는 문화적 특성의 발달단계를 정리하려는 데 있었던 것이다.

그러나 20세기에 들어서 문화인류학은 참여관찰과 같은 현장조사활동(field work)을 통해서 실질적 자료 수집을 강조하여, 연구대상이 되는 문화권에서 일정기간 동안 머무르며 수집한 자료에 기반을 둔 문화적 체계에 관한 이해와 설명에 주목하였다. 2차 세계대전이 끝나고 서구열강에 의한 식민통치의 시대가 끝나면서 문화인류학자들의 관심은 자국의 문화권 내로 시선을 돌리게 된다. 그래서 자신들의 문화에 포함되어 있는 하위문화들 가운데 이례적이거나 소외된 계층의 문화적 체계를 탐구하였으며, 이에 혁혁한 공을 세운 입장이 바로 시카고대학교 사회학과의 학자들로 대표되는 시카고 학파이다. 이들은 중산층의 문화적 가치와 관점에서 벗어나는 사회계층의 문화를 탐구하고, 그 의미를 이해하고자 시도하였다(Bogdan & Biklen, 2007).

문화기술지는 수집한 자료들이 가리키는 연구의 현상을 일정한 사회적 맥락에서 사회화된 개인들이 일정한 기간 동안 상호작용함으로써 생성되고 전수되는 문화, 혹은 문화적 산물로 이해하고 이에 기초한 분석과 해석을 시도하는 것이다. 이를 위해서 연구자는 일정기간 동안 특정한 집단에 참여하고 관찰하는 작업을 통한 자료 수집을 하게 된다. 그러다 보니 문화기술지라는 용어는 자료수집의 '방법'으로서의 의미와, 수집한 자료에 대한 분석결과로 제시되는 '결과물'이라는 두 가지 의미가 섞여서 종종 사용된다(Merriam, 2005). 참여관찰(participant observation)은 특히 방법으로서 문화기술지, 혹은 문화기술지적 방법의 성격을 대변해 주는 개념이라고 할 수 있다. 그러나 이러한 방법을 적극적으로 동원한다고 해서 특정한 연구가 문화기술지로 분류될 수 있는 것은 아니다. 말하자면 질적 탐구의 유형으로서 문화기술지는 참여관찰과 같은 방법의 사용이 아니라, 연구대상이 되는 집단과 그 구성원들의 행위에 대한 문화적 해석을 통하여 구분될 수 있다. LeCompte와 Preissle(1993: 42)가 언급한 것처럼 문화기술지는 "특정 집단 구성원들이 공유하는 신념, 실천, 사물, 대중적 지식, 그리고 행위의 의미를 독자들에게 재창출(re-create)"하는 것이다. 요컨대, 문화기술지가 연구대상의 문화적 의미와 체계를 깊이 있게 이해하는 것을 목적으로 하는 질적 탐구의 유형이라고 한다면, 참여관찰은 문화기술지 탐구유형에서 가장 일반적으로 동원되는 자료 수집방법이라는 점에서 둘 간의 개념 차이를 구분할 수 있다.

사람들이 자신들의 생활문화를 어떻게 형성해 가는지, 즉 문화를 형성해 가는 과정 및 방법에 대해서 많은 관심을 갖는 것이며, 가핑클이 민속방법론의 대표적인 학자이다. 민속방법론은 사회구성원들이 어떤 주제와 내용을 가지고 어떻게 행위하는지를 분석함으로써 사회 구성원들의 상호작용에 따라 문화가 형성되는 과정과 방법을 이해하는 것이다(Schwandt, 2007). 그래서 민속방법론은 다양한 일상적 행위들에서 어떻게 상호작용을 완수하는지를 이해하는 것에 관심을 갖는다. 예컨대, 처음 만나는 남녀가 다음 만남을 약속하는 경우와 그렇지 않고 일회의 만남으로 정리하는 경우, 각각 어떤 식으로 만남의 과정에서 소통하는가를 분석하는 것이다. 대화분석(conversation analysis)은 민속방법론의 전통에서 출현한 자료분석방법이다.

2. 근거이론(Grounded Theory)—"이론의 도출(theory development)"

근거이론의 목적은 관심의 대상이 되는 현상이 작동하는 추상적 원리나 이론을 발견해 내는 데 있다. 근거이론의 표현에서 말하는 '근거(grounded)'란 관심 주제 현상에서 수집한 실증 자료에 '근거'하여 이론을 도출한다는 점을 의미한다. 그렇기 때문에 질적 연구의 일환으로서 근거이론은 귀납적 성격의 이론을 발견, 혹은 생성해 내는 연구방법이다. 근거이론을 처음으로 제안한 Glaser와 Strauss(1967)의 입장에서 보았을 때, 근거이론에서 주목하는 이론이란, 연역적 추론에 의해서 연구자가 논리적으로 구안해 낸 이론이라기보다, 연구자가 직접 현장에서 수집한 자료들에 바탕을 두고, 이러한 자료들이 가리키는 현상을 가장 잘 설명해 낼 수 있는 이론을 뜻한다. 따라서 근거이론에서 언급하는 이론은 모종의 현상에 대한 다양한 예측이 가능하도록 돕는 이론이라기보다, 복잡다단한 실제 맥락에서 전개되는 구체적인 현상을 적확하게 설명하고 심층적으로 이해할 수 있도록 돕는 실질적 수준의 이론(substantive theory)으로서 성격이 강하다. 근거이론을 지지하는 입장에서 보면, 특정한 사회적 상황에 대한 설명력은 바로 그 상황에서 실증적으로 수집한 자료들을 바탕으로 이론을 구축하였을 때 가장 극대화될 수 있는 것이다.

Glaser와 Strauss(1967)는 인간은 능동적인 의미해석과 행위실천을 통하여 구조를 창출, 확장해 가며, 동시에 이러한 사회구조가 행위의 동기와 역동성을 설명하는 중요한 조건이 된다고 생각하였다. 그렇기 때문에 인간의 행위에 의해서 드러나는 사회현상을 파악하기 위해서는 인간의 행위와 구조를 함께 결부지어 이해하려는 노력이 필요하다고 보았다. 결국 근거이론 방법은 사람들의 행위가 어떤 구조적 조건에서 어떤 과정으로 이루어짐으로써 현상이 드러나는지를 설명할 수 있는 개념적 틀을 발견, 혹은 구성하는 작업인 셈이다. 이런 차원에서 근거이론 방법의 수행은 주제 현상에 참여하고 있는 연구 참여자들로부터 수집한 자료를 토대로 참여자들의 행위 의미와 그 역동성을 설명하기 위해서 행위의 구조가 되는 다양한 원인과 조건을 식별, 관련지으며, 나아가 참여자들의 행위가 발전하여 어떤 결과로 이어지는지 설명하는 방식으로 이루어진다(Strauss & Corbin, 1998).

현장에서 수집한 구체적인 실제 자료들을 바탕으로 현상을 개념적으로 설명할 수 있는 이론을 구축한다는 점에서 근거이론은 추상화의 과정이라고 할 수 있다. 여기서 말하는 추상화란 구체적인 자료가 지니는 속성과 차원에 의거하여 구체적 자료들의 공통적인 성격과 의미를 드러내는 과정을 뜻한다. 가령, '딸기', '사과', '참외'라는 구체적인 자료들이 갖는 공통적 성격을 그보다 좀 더 추상화된, 그러나 이들 자료에 공통적으로 내재된 핵심 속성이라고 할 수 있는 '과일', 또는 '먹을 것' 등으로 요약해 내는 것이 바로 추상화이다. Strauss와 Corbin(1998)은 구체적인 경험을 추상화해 내는 일련의 과정을 개념의 발견, 혹은 개념화(conceptualization)라고 하면서 이를 이론화(theorizing)의 핵심으로 간주한다. 근거이론 방법을 다루는 장에서 자세히 살펴볼 일련의 코딩절차와 범주화 과정 등은 근거이론의 원리를 실행 가능한 방법 차원으로 구현해 낸 가이드라인이다.

그러므로 근거이론이란 모종의 현상이 갖는 의미를 다음과 같은 일련의 물음에 기초하여 정돈해 가는 질적 연구의 유형이라고 할 수 있다.

- 탐구 주제 현상에 존재하는 행위자들은 어떤 행동/상호작용을 보이는가?
- 이들의 행동/상호작용은 시간 흐름에 따라서 어떻게 드러내는가?
- 이들이 보이는 일련의 행동/상호작용은 어떤 조건에 의해서 나타나는가?
- 이러한 행동/상호작용에 의해서 어떤 결과가 나타나는가?
- 이상의 물음에 대한 답들은 어떻게 통합되어 구성될 수 있는가?
- 이상의 물음에 대한 답들을 통합하여 정리하였을 때 그것은 결국 어떤 의미인가?

다른 질적 탐구유형과 달리 근거이론 방법이 갖는 가장 커다란 특징은 연구수행에 있어서 지침이 되는 절차들과 수행 지침 등을 발전시켜 왔다는 것이다. 특히 Strauss와 Corbin(1998)은 이론을 이끌어 내기 위한 자료수집, 분석, 해석의 과정을 다양한 방법론적 장치 등을 동원하여 설명하고 있다. 자료수집을 위하여 제안한 "이론적 표집(theoretical sampling)"과 "이론적 포화(theoretical saturation)"의 개념, 자료분석을 위하여 제안한 소위 "반복적 비교(constant comparison)"의 원리에 입각한 "개방 코딩(open coding)", "축 코딩(axial coding)", "선택 코딩(selective coding)"의 세 단계의 코딩절차와, 주제 현상의 구조와 과정을 효과적으로 통합하는 데 유용한 분석 도구(analytic tool)로서 "패러다임", 그리고 시간 흐름에 따른 현상의 이행과정 정리를 위해 제안한 과정 분석(coding for process) 등이 바로 그것이다. 이들의 논의는 비단 근거이론 방법뿐만 아니라 사례연구나 일반적 형태의 질적 연구 수행에 있어서도 널리 활용되는 자료분석 지침이다(Merriam, 1998).

'근거이론' 연구 사례

　김한별(2012)은 결혼초기 부부가 적응해 가는 과정을 탐색하고 부부로서 적응해 가는 과정이 학습으로서 어떤 의미를 갖는지에 대해서 연구하였다. 연구에서 근거이론 방법을 사용한 까닭은 "근거이론을 이용한 적응 과정의 개념화는 부부 적응과정의 전개 양상을 파악할 뿐만 아니라, 그에 내포된 학습으로서 의미를 발견하는 데 유용할 것"으로 보았기 때문이다(p. 4). 연구자는 Strauss와 Corbin이 제안한 자료분석 절차를 준용하여 분석하였다. 연구자는 먼저 1) 면담자료를 여러 개의 코드로 분할, 생성하고, 2) 코드를 범주화하는 가운데 패러다임을 이용하여 각 범주의 관계를 규명, 연결하였으며, 3) 부부 적응과정의 핵심적 의미를 보여주는 중심범주를 정선(精選)해 내어 범주들을 통합하여, 4) 중심범주를 중심으로 통합된 학습으로서 부부 적응과정을 그림과 이야기 형태로 구성하였다. 이 연구는 결혼초기 부부의 적응과정은 성찰이라는 인지적 과정, 감정적 공감과 지지라는 정서적 과정, 대인관계 및 우리사회의 사회문화적 가치 등과 같은 사회적 과정이 상호 연계되어 이루어지는 과정이며, 진정한 '배우자(spouse)'라는 정체성을 획득하는 상황학습의 과정임을 보여주고 있다.

김한별 (2012). 결혼초기 부부의 적응과정에서 학습경험 탐색: 근거이론 접근. 교육문제연구, 44, 1-35.

3. 사례연구(Case Study) ─ "특정 사례에 대한 종합적 기술 및 분석"

사실 사례연구는 그 용어만 놓고 보면 일정한 '사례'에 대한 연구라는, 이해하는 것이 크게 어렵지 않은 질적 탐구유형이라고 볼 수 있다. 그러나 그 용어가 주는 단순함에도 불구하고 실제로 연구를 하려다 보면 '이 연구를 사례연구라고 말할 수 있는 이유는 무엇인가?' 또는 '이 연구는 왜 사례연구라고 할 수 없는가?' 등과 같은 물음에 대해서 명쾌한 해명이 쉽지 않은 경우가 분명 있다. 일반적으로 사례연구란 말 그대로 특정 사례에 대한 종합적인 이해를 시도하는 방법으로서, 여기서 사례란 시간적, 공간적으로 분명한 경계를 갖는 하나의 경계 지워진 체제(bounded system)로 그 자체가 하나의 연구대상(a single entity)으로 다루어지는 것이다(Merriam, 1998).

사례연구에서 부각하는 사례라고 하는 것은 단순히 모집단의 특성을 반영하는 한 개체로서의 의미를 넘어서, 대상 사례 자체가 연구자의 구체적인 관심 대상이기 때문에 선정되는 것이다. 그러므로 사례연구의 실행에 있어서 사례 자체가 가지고 있는 모든 특징을 총체적이면서도 종합적으로 고려하여 분석하는 것이 필요하다(Schwandt, 2007; Stake, 2010). 그러므로 사례에 대한 충분한 이해에 기여할 수 있다면, 연구자가 고려할 수 있는 자료의 유형은 굳이 제한되지 않으며, 대체로 다양한 형태와 내용의 자료를 최대한 수집, 활용할 것이 권장된다(Schwandt, 2007). 사례연구는 이처럼 특정한 사례의 구체적 맥락을 종합적으로 다룬다는 점에서 상당한 수준의 맥락의존적 성격을 갖는 연구결과를 도출한다. 그러다 보니 사례연구의 결과가 해당 사례에 대한 심층적 이해를 돕는 데 있어서는 유용할지 몰라도, 사례연구의 내용을 일반화하거나 관련한 다른 현상을 해명할 수 있는 내용을 도출하기에는 제한적이라는 우려를 가질 수 있다. 그러나 많은 사례연구 지지자들은 사례연구를 통해서 새롭게 발견한 주요 내용이 충분한 분석과 서술을 동원하고 있다면, 해당 사례와 비슷한 사례와 경험을 이해하는 데 있어서 의미 있는 시사점을 제공해줄 수 있다고 강조한다.

앞서 언급한 것처럼 사례연구 접근은 사례에 대한 종합적이고 맥락적인 이해를 시도한다는 점에서 다른 질적 탐구유형과 구별될 수 있다. 사례연구는 문화기술지(문화), 현상학적 연구방법(체험), 생애사 연구(삶의 이력) 등과 같이 그 자체로 주목하는 독특한 연구주제를 가지고 있다기보다, 연구자가 관심을 갖는 주제를 풀어가는 데 선택할 수 있는 연구설계에 가깝다. 가령, '새로운 수업방법을 적용한 수업활동의 의미'를 연구주제라고 했을 때, 이 주제에 대한 연구는 연구자가 관심을 두고 있는 특정한 교실에서 새로운 수업방법을 적용하여 실행한 수업을 사례로 선정하여 사례연구 방법으로 할 수 있다. 그리하여 이 수업의 실행에 관여하는 전반적인 여건과 상황을 충분히 염두에 두고 새로운 수업방법의 가치와 효과, 그리고 그러한 수업방법에 의한 수업의 변화가 갖는 의미를 사례인 수업의 맥락에서 이해하고 풀이할 수 있다. 반면 사례연구가 아닌 방식으로도 같은 주제에 대한 연구는 가능하다. 새로운 수업방법을 적용한 여러 교사들을 섭외하여 이들의 수업 경험으로부터 새로운 수업방법의 특징과 가치, 그리고 새로운 수업방법이 교육활동에 주는 의미를 풀어내는 접근은 사례연구라고 말할 수 없다. 왜냐하면 연구의 단위로서 시간적, 공간적으로 분명한 경계를 갖는 체제가 명확하게 규정되지 않았기 때문이다. 그렇지만 이러한 연구 설계 역시 '새로운 수업방법을 적용한 수업활동의 의미'를 파악하는 데 있어서 충분히 가능한 시도임에는 틀림이 없다.

연구자가 사례연구를 하는 가장 큰 이유는 특정한 사례 자체가 연구자의 관심과 부합하기 때문이다. 연구자가 특정한 사례에 대해서 관심을 갖는 이유는 사례로 선정된 대상 자체가 가지고 있는 특수성이 연구자의 일차적인 관심이자 유일한 관심인 경우와, 사례 자체가 연구자의 주요 관심이라기보다, 사례가 내포하고 있는 특성이 시사해 줄 수 있는 정보나 지식이 연구자의 주요 관심인 경우로 구분할 수 있다. 전자의 경우, 즉 사례 자체에 내재된 가치와 특징을 이해하기 위해서 수행되는 사례연구를 내재적 사례연구(intrinsic case study)라고 하며, 후자처럼 연구자가 관심을 가지고 있는 사회현상의 이해를 돕기 위한 수단적 이유로 실시하는 사례연구를 도구적 사례연구(instrumental case study)라고 한다(Stake, 2010). 여기에 덧붙여 Stake(2010)는 연구자가 사회적 현상을 이해하기 위해서 하나의 사례에 대한 탐구를 통해 부족하다고 판단하는 경우, 복수의 사례를 분석하여 그 결과들을 토대로 사례들이 재현하는 사회현상을 이해하는 다중적, 혹은 집합적 사례연구(multiple or collective case study)도 언급한 바 있다. 그러나 이는 사례 자체가 일차적 관심 대상이 아니라, 그것이 대표하는 사회현상이 주된 관심인 조건하에 수행된다는 점에서 도구적 사례연구가 확대된 형태라고 볼 수 있다. 그러나 사례연구에 대한 이러한 개념적 구분은 사례연구의 성격과 의도를 이해하기 위하여 알아 둘 필요가 있지만, 사례연구의 실제에서 보면 하나의 사례연구가 내재적 성격의 것인지, 아니면 도구적인 성격의 것인지를 구분하는 것이 쉽지 않다. 왜냐하면 현실적으로 대부분의 연구자는 사례연구를 할 때, 사례 자체에 대한 깊이 있는 이해—내재적 가치—뿐만 아니라 그로부터 밝혀낸 내용이 어떻게 관련한 현실에 의미 있는 시사점을 제공—도구적 가치—할 것인가에도 함께 관심을 가지기 때문이다.

참고자료

'사례연구' 연구 사례

강영택, 김정숙(2012)은 "농촌지역에서 학교와 지역사회가 파트너십을 형성하고 그것이 변천되는 과정을 고찰"(pp. 28-29)하는 것을 목적으로 "학교와 지역사회의 파트너십을 성공적으로 수행해 오고 있다고 평가받는 충남 홍성군 홍동지역의 사례"(p. 29)를 대상으로 연구하였다. 사례를 분석하기 위하여 연구자들은 학교의 수업, 마을의 생활협동조합, 지역센터, 마을도서관, 마을카페 등을 지속적으로 방문하여 관찰하였으며, 이 지역 학교 관계자와 지역주민 35명과의 심층면담, 그리고 학교와 마을의 활동흔적을 엿볼 수 있는 문서나 기타 자료들을 수집하였다. 본 연구에서 주목하는 사례를 통하여 학교와 지역사회가 유기적인 협력관계를 형성하고 있지만, 그 관계성에 대한 인식은 계속해서 변천해 가고 있음을 지적하고 있다. 그래서 애초에 학교가 주도적이던 학교와 지역사회 간의 파트너십 관계에서 주도권이 점차 지역사회로 넘어가고 있음을 밝히고 있다. 그리고 이러한 연구결과를 토대로 학교와 지역사회 간의 상생과 관련하여 본 연구가 시사해 주는 바를 제시하고 있다.

강영택, 김정숙 (2012). 학교와 지역사회의 파트너십에 대한 사례연구: 홍성군 홍동지역을 중심으로. 교육문제연구, 43, 27-49.

4. 현상학적 연구(Phenomenology)—"체험(lived experience)에 대한 연구"

현상학적 연구는 현상학이라는 철학적 전통을 기반으로 하는 질적 연구방법이다. 사실 철학으로서 현상학은 그 자체로도 Husserl의 초월론적 현상학과 Heidegger의 해석학적 현상학 등으로 구분되는 데다가, 그 철학적 원리를 구체적인 연구 방법으로 변환하는 가운데 학자들의 해석과 주장이 가미되면서 매우 다양한 유형의 연구방법으로 분화되었다. 예컨대, 이남인(2014)은 현상학적 연구의 한 형태로서 체험연구 방법을 언급하면서 현상학적 체험연구의 방법을 van Kaam의 현상학적 체험연구, Giorgi의 현상학적 체험연구, Colaizzi의 현상학적 체험연구, 해석학적 현상학적 체험연구, 그리고 van Manen의 현상학적 체험연구 등 다섯 가지로 구분하여 소개하였다. 이러다 보니 질적 연구에 대한 공부를 시작하는 입장에서 볼 때, 현상학적 연구의 의미를 간명하게 포착해 내기란 쉽지 않은 일이 된다. 게다가 지금까지 소개되고 있는 다양한 현상학적 연구방법은 그것들이 토대를 두고 있는 철학으로서 현상학 원리와도 일대일의 관계로 대응할 수 없다는 점 역시 현상학적 연구에 대한 어려움을 더하는 요인이 된다(이남인, 2014). 그럼에도 불구하고 질적 연구의 전통을 전반적으로 조망하기 위해서는, 다른 질적 탐구유형과 구별되는 현상학적 연구방법의 전반적인 원리와 특징에 대해 이해하는 것이 필요하다.

현상학적 연구는 말 그대로 '현상'에 대한 연구이다. 질적 연구방법의 한 형태로서 현상학적 연구가 관심을 갖는 현상이란 바로 참여자의 경험이다. 참여자의 경험을 이해하고 해명한다는 점에 있어서 다른 질적 연구방법과 크게 다를 바가 없어 보이나, 현상학적 연구방법의 가장 큰 특징은 참여자의 경험을 현상으로 간주한다는 점이다. 그리고 현상으로서 경험이란 "순수의식 속에 드러나는 체험"(공병혜, 2004: 163)으로서, 이를 직관하여 기술하는 것이 현상학적 연구방법의 과제인 셈이다(Moustakas, 1994). 현상에 주목한다는 것은 인식하는 주체의 의식 속에 가장 직접적으로 주어지는 직관적 체험으로 돌아가는 것을 뜻한다(공병혜, 2004). 그러므로 현상학적 연구에서는 인식 주체의 의식이 지향하는 바를 식별하는 것이 필요하다.

질적 연구에서 인식의 주체는 연구자와 참여자 모두가 될 수 있다. 연구자가 참여자에 의해서 이야기되는 바를 '듣고 생각하는', 인식하는 주체라고 한다면, 참여자는 자신의 경험을 제보하기 위하여 연구 시점에서 경험을 '떠올리는' 인식의 주체가 되는 것이다. 현상학적 연구를 위해서 참여자는 의식의 지향에 따라 떠오르는 바를 직관적으로 응시하고 이야기할 수 있어야 하며, 연구자는 스스로가 가지고 있는 편견과 선 이해를 보류함으로써 참여자가 드러내는 그대로의 자기 체험을 직관적으로 풀어낼 수 있어야 한다. 현상학적 연구가 의식의 지향에 의해 드러나는 직관적 체험을 제대로 포착하기 위해서는 이러한 참여자와 연구자 차원의 이중 작업이 필요하다. 결국 직관적으로 참여자의 '체험(lived experience in the lifeworld)', 혹은 참여자의 '주관적 경험의 본질(essence of subjective experience)'을 포착하기 위해서, 연구자가 체험을 올바로 파악하는 데 방해가 될 수 있는 잘못된 선입견을 제어해야 하는데, 이때 현상학적 판단중지와 환원 등과 같은 활동을 동원하는 연구가 바로 현상학적 연구방법인 것이다(Moustakas, 1994; Schwandt, 2007).

현상학적 연구방법에서 주목하는 직관적 체험은 주관적 성격의 경험으로서 이성에 의해서 논리적으로 해명된 경험과는 성격이 다르다(Merriam, 2005).

보통 다른 질적 연구방법의 유형에서는 탐구 대상이 되는 경험의 성격에 대해서 크게 고민하지 않는다. 그러나 현상학적 연구에서는 이성의 작동에 의한 해석과 판단이 이루어지기 전에 의식 속에 먼저 존재하게 되는 대상의 의미에 대한 탐구를 목적으로 두기 때문에 연구자는 논리적, 분석적 설명과 판단의 개입을 억제해야만 한다. 현상학적 연구방법에서 다루어지는 '판단중지(epoche)', '현상학적 환원(phenomenological reduction)', '괄호치기(bracketing)' 등과 같은 개념들은 지각하는 대상을 인식하고 수용하는 데 있어서 자연스럽게 개입하는 일련의 선입견과 신념을 보류하거나 배제하면서 경험의 근원적 의미, 즉 경험의 본질을 직관하려는 작업들을 뜻한다(공병혜, 2004; 이남인, 2005). 말하자면 현상에 대해서 직관하고 또 서술하기 위해서 동원되는 이러한 활동은 익숙한 방식으로 인식하려는 태도보다, 일상적 가치나 신념의 작동을 중단하고 스스로의 인식 습관을 부단히 의심하며 개방된 태도로 자료를 바라보고 기술하려는 시도인 셈이다. 그럼으로써 현상학적 연구는 경험의 본질, 즉 의식에 의해 드러나는 체험을 이해할 수 있게 된다.

앞서 언급한 것처럼 질적 연구의 상황에서 연구자와 참여자 모두 탐구주제에 대해서 인식하는 주체이다. 그렇기 때문에 현상학적 연구방법에서는 연구자 측면에서 취해야 할 역할과 활동뿐만 아니라, 연구의 참여자에게도 요구되는 바가 있다. 엄밀히 말하면 연구자는 참여자가 이러한 요구에 따라서 자신의 의식이 지향하는 대상, 즉 '주관적 경험', '체험'을 진술할 수 있도록 해야 한다. 이를 위해서 참여자는 자신의 체험을 3인칭 시점에서의 현상에 대한 기술이 아니라, 1인칭 시점에서의 지각 및 경험의 기술을 한다(Thompson, Locander, & Pollio, 1989). 3인칭 시점의 기술이란 화자가 자신을 대상으로부터 분리하여 거리를 두고 기술하는 것인데 비하여, 1인칭 시점의 기술이란 화자가 대상을 어떻게 주관적으로 경험했는지를 표현하는 것이다. 다시 말하면, 1인칭 시점의 기술은 화자가 자신의 경험을 논리적으로 추론하여 왜 그랬었는지를 진술하는 것이 아니다. 왜냐하면 논리적 추론은 화자가 경험으로부터 자신을 객관화하여 벌이는 작업이기 때문이다. 현상학적 연구방법의 실행에 있어서 연구자는 참여자가 이러한 방식으로 진술할 수 있도록 면담을 진행하는 데에 대한 기술과 능력을 갖추어야 한다.

'현상학적 연구' 연구 사례

김영경 외(2004)는 우리나라 여성 노인이 겪은 학대 경험의 의미와 본질에 대하여 현상학적 연구를 실시하였다. 이들 연구자들은 여성 노인의 학대경험에 대해서 현상학적 연구방법으로 접근함으로써 "가족집단의 폐쇄성과 체면을 중요시하는 한국의 독특한 문화적 배경하에서 종종 은폐"(p. 2)되거나 왜곡되기 쉬운 학대 경험의 본질을 살펴보려고 하였다. 연구자들은 남편과 사별한 65세 이상의 여성 노인 6명에 대한 면담을 실시하여 자료를 수집하였으며, 수집한 자료는 Colaizzi가 제안한 현상학적 분석방법으로 분석하였다. 자료의 수집과 분석과정에서 연구자들은 선 이해, 가정, 편견 등을 배제하고자 의식적으로 노력했다고 진술하고 있다. 연구 결과, 우리나라 여성 노인의 학대 경험은 "무시당함"과 "힘을 잃음"(p. 7)으로 요약된다고 밝히고 있다. 이 연구의 결과를 풀어 보면, 결국 여성 노인이 겪은 학대 경험의 본질이란 삶의 다양한 경험 속에서 자각하게 되는 자신의 존재에 대한 무시와 그럼에도 불구하고 어떻게 할 수 없다는 무력감에 기반을 둔다는 점을 시사한다.

김영경, 김영혜, 양진향, 유연자, 태영숙 (2004). 한국 여성 노인의 학대경험에 관한 현상학적 연구. 질적연구, 5(1), 1-9.

5. 실행연구(Action Research)—"연구 관심사의 개선(improvement)"

실행연구의 기본적 구상은 사회심리학자 Kurt Lewin이 1940년대 미국에서 지역 활성화(community development)를 운영할 프로그램의 방향을 이야기하는 가운데 처음 소개된 것으로 알려져 있다(Kemmis & McTaggart, 2005). 사실 실행연구의 출발은 현실 상황 속에 놓여 있는 사람들이 함께 인식하고 있는 문제를 규명하고 이해하는 수준을 넘어서, 문제 상황을 개선할 수 있는 현실적으로 적용 가능한 전략까지 도출하고 이를 실제로 적용함으로써 궁극적으로 당면하고 있는 문제를 점진적으로 풀어 가는 과정에 있다. 그러다가 일련의 실행연구 수행과정에서 동원되는 자료수집과 분석, 그리고 연구자의 성찰과 해석 등을 체계화하면서 질적 탐구방법의 유형으로 소개되고 수행되기 시작하였는데, 교육, 특히 학교교육 차원에서 이러한 경향성이 두드러진다. 그래서 실행연구는 교육이 이루어지는 구체적인 장면에서 드러나는 문제에 직접적으로 관심사가 걸려 있는 교사, 관리자, 학생, 학부모, 교육청 담당자 등이 참여하는 매우 실제적(practical)인 연구로 인식되었다(Kemmis & McTaggart, 2005). 즉 실행연구는 학교교육이 이루어지는 구체적인 상황 속에서, 전문 연구자가 아닌 교육 종사자들이 활동하는 가운데 직면하는 문제를 합리적으로 진단하고, 현실적으로 적용 가능한 대안을 도출하며, 나아가 대안을 직접 실천하고 반성하는 일련의 활동에 관한 방법론적 차원의 지침으로 소개되어 왔다(Mertler, 2009; Mills, 2007; Stringer, 2004). 그러나 실행연구는 전통적인 연구와 구별하여 단순히 좀 더 실용적이고 실제적인 방법이라는 의미를 넘어서는 특징을 갖는다. Kemmis와 McTaggart(2005: 574)는 실행연구의 수행방법에 대한 고민은 여전히 중요하지만, 궁극적으로 실행연구가 연구일 수 있는 이유는 동원하는 "연구수행 방법과 관련한 복잡한 절차에 달려 있는 것이라기보다 지속적으로 사회, 교육 차원의 이론과 실천의 관계에 대한 관심" 때문이라고 설명하였다. 이러한 설명은, 실행연구의 핵심은 바로 이론과 실천이 서로 분리될 수 없는 관계임을 전제하고, 실천을 견인하는 이론의 생산과 그를 통한 현실의 변화를 추구하려는 데 있음을 부각하는 것이다.

질적 탐구의 한 유형으로서 실행연구 접근이 갖는 주요 특징을 정리해 보면 다음과 같다. 첫째, 실행연구는 연구자와 연구 참여자들의 상호작용과 소통을 통해서 이루어진다. 실행연구는 연구자와 연구 참여자가 연구의 주체와 대상이라는 관계가 아닌, 공동 연구자(co-researcher)이자 문제해결의 동반자(partner)라는 관계성을 토대로 긴밀한 협력을 전제로 하는 활동이다(Stringer, 2004). 수업활동의 실질적 개선을 위해서는 수업활동에 문제가 되었던 사항을 교사와 학생 모두의 입장에서 살펴봐야 하며, 교사와 학생 모두 수업개선을 위하여 각자에게 요구되는 역할 수행이 필요하다.

둘째, 연구 참여자뿐만 아니라, 연구자 역시 연구주제 현상과 분리된 존재가 아니라, 연구의 주제가 되는 문제 상황에 속해 있는 존재이다. 그렇기 때문에 연구자의 입장에서 볼 때 실행연구는 전문적인 연구역량을 갖춘 외부자로서 다른 사람의 문제를 풀어 가는 것이 아니라, 스스로의 역량과 관심을 바탕으로 바로 '자신'의 문제를 풀어 가는 활동인 셈이다(Mertler, 2009). 가령, 자신이 담당하는 수업활동의 개선을 시도하는 교사는 스스로가 수업활동을 구성하는 한 부분인 것이다.

셋째, 개선(improvement), 변화(change) 등의 용어는 다른 질적 탐구유형과 실행연구를 구분짓는 표현들이다. 실행연구의 핵심이 되는 실행은 연구자와 연구 참여자가 협력적 관계를 토대로 도출된 대안을 문제의 개선, 나아가 문제 상황의 변화를 이끌어 내기 위해서 실제로 적용하는 활동이다(Mills, 2007). 예컨대, 실행연구는 학생들이 수업시간에 집중하지 못하는 이유를 분석할 뿐만 아니라, 알아낸 바를 바탕으로 학생들의 집중을 유도할 수 있는 방법을 실제로 구안, 도입함으로써 수업을 변화하고자 한다.

넷째, 실행연구는 연구를 수행하는 주체들의 성찰을 강조한다. 실행연구에 있어서 성찰은 구체적인 실제에 적절한 실행을 가능하게 하는 핵심적인 활동이다. 그뿐만 아니라, 보통 구체적인 행위를 하면서, 혹은 행위를 종료한 이후에 활발한 성찰이 이루어질 수 있다는 점에서, 다른 질적 탐구유형과 달리 실행연구는 성찰을 촉진하는 활동이기도 하다. 다시 말하면, 실행은 반성적 활동결과를 적용하는 과정이자, 반성적 활동을 촉진하는 촉매로서 효과적인 실행연구의 중요한 요소이다(Stringer, 2004). 예를 들면, 수업개선의 방법을 실제로 적용하면서 본래 의도한 수업개선의 방법이 어떠한지 계속해서 가늠해 보게 되며, 또는 예상치 못한 현상들이 나타날 때 그에 대한 대처방안을 모색하려는 성찰을 하게 된다.

마지막으로 실행연구는 연구주제 상황의 개선과 더불어 궁극적으로 연구자와 연구 참여자 모두의 변화와 성장을 이끄는 활동이다. 실행연구가 추구하는 문제의 개선과 변화는 결국 문제를 바라보고 다루는 연구자와 연구 참여자의 사고수준과 행위가 변화할 때 가능한 것이다. 따라서 실행연구는 일종의 협력적, 참여적 학습으로서 의미를 지닌다(Mertler, 2009). 수업활동 개선을 위한 교사와 학생의 협력적 실행연구는 교사의 수업전문성 신장과 더불어 학생들의 수업에 대한 태도변화와 학업수준의 변화까지 이끌어 낼 수 있는 계기가 되는 것이다.

참고자료

'실행연구' 연구 사례

양미선(2009)의 연구는 자신이 담임을 맡고 있는 만 5세 유치원 학급에서 이루어지는 동극 활동의 문제점을 파악하고 이를 개선하기 위하여 이루어졌다. 연구자가 실행연구의 형태로 연구를 수행한 이유는 아이들을 직접 지도하는 교사인 연구자와 연구자가 담임인 학급 아이들이 진행한 실제 동극 활동에서 나타나는 문제점과 어려움을 개선하려는 관심 때문이다. 이 연구에서는 McTaggart의 나선형 자기반성적 연구 사이클 모형에 따라서 문제파악과 변화계획 수립단계, 계획의 실천, 변화의 과정 및 결과에 대한 관찰단계, 변화과정과 결과에 대한 반성단계를 7차례의 동극 활동을 반복하면서 수행하였다. 본 연구는 실행연구로서 자료의 수집과 분석, 동극 활동의 개선과정 전반에 걸쳐 연구자의 역할이 부각된 반면, 상대적으로 아이들의 참여가 명확하게 드러나지는 않고 있다. 그렇지만 연구를 통해서 실제로 개선한 만 5세 아이들의 동극 활동 운영 방안들을 제시하고 있을 뿐만 아니라, 동극 활동의 개선과정에서 나타난 유아들의 변화와 성장도 함께 기술하고 있다.

양미선 (2009). 만 5세 파랑반의 동극 활동 개선을 위한 실행연구. 교육연구, 46, 217–250.

6. 내러티브 연구(Narrative Research)—"화자가 '이야기'하는 경험의 이해"

내러티브란 서술하고 있는 내용들이 일련의 연결성을 가지고 하나의 전체로 구성된 텍스트이다(Atkinson, 1998; Reissman, 1993). 질적 연구방법의 전통에서 내러티브 연구는 흔히 '이야기(story)'를 통하여 연구 참여자의 경험을 이해하는 접근으로 간주되는데, 이러한 까닭은 '이야기'가 전형적으로 내러티브의 구조를 가지고 있는 서술 형태로 간주되기 때문이다. 다시 말하면, 내러티브 연구에서 사용되는 '이야기'란 개념은 우리가 일상적으로 '말하기'와 비슷한 의미로 사용하는 이야기—사람들의 다양한 표현활동이나 의사소통—란 표현과 구별되는, 내러티브 조건을 갖춘 텍스트(storied form)이자 그러한 텍스트를 생산하는 행위(story telling)이다. Reissman(2008: 4)은 "내러티브는 일상 어디에서나 흔히 존재하지만, 일상에 존재하는 모든 것들이 다 내러티브는 아니다"라고 강조하면서 내러티브로 구분될 수 있는 특징이 있음을 이야기한다. 그러므로 하나의 질적 연구물이 내러티브 연구인가, 아닌가라는 판단의 기준은 탐구 대상이 내러티브의 조건을 구비하고 있는가의 여부에 달려 있다고 볼 수 있다. 내러티브 연구의 대상이자 주제인 내러티브는 기승전결(起承轉結) 흐름에 따른 줄거리(story line)를 갖추고 있으면서, 이야기되는 사건이나 생각의 변천과정이 인과적으로 잘 짜여져서 내용의 개연성(contingency)을 확보하고 있는 텍스트이다(Reissman, 2008). 그리고 '이야기'는 그 자체로 가장 전형적으로 내러티브 조건을 갖추고 있는 텍스트로서 내러티브의 일종이다(Polkinghorne, 1988).

바로 내러티브 연구는 연구 참여자의 경험을 내러티브로 파악하여, 참여자가 자신의 경험을 '이야기(story telling)'하고, 그 이야기된 바로부터 참여자, 즉 화자의 관점에서 해석되는 경험을 도출하고 기술하는 연구방법이다. 내러티브 연구는 고도로 훈련된 연구자가 과학적, 실증적으로 접근하여 생산한 지식의 한계에 직면하여 개인의 구체적 삶의 맥락에 대한 이야기 속에서 찾을 수 있는 해석적, 잠정적 지식의 가치에 주목한 내러티브적 전환(narrative turn)과 맞물린다(Reissman, 2008; Rossiter, 1999). 그래서 내러티브 연구란 참여자의 입장에서 중요하게 인식하는, 혹은 인상적으로 기억하는 사건, 대상, 인물, 생각 등이 참여자의 시각에서 어떻게 의미화되는지 살펴보려는 시도라고 할 수 있다. 개괄적 수준에서 내러티브 연구의 성격을 이해하기 위해서는 개인의 경험을 내러티브적으로 파악한다는 점, 면담과정에서 연구 참여자가 자신의 경험을 이야기할 수 있도록 한다는 점, 그리고 참여자의 이야기를 바탕으로 분석과 서술을 한다는 점 등을 자세하게 살펴보자.

먼저 참여자의 경험을 내러티브적 시각으로 이해한다는 점은 참여자가 이야기하는 경험이란 일정한 시간과 공간 조건을 살아온 참여자가 자기 삶의 시공간적 맥락을 배경(背景)으로 하여 해석한 전경(前景)임을 부각하는 것이다(Dominicé, 2000; Polkinghorne, 1988). 즉 한 개인이 가지고 있는 경험의 의미는 경험 주체로서 개인 스스로의 삶의 맥락으로부터 고립적으로 드러나는 것이 아니라, 오히려 그 속에서, 혹은 맥락과 결부됨으로써 제대로 이해될 수 있는 것이다. 가령, 어느 날 갑자기 복권이 당첨된 경험은 경제적으로 궁핍한 생활을 해 오던 사람에게는 극적인 전환의 계기가 될 수 있지만, 백만장자에게는 또 다른 차원의 경제적 수입 중 하나로 받아들여질 수 있는 것이다. 물론 다른 질적 연구방법의 유형에서도 해석학적 순환에 따른 참여자 경험의 해석이 이루어지지만, 해석의 주체가 연구자란 점에서 참여자가 자신의 삶을 배경으로 경험을 해석하는 기회를 열어 놓는 내러티브 연구와 구별된다.

내러티브 연구는 연구 참여자가 스스로 해석할 수 있는 여지를 열어 놓는 것에 머무르지 않고, 면담과정에서 자신이 해석하고 있는 바를 내러티브로, 즉 이야기로 풀어낼 수 있도록 한다(Reissman, 2008). 대부분의 질적 연구방법의 경우에서, 면담은 주로 연구자의 질문에 대한 참여자의 답으로써 진행되기 때문에 면담 전체를 통해서 언급된 내용들 간의 관련성은 연구자에 의해서 맺어진다. 이때 화자인 연구 참여자는 면담과정에서 굳이 스스로 언급하는 내용들이 상호 어떻게 연결되어 전체 내용이 일관성을 갖는 하나의 경험이 될 수 있는지에 대해 의식하지 않아도 된다. 이와 대조적으로 내러티브 연구에서는 면담의 실행이 단순히 연구자의 질문에 참여자가 반응적 차원에서 자신의 경험을 진술하는 방식으로 이루어지지 않는다. 연구 참여자는 자기 삶의 맥락에서 자신이 경험에 대해 스스로 부여하는 의미를 스스로 가장 잘 표현할 수 있는 방식, 그리고 드러내고 싶은 방식을 동원하여 설명한다. 화자 자신의 의도에 따라서 자유롭게 자신의 경험을 이야기하는 한, 내러티브는 화자의 삶과 조건과 관련하여 의미로운 것이다(Dominicé, 2000). 그렇기 때문에 연구자는 내러티브 화자의 의도와 맥락을 함께 고려하여 내러티브의 의미를 해석한다.

내러티브 연구에서 분석은 참여자가 이야기한 바, 즉 내러티브를 토대로 이루어진다. 그렇기 때문에 내러티브 연구는 참여자가 이야기하는 내용뿐만 아니라 이야기하는 방식, 즉 내러티브의 구조까지 함께 고려하여 참여자가 이야기하는 경험의 의미를 해석한다(Reissman, 1993). 왜냐하면 참여자가 사용하는 언어표현이나 이야기의 진술 형식과 구조는 이야기하고 있는 경험에 대한 참여자의 입장과 가치판단을 반영하고 있기 때문이다. 예컨대 같은 드라마를 함께 본 두 사람이 그 드라마의 내용을 다른 사람에게 다시 전달할 때 한 사람은 주인공 개인의 편에서 사건을 설명하지만, 다른 사람은 좀 더 객관적인 위치에서 사건이 어떻게 진행되었는지를 묘사할 수도 있다. 같은 경험을 가지고 있지만 서로 다르게 기억하고 이야기할 수 있는 특징 때문에 구성체(construct) 혹은 창조물(creature)로서 내러티브는 이야기 화자의 정체성을 확인할 수 있는 근거가 될 수 있다(Atkinson, 1998; Dominicé, 2000). 따라서 내러티브 연구자는 연구 참여자가 구성해 낸 내러티브의 내용과 형식 모두에 주목하여 연구를 수행한다.

'내러티브 연구' 연구 사례

이새암(2010)의 논문은 "사범대학 입학 당시부터 교직에 대한 뜻이 있었고, 진학 이후 그 뜻이 커진"(pp. 102-103) 학생들의 경험을 중심으로 사범대학 학생으로서의 삶을 이해하려는 연구이다. 이 연구가 내러티브 연구로 이루어진 까닭은 연구 참여자들이 이미 이야기를 통하여 사범대학 학생으로서 각자의 삶을 요약하고 해석하면서, "삶에서 발생하고 있는 다양한 교육적 사건들의 의미와 중요성을 스스로 구축"해 가고 있었기 때문이다(p. 100). 연구자는 참여자 3인의 이야기들을 다시 말하는(retelling) 방식으로 구성하여 "모천회귀(母川回歸)하는 연어의 삶"(p. 121)으로 내러티브를 정리하였다. 즉, 사범대학 학생으로서 삶이란, 치어로 비유될 수 있는 초·중등학교 시절부터 교사에 대한 희망을 가졌던 참여자들이 기대와 좌절, 이론과 실제와 같은 상반된 요소를 동시에 접하게 되는, 마치 바다와 강이 만나는 곳에서의 경험이다. 동시에 참여자들은 사범대학이 자신들에게 꿈을 향한 희망을 실현할 수 있는 곳이자, 언젠가 교직생활 가운데 자기연찬을 위하여 다시 회귀하게 되는 숲과 같은 공간이라고 이야기한다.

이새암 (2010). 사범대학 학생들의 삶에 관한 내러티브 연구. 교육인류학연구, 13(1), 99-129.

◆참고문헌_

강영택, 김정숙 (2012). 학교와 지역사회의 파트너십에 대한 사례연구: 홍성군 홍
동지역을 중심으로. **교육문제연구**, 43, 27-49.

공병혜 (2004). 간호연구에서의 현상학. **철학과 현상학 연구**, 23, 152-178.

권지성 (2008). 쪽방 거주자의 일상생활에 대한 문화기술지. **한국사회복지학**, 60(4),
131-156.

김영경, 김영혜, 양진향, 유연자, 태영숙 (2004). 한국 여성 노인의 학대경험에 관
한 현상학적 연구. **질적연구**, 5(1), 1-9.

김한별 (2012). 결혼초기 부부의 적응과정에서 학습경험 탐색: 근거이론 접근. **교
육문제연구**, 44, 1-35.

양미선 (2009). 만 5세 파랑반의 동극 활동 개선을 위한 실행연구. **교육연구**, 46,
217-250.

이남인 (2005). 현상학과 질적연구방법. **철학과 현상학 연구**, 24, 92-121.

이남인 (2014). **현상학과 질적연구: 응용현상학의 한 지평**. 경기: 한길사.

이새암 (2010). 사범대학 학생들의 삶에 관한 내러티브 연구. **교육인류학연구**,
13(1), 99-129.

Atkinson, R. (1998). *The life story interview*. Thousand Oaks, CA: Sage.

Bogdan, R. C., & Biklen, S. K. (2007). *Qualitative research for education* (5th.
ed.). Boston: Pearson Education.

Creswell, J. W. (2013). *Qualitative inquiry and research design: Choosing among
five different approaches* (3rd. ed.). Thousand Oaks, CA: Sage.

Dominicé, P. (2000). *Learning from our lives: Using educational biographies with
adults*. San Francisco: Jossey-Bass.

Geertz, C. (2009). **문화의 해석**(문옥표 역). 서울: 까치. (원저 1973년 출판).

Glaser, B., & Strauss, A. (2011). **근거 이론의 발견: 질적 연구 전략**(이병식, 박상
욱, 김사훈 공역). 서울: 학지사. (원저 1967년 출판).

Glesne, C. (2006). *Becoming qualitative researchers: An introduction*. Boston: Allyn
& Bacon.

Kemmis, S., & McTaggart, R. (2005). Participatory action research. In N. K.
Denzin & Y. S. Lincoln (Eds.) *The SAGE handbook of qualitative research*

(3rd ed.) (pp. 559-603). Thousand Oaks, CA: Sage.

LeCompte, M. D., Preissle, J., & Tesch, R. (1993). *Ethnography and qualitative design in educational research.* San Diego, CA: Academic Press.

Merriam, S. B. (1998). *Qualitative research and case study application in education.* San Francisco: Jossey-Bass.

Merriam, S. B. (2005). *Qualitative research in practice.* San Francisco: Jossey-Bass.

Mertler, C. A. (2009). *Action research: Teachers as researchers in the classroom* (2nd ed.). Thousand Oaks, CA: Sage.

Mills, G. E. (2007). *Action research: A guide for the teacher researcher* (3rd ed.). Upper Saddle River, NJ: Pearson Merrill Prentice Hall.

Moustakas, C. E. (1994). *Phenomenological research methods.* Thousand Oaks, CA: Sage.

Polkinghorne, D. E. (1988). *Narrative knowing and the human sciences.* Albany, NY: SUNY Press.

Reissman, C. K. (1993). Narrative analysis. In A. M. Huberman & M. B. Miles (Eds.), *The qualitative researcher's companion* (pp. 217-270). Thousand Oaks, CA: Sage.

Reissman, C. K. (2008). *Narrative methods for the human sciences.* Thousand Oaks, CA: Sage.

Rossiter, M. (1999). A narrative approach to development: Implications for adult education. *Adult Education Quarterly, 50*(1), 56-71.

Schwandt, T. A. (2007). *The SAGE dictionary of qualitative inquiry* (3rd. ed.). Thousand Oaks, CA: Sage.

Stake, R. E. (2010). *Qualitative research: Studying how things work.* New York: Guilford Press.

Strauss, A., & Corbin, J. (1998). *Basics of qualitative research: Techniques and procedures for developing grounded theory* (2nd ed.). Thousand Oaks, CA: Sage.

Stringer, E. T. (2007). *Action research in education.* Columbus, OH: Pearson Prentice Hall.

Thomspon, C. J., Locander, W. B., & Pollio, H. R. (1989). Putting consumer experience back into consumer research: The philosophy and method of existential-phenomenology. *Journal of Consumer Research, 16,* 133-146.

UNDERSTANDING

QUALITAT

RESEARCH

Chapter4

근거이론
방법

(Grounded Theory)

Qualitative
Research Methods

C·H·A·P·T·E·R
4
근거이론
방법

질적 연구방법을 통해서 수행되는 연구들은 주로 연구대상자가 경험한 사건 또는 현상을 그들의 목소리를 통해 풍부하고 심층적으로 이해하고 해석한다. 특히 여러 질적 연구 접근방법 중 하나인 근거이론(grounded theory) 방법은 어떠한 이론에 기초하여 가설을 설정하고 이를 실험을 통하여 검증하는 양적 연구와 다르게 연구 참여자가 겪은 비교적 장기간에 걸쳐 일어난 복잡다단한 현상과 경험에 관한 자료를 수집하고 분석하여 이를 근거로 실질적인 사회현상을 설명할 수 있는 이론을 생성하는 목적으로 진행되는 연구방법이다. 근거이론 방법은 1960년대 후반 미국의 사회학자인 Barney Glaser와 Anselm Strauss에 의해서 연구방법으로 처음 소개되었다. 'Grounded(기초를

qualitative research methods

둔, 근거를 둔)'라는 말뜻에서 알 수 있듯이 근거이론은 자료에 근거하여 이론을 생성하기 위한 질적 방법론이라고 할 수 있다(Strauss & Corbin, 2001). 본 장에서는 인간의 다양한 상호작용의 현상과 과정으로부터 얻을 수 있는 자료에 근거하여 인간의 경험세계를 보다 심층적이고 논리적으로 이해하기 위한 근거이론 방법에 대해 살펴보고자 한다.

1. 근거이론 방법이란

근거이론이란 실제적인 사회현상을 설명하기 위한 이론을 생성하기 위해 자료 그 자체에 근거(grounded)를 두어 자료를 수집하고 분석하는 데 필요한 체계적인 지침이다. 근거이론은 1967년 미국의 Glaser와 Strauss가 저술한 '근거이론의 발견(The Discovery of Grounded Theory)'이라는 책을 통해서 질적 연구방법의 한 형태로 널리 알려지게 되었다. 이 책이 출판된 후에 Glaser와 Strauss는 서로 다른 철학적 배경과 전통에서 오는 관점 차이로 인해 독자적인 학파를 형성시켰다. 1990년대에 들어와 Strauss는 Corbin과 팀을 이루어 근거이론 방법을 더욱 정교화하는 데 공헌하였는데, Strauss와 Corbin의 근거이론 방법은 연구자들이 손쉽게 적용하여 실제 연구에 활용할 수 있도록 구체적인 지침을 제공해 주었다는 점에서 근거이론의 실용화와 확산에 기여했다는 평가를 받고 있다. Strauss파의 근거이론 방법이 인기 있는 근거이론 접근 방법으로 자리 잡게 된 가장 큰 이유는 기존의 근거이론 방법이 지나치게 이론적이고 개념적인 설명에 치우쳐져 있다는 한계를 극복하고 연구자들에게 기법상의 절차를 제시하여 보다 체계적이고 명시적인 방법과 지침을 제공했다는 데 있다.

질적 연구방법으로서 근거이론 방법을 채택하는 경우는 첫째, 특정 대상 및 현상을 연구하는 데 있어 연구문제에 대한 양적 연구방법의 부적절성과 한계성에 대한 인지에서 비롯된다. 근거이론 방법은 이미 개발된 이론과 이론에서 비롯되는 개념적 틀을 가지고 연구문제 및 가설을 검증하기보다는 새로운 이론을 생성하는 데 초점을 두고 있다. 즉 양적 연구방법으로는 설명하기 힘든 행위자의 행위, 경험, 사건 또는 현상의 과정 등에 대한 심층적 이해와 이러한 사회적 현상을 설명할 수 있는 실질적 이론을 제시하기 위해 근거이론 방법을 선택하는 것이다. 예컨대, 학급 내에서 집단 따돌림을 당하고 있는 학생을 대상으로 하는 연구에서 집단 따돌림을 당하고 있는 학생들의 학교생활을 탐구하고 행동의 본질과 그들의 주관적인 경험을 탐구하기 위해서는 양적 연구방법보다 경험세계를 풍부하고 심층적으로 기술하여 그들을 이해하는 질적 접근방법이 더욱 적절하다. 따돌림을 당하는 학생들은 학교생활을 하는 데 있어 상당한 정신적·신체적 고통 및 갈등을 겪고 있는 경우가 많은데 이들의 목소리를 생생하게 담아내고 이러한 집단 따돌림 현상을 이해하며 설명해 줄 수 있는 이론을 생성하기에 양적 연구가 적절하지 못할 수도 있기 때문이다.

둘째, 근거이론은 사회적 상호작용의 본질을 탐구하는 데 초점을 두는 상징적 상호작용론에 본바탕을 두고 있다. 사회심리학자인 Mead(1934)에 의해 기초를 다지고 Blumer(1969)에 의해서 이론적 체계가 완성된 상징적 상호작용론에서 인간은 상징을 해석하는 주체로서 사물이나 인간 행위의 의미를 해석하고 이해하는 힘을 가지고 있으며, 이는 인간이 지니고 있는 가장 중요한 능력이라고 가정한다. 특히 Mead는 'Mind, Self, & Society'라는 연구에서 사회 구성원 간의 상호작용을 통해 이루어지는 자아를 제시하였는데, 한 사회 안에서 개인의 행동은 사회적으로 타인들과 상호작용하는 과정에서 개인의 행위가 구조화되는 것이라고 설명하였다. 이러한 상징적 상호작용론에 바탕을 둔 근거이론은 개인의 행동은 현상이나 사건이 그 개인에게 어떠한 의미로 받아들여지는지에 따라 달라지며, 현상이나 사건에 대한 개인적 의미는 타인들과의 상호작용에서 비롯된다는 점에서 연구 대상자가 타인들과의 상호작용에서 어떻게 경험하고 느끼며, 그들의 행위가 어떻게 사회적으로 구조화되는지를 밝히는 데 유용하다고 할 수 있다. 예컨대, 앞서 학교에서 집단 따돌림을 당하는 학생 연구에서 집단 따돌림 학생들의 정신적·신체적 고통과 학교생활에서의 적응 문제를 다루기 위해서는 학교 또는 학급이라는 사회구조적 맥락에서 따돌림을 어떤 의미로 받아들이며, 타인들과의 상호작용에서 어떻게 느끼고 경험하고 학교 또는 학급이라는 사회구조에 의미를 부여하는가를 이해하는 데 근거이론 방법이 적절하다고 볼 수 있다. 물론 집단 따돌림은 당하는 학생의 독특한 개인적인 성향이나 행동이므로 타인의 행동과는 상관없이 나타난다고 볼 수 있다. 하지만 학교라는 또는 학급이라는 사회에서 개인의 행위는 타인들과의 상호작용 속에서 구조화되는 현상이므로 이러한 현상 또는 사건을 구체적이고 심도 있게 분석하고 이해하는 데 근거이론 방법이 유용하게 쓰일 수 있다.

셋째, 근거이론 방법은 연구자가 이론적 민감성을 가지고 행위자의 다양한 경험세계와 과정에 대한 자료를 수집하여 이론적 표본 추출, 코딩, 반복적 비교방법, 메모, 핵심범주 분류, 패러다임 모형의 도출 등 행위자의 경험과정으로 원인, 결과, 차이점, 강도, 깊이, 각 요소들 간의 영향을 주고받는 관계 등을 체계적으로 분석하여 하나의 새로운 이론으로 생성하는 데 유용하다.

참고자료

근거이론의 탄생

근거이론은 1967년 미국의 사회학자 Glaser와 Strauss가 저술한 'The Discovery of Grounded Theory'라는 책을 통해서 질적 연구방법의 한 형태로 널리 알려지게 되었다. 하지만, Glaser와 Strauss는 이보다 앞선 1965년 'Awareness of Dying'이라는 저서를 통해 근거이론 방법의 기법을 소개하고 적용하였다. 이론서보다 그 이론을 적용한 저서가 먼저 출판되었다는 얘기이다. Awareness of Dying은 간호학, 의학, 사회학적인 측면에서 병원에서의 죽음을 다룬 책이다. 환자가 죽음을 맞이하는 상황에서 의사, 간호사, 사회복지사 등이 직면하는 다양한 윤리적이고 개인적인 문제 및 고민들을 다루고 있다. 이처럼 근거이론 방법이 간호학에서 처음으로 적용된 이유는 저자의 개인적인 배경을 살펴보면 알 수 있는데, Anselm Strauss(1916-1996)는 시카고 대학에서 사회학으로 석사와 박사학위를 받았지만, 학부는 버지니아 대학에서 생물학으로 학사학위를 받았다. 박사학위를 받은 후 그는 인디애나 대학교와 시카고 대학의 교수를 거쳐 University of California, San Francisco의 School of Nursing으로 자리를 옮겨 Department of Social and Behavioral Sciences를 설립하였다. 또한 Strauss는 WHO(World Health Organization)에서 컨설턴트로 일하면서 사회학뿐만 아니라 보건 및 간호학 분야에서 활발한 활동을 하였다.

예를 들어, 집단 따돌림을 당하고 있는 학생들의 경험과 관련하여 어떤 자료를 어디에서 수집할 수 있을 것인가에 대한 분석적 근거를 결정하며, 수집된 자료를 분석하는 데 있어서 반복적인 비교분석을 통해 현상, 행동, 사건, 범주, 개념 등을 서로 끊임없이 비교하여 유사점과 차이점을 찾아낼 수 있다. 또한 인터뷰에서 얻은 면담자료를 줄 단위로 분석하여 범주화하며, 중심되는 현상과 다른 범주를 서로 연결하고 관계를 분석하여 하나의 현상을 체계적으로 구조화하는 작업을 진행할 수 있다. 또한 연구에서의 중심현상을 대표할 수 있는 핵심 범주를 선택하고 모든 범주들을 통합하여 그 현상을 설명할 수 있는 실질적 이론을 생성할 수 있다.

2. 근거이론 방법의 여러 갈래

근거이론 방법이 연구 방법론으로서 영향력이 적지 않다는 점은 다른 질적 연구방법에 비해 상대적으로 자료 수집 및 분석에 있어 체계적이고 엄격성을 지니고 있으며 사회현상을 설명할 수 있는 유용한 이론을 생성할 수 있다는 이점을 가지고 있다는 점에서 그 이유를 찾을 수 있다. 근거이론 방법은 연구

방법론으로서의 체계성, 엄격성, 그리고 이 방법을 통해 유용한 연구결과물을 얻을 수 있다는 장점으로 인해 연구자들 사이에서 꾸준하게 활용되어 오고 있다.

근거이론 방법만큼 다양한 관점에서 방법론적 논의가 꾸준하게 되고 있는 연구방법도 드물다. 근거이론 방법의 1세대로 분류되는 Glaser와 Strauss는 근거이론 방법을 하나의 독자적인 연구방법론으로서 세상에 선보였을 뿐만 아니라 근거이론 방법의 목적과 필요성에 대한 이론적 토대를 마련하였다. 하지만 1990년대 초 Strauss와 Corbin(1990)이 'Basics of qualitative research: Grounded theory procedures and techniques'을 출간하고부터 Glaser와 Strauss 학파 간 사이가 확연하게 멀어지게 되었다. Glaser는 1992년 그의 저서(Basics of grounded theory analysis)에서 Strauss와 Corbin이 1990년에 발간된 저서에 대해 근거이론 방법의 기본 원리를 훼손·이탈하고 있다면서 신랄한 비판을 가하였다. 즉 Glaser의 방법은 근거이론 방법의 핵심이라고 할 수 있는 귀납적 원리에 의한 범주와 이론을 '출현'시키는 데 충실하고 있는 반면, Strauss와 Corbin이 제시한 절차와 분석은 복잡하고 부자연스러우며 분석을 하는 데 있어 선입견에 근거한 범주로 강제할 수 있다는 것이다. 이후 Strauss와 Corbin은 1998년 'Basics of qualitative research: Grounded theory procedures and techniques'의 2판을 출간하였는데, Glaser의 비판에도 불구하고 연구자들 사이에서 현재까지 많이 활용되고 있는 접근방법으로 평가되고 있다.

이후 Glaser와 Strauss의 제자들과 이들의 근거이론 방법에 영향을 받은 후대 학자들은 자신들만의 독특한 관점을 내세우며 차별화되거나 수정된 접근방법을 제시해 오고 있다. 예를 들어, Strauss의 학파이자 근거이론 2세대로 분류되는 Clarke(2005)는 Strauss와 Corbin(1990, 1998)이 제시했던 조건적/결과적 매트릭스 분석기법을 확장시켜 상황적 지도(situational map) 분석을 제시하였다. 이 기법을 통해 분석자는 인간, 인간 이외의 것, 담론, 공동체적 행위자, 정치/사회/문화적 요소, 시간적 요소, 공간적 요소, 쟁점, 관심, 논쟁, 기타 요소 등을 하나의 지도로서 배열하고 각각의 관계에 대해 분석을 실시하게 된다.

Glaser학파는 1967년에 발간된 '근거이론의 발견'의 기본 취지와 원리에 충실하면서 인위적이지 않고 자연스럽게 이론을 출현시켜야 한다는 기본 원칙을 고수하고 있는 상태이다. Glaser는 1990년대와 2000년대에 걸쳐 꾸준하게 근거이론과 관련된 저서를 출간해 오고 있으며, Stern(1995)은 Glaser학파의 대표적인 학자로 분류되고 있다.

Glaser와 Strauss 모두에게 영향을 받은 Charmaz(2006)는 상징적 상호작용과 해석학적 전통에 기반을 두고 행위자들이 경험한 사건과 현상을 추상적으로 해석하고 이해하는 데 초점을 둔 구성주의적 성격을 강조한다. Charmaz의 구성주의적 근거이론에서는 실증주의적 접근방법을 멀리하고, 연구 참여자의 관점에 대한 심층적 이해와 해석뿐만 아니라 연구자 자신의 해석에 대한 반영적 성찰을 강조한다.

한편 Glaser와 Strauss 접근방법을 절충한 접근방법도 등장하였는데, Birks와 Mills(2011, 2015)는 'Grounded theory: A practical guide'라는 저서에서 Glaser와 Struass의 입장을 서로 비교하고 차이점을 논하면서 이러한 차이점을 적절하게 통합하여 분석할 수 있는 방법을 제시하였다. 이들이 제시하고 있는 접근방법은 완전히 새로운 개념과 방법을 제시했다기보다는 그동안 논의되어 왔던 근거이론의 다양한 개념과 기법 등을 논리적으로 정리하여 종합한 실천적 가이드라고 볼 수 있다.

근거이론은 계속 진화하고 있다. 이러한 점은 다른 질적 연구방법에서 찾아볼 수 없는 현상이다. 그만큼 근거이론이 연구자들에게 큰 관심을 받아 왔음을 추측해 볼 수 있다. 사회적 현상을 쉬우면서도 논리적으로 설명할 수 있는 이론을 생성하기 위해 방법을 끊임없이 고민하는 연구자들의 생각이 반영되고 있음을 알 수 있다.

3. 근거이론 방법의 주요 구성요소 및 특징

1990년대 들어와서 Strauss와 Corbin은 Glaser와 Strauss가 발표한 고전적 근거이론을 한층 발전시켜 체계적인 연구방법론으로 발전시켰다. 다음에서는 Strauss와 Corbin이 1998년에 발표한 'Basics of qualitative research: Grounded theory procedures and techniques'를 바탕으로 근거이론 방법에서 활용되는 주요 원리와 그 특징을 살펴보기로 한다.

가. 연구자의 이론적 민감성(Theoretical Sensitivity)

근거이론 방법에서 연구자의 이론적 민감성이란 수집된 자료에서 미묘한 뉘앙스(nuances)와 단서(cues)가 암시하고 있는 의미나 포인트를 포착하는 능력 또는 통찰력을 말한다. 예컨대, 우리는 흔히 어떤 사물이나 현상에 대한 느낌이나 반응이 날카롭고 빠르며 감각이 있고 분별력이 뛰어난 사람에게 민감성이 있고 센스가 있다고 표현한다. 다양하고 많은 양의 데이터를 다루는 질적 연구에서도 연구자의 민감성은 어떠한 현상이나 사건들이 암시하고 있는 미묘한 차이와 유사점 등을 통찰력을 가지고 판단하는 능력을 말하며, 연구 과정에서 매우 중요한 연구자의 능력 가운데 하나이다. 물론 연구자의 민감성이란 아무런 노력 없이 갑자기 생겨나는 것은 절대 아니다. 많은 관련 자료와 이론에 익숙하고 이러한 연구 자료와 끊임없이 상호작용하며 고민하는 과정을 거쳐 준비된 사람에게 나타난다(Strauss & Corbin, 2001). 더불어 연구자 개인의 경험을 연구주제와 관련지어 민감성을 개발하여 활용하는 방법도 매우 유용하다.

예를 들어, 여성 임원이 겪는 경력개발상의 어려움에 관한 연구에서 실제로 연구자 자신이 여성이고 조직 내에서 여성으로서 겪게 되는 경력개발상의 여러 어려움에 대한 경험이 있는 경우, 연구 참여자들의 경험세계에 대해 통찰력을 가지고 의미를 부여할 수 있게 될 가능성이 많아진다. 만일 연구자가 여성이 아닐지라도 여성 경력개발 및 직장 내 여성 문제에 관한 각종 학술논문, 잡지, TV, 신문, 조직 내 내부 자료, 각종 정책 자료 등의 정보에 관심을 갖고 가까이하며 실제로 직장 생활을 하는 여성들을 자주 만나 대화를 나눠 봄으로써 여성 경력개발 실태를 이해하는 데 있어서 민감성을 키울 수 있다. 실제로 전성남(2007)의 남성노인 케어 경험에 관한 연구에서 연구자는 남성노인 케어에 관한 이론적 민감성을 높이기 위하여 재가노인복지시설에서 남성노인 케어 현장경험, 재가노인복지시설 전문가와 심층면접 및 상담 실시, 관련 연구논문 정독, 노인 케어 사례집, 비디오, 신문, 기타 자료를 통한 학습, 노인관련 인터넷 사이트, 카페에 접속하여 자료 획득, 보건의료원 간호사, 방문 보건직 공무원, 사회복지전담공무원 면접 등을 실시하였다. 요컨대, 근거이론 방법에서 이론적 민감성이란 다양한 형태의 자료들로부터 생성되는 이론에 적합한 요소들을 인식하고 포착하는 연구자의 통찰력이라고 할 수 있다.

나. 이론적 표집(Theoretical Sampling)과 이론적 포화(Theoretical Saturation)

근거이론 방법을 통한 연구에서는 자료를 수집하는 데 있어서 주로 인터뷰에 의한, 연구 참여자의 표현에 입각하여 연구 참여자의 경험세계를 탐구하게 된다(Creswell, 2012). 연구자는 연구의 주제에 적합한 면담 대상자(연구 참여자)를 의도적으로 선택하여 자료를 수집하는 것과 동시에 분석을 통하여 다음의 자료는 어디에서, 누구한테서 얻어야 할지를 선택하게 된다. 즉, 근거이론 방법에서의 이론적 표집이란 자료 수집에 있어서 연구자가 자료를 수집하고 분석하는 동안 출현하는(emerging) 이론적 개념에 근거하면서 이루어지고 이에 따라 연구자는 다음 자료 수집 표본을 어디에서 찾을지를 결정하게 된다는 것을 의미한다.

연구자는 연구에 필요한 모든 데이터를 한꺼번에 수집하여 일괄적으로 분석하기보다는 최초 의도적 표집(purposeful sampling)에 따라 데이터를 수집하고 이를 분석하여 이의 결과를 바탕으로 다음으로 수집할 데이터에 관한 사항을 결정하고, 데이터를 수집하고 분석한 후 다시 다음 데이터를 수집하고 분석하는 절차를 따르게 된다(**그림 4-1** 참조). 이와 같은 과정은 단순히 수집과 분석을 번갈아 수행하는 기계적인 반복행위가 아니라 출현하는 이론적 개념을 근거로 하여 정보를 분류하고 정리하여 연구자가 이론을 형성해 나가는 과정이라고 할 수 있다. 이때 연구자가 이제까지 수집하고 분석한 데이터로 충분하다고 판단하여 더 이상의 추가적인 데이터 수집이 필요하지 않다고 주관적으로 판단하는 상황을 이론적 포화(theoretical saturation)라고 부른다.

노인의 여가경험을 근거이론적 접근으로 탐구한 김소진(2009)의 연구에서 연구자는 연구 참여자를 선정하는 과정에서 연구의 이론을 잘 형성할 수 있도록 연구자가 정해 놓은 기준에 의하여 여가활동 속에서 체험되는 다양한 유형의 노인들을 연구 참여자로 선정하였다. 또한 연구 참여자의 수를 결정하는 데 있어서 포화(saturation)의 원칙에 따라 **그림 4-1**에서와 같이 지그재그의 과정을 이용하여 현장에서 직접 데이터를 수집하고 반복적 비교(constant comparison) 및 분석을 거쳤으며 다시 현장에서 추가적인 데이터를 수집하는 과정을 거쳐 연구 참여자의 적정 수준을 결정하였다.

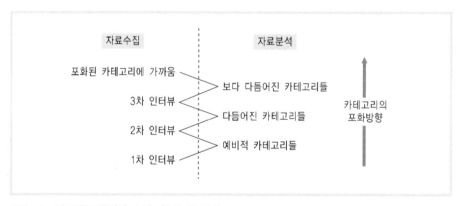

그림 4-1 **지그재그 데이터 수집, 분석 및 포화**
출처: Creswell (2012). Educational research: Planning, conducting, and evaluating quantitative and qualitative research. p. 433.

다. 반복적 비교(Constant Comparison)를 통한 분석

근거이론 방법을 통한 연구에서 연구자는 자료를 수집하면서 동시에 분석을 실시하고 다시 현장에 나가 추가적인 데이터를 수집하는 과정을 반복하게 된다. 또한 연구자는 모든 데이터가 수집되고 난 후 연구 참여자들로부터 얻은 각각의 데이터를 종합하여 전체의 틀에서 분석을 실시하게 된다. 이러한 모든 과정에서 연구자는 수집한 데이터를 분석하는 데 있어 반복적 비교(constant comparison)를 통해 귀납적으로 분석하여 각각의 개념 및 카테고리를 형성하고 명확히 하며 서로 다른 개념 및 카테고리의 유사점 및 차이점, 그리고 한 개념 및 카테고리가 다른 어떤 개념 및 카테고리와 어떠한 연관성을 가지는가 등에 관한 분석을 실시하게 된다. 즉 근거이론 방법에서 반복적 비교를 통한 분석이란 데이터를 수집하고 분석하는 동안 연구자는 지속적으로 현상, 개념, 범주 간을 비교하여 이론적 표본 추출 및 자료수집상에 있어 포화상태를 판단하며, 더 나아가 현상, 개념, 범주 간의 유사점 및 차이점을 명확히 하고 각각의 관계를 이해함으로써 이론을 형성하는 데 도움을 주는 과정을 의미한다. **그림 4-2** 는 근거이론 방법에서의 반복적 비교를 통한 분석과정을 잘 설명해 주고 있다.

그림 4-2의 밑 부분은 연구자가 현장에 가서 직접 수집한 데이터를 나타내는데 주로 인터뷰 자료(녹취록), 현장 노트(field notes), 및 각종 문서(documents) 등이 포함된다. 연구자는 이러한 가공되지 않은 데이터(raw data)를 이용하여

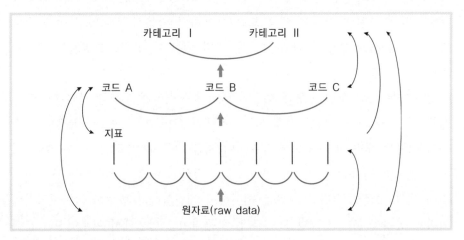

그림 4-2 반복적 비교(constant comparison) 과정
출처: Creswell (2012). Educational research: Planing, conducting, and evaluating quantitative and qualitative research, p. 434.

한 명(개) 이상의 서로 다른 연구 참여자(혹은 다수에 걸쳐 면담한 동일한 연구 참여자) 및 기타 정보원 간에 지속적으로 비교하는 과정을 통해 다수의 지표들(indicators)을 생성하여 개념으로 범주화하는 작업을 한다. 이렇게 분류된 지표들은 지표들 간의 반복적인 비교를 통해 좀 더 확장된 범주로 분류(코드 A, 코드 B, 코드 C)되며, 지표와 지표, 코드와 코드, 지표와 코드 간의 계속적인 비교를 통한 분석을 거쳐 좀 더 관념적이고 추상적인 범주(카테고리 Ⅰ, 카테고리 Ⅱ)를 형성하게 된다.

라. 개방 코딩(Open Coding)

개방 코딩은 연구자가 인터뷰, 관찰, 각종 문서(필드 노트, 메모, 관찰 일지, 기타 연구와 관련된 모든 문서) 등의 자료를 바탕으로 밝히고자 하는 어떠한 현상에 대해 최초 범주화(categories)를 시키는 초기 코딩과정으로, 특정 현상에 대해 개념(concepts)을 명확히 하고, 그 속성(properties)과 수준(dimensions)을 자료 내에서 형성해 나가는 과정이다. 즉 개방 코딩이란 연구를 위해 수집된 모든 데이터(인터뷰, 관찰, 및 각종 문서 등)를 구체적으로 오픈(open, 개방)하고 해체, 검토, 비교 등을 통하여 개념을 형성하고 범주화하는 과정이다. 쉽게 표현하자면 수집된 데이터를 개방 또는 해체하여 반복적 비교와 분석을 통해 개념을 도출하고 범주화 작업을 통해 의미 있는 덩어리로 분류하는 과정을 말한다.

연구자는 각종 방법을 통해 수집된 데이터를 어떻게 분석할 것인가를 고민하게 된다. 물론 데이터를 수집하는 과정에서 이미 어느 정도의 분석이 시작되기 때문에 개방 코딩을 통해서 분석이 처음 이루어진다고는 할 수 없다. 하지만 연구의 절차상 연구자가 데이터를 수집하고 이를 분석하는 과정에서의 첫 단계가 바로 수집된 원자료를 해체하여 개념화하고 범주화하는 코딩작업이라는 면에서 본다면 개방 코딩 작업은 근거이론 방법에서 이루어지는 분석의 시작이라고 할 수 있다. 이 과정을 통해 연구자는 어지럽게 흩어져 있는 많은 자료들을 모두 해체하고 면밀히 검토하여 개념을 형성하고 범주화를 함으로써 어떠한 현상을 의미 있게 파악하고 심층적으로 이해하는 데 도움이 된다. 개방 코딩이 이루어지는 과정을 살펴보면 다음과 같다.

1) 줄 단위 분석

개방 코딩은 인터뷰의 녹취록이나 연구자가 작성한 현장 노트 등을 줄 단위(line by line) 분석하는 것으로부터 시작한다. 즉, 인터뷰 녹취록을 한 줄 한 줄 면밀히 검토하여 추상적인 의미단위로 개념화를 시키는 과정이다. 여기서 말하는 개념화란 어떠한 현상에 대해 이를 대표할 수 있는 의미덩어리로 명명하는 것을 뜻한다. 연구자에 의해서 이루어지는 명명화 작업은 연구자 스스로의 주관적인 판단에서 이루어지므로 분석하는 사람이 누구냐에 따라서 동일하지 않은 개념화가 이루어질 수 있다. 또한 이렇게 연구자에 의해서 이루어지는 개념화 작업은 연구자가 살펴보고자 하는 어떠한 현상이 위치한 특정한 맥락(context)에서 이루어진다. 개념화가 이루어지는 과정을 이해하기 위해서 성인학습자의 경험과 학습방해 과정에 관한 연구(전신영, 유기웅, 2011)에서 발췌한 노트의 일부를 참고하면 다음과 같다. 괄호 안에 굵은 글씨체로 적혀 있는 것들이 줄 단위 분석을 통해 이루어진 개념화 내용이다.

질문자: 왜 새로운 학습을 실제 적용해 보지 않는 건가요?

응답자: 피부관리사 시험을 볼 때였어요("**피부관리 자격증 시험 당시 학습방해 경험**"). 일단 공부가 잘 안 되었어요. 집중해서 학원에서 공부에 집중할 수가 없는 거예요("**학습능력 저하**"). 다른 할 일이 많이 있다 보니까. 가정도 있고 직장도 있고 여러 상황들이 많이 있다 보니까……("**병렬적 상황**"). 공부에 집중하기가 어려웠지만 시험을 봤는데 떨어진 거예요. 그런데 다시 봐도 또 떨어질 것 같더라고요("**학습이 잘 되지 않음을 깨달음**"). 일단 암기가 안 되고, 집중도 안 되고, 시험 보는데 상당히……("**학습능력의 저하**"). 내가 차라리 백지 상태면 좋겠는데 스스로 다른 판단을 하게 돼서 공부가 잘 안 돼요("**선행경험의 학습방해**"). 시험을 보고 떨어지고

나서, 아 내가 대학원까지 졸업하고 이런 정도의 지식 체계를 가지고 있고 그런 사람이 떨어지는 시험이 아닌데, 이게 굉장히 그런 부분에서, 만약 내가 젊은 대학생이었거나 학생이었다면 떨어지지 않았을텐데라는 생각이 들었어요(**"선행경험의 학습방해"**).

질문자: 그렇다면 그런 학습과정에서 어떤 부분이 학습을 방해했다고 생각이 드셨나요?

응답자: 내가 가정도 있고, 직업이 있고, 여러 상황 때문에 공부에 집중할 수 없다는 것이죠(**"병렬적 상황"**). 근데 이제 이거랑은 다르게 우리 업종의 경우에도 내가 가지고 있는 스킬이 훌륭하면 훌륭할수록, 경험이 풍부하면 풍부할수록 정규 커리큘럼이 있어서 그 코스대로 따라가야 하는 학습을 할 때 더욱 힘들더라고요(**"선행경험이 풍부할수록 학습방해 심화"**). 우리가 모든 걸 다 알고 있었을지라도 그런 것을 배우러 다니러 갔을 때는 정말 기초⋯⋯(**"학습자의 수준과 경험을 고려하지 않는 교수상황"**). 우리는 그 이상으로 할 수 있는데 교육 그 시험에서 원하는 것은 그게 아니라는 거지. 그래서 우리들이 가지고 있는 것은 무시해 버리고⋯⋯(**"학습자의 수준과 경험을 고려하지 않음"**). 처음부터 시작을 하는 것은, 사실 습관이란 것은 고치기 힘들잖아요(**"습관을 수정하기 어려움"**). 이미 습관화되어 있기 때문에 수정하기 너무 어려운 거예요(**"풍부한 경험으로 인한 습관화"**). 몸에 너무 배어서. 고쳐야 되겠다는 생각은 있는데 잘 습관화되어 잘 고쳐지지도 않고(**"풍부한 경험으로 인한 습관화"**).

2) 메 모

연구자는 위와 같이 줄 단위 분석에서 명명된 개념들을 통해서 어지럽게 흩어져 있는 원자료를 연구의 목적에 적합하게 재단할 수 있는 상태로 만든다. 하지만 어떠한 현상에 개념을 부여하는 것만으로는 심층적인 분석이 이루어졌다고 할 수 없다. 즉 특정 현상, 행위, 사건, 의견 등에 단순히 이름을 갖다 붙이는 것만으로 충분한 이해를 했다고 볼 수 없으며 보는 사람에 따라 다른 개념을 부여할 수 있기 때문에 좀 더 심층적이고 세밀한 분석이 요구된다. Strauss와 Corbin은 이렇게 분석에서의 명명행위와 더불어 메모(memo)라는 개념을 도입하였다. 즉 분석단계에서의 메모란 연구자가 분석을 하는 과정에서 묘사하고 있는 분석적인 개념 및 연구자의 생각, 느낌을 적어 놓은 일종의 분석, 연구자의 성찰, 분석적 통찰, 이론적 아이디어 노트라고 할 수 있다. 위에서 예를 들어 언급한 성인학습자 사례의 첫 단락에 대한 연구자의 메모 일부를 소개하면 다음과 같다.

메모: 성인학습자는 아동이나 청소년들과 달리, 좀 더 특수한 상황에 놓여 있다. 그것은 일과 가정과 공부를 동시에 처리해야 하는 "병렬적 상황"에 놓임으로써 학습에 방해를 받고 있다는 것이다. "병렬적 상황"과 집중이 잘 안 되는 문제, 이러한 "학습능력의 저하"는 또한 응답자 나이 45세에 비추어 볼 때, 신체노화와도 관련 있는 것으로 생각된다. 이 면담내용에서 가장 핵심 단어로 눈에 들어온 것은 바로 "습관화"라는 것이다. 성인들은 경험이 풍부해질수록 그에 따른 기술과 지식, 고정관념 등이 "습관화"되어 새로운 학습을 하는 상황에서 기존의 것을 고치거나 수정하기 어려움을 느끼고 있었다. 따라서 "습관화"는 본 연구의 주제인 "선행 경험의 학습방해"에 가장 큰 원인 중 하나라고 볼 수 있다. 즉, 성인들은 "선행 경험"이 풍부할수록 오랜 습관과 버릇이 몸에 깊게 배어 있어 새로운 학습을 하는 데 방해를 받고 있었다. 또한 성인들의 풍부한 경험과 수준을 고려하지 않고 무조건 기초부터 배우기 시작하는 교육과정도 성인들의 학습을 방해하는 주요 원인으로 생각된다. 아동과 달리, 경험이 풍부하다는 성인들의 특성을 반영하지 못하는 성인교육과정이 문제로 드러났다. 이러한 "병렬적 상황", "습관화", "학습자의 수준과 경험을 고려하지 않은 교수상황" 등은 "선행경험의 학습방해"의 하위요소라 할 수 있다.

이처럼 메모는 연구의 결과물에 포함되는 형태가 아닌 연구자가 작성하여 연구자만이 볼 수 있는 노트형식으로 이루어지며 분석을 위한 도구로만 사용된다는 특징이 있다. Strauss와 Corbin이 제시한 메모의 중요한 특성 및 주의 사항을 살펴보면 다음과 같다.

- 메모에는 정해진 형식과 틀이 없고 연구자(작성자)의 고유한 스타일이 있으나 주로 제목, 날짜, 페이지 번호, 자료 수집 날짜, 참조 등이 포함된다.
- 메모의 제목은 관련 개념 및 범주를 대표하고 다른 하위 개념 및 범주와 관련이 있는 경우는 상호참조를 제목에 나타내어 준다.
- 메모는 연구자가 이론을 개발하는 데 있어서 사고를 정리하고 확장하는 데 도움을 주므로 형식에 지나치게 얽매이지 않도록 한다.
- 메모는 특정한 시기에 작성한다기보다는 연구자가 어떤 것에 의해 자극을 받아 생각이 떠오르면 바로 메모를 한다.
- 메모는 긴 서술형으로 묘사할 필요는 없으며 연구자가 발견해 낸 중요한 사고나 개념을 기술하는 것이 더욱 중요하다.
- 메모에는 연구자가 분석하는 도중에 일어나는 범주의 포화(saturation) 시점을 기록하여 자료수집의 방향을 결정하도록 한다.
- 서로 다른 데이터에 대한 메모들이 유사하다고 생각한다면 유사점과 차이점을 파악하여 개념들을 다시 비교하여 개념의 재구성이 일어나도록 한다.

3) 범주화 작업

범주화 작업이란 연구자가 줄 단위 분석, 메모, 반복적 비교분석 과정을 거치면서 도출된 다수의 개념들을 의미 있고 대표성 있는 범주로 묶고 명명하는 과정을 말한다. 여기에서 범주라는 의미는 원자료에서 도출된 개념으로 현상을 나타내며 특정한 개념을 대표할 수 있는 보다 추상적인 개념을 말한다.

예를 들어, 조직의 성과분석에 관한 연구에서 도출된 개념들을 바탕으로 경영자의 리더십, 열정, 추진력, 비전 등으로 범주화할 수 있으며 다시 이들 하위범주를 경영자의 역량이라는 상위범주로 묶어 낼 수 있다. 즉, 범주화 작업은 녹취록 분석을 통해 도출된 개념들이 공통적으로 가지고 있는 성질들을 묶을 수 있는 대표적인 개념으로 범주화하고, 이렇게 모인 복수의 하위범주들을 묶어 낼 수 있는 추상적인 범주로 분류하는 작업이다. 또는 반복적 비교분석을 통해 범주의 속성과 차원을 분석하는 과정에서 하위범주를 생성해 낼 수도 있다.

조직 내에서 비정규근로자들의 학습경험을 탐색하여 학습경험이 비정규근로자들에게 어떠한 의미를 지니는지를 근거이론적 접근으로 연구한 변정현 외(2007)의 연구에서는 도출된 개념을 바탕으로 26개의 하위범주와 12개의 상위범주로 분류하여 조직 내 학습경험에 대한 인식을 범주화하여 표 4-1과 같이 개방 코딩을 수행하였다.

이 연구에서는 반복적 비교와 줄 단위 분석을 통하여 개념들을 도출하고, 개념과 현상을 대표할 수 있는 하위범주로 명명하였다. 그리고 복수의 하위범주들을 좀 더 추상적이고 대표성을 지닌 용어로 그룹화하여 상위범주로 분석하였다. 예를 들어, '고용형태에 대해 알고 입사, 비정규직을 알고 받아들임'이라는 개념을 '고용형태에 대한 수용'이라는 명칭으로 하위범주화하였다. 또한 '비정규직인 것이 못마땅함, 비정규직인 것이 싫지는 않음'이라는 개념을 '고용형태에 대한 감정'이라는 명칭으로 하위범주화하였다. 이러한 두 개의 하위범주, '고용형태에 대한 수용'과 '고용형태에 대한 감정'은 다시 '비정규 고용상태 인식'이라는 상위범주로 범주화하여 개방 코딩을 실시하였다. 따라서 상위범주(비정규 고용상태 인식)는 하위범주(비정규 고용상태에 대한 수용과 고용형태에 대한 감정)의 현상을 대표하는 상위개념이며, 상위범주와 하위범주 모두 원 자료에서 분석된 개념들을 포괄하는 형태를 보이고 있다.

이처럼 범주에 사용되는 단어의 선택(명명화 작업)은 매우 중요하며, 선정 시 신중하게 이루어져야 한다. 범주화에 사용된 명칭의 선택은 분석자에 의해서 이루어지는데, 주로 '개념'에서 표현된 용어를 바탕으로 하여 더 추상적이며 범위가 넓고 대표성이 있는 용어로 범주화하기도 하며 연구와 관련한 문헌분석을 통해 얻은 추상적 개념을 사용하기도 한다. 따라서 범주에 사용되는 용어는 분석자의 주관적인 판단이 작용하지만 관련 문헌과 연구에서의 유사

표 4-1 개방 코딩 예시: 비정규직의 조직 내 학습경험에 대한 인식의 개념 범주화

개 념	하위범주	상위범주
고용형태에 대해 알고 입사, 비정규직임을 알고 받아들임	고용형태에 대한 수용	비정규 고용상태 인식
비정규직인 것이 못마땅함, 비정규직인 것이 싫지는 않음	고용형태에 대한 감정	
업무에 관련된 기본적인 교육, 자기 개발과 관련된 교육, 정규직 전환이 되기 위한 교육, 무형식학습	조직 내 학습기회 존재의 유형	조직 내 학습경험에 대한 낮은 접근성
정규직만 참가하는 교육, 비정규직이 참가 가능한 교육, 무형식학습에 대한 참가 가능, 무형식학습에 대한 참가 불능	조직 내 학습기회 참가 대상에 대한 인식	
어떤 교육이 행해지는지 잘 모름, 조직에서 어떤 교육이 행해지는지 앎, 본인이 참가 가능한 학습기회에 대한 인식	조직 내 학습기회 존재에 대한 인식	
조직에서 제공하는 교육에 참여 못 함	비형식교육경험으로부터 배제	비형식교육 / 무형식학습 경험으로부터 배제 또는 차별
회의, 세미나, 내부 감사, 체육대회, 회식 등에서 참여 배제	무형식학습경험으로부터 배제	
정규직과 비정규직의 교육 기간이 다름, 정규직과 비정규직의 교육내용이 다름, 정규직과 비정규직 교육의 장소가 다름	비형식교육경험으로부터 차별적 경험	
중요한 업무에 대해 가르쳐 주거나 알려 주지 않음. 회의에 참석 시 발언 및 질의를 제한당함	무형식학습경험으로부터 차별적 경험	
외부교육 참가 시 정규직과 비정규직의 교육비 지원정도가 다름, 정규직과 비정규직의 참가 가능한 교육유형이 다름	비형식교육경험 지원	학습경험 지원
업무에 필요한 사항을 물어보기 힘듦, 업무에 필요한 사항을 물어봄, 회의에서 결정된 내용 중 필요한 사항만 지시받음	무형학습경험 지원	
혜택을 못 받는다 느낌, 대우를 못 받는다 느낌, 자존심 상함	자기비하	자기비하/ 분노
화가 남, 서러움, 원망, 적대감, 스트레스	분노	
소외감, 이질감, 고립감	소외감/이질감을 느낌	소외감/ 이질감 형성
낮은 조직몰입, 소속감 실추	소속감 저하	
소속감을 높이기 위해 교육받고 싶음, 업무를 잘 하기 위해 교육받고 싶음, 전문성을 제고하기 위해 학습해야 함	학습경험의 필요성 인식	대안탐색
정규직들에게 잘 보임, 회사의 무형식학습경험(회의 등)에 참가하려 노력함	정규직과의 네트워크 필요성 인식	

개 념	하위범주	상위범주
비정규라 차별당한다 여김, 비정규라 교육 못 받는다 여김	비정규 고용형태에 대한 자각	자각
비정규로 살아가는 것에 대한 두려움, 고용에 대한 불안감	포기 및 걱정	포기 및 안주
어쩔 수 없다고 여김, 현실에 적응함, 소극적인 태도를 보임	안주 및 적응	
이직 의도, 이직 위한 학업 계획, 이직준비 위한 자격증 취득 계획, 새로운 경력기회 탐색 위한 계획, 새로운 경력 준비	이직 결심	이직/정규직 전환 결심
정규직 전환 의도, 정규직 전환 위한 학업 계획	정규직 전환 결심	
참가 가능한 교육이 있는지 찾아봄, 지원 가능한 교육 프로그램이 있는지 찾아봄	사내에서의 자발적 비형식교육 기회 탐색	자발적 학습기회 탐색
업무전문성 위해 스스로 학습함, 책을 봄, 아는 사람에게 물어봄, 학원을 다님, e-learning을 함	자발적 무형식학습 기회 탐색	
조직 내 교육에 참여할 수 있기를 원함, 비정규직을 위한 교육이 개설되기를 희망	조직 내 비형식교육 기회에 참여 희망	조직 내 학습기회 수혜 희망
무형식학습(회의 등)에 참여하기를 희망	조직 내 무형식학습 기회에 참여 희망	

출처: 변정현, 허선주, 권대봉(2007). 비정규근로자의 조직 내 학습경험에 대한 이해, pp. 137-138.

점, 차이점, 뉘앙스, 맥락적인 의미 등을 신중하게 고려하여 일반 독자가 쉽게 이해할 수 있고, 관심을 끌 수 있는 이름으로 범주를 표현해야 한다.

마. 축 코딩(Axial Coding)

축 코딩은 개방 코딩을 통해 생성된 범주들의 관계성을 파악하기 위해 범주들을 특정한 구조적 틀에 맞게 연결시키는 과정을 의미한다. 축 코딩 과정을 거침으로써 현상의 본질에 대하여 보다 정확하고 완벽한 설명을 할 수 있으며, 개방 코딩을 통해 나열되었던 범주들이 어떻게 구조적으로 서로 교차되고 연결되는가를 보여줄 수 있다. 축 코딩에서는 개방 코딩에서 생성된 범주들을 하위범주와 연결시킨다는 의미에서 축(axial)이라는 용어를 사용했는데

이는 코딩작업이 하나의 범주(하나의 현상 또는 중심현상)의 축을 중심으로 속성과 차원의 수준에서 범주들을 연결시키는 데서 나왔다(Strauss & Corbin, 2001).

중심 범주에 다른 범주를 연관시키는 과정은 패러다임 틀에 따라 이루어지게 된다. Strauss와 Corbin(2001)의 근거이론 방법에서의 패러다임(paradigm)이란 범주들 사이에 미묘하고 내재적인 관계를 살펴보기 위한 조직적인 도식의 틀이라고 할 수 있다. 도식적 틀을 통해 '누가, 언제, 어디서, 왜, 어떻게, 무엇을'에 관한 질문에 답함으로써 중심현상에 대한 보다 정교한 이해를 할 수 있게 도와준다. Strauss와 Corbin(2001)에 따르면 패러다임은 인과적 조건, 맥락적 조건, 중재적 조건, 행위/상호작용, 그리고 결과로 구성되며, 이러한 요소들을 확인하고 묘사하는 과정이 축 코딩에서의 핵심 작업이다. 앞서 개방 코딩에서 언급된 비정규직의 학습경험에 관한 연구(변정현 외, 2007)를 예로 들어 각각의 요소에 대해 살펴보기로 하며, 이를 도식화하면 **그림 4-3**과 같다.

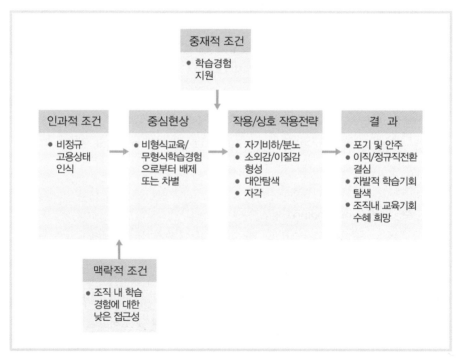

그림 4-3 **비정규직의 조직 내 학습경험에 대한 패러다임 모형**
출처: 변정현, 허선주, 권대봉(2007). 비정규근로자의 조직 내 학습경험에 대한 이해. p. 146.

첫째, 인과적 조건(causal conditions)은 어떤 현상이 발생하거나 현상에 영향을 미치는 사건이나 일들을 일컫는다. 위의 연구에서 비정규직 연구 참여자들은 조직 내 비형식교육과 무형식학습 경험으로부터 배제나 차별이 일어난다고 표현했고(중심현상), 이러한 현상이 일어나게 된 원인(인과적 조건)으로 '비정규직 고용상태 인식'을 설정하였다.

둘째, 맥락적(contextual) 조건이란 어떤 현상에 영향을 미치는 상황이나 문제가 발생하도록 하는 특수한 구조적 조건을 의미하며, 위의 연구에서 비정규직 연구 참여자들은 조직 내 학습경험에 대한 낮은 접근성을 맥락적 조건으로 추출하였다. 이와 같은 이유는 연구 참여자들이 소속한 조직에서의 구조적이며 시스템적인 제한으로 교육경험을 풍부히 할 수 없었다는 이유를 설명해 준다.

셋째, 중재적 조건(intervening conditions)이란 중심현상을 매개하거나 변화시키는 조건들을 의미하며, 비형식교육 또는 무형식학습 경험으로부터의 배제 또는 차별이라는 중심현상을 매개하거나 변화시키는 중재적 조건으로 학습경험 지원이라는 조건을 추출하였다. 연구에서 연구 참여자들은 학습경험에 대한 지원이 충분하게 이루어지고 있지 않는 것으로 인식하여, 배제 또는 차별이라는 현상을 더욱 심화 혹은 가중시키는 현상을 중재하는 것으로 나타났다.

넷째, 행위/상호작용(actions/interactions)은 어떠한 현상, 문제, 상황을 일상적으로 혹은 전략적으로 다루고, 조절하고, 반응하는 것을 의미한다. 연구 참여자들은 비정규직의 교육경험에 대한 배제 또는 차별이라는 문제와 사건에 대해 네 가지의 행위/상호작용 전략을 보이는 것으로 나타났는데, 어떤 참여자는 중심현상으로 인해 자기비하를 하거나 분노를 느끼고, 어떤 참여자는 조직과 구성원들로부터 소외감과 이질감을 형성하기도 하며, 어떤 참여자는 교육경험이 조직에서 주어지지 않기 때문에 참여자가 스스로 다른 대안적 학습 기회들을 탐색하는 경우도 있었고, 어떤 참여자는 조직 내 자신의 위치와 고용형태를 자각하고 재인지하는 것으로 해당 현상에 대한 반응을 보이는 것으로 나타났다.

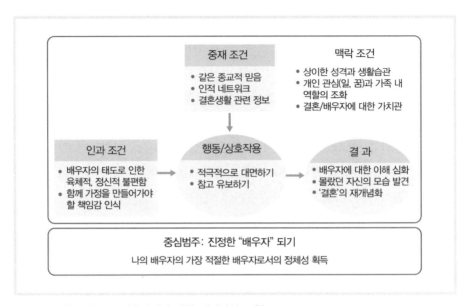

그림 4-4 **결혼초기 부부 적응과정에 대한 패러다임 모형**
출처: 김한별(2012), 결혼초기 부부의 적응과정에서 학습경험 탐색: 근거이론 접근, p. 12.

마지막으로 결과(consequences)는 행위/상호작용의 결과물로서 행위/상호작용에 의해 상황에 반응하여 결과적으로 무엇이 일어났는가에 관한 것이다. 앞의 연구에서는 '자기비하 및 분노, 소외감 또는 이질감 형성, 대안탐색, 자각'이라는 네 가지 행위/상호작용에 대한 결과는 '포기 및 안주, 이직 또는 정규직 전환 결심, 자발적 학습기회 탐색, 조직 내 교육기회 수혜 희망'이라는 결과를 도출하였다.

여기에서 주의할 점 몇 가지는 다음과 같다. 첫째, 패러다임은 연구자들이 반드시 따라야 할 틀이 아니라 연구의 특성에 맞게 선택 가능한 분석도구라는 점이다. 하지만, 패러다임 모형을 제시함으로써 보다 체계적이고 명확하게 현상을 이해할 수 있다는 장점이 있어 많이 사용되고 있는 실정이다.

둘째, 패러다임 모형은 앞서 **그림 4-3**에서 제시한 모양 이외에도 다양한 모양으로 나타낼 수 있다는 점에 유의해야 한다. 예를 들어, 결혼 초기 부부의 적응과정을 탐색하고, 부부 적응과정이 학습으로서 어떤 의미를 갖는지를 탐구한 김한별(2012)의 연구에서 제시한 패러다임의 모형은 **그림 4-4**와 같다. 셋째,

중심현상은 연구문제 및 목적과 관련하여 일어나고 있는 하나의 핵심 현상이고 나머지 패러다임의 구성 요소들과 이미 관련이 있는 현상이기 때문에 반드시 패러다임 모형 안에 집어 넣을 필요는 없다는 점이다.

바. 선택 코딩(Selective Coding)

선택 코딩에서는 핵심 범주를 선택하며, 선택한 핵심 범주를 다른 범주들과 연관지어, 이들 간의 관련성을 확인하여 범주들을 연결시키고 이론을 통합시키며 정교화하는 과정을 거치게 된다. 여기에서 말하는 핵심 범주는 이전의 개방 코딩과 축 코딩으로부터 생성된 개념 또는 범주보다 추상성이 더 높은 범주를 의미한다. 선택 코딩에서 말하는 통합이란 연구자가 원자료(raw data)를 분석하는 과정에서 일어나게 되는 사고의 발전을 의미하며, 이러한 통합의 과정은 크게 핵심 범주의 선정, 이야기 윤곽 제시, 시각적 모형 제시 등의 방법을 통해 이루어지게 된다.

1) 핵심 범주(core category) 선정

이 단계에서는 개방 코딩과 축 코딩을 실시한 후 핵심 범주를 선택하게 된다. 핵심 범주란 도출된 모든 범주들을 대표할 수 있는 가장 중심적이고 핵심적인 범주로서 모든 개념 및 범주들을 통합적으로 나타내며 해당 연구를 관통할 수 있는 '왕범주'라고 할 수 있다. 핵심 범주는 다른 개념 및 범주들과 반드시 연관이 되어야 하며, 자료에 빈번히 등장하고 이론적 깊이와 설명적 힘이 있을 만큼의 추상성을 내포하고 있어야 한다. 이 단계에서 연구자는 핵심 범주를 독자들에게 제시하고 핵심 범주의 의미는 무엇인지, 어떻게 선정하게 되었는지를 생성되는 이론에 입각하여 통합적으로 기술해야 한다. 퇴직한 중년 남성의 재취업 과정을 근거이론 방법으로 탐색한 이응목, 유기웅(2017, pp. 71-72)의 연구를 예로 들면 다음과 같다.

▷ 핵심 범주: 퇴직으로 상실한 역할 되찾기

본 연구의 자료를 분석한 결과, 핵심범주는 '퇴직으로 상실한 역할 되찾기'로 나타났다. 예상하지 못한 갑작스러운 퇴직은 많은 위기를 초래하였다. 취업이 아무리 어렵다고 하더라도 쉽게 포기할 수 없는 것은 가족들의 삶을 안정시켜야 한다는 가장으로서 역할 되찾기와 정말 나는 능력이 없는 사람인가에 대한 의문에 답을 찾아 상실한 자존감을 되찾고 싶은 욕구가 담겨져 있었다. 재취업을 통하여 전에 다녔던 회사와 주위 동료들께 자신의 존재감을 드러내고 싶으며, 아직은 죽지 않았다는 자신을 확인하고 싶어 했다. 그러나 나이, 전문성, 사회적 편견 등 많은 취업 장벽을 만나면서 좌절하고 위축되고 있었다. 그러나 재취업을 향한 부단한 도전은 재취업 성공이라는 성취감을 맛보게 하였으며, 가족들의 생활안정과 자신의 자존감을 회복하였고, 전문성유지활동을 일상화하였으며, 회사에서는 올라운드플레이어로 역량을 발휘하고, 또 다시 유사한 위기를 겪지 않기 위해 미래를 준비하는 등 상시퇴직체제를 만들어 가면서 자신의 변신을 꾀하고 있었다. ……(중략).

2) 이야기 윤곽(story line) 제시

이 단계에서는 개방 코딩과 축 코딩 등 그동안의 코딩 과정에서 언급되었던 개념, 범주들 간의 관계를 통합적으로 기술하여 하나의 이야기로 형성하여 서술하게 된다. 근거이론 방법에서 이야기 윤곽이란 '일종의 설명력을 지닌 통합적 이야기'로서 연구에서 발견된 핵심 현상을 서술적으로 묘사하여 독자들에게 이해를 촉진시키는 기능 및 이론 생성을 위한 통합의 도구로서의 기능을 하게 된다. 성인학습자의 경험과 학습방해 과정에 대한 연구를 예로 들어 설명하면 다음과 같다.

경험이 풍부한 성인들은 주로 자기주장이 강하고 자신의 생각이나 경험이 옳다고 판단되거나 그렇지 않은 경우에도 자신의 기존 방식을 그대로 고수하고자 하는 고집성을 가지고 있다. 만약, 새로운 학습내용 및 방법에 대해 긍정적으로 생각하고 있을지라도 성인들은 결국 '귀찮음' 때문에 기존 방식을 바꾸고 싶어 하지 않는다. 또한, 마음은 고치려고 노력하지만 이미 오랜 경험을 통해 체득된 지식과 기술이 이미 습관화되고 굳어져 새롭게 변화시키기 어려운 이유도 있다. 한편, 새로운 것을 학습하여 그것을 현실에 적용했을 때 발생할 수 있는 일상생활의 변화가 그들에게 불안과 두려움으로 크게 자리 잡고 있다. 새로운 학습의 시도는 막연한 '두려움'과 '무모함'으로 다가오고, 따라서 현재 상태를 그대로 유지하여 안정을 추구하는 편이 낫다고 생각한다. 이와 같은 경향성으로 인하여 성인들은 새로운 것과 기존에 이미 알고 있는 것의 불일치 상황에 놓였을 때, 새로운 학습을 시도하기보다는 주로 익숙한 것을 선택하여 현재 상태를 유지하려고 한다. ……(중략).

3) 시각적 모형 제시

시각적 모형 제시란 범주들 간의 통합을 그림, 도식 등 시각적 모형으로 제시하여 이론적 모형을 구축하는 것을 말한다. 시각적 모형은 이론적 통합을

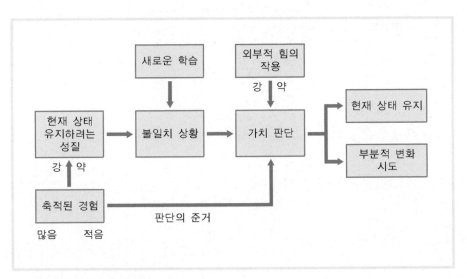

그림 4-5 선행 경험의 학습방해 과정
출처: 전신영, 유기웅(2011). 성인학습자의 선행경험으로 인한 학습방해 과정에 관한 연구. p. 110.

도와주는 하나의 기법으로서 텍스트화된 추상적인 범주들을 추상적인 이미지로 재현하여 이론의 밀도, 복잡성, 통합성을 누가 봐도 알아보기 쉽되 충분히 설명적이어야 한다. 지금까지 도출된 개념 및 범주들을 모두 통합한다고 하여 너무 복잡한 그림을 그려서는 안 된다. 결혼초기 부부의 적응과정에 대한 이론적 모형을 제시한 김한별(2012)의 연구에서 제시한 시각적 모형, 전신영, 유기웅(2011)의 성인학습자의 경험과 학습방해 과정에 관한 연구의 분석 결과, 그리고 화장품 판매사원의 스마트러닝을 통한 학습경험과정을 분석한 최유연, 유기웅(2017)의 연구에서 제시된 시각적 모형은 다음 **그림 4-6, 그림 4-7**과 같다.

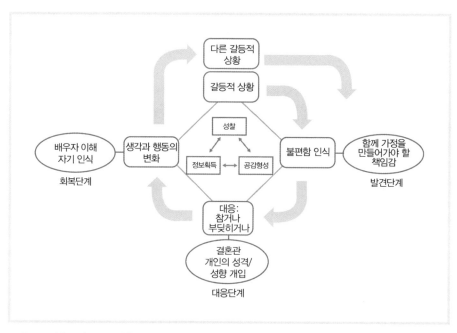

그림 4-6 **결혼초기 부부 적응과정에 대한 이론적 모형**
출처: 김한별(2012). 결혼초기 부부의 적응과정에서 학습경험 탐색: 근거이론 접근. p. 24.

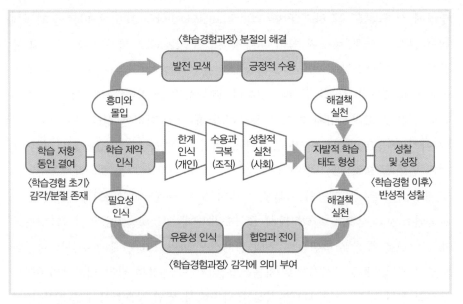

그림 4-7 화장품 판매사원의 스마트러닝을 통한 학습경험과정

출처: 최유연, 유기웅(2017). 화장품 판매사원의 스마트러닝을 통한 학습과정 탐색. p. 414.

사. 기타 분석

지금까지 Strauss와 Corbin(2001)의 근거이론 방법에서 핵심적으로 수행되어야 하는 개방 코딩, 축 코딩, 그리고 선택 코딩에 대해 살펴보았다. 근거이론 방법을 통한 연구의 궁극적 목적은 행위자가 경험한 사회현상을 설명할 수 있는 실제적인 이론을 생성하는 것이다. 여기에서는 개방 코딩, 축 코딩, 그리고 선택 코딩 이외에 이론 생성에 도움이 될 수 있는 과정 분석과 매트릭스(matrix) 분석에 대해서 살펴보고자 한다.

1) 과정 분석(coding for process)

과정 분석이란 축 코딩에서의 패러다임의 행위/상호작용(action/interaction)을 살펴보고, 시간의 흐름과 공간에 따라 변화하는 상황, 맥락 내에서 발생하는 행위/상호작용이 이루는 일련의 순차적 변화를 분석하는 방법이다. 즉 행위/상호작용의 시간적 흐름에 따른 역동적 변화를 분석하는 방법으로, 이론

CHAPTER 4 : 근거이론 방법 101

생성에 실마리를 제공하기 위함이다. Strauss와 Corbin(2001)에 따르면 과정에 대한 분석은 이론 형성에 있어 필수적이라고 강조하고 과정 분석을 통해 통합과 변화를 발견할 수 있고, 논리적 흐름을 이해할 수 있어 궁극적으로 범주 정교화에 도움이 될 수 있다는 것이다. 왜냐하면, 특정한 사건, 현상, 경험의 본질은 본래 고정적이지 않고 역동적이기 때문에, 어떠한 상황, 맥락의 변화에 따라 어떻게 받아들이고, 조정하고, 변화하는지를 파악하는 일은 이론 생성에 있어 중요하다는 것이다.

과정 분석은 축 코딩의 일부로서 행위/상호작용을 파악하고 그 변화에 주시하면서 이루어지게 된다. 앞서 축 코딩 단계에서 언급하였듯이 축 코딩은 개방 코딩을 통해 생성된 범주들의 관계성을 파악하기 위해 범주들을 특정한 구조적 틀에 맞게 연결시키는 과정을 의미한다. 과정 분석은 패러다임이라는 구조적 틀에 맞게 연결시켜 분석하는 과정에서 행위/상호작용에 초점을 두고 발전되고 변화하는 과정에 주목하여 분석을 실시한다. 패러다임을 통한 분석이 범주들의 관계성 파악에 초점을 두었다면, 과정 분석은 변화하는 과정에 초점을 둔 분석인 것이다.

과정 분석은 행위/상호작용을 파악한 후, 이 안에 있는 범주들이 하나의 특정 상태에서 다른 상태로 어떻게 변화하는지를 기술하게 된다. 성인학습자의 경험과 학습방해 과정에 관한 연구를 예로 들어 설명하면 다음과 같다.

▷ 현재 상태 유지 단계
  새로운 학습이 일어나지 않는 상태로 현재의 안정을 유지하고자 하는 단계이다. 즉, 현재의 상태를 유지하기 위해 성인들은 자신의 기존 방식을 주장하는 고집성과 오랜 경험으로 체득된 습관 및 버릇으로 일상생활의 일정한 패턴을 계속 유지하고자 하였다. ……(중략).

▷ 불일치 단계
  현재 상태를 유지해 오던 성인들이 기존에 알고 있는 것과 새로운 학습의 불일치를 경험하는 단계이다. 이 단계에서 축적된 경험이 많은 성인들은 '현재 상태를 유지하려는 성질'의 강한 영향으로 인하여 자신에게 '익숙한 것'을 선택하려는 경향을 보였다. ……(중략).

▷ 가치 판단 단계

기존에 알고 있는 것과 새로운 것의 불일치 단계를 거친 성인들은 새로운 학습 내용에 대한 가치 판단을 하게 되는데, 축적된 경험은 신념·가치관, 선입견·편견, 시행착오, 경험 등과 같은 판단의 준거를 생성하여 '가치 판단의 필터'와 같은 역할을 하게 된다. 즉, 외부의 새로운 학습 내용을 자신의 기준에 따라 걸러내는 과정을 거치게 되면서 새로운 학습을 받아들이기를 거부하거나 객관적 실체에 대한 주관적 해석의 오류, 왜곡과 같은 현상이 이 단계에서 나타났다. ……(중략).

▷ 결과 단계

가치 판단 단계를 거친 성인들은 새로운 학습을 받아들이는 양상에 대한 두 가지 결과의 단계가 나타났다. 첫째는 '현재 상태를 그대로 유지'하는 단계로, 가치 판단에 의해 새로운 내용을 의도적으로 받아들이지 않거나, 중요하게 생각하지 않아 그냥 지나치는 경우 현재 상태를 계속 유지하게 된다. 그러나 둘째, '부분적 변화 시도' 단계에서는 가치 판단에 의해 걸러진 내용을 일부 학습할 경우 부분적으로 변화를 시도하는 결과로 나타난다. 즉, 가치판단의 단계에서 만약 어떤 외부적인 힘이 성인학습자에게 강하게 작용하게 될 때는 새로운 학습을 받아들여 변화를 시도하는 것으로 나타났다. ……(중략).

2) 매트릭스(matrix) 분석

조건적/결과적 매트릭스(conditional/consequential matrix) 분석은 축 코딩에서 파악된 다양한 상황적 조건(인과, 맥락, 중재)과 행위/상호작용이 미시적으로 그리고 거시적으로 어떻게 연관되어 결과에 영향을 미치는지를 설명하는 분석이다. 과정 분석과 마찬가지로 근거이론에서 실시하는 모든 분석은 궁극적으로 이론 생성을 위한 정교화 및 범주의 통합과 관련이 있다고 볼 수 있다. 매트릭스 분석도 마찬가지로 축 코딩에서 밝혀진 범주들 간의 관계만으로는 연구하는 중심현상에 대한 이해를 체계적으로 하는 데 불충분하기 때문에 범주를 정교화하여 이론을 생성하는 데 어려움이 있을 수 있다는 점에 주목하고 있다. 특히 패러다임 틀에 의한 축 코딩에서는 각 조건, 행위/상호작용, 결과 간의 역동적이고 복잡한 관계를 1차원적으로밖에 파악할 수 없기 때문에 이를 미시, 거시적 관점에서 매트릭스로 정렬함으로써 보다 연결성의 경로를 추적할 수 있어 설득력 있는 설명을 제시할 수 있다.

매트릭스 분석에서 의미하는 조건과 결과는 행위/상호작용이 일어나는 구조적 맥락을 나타내는 것으로, 매트릭스 분석을 통해 이 구조적 맥락이 미시적인 수준에서 거시적인 수준까지 분석될 수 있다는 것이다. 이와 같은 연결성의 경로를 추적하는 방법은 다음과 같다. 첫째, 행위/상호작용과 상황적 조건에 주목하여 개인적 또는 개개의 사건(미시적 수준)에서 중심 현상을 추출한다. 둘째, 이러한 개인적 또는 개별적 수준에서의 중심 현상은 다음 수준인 가족, 집단, 팀, 또는 조직적 수준과 어떻게 연관되어 있는지를 분석한다. 셋째, 마찬가지 논리로 보다 거시적 수준인 지역사회, 국가, 세계 등으로 확장하여 상황적 조건, 행위/상호작용, 그리고 결과의 연결고리를 설명한다. 매트릭스 분석은 주로 도식을 제시하고 이 도식을 설명하는 방식으로 기술된다.

4. 근거이론 방법의 연구절차

근거이론 방법을 통한 질적 연구를 수행하는 데 있어서 Creswell(2012)은 다음과 같은 근거이론 수행 8단계를 제시하였다. 하지만 이러한 절차와 기술은 연구의 목적을 달성하기 위한 하나의 도구이자 방법론적인 문제를 해결하기 위한 수단일 뿐이다. 연구자는 이러한 일련의 과정과 분석에 있어서 지나친 엄격성을 가지고 접근하기보다는 유연성을 잃지 않도록 하여 질적 연구의 본질에 충실해야 한다.

▷ 1단계: 근거이론 방법이 연구주제와 문제를 해결하는 데 적합한 연구방법
   인지 결정하기

　근거이론을 하나의 연구방법으로 사용하기 전에 연구자는 근거이론 방법의 개념과 특성에 유의하여 연구주제와 연구문제 해결을 위해 가장 적합한 연구방법이 근거이론인지를 판단해야 한다. 이미 근거이론 방법의 개념 정의에서도 언급하였듯이 연구자는 근거이론 방법이 어떠한 현상이나 사건을 통해 새로운 이론의 정립, 기존 이론의 수정, 과정에 대한 설명, 추상적인 구조 및 개념의 생성 및 발견 등의 목적에 적합한 연구방법이라는 것에 주의해야 한다. 즉 근거이론 방법은 연구자가 특정한 이론적 틀을 가지고 관심이 있는 현상의 실질적 이론을 개발하고자 하는 경우에 적합하며, 여기에서 말하는 현상은 연구 참여자가 타인 및 주변 환경과 어떠한 상호작용을 하고, 그것이 그들의 자의식에 어떠한 영향을 미치며 왜 그러한가에 관해 관심이 있는 경우를 말한다.

▷ 2단계: 연구할 과정 인식하기

　연구자는 근거이론 방법을 통하여 어떠한 과정을 설명하기 때문에 연구의 초기 단계에서 근거이론 방법으로 연구할 예비 과정을 설정하여 이를 검토하는 것이 좋다. 이러한 임시적인 과정은 연구를 본격적으로 수행하면서 변경될 수도 있다.

▷ 3단계: 연구 승인과 접근하기

　이 단계에서는 근거이론 방법뿐만 아니라 인간을 연구대상으로 한 모든 종류의 연구에서 필요한 기관윤리심사위원회(IRB, Institutional Review Board) 및 연구자가 속한 기관에서 규정하고 있는 연구자의 윤리 사항 및 가이드라인에 의거하여 연구에 필요한 승인을 받는 것이 중요하다. 연구의 목적과 진행 방식, 연구 참여자의 안전과 프라이버시 존중, 자료수집 후 원자료의 처리 등에

관한 사항이 포함된 일종의 연구서약서를 승인받은 후 자료 수집을 위해 관련자, 기관 등에 연락을 취하고 접근하는 단계이다.

▷ 4단계: 이론적 표본 추출 수행하기

이 단계에서는 다양한 자료 수집 방법을 통하여 연구에 필요한 자료를 수집하게 된다. 자료 수집방법으로 주로 사용되는 방법은 인터뷰이며, 연구자는 자료를 수집하고 동시에 분석을 통하여 나타나게 되는 이론적 개념에 근거하면서 다음 자료 수집 표본에 대해 결정하는 과정을 거치게 된다. 이 단계에서는 포화(saturation)의 원칙에 따라 반복적 비교 및 분석을 거쳐 자료 수집의 적정 수준을 결정하게 된다. 연구의 초기 단계에서는 연구문제, 연구의 실질적 환경, 예비연구결과, 문헌분석결과, 연구자의 기존 경험 등을 토대로 초기 표본수집 대상이 선정되나, 표본의 대상은 원칙적으로 연구가 시작되기 이전에 결정하는 것이 아니라 연구를 수행하는 과정에서 결정되게 된다.

▷ 5단계: 코딩하기

코딩작업은 자료를 수집하는 동안 실시하게 된다. 주로 수집된 자료를 해체하여 개념과 범주를 도출하는 개방 코딩을 가장 먼저 실시하게 되며, 생성된 범주들을 바탕으로 축 코딩을 통해 범주들 간의 관계를 분석하게 된다. 의미 있는 연구결과를 얻기 위해 필요한 범주의 새로운 속성과 차원의 표본을 추가적으로 수집해 나간다.

▷ 6단계: 선택 코딩 수행 및 이론 구축하기

이 단계에서는 선택 코딩을 실시하여 이론을 생성한다. 여기에서는 핵심 범주(core category)를 선택하여 핵심 범주를 다른 범주들과 연관 짓고, 이들 간의 관련성을 확인하여 범주들을 연결시키고 이론을 통합시킨다. 또한 '이야기 윤곽'(story line)을 만들어 개방 코딩과 축 코딩에서 생성된 모든 범주들을 통합하는 하나의 이야기로 서술한다.

▷ 7단계: 생성된 이론 입증하기

이 단계에서는 근거이론 방법으로 생성된 이론이 연구의 목적에 부합하고 연구 참여자들에게 타당한지, 그리고 사건 및 현상에 대한 기술이 정확한지에 대한 확인 작업을 실시하게 된다. 개방 코딩 및 축 코딩 과정에서 생성된 개념 및 범주, 그리고 이론과 원자료를 비교하여 의미가 타당한지를 재검토하며 기존의 관련 문헌과 비교하여 이론의 타당성에 대하여 검토를 실시한다. 연구 참여자 확인법(member check), 전문가 및 동료 검토 등의 기법을 활용하여 생성된 이론의 정당성 및 타당성을 확보할 수 있다.

▷ 8단계: 근거이론 보고서 작성하기

근거이론 보고서는 특정한 양식이 없이 연구자가 선호하는 방법으로 구성하여 작성하게 된다. 하지만 근거이론 방법은 내러티브 연구 및 생애사 연구 등의 질적 연구와는 달리 연구 내용의 분석 및 기술 측면에서 좀 더 과학적으로 구성된다. 때로는 다른 질적 연구방법과는 다르게 연구자는 제3자가 되어 객관적인 입장에서 체계적으로 결과를 기술하기도 한다.

5. 근거이론 방법을 활용한 연구에 대한 평가

근거이론 방법을 활용한 질적 연구에 대하여 다음의 질문에 답해 봄으로써 연구의 질을 평가해 볼 수 있다(Creswell, 2012; Glaser, 1992; Strauss & Corbin, 2001).

- 생성된 범주들과 원자료 사이에 명확한 연관성과 적합성이 있는가?
- 연구를 통해 구축된 이론이 연구 과정의 개념을 설명하는 데 유용한가?
- 연구를 통해 구축된 이론이 실제 문제와 기본적인 과정에 연관된 설명을 제공하는가?

- 상황이 바뀌거나 추가적으로 자료 수집이 된다면 구축된 이론이 수정될 수 있는가?
- 중심 범주 혹은 중심 현상이 이론의 중심에 자세하게 나타나 있는가?
- 올바른 코딩 단계에 따라 이론이 구축되었는가?
- 연구자가 범주들을 상호 연관시키려고 했는가?
- 연구자는 자료 수집에 있어서 포화(saturation)의 원칙에 따라 구체적인 개념적 이론을 구축할 만큼의 다량의 데이터를 수집하였는가?
- 연구자는 연구의 타당성과 신뢰성을 제고하기 위한 노력을 하였는가?

6. 근거이론의 장단점

질적 연구방법으로서의 근거이론 방법은 몇 가지 장점과 단점이 있다. 장점은 우선 근거이론 방법을 통해 새로운 이론을 생성한다는 데 있다. 즉, 근거이론 방법은 연구가 잘 이루어지지 않은 새로운 분야를 탐색하는 데 적합하며, 단지 탐색에만 그치는 것이 아니라 엄격한 자료분석에 근거하여 미개척 연구 분야에 새로운 이론을 정립한다는 점이다. 근거이론의 두 번째 장점은 자료분석의 엄격성이다. 근거이론 방법에서의 분석은 반복적 비교와 포화의 원칙에 따라 자료의 수집단계부터 시작되며, 수집된 원자료를 해체하여 개념과 범주들을 생성하는 개방 코딩, 특정한 중심 현상을 축으로 개방 코딩에서 생성된 범주들을 하위범주와 연결하여 패러다임 모형을 추출하는 축 코딩, 선택한 핵심 범주를 다른 범주들과 연관지어 이들 간의 관련성을 확인하여 범주들을 연결시키고 이론을 통합시키고 정교화하는 선택 코딩의 과정은 다른 질적 연구방법에서의 자료분석방법과 구분되는 근거이론 방법의 특징적인 자료분석 방법이라고 할 수 있다. 자료분석의 이러한 엄격성으로 인하여 다른 질적 연구의 자료분석 시에 근거이론적 자료분석 방법을 활용하는 사례를 종종 찾아볼 수 있다.

반면에 근거이론 방법에 대해서 몇 가지 한계점과 단점이 제기되고 있다. 첫째, 근거이론 방법에서만 사용하는 고유한 용어와 개념의 올바른 이해와 사용이 필요하다. 개방 코딩, 축 코딩, 선택 코딩, 패러다임 모형, 이론적 표집, 반복적 비교, 포화, 핵심범주, 이야기윤곽 등의 용어는 근거이론 방법을 처음 접하는 연구자에게는 생소하여 다소의 개념적 혼란을 가져올 수 있다. 따라서 근거이론 방법을 자신의 연구방법으로 사용하고자 하는 연구자는 근거이론 방법에서 사용되는 용어 및 개념에 대한 올바른 이해를 바탕으로 연구를 수행해야 한다. 둘째, 근거이론 방법을 통하여 새로운 이론을 생성한다는 것은 연구자에게 고도의 창의성이 요구되는 작업이다. 양적 연구에서처럼 명확한 기준이 없는 상태에서 반복적 비교, 포화, 코딩, 패러다임 모형 생성 등의 활동을 수행한다는 것은 연구자의 직감, 인지력, 이해력, 창의력, 통찰력 등이 뒷받침해야 한다는 점을 암시하고 있다. 마지막으로 근거이론 방법으로 생성된 이론에 대하여 독자들이 이를 얼마나 제대로 이해하는가이다. 즉, 근거이론 방법의 모든 과정은 연구자에 의해서 수행되고 이론이 생성되기 때문에, 이러한 복잡다단한 연구과정으로부터 도출된 이론은 연구자 이외의 제3자가 제대로 이해하기는 매우 제한적일 수밖에 없다는 점이다.

◆ 참고문헌_

김소진 (2009). **노인의 여가경험에 대한 연구: 근거이론 접근**. 박사학위논문, 성균관대학교.

김한별 (2012). 결혼초기 부부의 적응과정에서 학습경험 탐색: 근거이론 접근. **교육문제연구**, 44, 1-35.

변정현, 허선주, 권대봉 (2007). 비정규근로자의 조직 내 학습경험에 대한 이해. **한국교육**, 34(2), 129-153.

이웅목, 유기웅 (2017). 퇴직한 중년남성의 재취업과정 탐색. **사회과학연구**, 28(2), 59-78.

전성남 (2007). **남성노인 케어 경험에 관한 근거이론 연구: 농촌지역 뇌졸중 노인의 배우자를 중심으로.** 박사학위논문, 조선대학교.

전신영, 유기웅 (2011). 성인학습자의 선행경험으로 인한 학습방해 과정에 관한 연구. **교육문제연구,** 41, 93-119.

최유연, 유기웅 (2017). 화장품 판매사원의 스마트러닝을 통한 학습경험과정 탐색. **교육방법연구,** 29(2), 397-419.

Birks, M., & Mills, J. (2011). *Grounded theory: A practical guide.* Thousand Oaks, CA: Sage.

Birks, M., & Mills, J. (2015). *Grounded theory: A practical guide* (2nd ed.). Thousand Oaks, CA: Sage.

Blumer, H. (1969). *Symbolic interactionism.* Englewood Cliffs, NJ: Prentice Hall.

Charmaz, K. (2006). *Constructing grounded theory: A practical guide through qualitative analysis.* Thousand Oaks, CA: Sage.

Clarke, A. (2005). *Situational analysis: Grounded theory after the postmodern turn.* Thousand Oaks, CA: Sage.

Creswell, J. W. (2012). *Educational research: Planning, conducting, and evaluating quantitative and qualitative research* (4th ed.). Boston: Person Education.

Glaser, B. (1992). *Basics of grounded theory analysis.* Mill Valley, CA: Sociology Press.

Mead, G. H. (1934). *Mind, self, and society* (Works of George Herbert Mead, Vol. 1, C. W. Morris, Ed.). Chicago: University of Chicago Press.

Stern, P. N. (1995). Grounded theory methodology: Its uses and processes. In B. G. Glaser (Ed.), *Grounded theory 1984–1994* (pp. 29-39). Mill Valley, CA: Sociology Press.

Strauss, A. L., & Corbin, J. M. (1990). *Basics of qualitative research: Grounded theory procedures and techniques.* Newbury Park, CA: Sage.

Strauss, A. L., & Corbin, J. M. (1998). *Basics of qualitative research: Techniques and procedures for developing grounded theory* (2nd ed.). Thousand Oaks, CA: Sage.

Strauss, A. L., & Corbin, J. M. (2001). **근거이론의 단계**(신경림 역). 서울: 현문사 (원저 1998 출판).

UNDERSTANDING

QUALITAT

QUALITATIVE

RESEARCH METHODS

Chapter 5

문화
기술지

(Ethnography)

C·H·A·P·T·E·R

5

문화기술지

> **주요 내용**
> 1. 문화기술지의 정의와 배경
> 2. 문화기술지의 특징과 수행절차

1. 문화기술지의 정의와 배경

가. 문화기술지의 정의

영문으로 ethnography로 표현되는 문화기술지는 '사람들'을 뜻하는 그리스 어 'ἔθνος(ethnos)'와 '기록하다, 기술하다'를 의미하는 'γράφω (grapho)' 두 단어 가 합쳐져 생성된 말이다. 따라서 문자 그대로의 의미처럼 ethnography는 사 람들에 대한, 특히 그들의 삶의 방식과 문화적 배경에 대한 사회과학적인 기 술로 정의될 수 있다(Patton, 2002; Punch, 2005). 보다 구체적으로 Hammersley 와 Atkison은 문화기술지를 연구자가 공개적 혹은 비공개적으로 연구의 대상이 되는 사람들의 삶 가운데 일정한 시간 동안 참여하여 그들의 삶 속에서 어떠한 일들이 일어나는지, 그들이 무엇을 이야기하는지를 알려 줄 수 있는 자료를 수집하는 연구방법으로 정의 내리고 있다(Hammersley & Atkinson, 1995). 일반적으로 어떠한 질적 연구를 문화기술지라고 부를 때에는 다른 질적 연구방법과는 구별되는 고유한 연구의 목적과, 방법, 그리고 결과 보고형태를 갖춘 연구물을 의미한다. 그러나 어떠한 경우에는 문화기술지가 갖는 특성 가운데 일부분을 의도적으로 적용하거나 포함하고 있는 질적 연구들을 문화기술지의 범주 안에 포함시키기도 한다. 상대적으로 오랜 시간 동안의 현장참여를 통한 자료수집, 연구 설계에 있어서의 개방성, 연구 수행에 있어서의 유동성과 같은 문화기술지가 갖는 특징적인 요소들을 적용하여 하나의 커다란 질적 연구 프로젝트를 수행하는 경우에 문화기술지적인 접근법을 사용했다라고 표현하기도 한다(Punch, 2005).

넓은 의미에서 문화기술지의 범주에 속하는 연구방법 또는 연구물들을 학문영역에 따라서 민족기술지, 민속기술지, 기술민족학, 종족지학 등의 용어로 사용하기도 한다. 비록 학문 영역에 따라서 다양한 용어로 표현되고 있지만, 문화기술지를 수행하는 연구자들이 공통적으로 소유하고 있는 몇 가지 중요한 가정들이 있다. 첫째, 인간의 행동은 의미에 기반을 두고 있다는 점이다. 이러한 점에서 인간의 행동은 단순히 기계적으로 이루어지는 움직임이 아니라, 상황과 맥락에 따른 행위자의 해석을 포함하는 것이다(Punch, 2005). 둘째, 상황과 맥락에 따른 해석을 기반으로 하는 행동을 통해 모든 인간 집단은 일정 시간이 지나면 그들의 상호작용 안에서 "문화"라고 불릴 수 있는 것들을 생산해 낸다는 점이다. 여기서 문화란 어떤 특정한 행동 양식이나 신념들을 의미하며 이러한 행동양식과 신념들을 토대로 인간은 현상에 대한 인식의 기준, 행위에 대한 기준, 감정에 대한 기준, 행위의 목적과 방법에 대한 기준을 구성한다고 할 수 있다(Goodenough, 1971; Patton, 2002, p. 81에서 재인용). 셋째, 잘 훈련되고 성찰적인 연구자들은 특정한 집단 안에서 역사적으로 그리고 사회적으로 구성된 실재에 대해 집단 내부 구성원들과의 집중적이고도 경험적인 만남과 소통을 통해 부분적 혹은 잠정적인 시각을 형성할 수 있게 된다.

아울러 이러한 시각을 통해 연구자는 문화집단과 그 구성원들이 갖는 속성과 특성들을 그려낼 수 있다(Foley, 2002).

나. 문화기술지의 배경

1) 전통적인 문화기술지

문화기술지는 질적 연구분야에 있어서 가장 오래된 연구방법 가운데 하나이며(Patton, 2002) 인류학의 한 분야로 출발하였다(Keith, 2005). 새로운 언어, 음식, 풍습, 풍경, 생활상 등에 대한 인간의 호기심은 매우 자연스러운 것이라고 할 수 있다. 이러한 이국적이고 낯선 문화에 대한 탐구와 이해를 위한 연구방법으로 등장한 것이 바로 문화기술지라고 할 수 있다. 문화기술지는 인류학의 학문적 발달에 뿌리를 두고 있다. 인류학 가운데서도 특히 문화인류학의 영역에 주된 관심사를 두었던 학자들은 그들의 입장에서는 원시적이고 이국적이며 아직까지 연구자가 속한 문화권에는 알려지지 않았던 문화집단(종족이나 민족)에 대한 연구를 진행하였다. 대부분 유럽 문화권에 속해 있던 초기의 문화 인류학자들은 아프리카, 아시아, 미주 대륙의 원주민, 그리고 태평양에 산재해 있는 섬들에 거주하고 있는 사람들의 이국적인 문화에 매료되었다.

서구의 시각에서 상대적으로 원시적인 것으로 여겨지는 삶과 문화를 소유한 집단에 대한 탐구가 주류를 이루었던 초기 문화인류학 연구는 상반된 평가를 받는다. 초기 문화인류학 연구자들 중에는 서구와는 다른 다양한 문화를 소유한 사람들이 공존하고 있다는 이해의 폭을 넓히고, 서구 열강의 제국주의적 문화침탈과 식민주의로부터 이들의 고유한 문화와 전통을 지켜 나가는 데 노력을 기울였던 연구자들이 있었던 반면, 이문화(異文化)에 대한 연구를 통해 제국주의와 식민주의의 확산에 협력했다는 비판을 받는 연구자들도 있었다(Patton, 2002).

영국을 중심으로 인류학을 기반으로 한 문화기술지의 뿌리를 이어 받아 북미대륙에서는 미국을 중심으로 사회학 분야에서 문화기술지의 특성을 발전시켜 나갔다. 유럽대륙의 인류학 전통을 토대로 한 초기 문화기술지들이 연구자가 속한 문화집단이 접해 보지 못했던 다른 민족이나 종족에 대한 연구였다면, 사회학의 영향을 받은 문화기술지의 연구영역은 매니아, 빈곤, 세계화, 교육, 다문화, 사회적 계층, 집단 간 갈등, 범죄자들과 같이 주로 사회적 하위집단과 주변집단의 독특한 문화와 사회 문제 영역으로 그 관심이 이동하였다 (Mills & Morton, 2013; Patton, 2002). 더 나아가 문화기술지 연구자들은 이러한 하위집단의 문화가 어떠한 과정을 통해 사회적 주류집단에 의해서 배제되고 억압되는지에 대한 과정과 문화적 해방의 필요성에 대한 논의에 관심을 갖게 되었다(Foley, 2002). 1980년대 이후 문화기술지 연구영역은 더욱 확대되어서 조직변화, 조직문화 분석, 프로그램 개발과 같은 실천적인 주제들을 포함하게 되었다(Patton, 2002). 그뿐만 아니라, 연구자 자신이 속한 집단이나 개인적인 문화에 대해서 내부자적인 관점에서 진행한 자기문화기술지(autoeth-nography)와 같은 새로운 문화기술지의 흐름도 나타나게 되었다.

2) 문화기술지 영역의 새로운 흐름

전통적인 문화기술지는 외부자로서의 연구자가 연구의 대상이 되는 종족, 집단, 문화의 특수성을 외부자의 관점에서 기술하고 해석하는 것이 주를 이루었다. 이러한 외부자적인 관점의 문화기술지에서는 연구자가 어떻게, 어느 정도의 수준으로 연구 대상과의 거리를 두어 객관적인 시각을 유지하였는가가 중요한 고려사항이었다. 이러한 전통적인 문화기술지의 연구 수행은 21세기에 들어오면서 연구자와 연구 대상자 간의 관계성에 대한 여러 가지 논의들을 촉발하였다. 전술한 바와 같이 몇몇 연구자들의 연구결과는 제국주의와 식민주의의 확장에 도움을 주었다는 비판을 받기에 이르렀으며, 대부분의 경우에 있어 연구자와 연구대상자 사이에는 권력, 부, 특권에 있어서 심각한 불균형이 존재한다는 비판도 덧붙여졌다. 그뿐만 아니라, 연구자가 지니고 있는 개인적인 가치 체계와 문화적 배경이 문화기술지의 연구 수행에 있어서 어떠한 영향을 미치는지, 그리고 실제적으로 연구자가 연구 대상자와의 거리 유지를 통해 실체적인 객관성을 유지하는 것이 가능하고 바람직한 것인가에 대한 의문들이 제기되었다(Patton, 2002).

전통적인 문화기술지가 타인들에게 일차적인 관심을 두었다면 이와 달리 내 자신, 내가 속한 집단, 문화, 삶의 방식에 대한 연구는 어떠한 의미를 가질 수 있는지에 대한 관심도 증가하게 되었다. 이러한 관심은 문화기술지의 연구 영역에 자기문화기술지 또는 자기기술지라고 불리는 새로운 연구들을 낳았다. 이러한 자기문화기술지는 연구자 자신이 향유하고 있는 문화와 관련된 다양한 수준의 의식을 표현하는 자전적 글쓰기와 연구의 형태이다. 자기 문화기술지를 수행하는 연구자는 먼저 전통적인 문화기술지를 수행하는 연구자와 같이 거시적이고 객관적인 안목에서 개인적인 경험과 연계되어 있는 사회적 상황과 문화에 대해서 탐구하고, 이를 바탕으로 다시 자신의 경험에 대한 스스로의 생각과 해석을 반추하고 때로는 일상적인 해석에 대한 의도적인 거부를 통해 새로운 해석의 가능성을 탐색하는 일을 반복적으로 수행하게 된다. 자기문화기술지는 결과보고의 형태도 매우 다양해서 시, 소설, 에세이, 일기, 사진 에세이와 같은 형태들을 취하기도 한다. 이러한 방식으로 수행되고 보고되는 자기문화기술지가 과연 사회과학 연구방법으로서 질적 연구 수행을 위한 적절한 방법인가에 대해 의문을 표하는 사람들도 있다. 이러한 논쟁에 있어서의 핵심은 연구자의 개인적 주관성(subjectivism)이 연구에 미치는 범위를 어느 정도까지 허용할 수 있는가와 맥을 같이한다(Crotty, 1998).

자기문화기술지와 같은 형태의 연구물을 반대하는 입장에서는 이러한 연구들이 과도한 연구자의 주관성 개입을 통해 사회과학적 연구물과 문학적 창작물의 경계가 모호한 상황을 만들어 낸다고 주장한다. 반면에 자기문화기술지를 수용하는 입장에서는 문화기술지를 비롯한 질적 연구의 특징은 연구자의 창의적인 분석과정에 있고, 전통적인 문화기술지의 연구에 있어서도 다만 이러한 연구자의 창의적인 생각들이 방법론적인 제약으로 인해 드러나지 않았을 뿐 존재하지 않았던 것은 아니라고 주장한다(Holt, 2003; Richardson, 2000). 이러한 점에서 연구자의 창의성이 강조된 형태의 연구도 엄연한 사회과학적인 연구 성과물로 인정해야 한다고 주장한다(Richardson, 2000). 덧붙여 자기문화기술지와 같이 연구자의 창의적인 분석과정과 결과의 보고가 포함된 연구물은 문학작품과는 엄연히 구분되어야 하며, 다음과 같은 잣대로 평가될 수 있다고 말한다(Richardson, 2000).

- 학문적 기여: 이러한 연구물이 인간의 사회적인 삶을 이해하는 데 기여를 하는가? 연구자는 사회과학적인 관점을 가지고 이러한 연구를 수행하였음을 보여주고 있는가? 이러한 사회과학적인 관점이 결과를 제시하는 데 어떠한 영향을 미쳤는가?
- 미적인 기여: 이러한 연구물은 미적으로 작성되었는가? 이러한 창의적인 분석활동을 포함함으로써 독자들에게 새로운 해석의 기회를 제공하고 있는가? 문장과 표현은 만족스러운 수준이며 따분하지는 않은가?
- 성찰성: 연구자의 개인적인 주관성이 연구의 수행과 결과물에 어떠한 영향을 끼쳤는가? 연구자의 관점을 독자가 제대로 이해할 수 있도록 적절한 수준에서 연구자는 자신을 드러냈는가?
- 영향성: 이러한 연구가 독자인 나에게 감정적으로 혹은 지적으로 영향을 미치는가? 연구를 통해 새로운 질문을 갖게 되었는가? 연구를 통해 새로운 연구를 수행하는 데 자극이 되었는가?
- 실제성의 표현: 연구는 생생한 삶의 모습들을 담아내기에 부족하지 않았는가? 연구에 나타난 개인적, 사회적, 공동체에 관한 서술들은 실제적이며 믿을 만한가?

위와 같은 기준이 전통적인 문화기술지와 자기문화기술지와 같은 새로운 형태의 문화기술지를 구분하는 절대적인 기준은 아닐 것이나, 사회과학 연구방법론으로서의 문화기술지가 갖추어야 하는 기본적인 속성에 대한 연구자들의 주의를 환기하는 데 도움이 될 수는 있을 것이다.

2. 문화기술지의 특징

가. 연구의 목적

특정한 집단이 공유하고 있는 문화적인 의미를 이해하는 것은 그들의 행동을 이해하는 데 있어서 매우 중요하다. 어떠한 집단이건 간에 그들만의 독특한 삶의 방식을 공유하고 있으며 외부에서 볼 때는 아무리 불합리하고, 비도덕적이며, 비정상적인 삶의 방식(예를 들면 조직폭력배가 공유하고 있는 내부적인 규율이나 언어습관 등)이라 할지라도 내부적으로 보았을 때는 타당하고 의미 있는 것으로 여겨진다. 문화기술지를 수행하는 연구자의 과제는 이러한 의미를 발견해 내는 데 있다.

전통적인 관점에서 문화기술지의 목적이 문화집단에 내재되어 있는 문화적인 요소들의 의미와 속성들이 인간 행위와 의미생성에 어떠한 영향을 끼치는지에 초점을 두었다면 바람직한 방향으로의 사회적, 문화적 변화를 이끌어 내는 수준까지 연구목적과 영역이 확장되어야 함을 주장하는 목소리도 존재한다. 특히 마르크스주의(Marxism), 여성주의(feminism)와 같은 이론적 관점을 토대로 비판적 문화기술지(critical ethnography)를 수행하는 연구자들 가운데 이러한 주장에 동조하는 연구자들을 찾아볼 수 있다. 이들은 문화기술지를 통해 연구자가 발견해 낼 수 있는, 연구 참여자들이 가지고 있는 사회적 실재에 대한 재구성된 인식들이 종종 주체적인 의사결정자 또는 문화생산자로서의 인간 존재와 역할에 대한 상실감, 무력감, 배재감을 드러내는 의미들을 숨기고 있는 것으로 본다. 또한 많은 경우 연구 참여자들이 드러내는 인식은 자신들이 경험하고 있는 사회적 현실을 설명할 수 있을 정도의 수준에만 머무른다는 것이다. 즉, 그들이 처한 사회적 현실에 대한 표면적 성격에 대해서는 그들의 인식을 확인할 수 있을지 모르나, 그 기저에서 작동하는 억압과 배제의 구조에 대해서는 많은 연구 참여자들이 명료하게 인식하고 있지 못하고 있는 것으로 여긴다. 따라서 문화기술지를 수행하는 연구자들은 연구 참여자의 의식과 행동을 중립적인 관점에서 바라보는 것이 아니라, 체계적이고도 비판적으로 그들의 인식 이면에 숨어 있는 구조적인 문제들을 드러내는 작업이 연구자에 의해서 수행되어야 한다고 주장한다(Anderson, 1989). 이러한 관점은 단순히 연구 참여자를 바라보는 시각의 변화를 촉구하는 것뿐만 아니라 문화기술지 연구자들이 그동안 적용해 왔던 사회과학의 이론적 구성요소들에 대해서도 새로운 시각으로 바라봐야 함을 의미하기도 한다. 예를 들어 사회학이나 인류학적 연구에서 분류를 위한 범주들로 사용되어 온 가정(family), 소유(property), 만족(satisfaction), 정치적(political), 경제적(economic) 등과 같은 용어들은 우리가 속한 사회에 대한 분석적인 기술을 위해서 고안된 개념일 뿐만 아니라 그 자체로서 우리 자신들의 사회적 형태를 재생산하는 과정을 규정하는 요소로 보아야 한다고 주장한다. 따라서 전체적인 관점에서 인식되지 못하는 분석의 범주들은 특정한 사회적 관계성의 재생산을 이끈다는 점에서 이데올로기적인 성격을 지니고 있음을 연구자들이 인식해야 함을 강조한다.

전통적인 입장의 문화기술지 연구와 비판적 문화기술지로 대표되는 문화기술지에 대한 새로운 시각 사이의 차이에도 불구하고, 문화기술지의 연구 대상과 문화기술지를 통해 드러내고자 하는 연구의 주제들에 대해서는 공감대가 형성되어 있는 듯하다. 그렇다면 구체적으로 어떠한 경우에 문화기술지를 사용하여 질적 연구를 계획하고 수행하는 것이 좋을까? 다음과 같은 연구상황들에 문화기술지 혹은 문화기술지가 제공하는 연구 기법들을 적용할 수 있을 것이다.

- 특정한 집단이나 사람들이 보이는 행동에 대한 사회 문화적인 맥락에 대해서 이해하고자 할 때(예, 아이돌 그룹에 열광하는 40대 남성들)
- 특정한 맥락 속에서 일어나는 사회적 상호작용의 상징적인 의미와 중요성에 대해 알고자 할 때(예, 아이돌 그룹의 인터넷 팬클럽에서의 게시판 상호작용의 특성, 온라인상에서의 위계구조 등)
- 특정한 집단에 대해 관련한 선행연구나 연구자의 직접 혹은 간접적인 경험이 없어 매우 새롭고, 기존의 주류와는 다른 어떤 문화를 소유하고 있

는 집단에 대해서(예, 청소년들의 동성애 문화)

• 이러한 특정한 집단과 문화에 대한 본격적인 연구 프로젝트의 수행에 앞서 연구자가 일차적인 이해를 얻고자 하는 경우(예, 청소년 동성애에 대한 올바른 교육적 접근법과 정책을 마련하기 위하여 우선적인 실태파악을 위한 연구를 문화기술지를 적용하여 진행하는 경우 등)

나. 요구되는 연구자의 역량

문화기술지는 연구대상이 되는 사람들 또는 사건들을 최대한 자연스러운 상황 속에서 탐구하는 것이다. 이것은 문화기술지를 수행하는 연구자가 궁극적으로 연구의 맥락에 자연스럽게 동화됨으로써 이루어질 수 있다. 연구자가 더 이상 외부인이 아니라는 생각을 연구에 참여하는 사람들이나 집단이 공유하게 될 때 연구자는 문화기술지의 목적인 집단의 삶의 방식과 문화에 대한 이해를 얻을 수 있는 기회를 가질 수 있으며, 이러한 이유로 문화기술지에서는 주로 참여관찰을 통한 자료의 수집이 선호된다. 또한 문화기술지를 수행하는 연구자는 연구에 참여하는 집단이나 사람들의 행위와 사건의 저변에 깔린 의미를 내부자의 관점에서 이해할 수 있을 정도의 민감성을 지녀야 한다. 연구의 대상에 대한 사회문화적인 지식과 이해가 없이는 그들의 행동과 언어를 이해할 수 없으며, 결국 그들의 삶과 저변에 존재하는 문화적인 의미를 찾아낼 수 없을 것이다. 따라서 문화기술지 연구의 수행과정은 달리 표현하자면 대상이 속한 집단이 갖는 사회문화적인 정보들을 수집하고 이를 분석함으로써 숨겨져 있는 의미를 찾아내는 과정이라고 할 수 있다.

그런데 Fine(1993)은 위와 같이 문화기술지를 수행하는 연구자들에게 전통적으로 요구되어 왔던 연구자로서의 미덕, 연구자로서 갖추어야 할 기술, 연구자 자신에 대한 관점들에 대해 오랫동안 인정되어 왔던 진술들이 사실은 문화기술지를 수행하는 연구자들의 집단적인 현실외면을 드러내고 있다고 주장하였다. 즉, 문화기술지를 계획하고, 설계하며, 실제적으로 수행하고 그 결과를 보고하는 모든 과정에 있어서 당연한 것으로 여겨졌던, 또는 연구자들이 좋아야 할 덕목이라고 생각되었던 것들이 실제로는 실현 불가능한 요소들을 가지고 있으며, 이러한 점에서 연구자들은 항상 딜레마 상황에 이르게 된다고 말하였다. Fine이 주장한 '문화기술지를 수행하는 연구자들의 10가지 거짓말'은 다음과 같다.

1) 고전적인 덕목

- 친절한 문화기술지 연구자: 문화기술지를 수행하는 대부분의 연구자들은 연구의 대상이 되는 집단이나 사람들에게 자신이 친절한 사람인 것처럼 보이기를 원하며, 또 그러한 이미지를 상대방에게 심어 주기 위해 많은 노력을 기울인다. 왜냐하면 친절한 사람이라는 이미지는 낯선 대상 집단에게 호의를 불러일으키며 이러한 것이 연구의 수행에 도움이 될 것이라는 기대를 하기 때문이다. 하지만 실제적으로 연구 수행과정에서 드러나는 문화기술지 연구자들의 태도가 실제 그 사람의 본모습 즉, 그가 원래 속해 있던 집단이나 문화 속에서의 그가 다른 사람들에게 보이는 태도와 같다고 자신 있게 말하기 어려울 것이다. 이러한 점에서 문화기술지 연구자들은 일부분 대상을 속이고 있는 것이나 다름없다.
- 호의적인 문화기술지 연구자: 문화기술지를 수행하는 연구자들은 연구를 수행하는 과정에 있어서는 연구의 대상이 되는 집단이나 사람 가운데 누구도 싫어하는 사람이 없는 것처럼 행동한다. 그러나 실제 연구자들은 연구 수행 중에 만나고 대화하는 사람들 가운데 특정 사람들에게 불쾌한 감정을 느끼기도 하며, 이러한 경우에 있어서 연구자가 불쾌감을 느끼는 사람들에게서 수집된 정보나 결과는 축소되거나 제외되는 경우가 많은 것이 사실이다.
- 정직한 문화기술지 연구자: 연구의 상황에 따라서 연구자가 수행하는 연구의 목적이 연구의 대상이 되는 사람이나 집단에게 알려질 경우 그들로부터 얻을 수 있는 정보가 왜곡될 수 있는 가능성이 있다. 이러한 우려 때문에 문화기술지를 수행하는 연구자들은 연구의 대상이 되는 집단으로의 접근성을 얻기 위해서 또는 더욱 자연스러운 정보들을 얻기 위해서

자신의 신분이나 연구의 목적을 감추기도 한다.

2) 연구수행의 기술

- 정확한 문화기술지 연구자: 문화기술지를 수행하는 연구자들이 스스로 만들어 내는 환상 가운데 하나는 연구현장에서 기록된 현장일지가 현장에서 "실제로" 일어난 일들에 대한 기록을 담고 있는 자료라고 여기는 점이다. 문화기술지를 통한 결과의 보고에 있어서 연구의 대상이 되는, 사람들이 말한 그대로를 기술하기보다는 연구자가 판단하기에 유사하다고 생각되는 단어와 어구들을 사용하는 경우가 많다. 아무리 철저하고 정확하게 연구를 수행한 연구자라 할지라도 그들이 접근한 것은 완벽한 사실이나 실재가 아니라 사실과 실재에 근접한 것이라는 점을 간과해서는 안 된다.

- 관찰하는 문화기술지 연구자: 문화기술지를 통해 작성된 연구의 결과물을 읽는 독자들은 지금 읽고 있는 연구물이 연구에 있어서 중요한 어떤 것도 놓치지 않은 완벽한 상태의 것이라는 가정하에 연구물을 대하는 경우가 흔하다. 하지만 사실상 문화기술지를 수행하는 연구자들은 언제나 무엇인가를 놓치게 마련이다. 그들도 사람이기 때문에 연구현장에서 일어나는 모든 사건들과 대화들, 심지어 동시에 일어나는 여러 사람들의 표정과 몸짓들을 모두 기록하고 그것을 해석해 내지는 못한다. 그뿐만 아니라 연구현장의 모든 것들이 연구자로 하여금 여러 가지 해석을 내놓거나 심지어는 잘못된 이해에 이르도록 만들 수 있는 가능성을 내포하고 있다. 문화기술지를 수행하는 연구자들 사이에서도 현장일지나 관찰노트를 작성하는 기술이나 대상을 집중하여 관찰할 수 있는 능력에 차이가 있다. 따라서 우리가 접하고 있는 문화기술지가 항상 연구의 대상이 되는 사람들 혹은 집단의 삶의 방식이나 문화에 대한 전체적이고 완벽한 그림을 보여주고 있는 것은 아니라는 점을 인정해야 한다.

- 방해되지 않는 문화기술지 연구자: 문화기술지의 수행에 있어서 가장 기본이 되는 연구수행의 기술은 바로 연구자 자신의 존재로 인해 연구의

대상이 되는 사람들이나 집단의 일상적인 모습들에 변화가 있어서는 안 된다는 점이다. 그러나 입장을 바꾸어서 생각해 보면 아무리 연구자가 많은 노력과 주의를 기울여서 행동한다 할지라도 내부자 입장에서는 여전히 낯선 외부자일 뿐이며, 이러한 외부자의 존재는 그 자체만으로 내부자들의 행동과 생각에 영향을 끼칠 수밖에 없다는 점이다. 다만, 그 정도에 차이가 있을 뿐이다.

3) 연구수행자 자신에 대한 오해

- 솔직한 문화기술지 연구자: 문화기술지를 수행하고 그 결과를 보고하는 과정에 있어서 연구자 자신의 위치를 어떻게 기술하였는가(예를 들어 연구자가 사전에 가지고 있던 여러 가지 관점들 내지는 연구대상과의 관계설정을 위한 여러 가지 방법들과 그 관계성의 변화)는 연구 윤리와 관련된 중요한 문제 가운데 하나이다. 정말 문화기술지를 수행하는 연구자들은 연구 현장에서 있었던 여러 가지 일들을 빠짐없이 보고하고 있는가? 실제 연구윤리와 관련되어 논란이 될 만한 부분들도 솔직하게 털어놓고 있는가? 이러한 질문들에 대해서 솔직한 연구 수행자가 될 필요가 있다. 자신에게 유리한 부분만을 취사선택하여 완벽한 연구자로 포장하는 것보다는 부족하더라도 솔직히 자신의 모든 것을 드러내는 연구자가 되는 편이 낫다.

- 순결한 문화기술지 연구자: 문화기술지의 수행에 있어서 연구자와 연구의 대상이 되는 사람들과의 관계맺음 또는 그러한 관계맺음의 변화는 피할 수 없는 요소이다. 그럼에도 종종 이러한 관계 변화가 수행된 연구의 결과 해석에 분명히 영향을 미쳤을 것이라고 짐작이 되는 상황에서도 연구자와 연구대상자(들) 간의 관계성에 대한 정보들이 누락되어 있는 연구물들을 보게 된다.

- 공정한 문화기술지 연구자: Fine에 의하면 문화기술지 연구에 있어서 객관성을 논하는 것은 환상과 다를 바 없다고 말한다. 왜냐하면 모든 문화기술지의 기술은 특정한 관점, 즉 연구자의 관점과 해석으로부터 출발하기 때문이다. 따라서 문화기술지를 수행하는 연구자들에게 연구 결과의

공정성에 대한 기술을 요구하는 것은 옳지 않다고 주장한다.

- 문학적인 문화기술지 연구자: 연구의 결과를 보고하는 과정에서 피할 수 없는 연구자의 고민은 바로 '무엇을', '어떻게' 드러낼 것인가이다. 은유적인 언어들을 사용해서 현실에 대한 다양한 관점과 해석을 자극할 것인가? 직설적이고 사실적인 언어들을 사용하여 정보의 제공에 충실한 것인가? 이러한 결과보고에 있어서의 문체와 서술방식으로 인한 차이점들이 결국 겉으로 드러나는 연구물의 가치를 결정하는 중요한 요인이기 때문이다.

질적 연구를 수행해 본 경험이 있는 연구자라면 Fine이 주장하는 바가 전혀 근거 없는 것은 아니라는 점에 공감할 수 있을 것이다. 문화기술지를 수행하기 위해서 고려해야 할 여러 가지 요소들이 사실은 일종의 지향점과 이상향을 말하고 있을 뿐 실제 연구자가 맞닥뜨리게 되는 연구 현장의 다양성과 가변성은 연구자로 하여금 항상 자신의 상황과 교과서적인 상황을 비교하여 고민하게 만드는 일들이 비일비재하다. 그렇다면 연구의 현실이 이러하므로 그동안 문화기술지 수행에 있어서 가이드라인 역할을 했던 지침들이 모두 필요없는 것일까? 그것은 아니다. 실제적으로 위와 같은 가이드라인을 통해 연구자는 끊임없이 자신의 연구 활동을 되돌아보며, 가능한 한 최선의 연구가 되도록 노력할 수 있는 계기를 삼을 수 있기 때문이다. 결론적으로 말하자면, 비록 현실적으로 도달하기 어려운 수준의 목표점들이라 할지라도 문화기술지를 비롯한 질적 연구를 수행하는 데 있어서 위와 같은 지침들은 연구자들이 항상 염두에 두어야 할 부분이고, 이를 현장에서 실현하기 위해 지속적으로 노력해야 함을 역설적으로 표현하고 있다.

다. 연구의 설계

문화기술지만이 갖는 독특한 연구설계는 존재하지 않는다(Punch, 2005). 문화기술지를 수행하는 목적이나 상황에 따라서 사례연구나 근거이론 등에서 사용되는 연구설계 요소가 부분 또는 전체적으로 사용될 수 있기 때문이다. 그럼에도 불구하고, 문화기술지의 연구설계에 대한 기존의 학문적 논의는 크게 두 가지 입장으로 정리될 수 있다. 만약 여러분이 오랜만에 휴가기간 동안 여행을 가게 되었다면 어떻게 준비를 시작할 것인가? 기억에 남을 만한 여행이 되기 위해서 어떤 사람은 인터넷과 참고서적, 이미 여행지를 다녀온 사람들의 정보를 충분히 수합하고 분석해서, 최적의 숙박장소와 볼거리, 즐길거리의 목록이 포함된 구체적인 여행계획을 세울 수도 있을 것이다. 반면 어떤 사람은 별다른 계획 없이 발길 닿는 대로, 자신의 상황에 따라 여정이 변할 수 있는 자유로운 여행을 선호할 수도 있다. 이처럼 좋은 여행에 대한 생각(철저한 준비와 계획 vs 자유로움과 상황적인 대응)이 다른 것처럼 문화기술지의 연구 설계에 대한 생각도 나눌 수 있다.

문화기술지 수행에 있어 사전에 준비된 연구의 설계가 필요함을 강조하는 입장의 연구자들은 연구수행을 위한 체계적이고 의도적인 접근방식이 필요하며 이러한 접근방식이 연구자의 성찰과 결합될 때 문화기술지가 사회과학의 연구방법론으로 인정받을 수 있다고 주장한다(Hammersley & Atkinson, 1983). 이들은 문화기술지가 사전에 결정된 연구 설계에 따라 완벽하게 수행될 수 없는 속성을 지닌 것은 사실이지만 그렇다고 해서 연구에 대한 사전 준비 작업이나, 현장에서의 연구수행이 단순히 현장의 변화에 대해 소극적으로 대응하는 방식으로 이루어져야 함을 의미하는 것은 아니라고 보았다. 이러한 관점은 1970년대 사회학적 입장에서 문화기술지 연구를 수행했던 연구자들에게서 많은 지지를 받았다. 문화기술지가 방법론적인 명백함(explicitness)을 갖추기 위해서는 일련의 구체적인 연구방법들 가운데 왜 특정한 연구방법을 설계과정에서 선택하였는지, 그러한 선택이 연구 수행에 있어서 왜 최선의 선택이 될 수 있는지를 연구자가 설명할 책임이 있다는 점을 강조한다. 이러한 관점은 초기 질적 연구의 발전과 확산과정에서 많은 연구자들에게 제기되었던 질적 연구의 타당성과 관련된 논쟁에 있어서 질적 연구의 입장을 대변하려 했던 노력과 궤를 같이 한다. 연구 설계에 있어서 계획성에 무게를 두는 학자들은 특히 사회적 상호작용에 대한 미시적 접근을 강조한 연구전통을 이어 받아 구체적인 연구목적과 연구문제의 설정, 연구문제의 해결에 적합한 자료수집, 이론과 연계된 탐색과 자료에 근거한 이론화 작업의 중요성을 강조한다 (Mills & Morton, 2013).

문화기술지 연구 설계에 있어서 체계성과 계획성에 무게를 두는 관점과 대립되는 관점은 방법론적 절충주의(methodological eclecticism)라고 불린다. 방법론적 절충주의를 옹호하는 연구자들은 타당성, 객관성, 실증 등과 같은 용어들이 내포하고 있는 인식론적 가정들이 문화기술지의 본질과는 상충되는 것으로 여긴다. 왜냐하면 타당성이나 객관성, 실증주의적인 입장은 연구자로 하여금 문화기술지의 연구대상(연구 참여자)과 일정한 거리를 두어야 함을 의미하고, 연구자와 연구 참여자 사이의 거리유지는 문화기술지의 본질적인 속성인 해당 문화집단의 내적, 본질적, 함축적인 속성에 대한 이해를 방해하는 요인이 될 수 있다고 보았기 때문이다. 이들은 문화기술지 수행에 있어 현장의 목소리를 이해하고 반영하기 위해서 다른 학문분야에서 사용되는 여러 가지 방법의 실험적인 적용을 허용하며, 기존의 문화기술지 연구의 설계와 수행 과정에 있어 일종의 정석으로 여겨지는 방법들을 연구자가 선택하도록 강요하는 것에 반대하는 입장을 취한다.

문화기술지의 연구설계와 관련된 대립되는 입장에도 불구하고, 문화기술지가 갖는 속성에 대한 공통의 이해는 연구설계에 있어서 몇 가지 시사점을 제시한다. 문화기술지의 연구수행은 사전에 계획되거나 설계된 바대로 진행되기보다는 맥락에 따라 자연스럽게 변화하고 새롭게 진화하는 형태를 띠게 된다. 대부분의 문화기술지에 있어서 연구를 수행하기 전에 연구의 초점이 무엇인지를 연구자가 명확하게 인식하고 연구를 시작하는 경우는 찾아보기 힘들다. 왜냐하면 문화기술지의 목적 자체가 연구자가 경험해 보지 못하고, 아직 잘 이해하지 못하는 특정한 문화집단의 행위와 삶의 방식들을 이해하려는 목적을 가지고 있기 때문이다. 따라서 연구설계 단계에서 설정한 연구의 목적이나 연구 문제는 그 구체성의 수준이 어떠하건 간에 현장연구가 진행됨에 따라 연구대상에 대한 연구자의 이해가 축적되면서 더욱 명확해질 수 있다. 자료수집에 있어서도 사전에 계획된 특정한 종류의 자료수집 방법만 적용하는 것이 아니라, 연구의 맥락과 상황에 따라서 더욱 다양하고 시의적절한 자료수집 방법이 적용되므로 다른 질적 연구방법들과 비교하여 볼 때 연구수행에 있어서의 유동성이 상대적으로 큰 연구방법이라 할 수 있다.

어떠한 연구가 설계되었든 간에 문화기술지는 상대적으로 비구조화되어 있는 실증적인 자료들을 수집하는 경우가 많고, 상대적으로 적은 수의 사례들에 관심을 가지며, 그 자료의 분석과 결과의 보고에 있어서 설명과 해석을 강조하는 특성을 보여 왔다(Atkinson & Hammersley, 1994).

라. 자료의 수집

자료수집의 방법과 관련하여 문화기술지가 갖는 특성은 '선택적'이라는 점이다. 앞에서 잠깐 언급한 바와 같이 질적 연구에 적용되는 모든 자료수집 방법이 문화기술지를 수행하는 데 적용될 수 있다. 문화기술지의 자료수집에 있어서 핵심적인 활동은 '현장연구'에 있다. 현장에서 연구자가 연구대상자에게서 필요로 하는 정보를 얻기 위해 다양한 자료수집 방법이 순차적으로 혹은 동시다발적으로 일어날 수 있다는 점에서 자료수집 방법에 있어서의 특별한 제약이 없다.

그럼에도 불구하고 문화기술지의 주요한 자료수집의 방법은 참여관찰이다. 연구의 대상이 되는 사람들과의 접촉을 포함한 상당히 집중적인 현장연구를 통하여 그들의 문화와 삶의 방식을 이해하고 이를 통해 새로운 의미와 해석을 이끌어 낸다. 문화기술지를 수행하는 연구자와 연구의 대상이 되는 집단과의 관계설정을 어느 수준으로 설정하는 것이 좋은가에 대해서는 많은 이견이 있어 왔으며, 이러한 논의를 토대로 고전적인 통합적(holistic) 문화기술지, 기호학적(semiotic) 문화기술지, 행동주의적(behaviorist) 문화기술지 등으로 나누기도 한다.

문화기술지의 자료수집은 상당한 시간을 요하며 반복적으로 이루어진다. 문화, 삶의 방식, 집단에 내재된 의미와 같이 문화기술지의 초점이 되는 연구주제들은 외부자인 연구자에게 있어서는 상당히 추상적이며 탐색이 어려운 문제들이다. 또한 이러한 추상적 실재들이 때로는 개인수준에서, 집단수준에서, 조직이나 사회수준에서 각각 그 의미가 다르게 해석될 수 있는 여지가 있을 수 있다. 이러한 점에서 다양한 행위와 언어, 상호작용이 내포하는 의미에 대한 깊은 이해를 얻기 위해서는 연구자가 많은 시간을 소비할 수밖에 없다. 또한 연구의 대상이 되는 집단이나 조직이 다른 집단이나 조직과는 다른 독특한 문화와 의미를 가지고 있음을 암시하는 행위는 반복적으로 일어난다. 이러한 반복적인 상황에 대한 연구자의 충분한 자료수집이 결국 문화기술지가 목표로 하는 독특한 문화에 대한 이해를 가져올 수 있기 때문에, 반복되는 현상에 대한 반복적인 자료의 수집이 요구된다고 할 수 있다.

문화기술지 연구의 수행을 위한 자료수집과정에서 사용할 수 있는 몇 가지 조언들을 살펴보면 다음과 같다(Genzuk, 2003; Hammersley, 1990).

- 연구의 대상이 되는 집단에서는 상징성을 가진 의미들을 특정한 상호작용방식으로 교환한다. 이러한 의미와 그것의 교환방식에 집중하라.
- 연구자가 연구의 대상이 되는 집단에 속한 사람들을 관찰하고 평가하듯이, 사람들도 연구자를 관찰하고 평가한다. 그들로부터 신뢰와 공감대를 얻기 위한 노력을 게을리하지 마라.
- 내부자의 시선에서 일어나는 일들과 환경들을 관찰하라. 반면 실재하는 것들에 대해 일상적인 눈으로 보는 것과 과학적인 눈으로 보는 것에는 차이가 있다는 사실을 항상 명심하라.
- 관찰일지와 현장의 기록은 항상 구체적이고 묘사적인 서술이 되도록 노력하라.
- 다양한 자료를 수집하라. 관찰, 문서, 인터뷰, 사진, 오디오 자료, 비디오 자료 등 그들의 상호작용을 이해하는 데 도움이 될 수 있는 여러 형태의 자료를 수집하라.
- 집단이 소유한 상징체계와 그것들의 의미를 사회적인 관계성과 연관지어 생각하라.
- 핵심적인 정보를 제공하여 줄 수 있는 연구 참여자들을 현명하게 선택하라. 그들이 가지고 있는 삶의 지혜를 연구에 잘 활용할 수 있도록 하라.

다만, 그들의 관점 역시 완전한 것은 아니라는 점을 명심하라.
- 가능한 모든 행동들을 기록으로 남겨라.
- 연구에 사용된 방법론은 연구 과정에서의 변화와 안정이 이루어지는 시점들에 대해 주목해야 한다.
- 인과관계적인 설명을 피할 수 있는 개념들을 사용하라.

마. 자료의 분석

문화기술지의 자료분석에 있어서 유의할 점은 문화기술지만이 갖는 특정한 자료분석 방법이 아니라 산재해 있는 자료 가운데 무엇을 중점적으로 찾아내고 분석할 것인가이다. 즉, 분석의 방법과 관련된 문제라기보다는 분석의 내용과 초점에 관한 것이다. 다음과 같은 요소들이 문화기술지가 갖는 연구주제의 특징들을 잘 나타내 줄 수 있는 분석의 대상이 될 수 있다.

- 맥락적 축소(situational reduction): 연구의 대상이 되는 집단이나 사회가 가지고 있는 사회적 구조 그리고 그 사회 안에서 다양한 요소들이 만들어 내는 역동성을 어떻게 파악할 수 있을까? 문화기술지를 수행하는 연구자들은 종종 매우 간단한 에피소드들을 통해 이러한 사회적 구조성과 역동성을 분석해 낸다. 문화기술지의 기본적인 가정 가운데 하나는 인간의 행위에는 사회 문화적인 요소들이 포함되어 있다는 점이다. 이를 달리 해석하면, 인간의 상호작용을 분석하게 되면 이러한 행위에 영향을 미치는 거시적인 사회적 요소들을 분석해 낼 수 있다는 점이다. 이러한 분석의 과정을 맥락적 축소(situational reduction)라 한다. 즉, 실제적으로 벌어지고 있는 인간의 행위, 상호작용의 원인과 결과, 영향을 미치는 요인들에 대한 분석들을 반복적으로 수집하여 이를 분류하면 더욱 높은 수준에서의 이론적인 설명이 가능해지며, 이러한 이론적인 틀을 통해 더욱 다양한 상황들을 이해할 수 있게 된다는 점이다.
- 상징에 대한 분석: 상징은 언제나 문화기술지 연구의 핵심 분석 대상이

었다. 상징이란 어떠한 문화 체제 안에서 사용되는 모든 형태의 인공물을 의미하는 것이다. 언어, 의복, 음악, 과학기술, 예술작품과 같은 것들이 모두 상징의 예에 해당한다. 문화기술지에서는 단순히 이러한 상징들이 특정한 문화 체제 안에서 어떻게 사용되고 있는가의 수준을 넘어서서 이러한 상징들 안에 내포되어 있는, 겉으로 드러나지 않은, 숨겨져 있는 의미들은 무엇인지를 이해하고자 시도한다.

- 문화적 패턴: 두 개 이상의 상징들이 모여 어떠한 관계성을 형성할 때 이것을 문화적 패턴이 관찰되었다라고 할 수 있다. 문화기술지는 기본적으로 전체성을 추구한다. 즉, 하나의 상징은 개별적으로 이해될 수 있는 것이 아니라, 그 상징이 사용되고 있는, 그 상징이 만들어 내고 있는 전체적인 맥락과 함께 고려되고 분석될 때 진정한 의미를 이해할 수 있다는 점이다. 이러한 점에서 상징들의 문화적인 패턴을 고려하는 것은 문화기술지의 분석에 있어서 중요한 역할을 수행한다. 문화적 패턴을 추출해 내는 방법으로는 먼저 개념적 지도만들기 방법이 있다. 연구의 대상이 되는 집단에 속한 구성원들이 사용하는 용어들을 다양한 상황, 맥락에 따라서 다양한 행위들과 연계시켜 봄으로써 특정한 문화적 패턴을 추출해 낼 수 있다. 두 번째 방법은 집단의 학습과정에 초점을 맞추는 것이다. 세대 또는 구성원들간에 중요하다고 생각되는 것이 어떠한 방법을 통해 전수되는지에 초점을 맞춤으로써 문화적 패턴이 발견될 수 있다. 마지막으로 수용과 배제의 원칙들을 살펴보는 것이다. 문화적인 요소들, 특정한 상징들이 집단 구성원들에게 어떻게 합법적인 것, 공식적인 것으로 받아들여지는지, 어떠한 것들이 공식적으로 배제되는지, 또는 어떠한 것은 합법적으로는 제외되었지만 비공식적인 형태로는 받아들여졌는지와 같은 과정들을 탐색해 봄으로써 문화적 패턴을 발견할 수 있다.

- 전략적인 지식: 어떠한 집단이나 문화 속에서 문제를 해결하는 데 있어서 사용되는 전략적 지식, 암묵지, 노하우 등이 어떻게 형성되고 어떠한 특성을 지니는가를 살펴보는 것은 그 집단과 문화가 세계를 어떻게 바라보는지, 문제상황 속에서 무엇을 중요시하는지, 어떠한 해결책을 가

치 있는 것으로 여기는지와 같은 다양한 사회적, 문화적, 역사적 정보들을 제공하여 준다.

바. 문화기술지와 글쓰기

아무리 좋은 자료와 분석의 결과가 있다 하더라도 최종적인 산출물로 드러나지 않으면 실로 꿰지 않은 구슬과 같다. 연구의 결과를 특정한 형태로 담아내어 독자들과 공유하는 것은 모든 연구자들에게 있어서 매우 중요한 일이면서도 많은 고민과 노력을 요구하는 일이다. 문화기술지라는 용어 자체(문화에 대한 기록, 서술)가 암시하듯 문화기술지에 있어서 글쓰기는 연구 전반에 걸쳐 매우 중요한 위치를 차지하고 있다. 문화기술지는 연구자가 접했던 문화적 집단과 현상을 생생하게 드러내야 한다. 이런 이유로 인해 많은 학자들이 문화기술지에 있어서 글쓰기의 중요성을 강조해 왔다. "문화기술지는 질적연구를 위한 방법론 가운데 하나이자 글쓰기 장르의 하나이다(Mills & Morton, 2013, p. 22)", "문화기술지를 다루는 데 있어서 어떻게 글을 써야 하는가의 문제는 반드시 포함되어야 한다. 문화기술지적 작업은 문학적인 작업과 분리될 수 없다는 점을 인식해야 한다(Delamont & Atkins, 1995, p. 49)". "글쓰기도 방법이다"(Madden, 2010, p. 25)라는 말은 문화기술지에 있어서 글쓰기의 중요성을 강조하고 있다.

그렇다면 문화기술지를 위한 좋은 글쓰기란 어떤 것일까? 문화기술지의 연구전통에 큰 획을 그은 연구들에서 확인할 수 있는 공통점이 있다. 그것은 좋은 문화기술지를 쓴다는 것은 몇 가지 대척점에 있는 고려사항 가운데 균형을 찾아가는 일이라는 점이다. 예를 들어, 좋은 문화기술지 안에는 문학적 묘사와 과학적인 분석, 낯설음과 친숙함, 상세한 기술과 의도적인 압축이 균형을 이루고 있다.

문화기술지의 본질은 독자들에게 연구자가 "그곳에 있었던 것(being there)"을 전달하는 것이다(Geertz, 2000). 이러한 연구자의 의도가 잘 전달되기 위해서는 독자들이 글을 읽을 때 마치 독자 자신도 그곳에 함께 있는 것처럼 느낄 수 있어야 한다. 이를 위해서 인물과 사건에 대한 생생한 묘사, 주변 환경과 상황적 배경에 대한 맥락적인 서술, 독자들의 상상력을 자극할 수 있는 서사적인 표현이 필요하다. 문화기술지가 갖는 위와 같은 문학적인 성격은 문화기술지의 시작이 연구자와 독자들이 접해 보지 못했던 종족과 그들의 문화에 대한 여행기, 수필의 형태였다는 점을 떠올려 보면 그다지 놀라운 일은 아니다. 문학적 글쓰기 전략의 활용이 중요함에도 불구하고, 문화기술지는 여전히 사회과학적 연구임을 염두에 두어야 한다. 즉 현장의 생생한 경험을 담아내는 문학적 표현들은 보다 폭 넓은 개념적, 이론적 논의를 위한 디딤돌 역할을 수행해야 하며, 사례와 장면에 대한 묘사는 수집된 자료에 대한 분석적 근거에 기반을 둔 논의와 연계되어야 한다(Mills & Morton, 2013).

문화기술지에 있어서 또 다른 고려사항은 어떻게 하면 낯섬과 친숙함 사이의 균형을 유지할 수 있을 것인가이다. 독자가 없는 문학작품을 생각할 수 없듯이 독자들이 새로운 해석과 의미를 만들어 나가도록 하는 일은 문화기술지 연구가 지향하는 최종목표이기도 하다. 이를 위해서 좋은 문화기술지는 독자들로 하여금 글 안에 묘사된 사건이나 인물을 통해 놀람과 새로운 의문을 불러일으킨다. 동시에 문화기술지에 표현된 인물과 사건들을 독자들이 자신들의 경험과 생각에 연결시킬 수 있는 친숙함도 필요하다. 공감할 수 있는 경험과 인식을 통해 독자들은 자신의 경험과 인식을 다시 한번 성찰하고 새로운 의미를 발견해 낼 수 있는 기회를 가질 수 있기 때문이다.

문화기술지에 있어서 글쓰기가 중요하다면 글쓰기에 자신이 없다고 생각하는 연구자들은 문화기술지 연구를 포기해야 하는가? 그렇지 않다. 질적 연구를 수행하는 데 필요한 다양한 역량과 기술들이 그런 것처럼 문화기술지를 위한 글쓰기 능력도 개발 가능하다. 문화기술지적인 글쓰기 능력을 향상시키는 출발점은 읽기에 있다. 좋은 작가는 동시에 근면한 독서가라는 말이 있듯이 다양한 문화기술지를 접함으로써 우리는 문화기술지적인 문체, 표현, 논증방식이 어떻게 힘을 발휘하는지 알 수 있다. 그뿐만 아니라 문화기술지를 읽음으로써 우리는 문화기술지 연구자에게 요구되는 문화기술지적인 존재성과 민감성이 무엇인지 구체적으로 생각할 수 있게 된다.

사. 연구의 해석 시 유의점

문화기술지는 기본적으로 집단에 의해 생성되고 공유된 문화가 갖는 의미에 대해 관심을 갖는 연구이다. 문화기술지에서 사용하는 여러 가지 연구 방법론적 접근법들을 통해 이러한 문화의 정수를 이해할 수 있다는 것이 문화기술지를 수행하는 연구자들이 가지고 있는 공통된 생각일 것이다. 연구의 주된 관심사와 연구자들이 갖는 믿음은 연구의 결과에 있어서 문화적인 요소들이 갖는 일상생활에서의 힘 또는 인과관계성을 과대평가할 경향성이 있다는 점을 인식해야 한다.

또한 문화기술지는 개인차원의 문화적인 요소보다는 집단이나 조직, 또는 사회적인 차원에서의 문화에 관심을 기울인다. 이러한 이유로 인해서 문화기술지의 연구에서 집단이 갖는 문화적인 속성이 인과관계에 미치는 영향은 과대평가되기 쉬운 반면에 개인의 심리적 또는 연구 대상이 되는 집단에 속한 또 다른 하위집단(마이너집단)의 목소리는 간과될 수도 있다. 아울러 문화기술지를 수행하는 연구자들이 대상이 되는 집단과 사회에서 경험한 모든 것들을 완벽하게 그들의 입장에서 이해하였으리라 가정하는 것도 문화기술지를 해석하는 데 있어서 피해야 할 자세이다. 언제나 연구결과에는 연구자의 의도하지 않은 편견과 자의성이 개입할 수 있다는 점과, 사회와 문화가 변화하듯 문화기술지에 담긴 연구자의 해석과 관점도 항상 변화할 수 있음을 인정하는 자세가 연구자나 독자 모두에게 필요하다(Genzuk, 2003).

◈ 참고문헌_

Anderson, G, L. (1989). Critical ethnography in education: Origins current status, and new directions. *Review of Educational Research, 59*(3), 249-270.

Atkinson, P., & Hammersley, M. (1994). Ethnography and participant observation. In N. K. Denzin & Y. S. Lincoln (Eds.), *Handbook of qualitative research* (pp. 248-261). Thousand Oaks, CA: Sage.

Crotty, M. (1998). *The foundations of social research: Meaning and perspective in the research process.* London: Sage.

Delamont, S., & Atkinson, P. (1995). *Fighting familiarity: Essays on education and ethnography.* Cresskill, NJ: Hampton Press.

Fine, G. A. (1993). Ten lies of ethnography. *Journal of Contemporary Ethnography, 22*(3), 267-294.

Foley, D. E. (2002). Critical ethnography: The reflexive turn. *International Journal of Qualitative Studies in Education, 15*(4). 469-490

Geertz, C. (2000). *Available light.* Princeton, NJ: Princeton University Press.

Genzuk, M. (2003). *A Synthesis of ethnographic research.* Center for Multilingual, Multicultural Research (Ed.), Center for Multilingual, Multicultural Research, Rossier School of Education, University of Southern California, Los Angeles. 출처: http://www-bcf.usc.edu/~genzuk/Ethnographic_Research.html

Hammersley, M. (1990). *Reading ethnographic research: A critical guide.* London: Longman.

Hammersley, M., & Atkinson, P. (1983). *Ethnology: Principles in practice.* New York: Tavistock.

Hammersley, M., & Atkinson, P. (1995). *Ethnography: Principles in practice.* (2nd ed.). London: Routledge.

Holt, N. L. (2003). Representation, legitimation, and autoethnography: An autoethnograpic writing story. *International Journal of Qualitative Methods, 2*(1), 18-28.

Madden, R. (2010). *Being ethnographic: A guide to the theory and practice of ethnography.* London: Sage.

Mills, D., & Morton, M. (2013). *Ethnography in education.* Thousand Oaks, CA: Sage.

Patton, M. Q. (2002). *Qualitative research and evaluation methods* (3rd ed). London: Sage.

Punch, K. F. (2005). *Introduction to social research: Quantitative and qualitative approaches* (2nd ed.). Thousand Oaks, CA: Sage.

Richardson, L. (2000). Writing: A method of inquiry. In N. K. Denzin & Y. S. Lincoln (Eds.). *Handbook of qualitative research* (2nd ed.) (pp. 923-948). Thousand Oaks, CA: Sage.

UNDERSTANDING

QUALITAT

RESEARCH

Chapter 6

현상학적
연구

(Phenomenological Research)

Qualitative
Research Methods

C·H·A·P·T·E·R
6

현상학적
연구

주요 내용
1. 현상학의 철학적 이념 배경
2. 현상학적 연구의 주요 개념
3. 현상학적 연구의 수행 과정

현상학적 연구는 연구대상이 되는 현상에 대한 연구 참여자의 경험을 연구자의 선입견에서 최대한 벗어나서 탐구하는 것을 가능하게 하는 질적 연구방법론이다. 현상학(phenomenology)은 어떤 상황에 처한 인간 경험의 본질과 의미를 밝히는 철학의 사조이다(신경림, 조명옥, 양진향, 2004). 현상학적 연구는 철학적 사조로서의 현상학의 원리를 질적 연구수행에 활용한 일종의 응용현상학이다(이남인, 2014). 현상학은 그 강조점에 따라 다음과 같이 그 종류를 나눌 수 있다. 선험적 현상학(transcendental phenomenology)은 각 개인이 경험한 현상의 본질적 의미 탐구를, 존재론적 현상학(existential phenomenology)은 하나의 현상에 대해서 일련의 사람들이 구성하는 사회적 의미 탐구를, 해석학적 현상학(hermeneutic phenomenology)은 언어 혹은 대화에 존재하는 의미 탐구를 목적으로 한다(Patton, 2002). 이렇게 다양한 현상학이 공통적으로 추구하는 것은 인간이 경험에 의미를 부여하고, 경험을 인식으로 변화시키는 과정을 이해하는 것이다(Patton, 2002). 본 장에서는 현상학의 창시자라고 불리는 후설(Husserl)이 주장하는 현상학의 주요 철학적 이념을 살펴본 후에 이를 토대로 한 현상학적 연구의 개념 및 연구 수행을 위한 과정에 대해 살펴보도록 하겠다.

1. 현상학의 철학적 이념

현상학의 이해를 위해서는 현상학이 발생하게 된 역사적 배경에 대한 이해가 먼저 필요하다. 현상학은 독일의 철학자이며 수학자인 Edmund Husserl (1859-1938)에 의해서 발전되었다. 그는 19세기 후반에서 20세기 초에 걸쳐 유럽사회에 만연해 있던 '자연주의'와 '역사주의'에 대한 비판을 통해서 '현상학'을 발달시켰다(이남인, 1996). 자연주의 학파는 르네상스 시대 이후에 발달한 수학과 물리학의 영향을 받아서 자연과학이 아닌 정신과학의 분야까지도 관찰, 실험, 법칙화 등이 올바른 탐구 방법이라고 주장했다. 이에 반해 역사주의 학파는 세상에 존재하는 모든 것은 역사성을 갖고 있다고 주장하면서 심지어 초역사적 영역인 수의 영역, 현상의 본질적 영역마저도 역사적 상황에 따라서 옳고 그름을 판단해야 한다고 주장했다. Husserl은 인간의 사고의 영역마저도 자연주의와 역사주의의 원칙에 따라서 탐구하고자 하는 태도를 유럽 철학의 위기라고 생각했다. Husserl은 존재 자체와 이를 인식하는 사람의 구조 안에 다양한 영역이 존재함에도 불구하고, 자연주의와 역사주의는 자연적 법칙 혹은 역사성이라는 특정한 부분에만 한정해 현상을 일반화하려는 태도를 갖고 있다고 비판했다(이남인, 1996). 이를 극복하기 위해서 Husserl은 현상 그 자체를 연구하는 '현상학'의 연구가 필요하다고 주장하게 되었다.

현상학에서 이해하는 존재란 사람이 의미를 부여하는 활동에 의해 의미가 지워진 객관적 의미체이다(김영필, 2002). 다시 말해서 현상학에서 이해하는

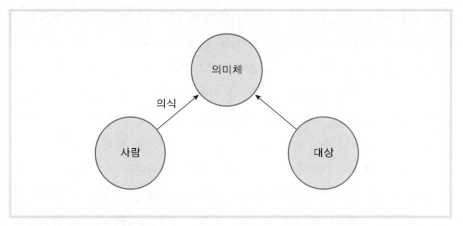

그림 6-1 의식의 지향성: 사람, 의식, 의미체, 대상의 관계
출처: 김영필(2002). 현대철학. p. 39.

존재란 인간이 그 대상에 의미를 부여함으로써만 존재가 살아난다. 김춘수의 '꽃'이란 시는 현상학에서 이해하는 존재의 의미를 잘 표현해 준다(김영필, 2002). 내가 관심을 갖지 않고 쳐다보지 않을 때는, 꽃은 의미 없는 '하나의 몸짓'에 지나지 않는다. 하지만 내가 꽃을 쳐다보고 의미를 부여했을 때 꽃은 비로소 '나에게로 와서 꽃'이 되는 것이다.

　현상학에서는 사람, 의식, 의미체, 대상과의 관계를 '의식의 지향성(intentionality)'이라는 개념으로 표현한다. 그 관계는 **그림 6-1**과 같다(김영필, 2002). 먼저 의식은 항상 사람을 초월해서 존재한다. 우리들은 흔히 '그 사람이 내 마음에 들어왔다', '여행지의 아름다움이 내 뇌리에서 떠나지 않는다'는 표현처럼 대상이 의식 안으로 들어온다고 생각한다. 하지만 인간의 의식은 어떠한 대상으로 끊임없이 흘러가는 존재이다. 우리는 항상 무엇인가를 의식하고 있으며, 우리의 의식은 멈추지 않고 또 다른 사물 혹은 사건을 향해 움직이고 있다. 즉 **그림 6-1**에서 보는 것처럼 의식은 이미 대상으로 향해져 있고, 대상은 의식의 활동을 부추기는 현실로 작용할 뿐이다. 사람을 떠난 의식은 대상에 대한 하나의 의미체를 구성하고, 결국 사람이 이해하는 대상이란 대상 그 자체가 아니라 의식이 만들어 놓은 의미체인 것이다.

　예를 들어서 두 사람(갑, 을)의 앞에 꽃이 놓여 있다고 가정해 보자. 갑과

을은 같은 꽃을 보고 있지만, 이 두 사람의 의식이 부여한 꽃의 의미는 다르다. 갑은 며칠 전 여자 친구에게 사다 준 꽃을 기억하면서 그녀와 보냈던 행복했던 기억을 회상한다. 을은 꽃꽂이 가게를 운영하시던 어머니를 떠올리며, 어머니께서 자신에게 해 주었던 감사한 일들과 자신과 어머니와의 즐거운 추억을 되살리고 있다. 이렇듯 인간 밖에 존재하는 지각된 대상(꽃)은 인간(갑, 을)과 상관없이 존재하는 것이 아니라, 인간과의 관계를 통해서 의미 있는 대상으로 구성되는 존재이다(김영필, 2002). 인간이 지각하는 어떠한 대상이든지 간에 이는 인간의 주관에 의해 해석되고 의미가 부여된 대상이다. 사람이 어떠한 사물을 '사랑'할 때 '사랑'이라는 개념은 사람과 사물 사이에 존재한다. 비록 그 사물이 없어지더라도 사랑이라는 의미체는 없어지지 않는다. 내가 키우던 강아지가 비록 죽더라도 그 강아지에 대한 나의 사랑은 나와 강아지 사이에서 '의미체'로 영원히 남는다.

현상학에서 사람과 대상과의 관계를 '의식의 지향성'이라는 개념을 통해 설명하는 이유는 '의미체'로 존재하는 대상의 본질을 있는 그대로 이해하려고 하기 때문이다(김영필, 2002). 현상학에서 의식의 지향성을 통해 표현하고자 하는 의식이란 이성에 의해 대상을 판단하기 이전에 인간에게 본능적으로 존재하는 대상을 향한 감정과 직관과 같은 의식의 흐름을 뜻한다(김영필, 2002). '노에시스(Noesis)'와 '노에마(Noe-ma)'는 '의식의 지향성'을 설명하는 개념이다. Husserl은 '무엇에 관한 의식'으로서의 지향성을 '사유'라는 의미를 지닌 희랍어의 명사를 이용해서 '노에시스(Noesis)'라고 불렀으며, 의식이 향하고 있는 대상을 '사유된 것'이라는 의미를 지닌 희랍어 명사를 차용해서 '노에마(Noe-ma)'라고 불렀다(이남인, 1996). 즉 대상을 지향하는 작용으로서의 의식(노에시스, Noesis)을 통해 인간의 체험은 의미가 부여된 대상(노에마, Noema)이 된다.

2. 현상학적 연구의 개념

현상의 어원에는 현상학적 연구가 추구하는 연구의 방향이 잘 나타나 있다. 현상(phenomenon)은 그리스어 'phaino'로부터 나온 단어로서 그 뜻은 '불을 밝힌다', '밝은 곳에 두다', '있는 그대로의 모습을 보이다' 등의 뜻이다(Moustakas, 1994). 현상의 어원에서 나타나 있듯이 현상학이란 어떠한 사물이나 사태를 밝음의 장으로 내어놓는 것인데, 여기서 말하는 밝음의 장이란 인간의 의식을 뜻한다(김영필, 2002). 즉 현상학은 무편견과 무전제의 원리를 바탕으로 인간의 의식 속에서 나타나는 사물/현상 그대로의 경험을 정확히 그리고 끝까지 반성, 검토하려는 노력이다.

현상학적 연구는 이러한 특성을 가진 철학의 사조인 현상학을 응용하여 연구자의 선입견과 기존 경험 등에서 최대한 벗어나서 연구 참여자가 경험한 현상을 있는 그대로 드러내는 것을 통해 현상의 본질을 탐구하고자 하는 노력이다. 인간은 삶 속에서 다양한 대상들에 대한 의식을 갖게 되는데, 이러한 다양한 의식들의 본질적 구조를 파악하는 것이 현상학적 연구이다(이남인, 2005). 다시 말해서 현상학적 연구는 연구 참여자의 주관적 경험에 관심을 갖는 것이 아니라, 인간적 경험의 본질이 무엇인가 하는 물음에 대한 답을 추구하는 것이다(van Manen, 1994). 현상학적 연구는 현상이 현상이 되게 하는 것 그리고 이것이 없으면 현상이 될 수 없는 현상의 근본적 성질(very nature)을 탐구하는 것이다(van Manen, 1994).

다시 말해 현상학적 연구가 탐구하는 현상의 본질은 후설(Husserl)이 주장하는 바에 따르면 연구하는 대상들이 그 대상으로 존재할 수 있도록 해 주는 무엇이다(이남인, 2005). 예를 들면 '아픔'에는 여러 가지 종류가 있다. 배반을 통해 경험하는 아픔, 이별의 과정과 그 이후에 찾아오는 아픔, 열심히 노력했는데 그것을 성취하지 못했을 때 오는 아픔, 사회적 정의가 존재하지 못하는 것에 대해 느끼는 아픔 등 다양한 종류의 아픔이 있지만 '아픔의 본질'이란 우리가 '아픔'이라고 부를 수 있는 보편적 그 무엇이다(이남인, 2005). 즉 그 보편적 요소가 존재하지 않는다면 사람들은 그 경험을 '아픔'이라고 의식하지 않는다. 따라서 아픔에 대한 현상학적 연구가 제기하는 질문은 '이것이 어떻게 해서 아픔인가?' '사람들에게 아픔이란 바로 이러한 것인가?' '사람들에게 이것이 아픔을 의미하는가?' 등이 된다(van Manen, 1994).

현상학적 연구에서 추구하는 '현상이 현상이 되게 하는 현상의 근본적 성질'을 탐구하기 위해서는 연구 참여자들의 체험(體驗, lived experience)의 의미, 구조, 본질을 탐구하게 된다(Patton, 2002). 체험이란 인간의 의식의 일부로 들어온 경험으로 원초적이고 즉각적 경험을 뜻한다(김영필, 2002). 본래 인간은 자기 자신의 인생만을 직접 체험할 수 있을 뿐, 남의 인생은 직접 체험할 수 없다(van Manen, 1994). 따라서 현상학적 연구란 다른 사람의 체험에 대한 그들의 해석 혹은 반성을 빌리는 작업이다(van Manen, 1994). 현상학적 연구의 대상이 되는 연구 참여자의 체험은 돌봄, 사랑, 학습과 같은 우리의 삶에서 흔하게 일어나는 것일 수 있으며, 혹은 전쟁, 불치병 등 흔하게 일어나지 않는 것일 수 있다.

연구 참여자의 체험의 본질에 더 다가가기 위해서 현상학은 선입견과 이론적 견해를 배제한 채 연구 참여자의 즉각적 경험 안에서 얻어질 수 있는 현상의 본질에 주목한다. 이렇듯 연구자가 연구 참여자의 체험의 본질을 이해하기 위해서 자신의 기존의 생각을 버리는 것을 '판단 중지'라고 한다. 현상학적 연구는 인간 삶 속에 존재하는 다양한 경험의 깊은 본질을 이해하기 위해서 현상에 대한 분류, 추상화, 이론화 등을 시도하지 않는다. 연구자는 연구하고자 하는 현상을 생생하게 묘사하고, 연구하고자 하는 대상의 본질을 밝힘으로써 연구를 읽는 독자들이 대상의 본질에 대한 다양한 견해를 갖는 것을 돕는다. 현상학적 연구를 수행하는 어려움은 참여자가 연구하고자 하는 현상에 대해서 조금 알고 있는 것이 아니라 이와 반대로 그들의 추측, 가정, 선이해 등을 통해서 연구의 대상이 되는 현상의 본성에 대해서 너무 많은 것을 알고 있다는 점이다(신경림 외, 2004). 이남인(2014)은 체험은 11가지의 요소(체험의 주체, 지향적 대상으로서의 체험된 대상, 시간성, 공간성, 타인과의 관계, 자기와의 관계, 동기와 목적, 변화와 전개과정, 주체의 삶에 대한 의미, 주체의 가치평가, 사회적/

역사적 맥락)가 있으며, 현상학적 연구는 이를 종합적으로 해명하거나 몇 가지 요소에 집중할 수 있다고 하였다.

현상학적 탐구를 위해서는 인간이 무의식적으로 수행하는 '의식의 지향성' 행위를 반성적으로 돌아보아야 한다. 인간이 갖고 있는 '의식의 지향성' 행위를 멈추고 현상을 본래의 모습으로 돌리려는 연구자의 태도를 '환원(reduction)'이라고 부른다. 환원이란 연구자가 인식에 떠오르는 것을 받아들이고, 숙고하고, 상상하고, 집중하는 과정을 통해 연구 현상에 대해 새로운 관점을 받아들이려는 노력으로 이해할 수 있다(Moustakas, 1994). 환원은 내가 기존에 경험한 세계를 완전히 무효화 해버리는 인위적 조치가 아니라, 현상의 존재 타당성을 재확인하기 위해 내가 갖고 있는 선입견이나 검증이 안 된 가설로 인해 왜곡된 현상의 상태를 잠시 괄호 치려는(bracketing) 노력이 요구된다(김영필, 2002). 현상학에서 이해하고자 하는 현상이란 인간의 의식에 의해 의미 지워진 존재이기 때문에, 선입견을 제거하기 위해서 인간의 의식 속에 존재하는 그 현상에 대한 모든 것을 지워 버리는 것은 불가능하다. 다만 '환원'은 인간의 의식이 부여한 노에시스-노에마의 관계에 대한 전반적 부정이 아닌, 인간의 삶을 통해 세워진 선입견과 가설의 태도에서 벗어나서 노에시스-노에마의 관계가 발생하기 이전에 존재하는 인간의 의식과 의식하고자 하는 대상물과의 자연스러운 태도로 나아가는 것이다(김영필, 2002). 즉 현상학적 환원은 연구자의 '태도의 변경'으로 이해할 수 있다(이남인, 2014).

현상학적 연구에서 연구자가 '환원'의 태도를 갖기 위해서는 '본질직관(本質直觀)'이 가능해야 한다. 본질직관이란 판단 중지를 통해 감성이나 이성에 의한 추리가 아니라 직관을 통해서 본질을 파악하려는 일체의 특수한 노력이다(양해림, 2003). '본질직관'이란 플라톤 철학에서부터 유래된 것으로 '본질' 즉 '어떠한 존재가 바로 그 존재이게끔 하는 것'을 바라보는 것이다. 본질직관은 다음의 세 가지 단계를 통해서 이루어진다(이남인, 2005). 첫째, '상상적 변형(imaginative variation)'을 통해 하나의 대상에서 출발하여 자유로운 상상의 과정을 거쳐 매우 다양한 모습을 만들어 간다. 예를 들어서 아픔에 대해서 연구하는 중에 어떤 남자 고등학생 연구 참여자가 1년간 사귀었던 여자 고등학

'체험 연구'는 현상학적 연구인가? (이남인, 2005)

현상학적 질적 연구방법은 현상학적 철학의 전통에 기반을 두고 발전된 연구방법이다. 그런데 '체험의 본질'이 아닌 '체험의 사실 구조'를 파악하는 '체험 연구(lived experience research)'가 과연 현상학적 철학의 전통에 토대를 두고 있는가에 대한 논란이 존재한다. 현상학은 경험적, 분석적 학문이 아니기 때문에, 체험의 사실 구조를 탐구하는 '체험 연구'는 현상학적 철학에 바탕을 두지 않는다는 주장도 존재한다(van Manen, 1994). 하지만 체험의 사실적 구조를 탐구한 경우더라도 체험 연구의 과정 중에 Husserl이 주장한 '환원'의 방법이 사용되었다면 넓은 의미에서 '체험 연구' 역시 현상학적 연구라고 봐야 할 것이다.

생과 이별을 해서 고통을 겪고 있다는 자료가 있다고 하자. 이때 연구자는 이 자료를 갖고 다양한 상상으로 무한히 많은 아픔을 그려볼 수 있다. '교제 기간이 1년이 아닌 3년이라면 이 연구 참여자가 겪는 아픔은 어떨까?', '남자가 먼저 이별을 통보했다면 그가 경험한 이별은 여자가 먼저 통고한 이별의 아픔과 다를까?', '고등학생들 간의 이별이 아닌 30대 초반의 연인 간의 이별과 어떤 차이가 있을까?' 등의 다양한 상황들을 상상해 볼 수 있다. 둘째, 상상적 변형을 통한 다양한 모습 속에서 변하지 않고 존재하는 그 무엇 즉 현상의 본질을 찾아낸다. 다양한 '아픔'의 모습 속에서 모든 사람에게 '아픔이 아픔으로 느껴지게끔 하는 그 무엇', '이것이 없으면 아픔으로 여겨지지 않는 그 무엇'을 찾는다. 셋째, 공통적으로 존재하는 요소가 수집한 자료 안에 존재하는지 다시 확인하는 과정을 거친다.

3. 현상학적 연구의 과정

현상학적 연구의 과정은 현상학적 연구의 다양한 분파에 따라 차이가 존재한다. 반 캄(A. Van Kaam), 꼴레지(P. F. Colaizzi), 지오르지(Giorgi), 반 매넌(van Manen) 등이 개발한 현상학적 연구과정 등이 대표적이다(이남인, 2014). 이렇게 다양한 현상학적 연구 방법에는 자료수집과 자료분석 등에서 차이가 있지만, 근본적으로 연구자의 선입견과 기존 체험에서 벗어나 연구 참여자의 체험을 있는 그대로 이해하려고 노력하려는 데 그 공통점이 있다. 현상학적 연구는 다른 질적 연구방법론과 비교하여 연구자가 자신에게 주어진 세계를 끊임없이 다르게(새롭게) 보려는 노력과 연구 참여자들의 연구현상과 관련한 실제 경험에 보다 적극적으로 주의를 기울이려는 노력이 요구된다(이근호, 2007). 본 절에서는 다양한 현상학적 연구의 분파 중에서 일반적으로 많이 활용되는 지오르지(A. Giorgi)의 연구방법을 통해 진행된 임미영(2010)의 연구를 살펴봄으로써 현상학적 연구의 과정을 이해하고자 한다. 지오르지는 후설이 현상학에서 주창한 근본정신(사태 자체로 돌아가라)에 입각해 인문과학으로서의 현상학적 연구를 수행할 수 있는 연구 방법을 개발하였다(이남인, 2014). 지오르지가 의미하는 현상학적 심리학에서의 '사태자체로 돌아감'은 사람들이 다양한 현상들을 체험하면서 살아가고 있는 구체적 실제 상황이 존재하는 일상적 세계로 돌아감을 의미한다(이남인, 2014).

가. 연구 목적

현상학적 연구의 주된 질문은 앞에서 살펴보았듯이 현상의 본질에 대한 탐구이다. 현상학의 연구 목적에는 주로 '기술', '경험', '의미', '본질' 등의 용어가 포함된다(Creswell, 2005). Moustakas(1994)에 의하면 현상학의 연구문제는 다음과 같은 특성을 갖고 있다. 첫째, 인간 경험의 본질과 의미에 대한 심도 깊은 이해를 추구한다. 둘째, 인간의 행동과 경험에 대한 질적인 요소를 밝히고자 한다. 셋째, 연구자와 연구 참여자의 전인격적 참여와 개별적이고 열정적인 관여를 요구한다.

임미영(2010)은 일반인들의 선입견에서 벗어나서 노인 자살생존자들이 형성한 자살에 대한 현상의 내면적 의미와 맥락을 심층적으로 보여주기 위해 현상학적 연구방법을 선정하였다고 기술하고 있다. 본 연구의 목적은 65세 이상 노인의 자살 시도 경험의 전과 후에 노인이 갖게 되는 자살의 의미를 본질적으로 이해하는 것이다. 이를 통해 궁극적으로 노인의 입장에서 노인의 자살 시도에 대한 대안을 마련하는 것을 목적으로 하고 있다.

나. 문헌고찰

다른 질적 연구와 같이 현상학적 연구에서 문헌고찰은 연구의 초기 단계에서 마지막 단계까지 지속적으로 이루어져야 한다. 하지만 현상학의 연구 특성상 다음과 같은 특성을 갖고 있다. 연구 초기에는 연구의 대상이 되는 현상과 관련하여 어느 정도까지 기존의 연구물에 의해 연구되었는지를 확인하고, 어떠한 새로운 연구가 필요한지를 알기 위해 문헌고찰이 필요하다(신경림 외, 2004). 하지만 다른 연구방법과 달리 현상학에서는 자료의 수집과정이나 해석과정에 영향을 미칠 수 있는 그 이상의 문헌고찰은 환원의 과정을 실행하기 위해 자료분석 후 연구 결과를 고찰하는 단계까지 보류해 두는 것이 바람직하다(신경림 외, 2004). 임미영(2010)의 연구에서는 문헌고찰을 통해 노인 자살에 대한 개념적 이해, 노인 자살에 대한 이론적 관점, 노인 자살에 관한 선행연구 등이 탐구되었다. 그러나 임미영(2010)은 문헌고찰이 연구를 진행하는 데 편견 또는 선입견으로 작용할 수 있음을 주의하기 위해 논문계획서 발표 후 자료수집을 마치기 전까지 되도록 심층적 문헌고찰을 자제했다고 언급하였다.

다. 참여자의 선정

현상학적 연구의 참여자 선정의 원칙은 일반적 질적 연구의 참여자 선정 원칙과 큰 차이가 없다. 적절성과 충분성의 원리에 따라서 연구 참여자를 선정한다(신경림 외, 2004). 적절성이란 연구에 대한 가장 좋은 정보를 제공해 줄 수 있는 참여자를 선택하는 것이고, 충분성이란 연구 현상에 대한 충분하고 풍부한 설명을 하기 위해서 자료가 포화 상태에 도달하도록 수집하여야 하는 것을 뜻한다. 특히 현상학에서는 연구하고자 하는 현상에 대해서 심도 깊은 경험을 했으며, 자신들의 과거의 경험에 대해서 반추해 볼 수 있는 참여자를 선정하는 것이 중요하다. 임미영(2010)은 지역사회 의료기관의 소개, 노인단체 직접 방문 등을 통해 연구목적에 부합하는 노인 자살 시도자 4인을 연구 참여자로 선정하였다.

라. 자료수집의 원리

현상학적 연구에서는 인터뷰, 관찰, 체험을 직접 서술한 자료의 수집, 연구 주제에 관한 문학작품 수집 등의 다양한 자료 수집방법이 존재한다(van Manen, 1994). 그중에서 가장 많이 사용되는 방법은 인터뷰 방법이므로 이에 대해 보다 자세히 서술하겠다. 현상학적 연구에서 가장 먼저 필요한 일은 연구하고자 하는 대상인 현상에 대한 연구 참여자의 경험의 서술을 얻는 것이다(신경림 외, 2004). 일반적으로 현상학에서는 연구하고자 하는 현상에 대한 연구 참여자의 긴 인터뷰 내용이 연구의 데이터가 된다(Moustakas, 1994). 연구자는 인터뷰 전에 연구하고자 하는 현상과 관련된 연구 참여자의 경험을 종합적으로 상기시킬 수 있는 일련의 인터뷰 질문들을 준비해 가지만, 연구 참여자가 자신의 경험에 대한 긴 이야기를 기술하다 보면 준비한 질문들을 모두 묻지 못하는 경우가 많이 발생한다(Moustakas, 1994). 연구자는 연구 참여자에게 연구하고자 하는 현상과 관련된 그들의 경험을 선정해 보고 이것이 그들에게 미친 영향에 대해 인터뷰 전에 혼자 생각하게 한 후에 이를 인터뷰 중에 묘사하도록 하는 것이 필요하다(Moustakas, 1994).

전체적으로 인터뷰를 통해 풍부한 자료를 수집하기 위해서는 연구 참여자들이 편안함을 느끼고, 솔직하고 깊은 묘사가 가능한 분위기를 만드는 것이 필요하다. 특히 현상학적 연구에서는 수집되는 자료가 연구 참여자에게서 나온 것인지, 연구자의 해석을 통해 나온 것인지를 구분하기 위해서 연구자는 의식적으로 어떤 자료가 참여자, 문헌고찰, 혹은 연구자의 인식으로부터 나온 것인지를 기록하는 습관을 갖는 것이 필요하다(신경림 외, 2004). 임미영(2010)은 연구 참여자들과의 심층면담을 위해 연구 참여자당 최소 5회에서 최대 10회까지 면담을 실시하였다. 현상학적 연구에서는 자료수집단계에서부터 연구자의 연구현상에 대한 선 이해와 가정이 연구과정에 영향을 미칠 수 있음을 늘 경계한다. 이에 따라 임미영(2010) 역시 자료수집단계에서 영향을 미칠 수 있었던 자신이 갖고 있는 노인의 자살에 대한 선 이해와 가정을 기술하였다 (예: 노인의 자살경험은 경제적 부담이 영향일 것이다. 노인자살시도자들은 삶의 가치가 덜하게 생각할 것이다, 노인의 자살경험은 우울증과 관련이 있을 것이다 등).

마. 자료분석의 단계

지오르지가 제안한 자료분석의 단계를 살펴보면 다음과 같다. 첫 번째 단계는 자료의 총체적 의미를 파악하는 것이다(이남인, 2014). 즉, 여러 차례 자료를 읽으면서 자료가 기술하고 있는 상황에 대한 대략적 의미를 파악한다. 이때 연구자는 본인이 연구 현상에 대해 갖고 있는 가정과 선 이해에 대해 괄호를 치고, 개방적 태도로 수집된 자료를 읽는 것이 필요하다. 이 단계를 위해 임미영(2010)은 녹음된 인터뷰를 자신이 직접 전사하였고, 연구 참여자의 입장이 되도록 감정이입을 시도하며 가능한 자신의 편견과 전문지식을 배제하면서 여러 번 전사된 자료를 읽으며 전체적 내용을 파악했다고 밝히고 있다.

두 번째 단계에서는 수집된 자료를 연구주제에 맞추어 다양한 의미단위로 구분한다(이남인, 2014). 자료가 갖고 있는 전체적 의미를 파악하기 위해서는 먼저 부분적 의미들을 이해할 필요가 있다. 따라서 수집된 자료 중에서 연구주제와 관련된 연구 참여자의 경험을 '의미단위(meaning unit)'로 구분하는 것이 필요하다. 이를 위해 임미영(2010)은 노인복지학적 입장에서 연구 참여자의 자살시도 경험에 초점을 맞추어 4명의 연구 참여자로부터 전사된 자료를 의미단위로 구분하였다.

세 번째 단계에서는 의미단위를 확인한다(이남인, 2014). 즉 앞 단계에서 구분된 의미단위를 서로 비교분석하면서 유사하거나 중첩된 것은 삭제를 한다. 아울러 자료의 전체적 의미를 고려해 가면서 개별 의미단위들 간의 관계를 밝히는 작업을 수행하여 의미단위를 확정하게 된다. 임미영(2010)은 앞 단계에서 구분된 의미단위를 비교분석하면서 의미단위를 확정하였으며, 이를 통해 총 560개의 의미단위를 확정하였다.

네 번째 단계에서는 앞 단계에서 확정된 의미단위를 이론적 (의미)범주로 표현한다(이남인, 2014). 즉 의미단위에 존재하는 연구 참여자가 사용한 구체적 개념들을 연구 참여자가 속한 학문세계의 용어(적절한 학문세계의 용어가 없을 경우 상식적 언어 활용)를 활용하여 이론적 범주들로 만들어 가는 작업을 수행한다. 이 단계에서는 먼저, '반성과 자유변경 과정'이 필요한데, 즉 연구 참여자의 구체적 언어를 어떻게 하면 가장 일반적 상황에서 사용되는 언어로 바꿀 수 있을까에 대한 고민이다. 예를 들어 연구 참여자가 '나는 내 딸에게 선물로 인형을 주었다'라고 말할 경우 '그 누군가가 자기 딸에게 선물을 주었다'로 의미단위를 변형하는 것이다(이남인, 2014). 다음으로 이렇게 일반적 상황으로 변형된 의미단위들을 비교분석하면서 학문적 시각에서 의미 있는 범주들을 도출하게 된다. 임미영(2010)은 연구 참여자가 경험한 자살 시도의 본질에 집중하면서 확정된 의미단위들을 노인복지학 언어 또는 상식적 언어를 활용하여 전환하는 작업을 수행하였다.

마지막 단계는 현상의 본질 구조를 파악하기 위해 의미단위들을 구조로 통합하여 기술하는 과정을 거친다(이남인, 2014). 이를 위해 앞 단계에서 도출된 학문적 용어 또는 상식적 언어로 전환된 의미단위와 그 의미단위의 범주를 활용하여, 연구하고자 하는 현상의 본질이 드러날 수 있는 의미단위의 범주들 간의 관계를 포함하고 있는 일반적 구조를 기술하게 된다. 임미영(2010)은 노인 자살시도 경험의 본질 구조를 보여주기 위해 6개의 상위요소와 21개의 하위요소를 도출하였으며, 이를 약 4페이지의 분량으로 기술하였다. 여기서 주의해야 할 점은 현상학적 연구의 최종 결과물로 밝혀지는 연구 현상의 본질은 한두 문장으로 표현될 수 있는 것이 아니라는 점이다. 인간이 체험하는 본질의 구조는 시간적, 공간적, 관계적 복잡성을 포함하고 있으므로 일반적으로 약 5페이지 분량 정도로 기술된다.

◈ 참고문헌_

김영필 (2002). **현대철학: 후설에서 들뢰즈까지**. 울산: 울산대학교출판부.

신경림, 조명옥, 양진향 (2004). **질적 연구 방법론**. 서울: 이화여자대학교출판부.

양해림 (2003). **현상학과의 대화**. 서울: 서광사.

이근호 (2007). 질적 연구 방법으로서의 현상학. **교육인류학연구**, 10(2), 41-64

이남인 (1996). 에드문트 후설(박정호 편, **현대 철학의 흐름**). 서울: 동녘.

이남인 (2005). 현상학과 질적연구방법. **철학과 현상학적 연구**, 24, 91-121.

이남인 (2014). **현상학과 질적 연구: 응용현상학의 한 지평**. 경기: 한길사.

임미영 (2010). 노인 자살시도 경험에 관한 연구: Giorgi의 현상학적 방법론을 통하여. 박사학위논문, 한서대학교.

Creswell, J. W. (2005). **질적연구방법론: 다섯 가지 전통**(조흥식, 정선욱, 김진숙, 권지성 공역). 서울: 학지사. (원저 1998년 출판).

Moustakas, C. (1994). *Phenomenological research methods*. Thousand Oaks, CA: Sage.

Patton, M. (2002). *Qualitative research and evaluation methods* (3rd ed.). Thousand Oaks, CA: Sage.

van Manen, M. (1994). **체험연구: 해석학적 현상학의 인간과학 연구방법론**(신경림, 안규남 공역). 서울: 동녘. (원저 1990년 출판).

UNDERSTANDING

QUALITAT

RESEARCH

사례
연구

(Case Study Research)

Qualitative
Research Methods

C·H·A·P·T·E·R
7

사례연구

주요 내용
1. 연구방법으로서의 사례연구의 정의와 특성
2. 질적 사례연구 방법의 절차
3. 사례연구의 질적 수준을 제고하기 위한 고려점

　질적 연구에 관심을 두고 이 책을 읽는 독자라면 한번쯤은 '~에 대한 사례연구'라는 제목의 연구물을 접해 본 경험이 있을 것이다. 이는 사례연구가 그만큼 연구자들이 자주 선택하는 질적 연구방법론의 하나라고 해석될 수도 있는 반면, 엄밀한 의미에서 사례연구로 볼 수 없는 연구물들이 사례연구에 대한 잘못된 이해로 인해 사례연구로 표현되고 있는 현상을 반영한다고도 볼 수 있다. 특정한 사례에 대한 조사와 분석은 질적인 연구방법뿐만 아니라 양적인 연구방법을 통해서도 수행될 수 있다. 즉, 사례연구의 범주에는 질적인 사례연구와 양적인 사례연구가 포함된다. 따라서 연구물의 제목이 사례연구라고 해서 그 연구물이 반드시 질적 방법론을 적용하여 자료를 분석하고 결과를 도출해 낸 것은 아닐 수도 있다. 이 책이 다양한 질적 연구방법을 살펴보고 있기 때문에 본 장에서 '사례연구'라 함은 질적 연구방법론을 적용한 사례연구임을 의미한다.

그렇다면 질적 사례연구란 무엇이고, 이를 구성하고 있는 이론적, 방법론적 요소들은 무엇인가? 질적 사례연구가 다른 질적 연구방법론인 문화기술지, 현상학, 실행연구, 근거이론 등과 구별되는 특성들은 무엇인가? 질적 사례연구를 수행하기 위해서는 어떠한 절차와 방법들을 선택해야 하는가? 본 장은 사례연구를 둘러싼 위와 같은 질문들을 중심으로 질적 사례연구 수행에 필요한 이론적, 방법론적 특성들을 탐색하고자 한다.

1. 사례연구의 정의와 특성

가. 사례연구의 개념적 논의

앞에서 언급한 바와 같이 사례연구는 종종 현장연구(fieldwork, field rsearch), 문화기술지(ethnography), 참여관찰 연구(participant observation), 질적 연구(qualitative study), 자연주의적 탐구(naturalistic inquiry), 탐색적 연구(exploratory study) 등의 단어들과 혼용되고 있는 실정이다(Merriam, 1998; Yin, 2003). 사례연구를 둘러싼 개념적인 혼란과 이로 인한 사례연구의 신뢰성과 타당성에 대한 지속적인 문제제기는 사례연구가 도입된 이후 계속되고 있다. 이러한 이유 때문에 사례연구는 종종 연구방법론의 독자성이나 독립성이 떨어지고, 정확하지 않거나, 객관성이 떨어지는 연구 산출물을 생산해 내고 있다는 비판에 직면하였으며, 사례연구를 수행하는 연구자들조차도 이러한 사례연구에 대한 연구방법론적인 비판에 혼란스러워하기도 한다(Yin, 2003). Merriam(1998)은 사례연구와 관련한 개념적인 혼란을 일으키는 원인으로 연구 수행의 방법적인 절차, 연구의 대상, 그리고 최종 연구 산출물이라는 서로 다른 범주에 속하는 요소들을 사례연구라는 하나의 범주로 인식하여 사용하기 때문이라고 설명하였다.

이와 더불어 Yin은 사례연구에 대한 개념적인 혼란이 많은 연구자들이 가지고 있는 사례연구에 대한 잘못된 인식 때문에 가중된다고 설명하였다(Yin, 2003). 그의 주장에 의하면 많은 사회과학 분야의 연구자들이 사례연구의 방식은 전체적인 연구의 맥락에 대한 탐색단계에 적합하고, 그 이후 현상에 대한 기술단계를 위해서는 조사연구나 역사연구가 필요하며, 최종적인 설명단계와 인과관계를 규명하기 위해서는 실험연구가 이루어져야 한다는 믿음을 가지고 있다는 점을 지적하였다. 연구방법의 위계성을 강조하는 이러한 생각 때문에 사례연구는 최종적인 단계의 연구 산출물을 생산하기 위해서는 적합한 것이 아니라 전초적인 단계에만 적용할 수 있는 방법이라는 시각을 갖게되었다는 점을 지적하였다. 더욱 구체적으로 그는 사례연구에 대해 다음과 같은 네 가지의 선입견이 존재하고, 이러한 선입견들은 사례연구에 대한 잘못된 이해를 드러내고 있다고 보았다. Yin이 지적한 사례연구에 대한 잘못된 선입견의 내용과 이에 대한 반론을 살펴보자.

첫 번째 선입견은, 사례연구는 연구의 엄격성이 떨어진다는 것이다. 분명한 점은 그동안 많은 사례연구에서 연구자들이 체계적인 연구절차를 따르지 않았거나 연구의 결과와 결론에 영향을 줄 수 있는 모호한 자료들과 개인적으로 편향된 시각들을 드러냈다는 점을 부인할 수 없다는 점이다. 그러나 이러한 문제점은 비단 사례연구에서만 발견되는 점은 아니며, 연구 수행의 정밀성과 엄격성을 높이기 위해서 구체적으로 연구자들을 안내해 줄 수 있는 연구방법론의 발전이 필요함을 의미하는 것이지 사례연구 자체의 성격이 그러하다는 점은 아니라는 것이다.

두 번째로 연구 방법과 전략으로서의 사례연구와 교육방법으로서의 사례연구에 대한 혼동이다(Merriam, 1998). '사례조사(case inquiry)', '사례연구(case study)', '사례기반 학습(case-based learning)'으로 불리는 교육방법으로서의 사례 활용은 교육적인 목적에 의해서 강조되어 학생들에게 전달해야 할 사례의 특징이나 상황, 구성요소들이 교수자에 의해 의도적으로 변경되는 것이 허용된다. 그러나 실증적인 연구를 위한 방법으로서의 사례연구에서는 위와 같은 사례와 관련된 상황, 결과, 요소들의 변경이나 왜곡은 엄격히 금지되는 행위이다.

세 번째 선입관은 사례연구가 과학적인 일반화에 기여하는 점이 적다는 것이다. "이러한 단일한 사례에 대한 연구의 결과를 어떻게 일반화할 수 있나?"와 같은 질문들은 사례연구를 수행한 연구자들에게 흔하게 주어지는 질문이다. 물론 답하기 어려운 질문이다. 그러나 다음과 같은 질문도 가능할 것이다. "한 차례의 실험연구를 가지고 그 결과를 어떻게 일반화할 수 있나?" 우리가 과학적인 사실들이라고 이야기할 수 있는 내용의 것이 한 차례의 실험결과를 기반으로 성립된 경우는 찾아보기 힘들다. 연구의 대상이 되는 현상을 다른 조건이나 상황 속에서 여러 차례 반복적인 실험을 수행하고 이를 기반으로 과학적인 사실로서 성립되어 가는 과정을 거치듯이, 사례연구도 다양한 사례들을 통해서 관련된 현상에 대한 이론적 설명의 일반화를 꾀하는 것이다. 사례연구의 수행목적은 분석적인 일반화를 통한 이론의 검증과 확대이지 통계적인 일반화를 통해 빈도를 열거하는 것이 아니다.

네 번째 선입관은 사례연구의 수행은 너무나 시간이 오래 걸리며, 지나치게 분량이 많고 읽기 어려운 결과물을 산출해 낸다는 점이다. 전통적인 사례연구에서는 이런 면이 없지 않았다. 특히 사례연구를 문화기술지나 참여관찰과 같은 특정한 연구방법 또는 자료수집 방법과 혼동해서 이해하는 경우에 이러한 부분은 더욱 극명하게 드러나기도 한다. 그러나 최근 들어 사례연구 수행에 대한 보다 효과적인 방법에 대한 모색이 이루어지고 있고, 특히 결과보고에 있어서 사례연구가 갖는 자세한 기술을 통한 정보의 제공과 지나친 상술로 인한 결과보고의 부담 사이의 적절한 수준을 찾는 노력들이 꾸준히 이루어지고 있다.

나. 사례연구의 정의

사례연구에 대한 기존의 다양한 선입관만큼이나 사례연구를 정의 내리는 방식도 다양하게 존재한다. Yin의 경우에는 "사례연구는 실제적인 맥락 안에서 이루어지는 동시대의 현상에 대한 실증적인 탐구이며, 특히 현상의 경계와 맥락이 명확하게 구분되지 않는 상황에서 이루어지는 탐구이다"(Yin, 2003, p. 12)라고 정의하였다. 그는 또한 기존의 사례연구를 정의내림에 있어서 많은 경우 사례연구의 대상이 되는 의사결정, 조직, 프로그램, 기관, 사건, 개인 등과 같은 주제에 초점을 맞춘 경우가 많은데 이는 사례연구를 연구 방법론적으로 정의 내리는 데 불충분함을 지적하였다.

Punch는 "사례연구란 단독의 혹은 작은 수의 사례들에 대한 매우 구체적인 연구이며, 적절하다고 판단되는 모든 방법이 동원되는 연구이다"(Punch, 2005, p. 144)로 정의하였으며 사례연구를 구체적인 연구의 방법(method)이라기보다는 하나의 전략(strategy)으로 보았다. Merriam은 "질적인 사례연구는 하나의 사건, 현상 혹은 사회적인 단위에 대한 집중적이고 전체적인 설명과 분석"(Merriam, 1998, p. 21)이라고 정의하였다.

사례연구가 이렇듯 광범위한 개념들을 포함하고 있기 때문에 사례연구의 범주 속에는 이질적인 이론적 배경을 취하는 질적 연구들이 포함될 수 있다. 예를 들어 구체적인 연구물에 대해 문화기술지적 사례연구, 현상학적 사례연구와 같은 형태가 가능하다. 이와 같이 연구방법론 또는 연구수행의 전략으로서의 사례연구를 정의함에 있어 많은 학자들이 사례연구가 지니는 여러 가지

표 7-1 사례연구의 다양한 정의

구 분	사례연구 정의
연구주제	Schramm(1971)- 사례연구의 핵심은 하나의 의사결정이나 일련의 의사결정이 왜 일어났으며, 그것이 어떻게 실행되어 어떠한 결과를 가져왔는지를 조명하고자 하는 연구이다. Stake(1995)- 사례연구란 단일한 사례가 특정한 상황 속에서 갖는 복잡성과 특수성을 포함하는 행위에 대한 이해를 위한 연구이다.
전략과 방법	Punch(2005)- 사례연구란 단독의 혹은 작은 수의 사례들에 대한 매우 구체적인 연구이며, 적절하다고 판단되는 모든 방법이 동원되는 연구이다. Yin(2003)- 사례연구는 관심의 대상이 되는 요소들이 가능한 자료의 수집처보다 많은 상황에서 자료의 다양성을 보장하는 형태로 자료수집이 이루어지고 이론에 기반하여 자료의 수집과 분석이 영향을 받는 연구이다.
연구산출물	Merriam(1998)- 질적인 사례연구는 개별적인 사건, 현상, 또는 사회적 단일체에 대한 집중적이고 전체적인 기술과 분석이다. Wolcott(1992)- 사례연구는 현장을 중심으로 수행된 연구물의 최종산출물이다.

측면에 대한 서로 다른 강조점과 해석을 바탕으로 하고 있음을 알 수 있다.

위와 같은 사례연구에 대한 정의 가운데 어느 것이 맞고 어느 것이 틀리다고 할 수 없다. 왜냐하면 사례연구는 위와 같은 다양한 속성들을 모두 포함하고 있는 것이 사실이며, 어느 부분에 초점을 두느냐에 따라서 사례연구에 대한 개인적인 정의는 달라질 수 있다. 따라서 중요한 것은 독자 스스로가 사례연구가 갖는 다양한 특성을 이해하고 이를 통해 독자만의 언어로 사례연구에 대한 정의를 내리는 것이라 할 수 있다. 이를 위해 더욱 구체적으로 사례연구가 갖는 여러 가지 특성들을 살펴보도록 하자.

다. 사례연구의 특성

사례연구에 대한 개념적인 정의를 스스로 내리는 데 있어서 반드시 정리하고 넘어가야 할 부분은 '사례(case)'를 어떻게 개념화할 것인가의 문제이다 (Merriam, 1998). Miles와 Huberman은 사례를 정의함에 있어 "제한된 맥락 안에서 일어나는 현상"(1994, p. 25)이라고 설명하였다. Stake는 "사례란 구체적이고, 복잡하며, 현재 진행형의 것"(1995, p. 2)으로 정의하였다. 사례는 특정한 인물, 집단일 수도 있고, 조직이나 기관일 수 있으며, 어떠한 프로그램이나 사회적인 현상일 수 있다. Brewer와 Hunter는 사회과학분야에 있어서의 연구대상, 즉 사례로 전환될 수 있는 단위들을 더욱 구체적으로 개인, 개인이 지닌 속성, 행위와 상호작용, 행위를 통해 산출된 인공물, 행위가 일어나는 환경, 사건, 집단의 산출물의 여섯 가지로 나누기도 하였다(Brewer & Hunter, 1989).

1) 연구대상으로서의 사례가 갖는 특성

이러한 사례의 정의와 범위를 바탕으로 우리는 사례연구의 대상이 되는 사례가 지니는 다음과 같은 몇 가지 특성을 확인할 수 있다.

- 제한성: 일반적으로 연구자의 관심을 끄는 사람, 집단, 프로그램, 현상 등이 모두 사례의 범주에 속할 수 있다. 이러한 사람, 집단, 프로그램, 현

상 등이 사례연구의 대상이 되기 위해서는 중요한 단서가 필요하다. 즉, 연구의 대상으로서 사례는 경계성이라는 제한성을 가져야 한다는 점이다(Merriam, 1998; Punch, 2005; Stake, 1995). 경계(boundary)를 지닌다는 것은 연구의 대상이 되는 사례가 주변의 사례들과는 여러 가지 이유로 구분이 가능함을 뜻한다. 연구의 대상이 되는 사례와 그렇지 않은 사례를 구분해 주는 요인들에는 여러 가지가 있을 수 있으며, 사례연구를 수행하는 데 있어 사례를 선정하는 것과 관련되어 좀 더 자세하게 살펴볼 것이다.

- 맥락성: 맥락성은 사례연구 수행의 중요한 목적 가운데 하나이다. 즉, 사례연구는 현상을 이해하는 데 있어서 맥락을 따로 떼어놓고는 충분한 이해가 불가능한 상황에 적합한 연구이다(Yin, 1994). 이러한 맥락성은 제한성과는 상치되는 개념으로 이해될 수도 있다. 왜냐하면 대부분의 경우 사례와 이를 둘러싸고 있는 맥락의 경계는 불분명하기 때문이다(Punch, 2005). 따라서 연구자는 사례 자체와 맥락의 경계선을 가능한 한 명확하게 규정해야 하고 이에 대해서 자세하게 서술할 필요가 있다.

- 구체성: 사례연구는 해당되는 사례에 대한 일반적이고 전체적인 정보를 제공하는 것을 목적으로 수행되는 것이 아니다(Hays, 2004). 대신 사례가 내포하고 있는 구체적인 현상, 문제 등에 초점을 맞추어 실시되어야 한다는 점에서 연구의 대상이 되는 사례는 다른 사례와 구별이 되는 구체적인 정보를 포함하고 이를 연구자가 발견할 수 있어야 한다.

- 복잡성: 복잡성에 대한 탐구는 질적 연구 수행의 중요한 목적이라고 할 수 있다. 특히 사례연구는 양적인 연구에서는 제한적으로 설명되었던 현상의 복잡다단한 요인들과 이들 간의 관계성, 그리고 이러한 상호작용을 통해 일어나는 현상에 대한 이해를 얻기 위해 수행된다. 사례가 갖는 복잡한 특성 때문에 다른 연구방법을 통해서는 쉽게 접근할 수 없었던 새로운 연구의 영역이나 문제들이 사례연구를 통해 드러나고, 이를 통해 후속연구에 도움이 될 수 있는 개념적인 설명들을 제공한다는 점은 사회과학분야에 있어서 사례연구가 갖는 큰 장점 중의 하나이다(Punch, 2005).

• 현재성: 사례연구의 대상이 되는 사례가 갖는 마지막 특징은 사례가 갖는 현재성이다. Merriam은 과거의 사례에 대한 연구를 사례역사연구(case history)로 지칭하여 사례연구의 범주에는 속하지 않는 것으로 구분하였다(Merriam, 1998). 아울러 현재성을 가진 사례의 특성에 주목하여 사례연구가 과정에 초점을 둔 연구에 적절하다고 주장하였다. 과정에 대한 초점을 통해 두 가지 형태의 결과를 얻을 수 있는데, 먼저 특정한 사건이나 프로그램의 전개과정에 대한 모니터링이고 두 번째는 과정에 대한 연구를 통해 인과적인 설명을 얻을 수 있다는 점이다(Merriam, 1998). 그러나 Stake는 과정이나 사건의 경우에는 제한된 경계를 갖는다는 사례의 특성에는 잘 부합하지 않는다는 점을 지적하며 사람이나 프로그램과 같은 경우에 비해 사례연구의 대상으로서 적합성이 덜하다는 의견을 피력하기도 하였다(Stake, 1995).

2) 질적 사례연구의 특성

위와 같은 사례연구의 대상이 되는 사례가 갖는 특성들은 연구방법으로서의 사례연구가 갖는 특성들에 영향을 준다. 일반적으로 사례연구는 하나 또는 복수의 사례가 가지고 있는 복잡성을 충분하게 이해하고자 할 때, 특정한 사례에 대한 깊은 이해와 사례가 갖는 의미를 얻고자 할 때, 시간에 따른 변화의 양상 즉 어떠한 현상의 변화과정을 살펴볼 때 적절한 연구형태이다(Merriam, 1998). 이러한 목적을 가지고 수행되는 사례연구의 특성을 Merriam(1998)은 구체성, 서술성, 발견성으로 들고 있다. 첫째, 사례연구는 구체적인 특성을 가진다. 왜냐하면 사례연구는 구체적인 상황, 사건, 프로그램, 현상들에 대해서 초점을 두기 때문이다. 사례연구의 핵심은 곧 사례이다. 어떠한 사례가 연구의 대상이 되느냐에 따라서 그 사례가 구체적으로 어떠한 현상을 드러내고 어떠한 식으로 표현될지가 결정되기 때문이다. 둘째, 사례연구는 서술적이다. 사례연구의 결과물은 연구의 대상이 되는 사례에 대한 풍부하고 심도 있는 서술을 제공한다. 심도 있는 서술은 사건이나 현상에 대한 완벽하고도 직접적인 서술을 의미한다. 마지막으로 사례연구는 발견성을 지니고 있다.

이 말의 의미는 사례연구의 결과물을 통해 연구자가 제시하는 바는 독자들로 하여금 사례연구의 대상에 대한 이해를 기대한다는 것이다. 사례연구를 읽은 독자들은 현상에 대한 새로운 이해를 얻을 수도 있을 것이고, 기존에 알고 있던 의미를 다시 한번 확인할 수도 있을 것이며, 사례와 관련된 독자의 경험을 확장시켜 줄 수도 있을 것이다.

이러한 사례연구의 발견적인 특성과 관련하여 Stake는 사례연구를 통해 얻을 수 있는 지식의 속성이 다른 연구방법을 통한 결과에서 얻을 수 있는 지식과는 다르다는 점을 들어 사례연구의 특징을 설명하였다(Stake, 1981). 사례연구를 통해 얻어진 지식은 더욱 구체적이다. 사례연구의 결과는 더욱 생생하고 직접적이며 감각적인 내용들을 담고 있기 때문에 우리가 가지고 있는 경험들과 호응되어 구체적인 지식을 생성할 수 있도록 도와준다. 사례연구를 통해 얻어진 지식은 더욱 맥락적이다. 우리의 경험은 모두 맥락에 뿌리내리고 있다. 이는 지식이 형성되는 원리와도 일치한다. 이러한 맥락적인 지식은 다른 연구설계를 통해서 얻어진 공식적이고 추상적인 지식의 형태와는 사뭇 다른 특성을 지닌다. 사례연구를 통해 얻어진 지식은 독자의 해석을 통해 이루어진다. 사례연구를 읽을 때 독자들은 자신의 경험을 연구의 상황이나 결과에 대입하여 해석한다. 이러한 과정은 사례연구를 통해 독자들이 단순히 사례에 국한된 이해나 지식을 얻는 것이 아니라 더욱 일반적인 형태의 지식을 형성할 수 있도록 도와준다는 의미이다.

3) 사례연구에 적합한 연구의 형태

사례연구는 실험연구, 조사연구, 역사연구 등과 다르게 자료의 수집이나 분석과 관련한 방법적인 제한이 없다(Merriam, 1998). 다만 몇 가지의 기법들이 다른 방법들보다 좀 더 자주 사용될 뿐이다. 이러한 점에서 사례연구에 적합한 연구의 형태는 다른 연구방법에 비해서 그 범위가 크다고 할 수 있다. 사례연구를 적용하는 목적 가운데 평가와 관련된 연구 분야에서 적어도 다섯 가지 형태로 분류가 가능하다(Yin, 2003). 첫 번째 사례연구는 설명적(explanative) 사례연구이다. 사례연구가 갖는 가장 기본적인 특성이자 중요한 수행이유는 설문지나 실험과 같은 연구방법을 통해서 이해하기에는 너무나도 복잡하고 실제적인 상황들과 현상들에서 발견될 수 있을 것으로 기대되는 특정한 원인과 결과 간의 관계성을 설명하는 것이다. 두 번째 사례연구의 형태는 현상에 대한 구체적인 기술을 목표로 하는 기술적(descriptive) 사례연구이다. 실제적인 맥락 안에서 어떠한 현상이 일어나고 있는지 이러한 현상에 영향을 미치는 요인들은 어떠한 특성을 가지고 있는지를 기술하여 외부 독자들에게 정보를 제공하는 형태의 사례연구이다. 세 번째는 묘사적(illustrative)인 사례연구이다. 기술적인 사례연구보다 한층 심화된 주제에 대해서 생생한 묘사를 통해 독자들의 간접적인 경험을 극대화할 수 있는 정보의 제공을 목적으로 한다. 네 번째는 탐색적(explorative) 사례연구이다. 이러한 사례연구는 평가의 대상이 되는 특정한 프로그램이 현실에 적용되었을 때 그 결과물이 분명하게 드러나지 않는 경우나 단일한 결과가 아닌 다양한 요인들에 영향을 주는 것으로 판단될 때 프로그램이 적용된 상황을 주로 탐색하는 데 중점을 두는 경우의 사례연구이다. 마지막으로 다섯 번째는 메타-평가(meta-evaluation)를 위한 사례연구이다. 메타-평가를 위한 사례연구는 평가를 목적으로 수행된 일련의 사례연구들을 하나로 모아서 집합적인 결과에 대한 해석을 수행하는 사례연구의 형태라고 할 수 있다.

이와 더불어 Stake는 세 가지 형태의 사례연구를 구분하였다(Stake, 1995). 첫 번째 사례연구의 형태는 본질적 사례연구(intrinsic case study)이다. 본질적 사례연구는 연구자가 구체적인 사례가 갖는 특성과 현상에 대해서 흥미를 느끼거나 더 많은 이해를 얻기 위해서 시행하는 경우를 의미한다. 두 번째 사례연구는 도구적 사례연구(instrumental case study)이다. 도구적 사례연구는 사례연구의 수행이 사례와 관련된 문제에 대한 통찰을 제공해 주거나 관련된 이론적 설명을 개선하는 데 도움을 주고자 하는 목적을 가지고 실시되는 연구이다. 세 번째 연구는 집합적 사례연구(collective case study)이다. 집합적 사례연구는 도구적 사례연구를 여러 사례를 포함하는 복수 사례연구의 형태로 수행하여 사례 간의 공통점이나 차이점 등을 추출하여 어떠한 현상, 집단, 일반적인 상황에 대한 더 많은 이해를 얻기 위해서 실시된다.

2. 질적 사례연구 방법의 절차

가. 사례의 선정

사례연구의 정의에 관한 연구자들 간의 상이한 견해에도 불구하고, 사례를 정의함에 있어서 학자들에게 공통적으로 발견되는 요소는 연구의 대상이 되는 사례는 특정한 맥락, 상황, 특성을 통해 다른 사례들과 구분되어진다는 점이다. 다시 말해서 연구 대상으로서의 사례는 일정한 제한성을 지녀야 한다는 점이다. 이는 실제적으로 사례연구의 수행에 있어서 매우 중요한 의미를 가진다. 만일 연구자가 연구 대상으로서 관심을 가지고 있는 어떠한 현상이 연구의 사례뿐만 아니라 다른 여타의 사례에서도 발견될 수 있는 무제한적인 특성을 가진다면 단일한 사례의 특성을 심도 있게 탐구하고자 하는 사례연구의 목적에 부합하지 않을 것이다.

그렇다면 연구대상으로서의 사례가 제한적인 특성을 가지고 있는가 아닌가는 어떻게 구분할 수 있을까? 다음과 같은 질문들을 떠올려 보자. '관심 있어 하는 현상에 대한 특성은 오로지 이 사례를 통해서 발견될 수 있는 것인가?', '관심 있어 하는 사례에 대해서 설명해 줄 수 있는 가능한 면담자의 수는 제한되어 있는가?' 만일 연구자가 관심 있어 하는 연구주제가 "수험생의 입시경험"이라는 폭넓은 현상에 대해 관심을 가지고 있다고 가정한다면, 이러한 현상에 대해서 답해 줄 수 있는 면담자의 수는 모든 수험생이라고 해도 좋을 정도로 많을 것이다. 그러나, "시각장애를 가진 수험생의 대학입시경험"으로 연구의 관심사를 좀 더 좁힌다면, 면담자의 수는 크게 줄어들 것이다. 이와 같이 연구대상이 되는 사례는 연구관심사 또는 연구문제를 정교화하면 할수록 더욱 적절한 범위로 좁혀질 수 있을 것이다. 연구주제를 명확히 함으로써 사례선정을 위한 기준을 명료화하는 데에는 선행연구 분석과 함께 사례와 관련된 사전인터뷰 수행이 도움이 될 수 있다. 예를 들어 Emmel과 Hughes(2009)는 '사회적으로 배제된(socially excluded)' 개인과 집단을 대상으로 하는 사례연구의 수행에 있어서 선행연구 분석을 통해 사회적으로 배제되었다는 의미가 학술적으로 매우 다양한 의미(경제적인 하위계층, 범죄경력의 유무, 인종적인 차별의 대상, 복지혜택의 사각지대에 놓인 사람들, 학교교육의 중도탈락자 등)를 포함하고 있음을 확인하고, 관계자들과의 면담을 통해 한 지역 안에서 사회적으로 배제되었다고 이해되는 개인과 집단의 구체적인 특성, 잠재적인 사례의 존재여부 확인, 연구를 위해 이들에게 접근할 수 있는 구체적인 절차와 전략들을 도출할 수 있었다. 사전인터뷰를 통해 위 연구자들은 한 지역에서 통용되는 '사회적인 배제'의 의미를 명확히 하고, 이에 해당하는 사례선정기준을 통해 27명에 대한 본격적인 면담을 수행할 수 있었음을 보고하고 있다. 구체적인 사례연구의 형태에 따라 사례선정에 있어서 고려할 사항들은 본 챕터의 연구설계 부분에서 다루고 있다.

나. 연구문제의 진술

연구의 방법론이 질적이냐 양적이냐를 떠나서 연구자가 연구문제를 형성하는 과정은 매우 유사하다. 연구의 첫 번째 단계는 이러한 문제를 인지하고 이를 연구수행의 과정을 안내해 줄 수 있는 구체성을 지닌 연구문제로 변형시키는 것이라고 할 수 있다(Merriam, 1998). 연구자가 관심을 갖게 되는 문제는 현재 가지고 있는 이해의 불확실성, 기존의 설명에 대한 의심이나 적용의 어려움과 같은 속성을 지닌다. 연구자는 이러한 문제들을 다양한 경로를 통해 획득할 수 있다. 무엇보다도 연구자의 일상적인 생활에서 이러한 문제를 접할 수 있다. 일상적인 생활을 통해서 연구자의 흥미를 끄는 어떠한 대상이나 현상, 또는 조금 더 깊게 이해해 보고 싶은 주제들을 접할 수 있을 것이다. 독서를 통해서도 이러한 문제를 접할 수 있다. 대부분의 학술연구들은 관련된 주제에 대해 후속적으로 진행되어야 할 연구 분야를 제안하거나, 제시된 연구의 제한점에 대한 서술을 포함하고 있다. 이러한 학술연구를 읽음으로써 연구자는 자신의 관심을 끄는 새로운 주제나 영역에 대한 구체적인 아이디어들을 개발할 수 있을 것이다. 기존의 이론에 대한 비판적인 해석도 새로운 연구문제의 창출에 도움이 된다. 제시된 이론이 구체적인 상황에서 그대로 적용될 수 있을지 또는 기존의 이론에서 수정되거나 좀 더 정교한 설명이 필요한 부분은 없는지에 대한 비판적인 사고를 통해 연구자는 사례연구를 위한 문제들을 발견할 수 있다. 연구자는 이러한 문제들을 토대로 구체적인 연구문제를 형성하거나 문제에 대한 진술을 발전시킨다. 연구문제와 연구자의 관심주제로서의 문제는 그 범위와 성격에 있어서 차이점을 가진다. 많은 초보 연구자들의 경우 이 두 가지 개념을 혼동하여 연구문제를 광범위하거나 일반적인 내용들로 진술하는 경우가 있는데, 연구문제는 직접적으로 연구의 설계와 수행을 안내해 줄 수 있을 정도의 구체성을 띠어야 하므로 이러한 부분에 대한 주의가 요구된다.

사례연구에 있어서 연구문제의 진술도 위와 같은 일반적으로 유념해야 할 연구문제 진술의 요소들을 포함한다. 다만, 사례연구 수행을 위한 연구문제들은 대상으로서의 사례가 갖는 특성(제한성, 맥락성, 구체성, 복잡성, 현재성 등)에 대한 설명에서 언급된 바와 같이 몇 가지 차별적인 요소들을 가진다.

일반적으로 사례연구는 다양한 연구 질문 가운데 특히 "어떻게"와 "왜"로 시작되는 문제를 다루는 데 적합하다(Yin, 2003).

다. 연구 설계

좋은 연구를 수행하기 위해서는 많은 시간이 필요하다. 특히 질적 연구는 짧게는 수주간에서 길게는 수년간에 걸쳐 연구자의 지속적인 노력을 요구하는 과정이다. 상대적으로 오랜 기간을 요하는 질적 연구 특성 때문에 종종 연구자들은 연구의 진행과정을 스스로 관리하지 못해서 중도에 연구를 중단하거나, 추가적인 자료 수집과 같은 연구활동의 지속이 요구됨에도 여러 가지 이유로 연구를 서둘러 마무리하는 경우가 있다. 이러한 현실적인 문제점들을 미연에 방지하기 위해서는 사례연구의 수행에 있어서도 연구에 대한 세부적인 계획을 미리 준비하고 이를 토대로 연구를 수행하는 것이 필요하다. 넓은 의미에서 사례연구를 위한 연구 설계를 한다는 것은 사례를 정하고, 사례에서 탐구하고자 하는 연구문제를 발전시키며, 연구수행을 위해 접촉해야 할 사람들을 선정하고, 연구에 소요되는 시간과 비용을 배정하며, 연구결과를 어떤 식으로 보고할 것인지에 대한 포괄적인 계획을 수립함을 의미한다(Stake, 1995). 이러한 연구 설계의 내용은 학위논문을 작성하는 경우에 심사위원들의 중점적인 관심의 대상이기도 하다. 연구 설계에 포함되는 요소 가운데서도 특히 세부적으로 개발되어야 하는 부분은 자료의 수집과 분석에 대한 계획을 수립하는 것이다.

자료수집의 기간 및 수집되어야 할 자료의 양은 연구진행상황에 따른 연구자의 결정에 따라 변경될 수 있으므로, 이러한 요소들을 정확하게 예측하는 것은 쉬운 일이 아니다. 그럼에도 불구하고, 자료수집과 분석에 대한 계획을 수립하는 것은 필요한 자료가 수집과정에서 누락되는 일을 방지하는 데 도움을 줌으로써 효과적인 연구수행에 도움이 된다.

사례연구를 수행하기 위한 연구 설계에 있어서 Yin은 네 가지 형태의 사례연구 설계가 가능하며, 각각의 특성에 맞춘 연구 설계가 필요함을 지적하고 있다(Yin, 2003). **그림 7-1**에서 표현된 바와 같이, 사례연구의 설계에 있어서는 크게 두 가지 요소에 따라 구체적인 연구 설계의 모습이 달라질 수 있다. 첫 번째 변수는 연구의 대상이 되는 사례의 수(number of cases)이고, 두 번째 변수는 분석 단위(unit of analysis)의 설정이다. 이 두 가지 변수의 조합에 따라서 1) 단일(single case)-전체(holistic) 설계, 2) 단일(single case)-내재(embedded) 설계, 3) 복수(multiple case)-전체(holistic) 설계, 4) 복수(multiple case)-내재(embedded) 설계와 같은 네 가지 종류의 연구 설계가 가능하다.

1) 단일사례연구

사례연구를 수행하는 연구자에게 있어서 연구의 설계단계에서 우선적으로 생각해야 할 문제 가운데 하나는 연구의 대상이 되는 사례의 숫자를 결정하는 것이다. 단일한 사례를 가지고 연구자가 가진 연구문제에 대한 적절한 해답을 찾을 수 있는 연구의 상황은 다음과 같을 수 있다. 먼저 하나의 실험을 통해 이론을 검증하는 단일실험설계의 과정과 마찬가지로 하나의 사례가 이미 알려져 있는 이론을 검증하는 데 아주 적절하게 구성되어 있고 또 중요한 경우이다. 달리 말하자면 어떠한 이론을 확증(confirm), 확장(extend) 또는 새로운 문제점을 제기(challenge)하기 위해서 이론적인 요소들을 갖추고 있는 하나의 사례가 집중적으로 연구되는 상황이다. 예를 들어 스마트 기기와 같은 새로운 학습도구들이 학습에 미치는 영향에 대한 기존의 이론적인 설명들을 확증하기 위해서 시범적으로 스마트 기기를 보급하여 학습에 활용하고 있는 학교현장에 대한 사례연구를 설계하는 경우가 예가 될 수 있을 것이다. 두 번째는 하나의 사례가 갖는 극단성과 독특성이 연구에 중요한 요소가 될 경우이다. 의학분야의 사례연구 가운데 희귀증상에 관한 연구들, 또는 심리학 분야에서 천재적인 사람이 갖는 다양한 인지적 특성에 대한 연구가 이러한 경우에 해당된다. 이러한 경우들은 해당되는 사례 자체를 찾기가 힘들기 때문에 관련된 일반적인 패턴이나 설명들을 발전시키기가 어렵다. 따라서 이런 종류의 독특한 사례를 다루는 연구들은 사례와 관련된 중요한 정보들을 독자들에게 전달해 줄 수 있다. 이와 반대되는 경우는 하나의 사례가 어떠한 현상이나 이론을 대표적으로 잘 설명해 준다고 판단되는 전형적인 사례에 대한 연구이다. 대표적인 기업, 학교, 인물들에 대한 연구를 통해 이들이 대표하는 좀 더 폭넓은 현상과 경험에 대한 일반적인 정보들을 제공하는 데 초점을 둔 사례연구의 경우가 이러한 단일사례연구에 해당한다. 네 번째의 경우는 여러 가지 여건상 그동안 연구자들이 접근하기 어려웠던 주제가 상황이 바뀌면서 자료의 수집이 가능해졌다거나 흔하게 발견되는 현상임에도 연구자들의 관심을 끌지 못했던 현상에 대해 연구자가 관련된 정보를 드러내주는(revelatory) 역할을 수행하는 사례연구가 있다. 마지막으로 단일사례에 대한 종단적인 (longitudinal) 사례연구가 있다. 이러한 사례연구의 경우에는 사례의 변화상에 초점을 두고 단일한 사례에 대해서 시간적인 공백을 두고 두 번 이상 연구를 수행하는 경우이다. 위와 같은 다섯 가지 상황에서 하나의 사례에 대한 연구 수행의 설계가 가능하다. 물론 본격적인 연구를 수행하기 앞서서 시행되는 파일럿 연구의 경우에도 대부분의 경우 단일한 사례를 가지고 실시되지만, 위에서 이야기한 다섯 가지의 사례연구는 연구의 완결성 자체를 두고 논했을 때 하나의 사례에 대한 연구로 완결성을 갖는다는 점에서 단일 사례에 대한 파일럿 연구와는 성격이 다르다. 이러한 단일사례연구는 연구자가 해당되는 사례의 특성을 사전에 잘 파악하는 것이 중요하다. 예를 들어 연구의 대상이 되는 사례가 극단적이거나 독특한 성격을 지니고 있다고 판단한 후에 연구를 진행하였으나, 유사한 사례들이 많이 발견된다면 하나의 사례를 가지고 수행되는 연구의 결과는 원래의 목적을 달성하는 데 부족할 것이기 때문이다.

2) 단일-전체 사례와 단일-내재 사례

하나의 사례를 대상으로 하는 연구라 할지라도 연구의 분석단위는 하나일 수도 있고 여러 개일 수도 있다. 이렇게 분석단위가 여러 개가 존재하는 경우를 내재설계(embedded design)라고 한다. 예를 들어 학교를 대상으로 하는 사례연구에서 사례로서의 학교가 하나라면 단일한 사례연구에 해당되지만 그 학교에 속한 교장, 교감선생님들과 같은 관리자들을 대상으로 한 자료와 일반선생님들을 대상으로 수집된 자료, 학생들을 대상으로 수집된 자료, 학부모들을 대상으로 수집된 자료가 각각 다르게 분석되어야 하는 경우에는 분석의 단위가 여러 개인 내재설계의 경우에 해당된다고 할 수 있다. 이와 달리 해당 학교 전체적인 특징과 정보에 대한 부분이 연구의 주요한 결과로 나타나는 경우에는 전체(holistic)설계에 해당된다. 단일한 사례를 대상으로 하는 전체설계와 내재설계는 각각의 장단점을 가지고 있다. 전체설계는 연구와 관련한 특정한 이론적인 하부요소들을 쉽게 찾을 수 없고, 이론적인 요소 자체가 종합적인 성격을 띠고 있는 경우에 연구수행을 통해 적합한 결론을 도출해 낼 수 있다. 반면 사례에 대한 세부적인 정보나 구체적인 내용들이 생략되고 전체적인 연구의 성격이 추상적인 방향으로 흐를 가능성이 있다는 점에 유의해야 한다. 내재설계는 사례와 관련된 이론적인 하위요소들을 사전에 연구자가 인지하고 이를 통해 연구수행 과정에 대한 민감성을 높여줌으로 인해서 연구의 초점을 유지하는 데 도움이 될 수 있다. 반면에 연구자가 지나치게 개별적인 분석단위에만 초점을 맞춤으로써 이러한 개별 분석단위들이 그려내는 결과를 전체적으로 조망하지 못하는 경우가 있을 수 있다.

3) 복수사례연구

최근 들어 복수의 사례를 하나의 연구대상으로 삼아 진행하는 사례연구들이 늘어나고 있는 추세이다. 예를 들어 스마트 기기가 도입된 학교에서의 혁신적인 교수학습방법에 대한 연구주제를 사례연구의 목적으로 삼는다면 학교마다 도입된 스마트 기기나 교수학습방법이 다를 수 있기 때문에 이러한 학교들을 각각의 사례로 선택하여 연구를 진행하지만, 전체적으로 스마트 기기의 활용에 따른 혁신적인 교수학습방법이라는 주제의 틀 안에서 사례연구가 진행되는 경우가 있을 수 있다. 인류학이나 정치학과 같은 분야에서는 단일사례연구와 복수 사례연구(흔히 비교연구라고 지칭하는)를 구분하여 독립적인 연구방법론으로 취급하는 경우도 있다. 복수사례연구는 무엇보다도 각각의 하위사례에서 다양한 형태와 속성을 지닌 연구 자료를 수집하기가 용이하며 이러한 연구 자료의 다양성은 연구의 완결성을 높이는 데 도움을 줄 수 있다. 다만 단일사례연구로만 가능한 특정한 사례의 경우(독특성, 유일성, 중요성 등 사례가 갖는 속성)에는 복수사례연구를 활용한 연구 설계가 자연적으로 불가능하다. 또한 복수의 사례를 연구의 대상으로 삼는다는 것은 대부분의 경우 단일연구자가 개인적으로 수행하기에는 버거울 정도의 시간과 노력을 요구한다. 복수사례연구를 실시하는 중요한 이유는 여러 사례를 통해 사례 간에 공유하고 있는 특성이나 사례별로 차이가 나는 특성들을 파악함으로써 연구자가 사용한 이론적인 틀에 대한 다양한 해석을 가능케 한다는 점이다. 복수의 사례를 대상으로 연구를 설계하는 방법에는 복수의 사례를 선택하는 목적에 따라서 크게 두 가지로 정리가 가능하다. 하나는 사례의 직접 복제(literal replication)이고 다른 하나는 이론적 복제(theoretical replication)이다. 직접 복제는 연구자가 차용하고 있는 또는 개발하고자 하는 이론적인 틀을 통해 사례가 갖는 특성을 유추하였을 때 복수의 사례가 유사한 결과를 가져올 것으로 기대되는 상황에서 사용된다. 달리 말해서, 이론적인 틀을 복수의 사례에서 얻어진 결과의 공통성을 통해서 확증하려는 목적을 가질 때 유용한 사례연구의 설계방법이다. 이러한 직접 복제를 위한 사례의 선택은 각각의 사례가 가진 맥락적인 요소나 특성들이 유사하여 비슷한 결과를 산출할 것으로 예상되는

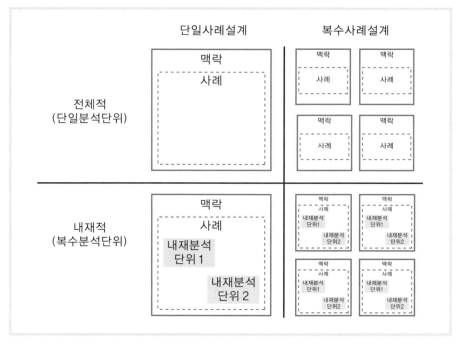

그림 7-1 사례연구의 기본적인 네 가지 연구 설계
출처: Yin (2003). Case study research design and methods (3rd ed), p. 40.

경우를 선택한다. 이와 달리, 이론적 복제는 이론적인 틀 안에서 논쟁의 여지가 있는 명제나 설명을 기반으로 이러한 요소들이 복수의 사례에서 어떻게 다른 결과들을 이끌어 내는지를 살펴보고자 할 때 사용할 수 있는 설계방법이다. 따라서 연구의 관심사가 되는 특정한 이론적인 요소가 전혀 이질적인 사례를 선택하여 초점이 되는 이질적인 요소들로 인해 각각의 사례들이 어떠한 차별적인 결과를 도출하는지가 연구수행의 주요한 목적이 된다.

  4) 복수-전체 사례와 복수-내재 사례

  단일사례 연구 설계의 경우와 마찬가지로 복수사례에 있어서도 전체사례설계와 내재사례설계가 가능하다. 복수사례연구에 있어서 전체사례설계를 할 것인지 내재사례설계를 할 것인지는 당연한 이야기로 들리겠지만 연구자가 연구의 대상으로 삼고 있는 현상과 이와 관련된 연구문제의 특성에 따라 결정될 수 있다. 특히 복수-내재 설계의 경우에는 설문조사와 같이 양적인 자료들의 수집이 포함되는 경우가 많다. 이러한 설문조사는 각각의 사례현장에 대한 구체적인 연구문제들을 설명해 줄 수 있는 정보들을 산출하게 되며 전체적으로 통합되어 설명되지 않는다는 점에 유의해야 한다.

라. 자료수집

사례연구가 갖는 특징 가운데 한 가지는 자료수집에 있어서 특정한 제한이 없다는 점이다(Merriam, 1998; Punch, 2005; Yin, 2003). 연구자가 가지고 있는 연구문제의 특성과 연구의 대상이 되는 사례가 가지고 있는 특성, 맥락 등을 고려하여 최선의 방법이라고 판단되는 것이라면 어떠한 방법이라도 사례연구를 위한 자료수집활동에 적용될 수 있다.

1) 자료수집의 큰 원칙들

사례연구의 특성은 자료의 수집 및 분석과정에서도 드러난다. Yin은 사례연구를 위한 자료수집에 있어서 연구의 타당도와 신뢰도, 그리고 전반적인 연구의 질적 수준을 높이기 위한 세 가지 원칙을 다음과 같이 제시하고 있다(Yin, 2003, pp. 97-106).

첫째, 다양한 형태의 자료를 수집하자. 사례연구를 위한 자료수집과정의 장점 중의 하나는 다양한 유형의 연구 자료를 수집한다는 점이다. 뿐만 아니라, 다양한 자료의 수집이 사례연구의 질적인 신뢰성과 타당성을 확보하는 데 중요한 역할을 할 수 있다. 다양한 경로를 통해 얻어지는 여러 가지 형태의 자료들은 연구자로 하여금 연구 상황에 대한 폭넓은 역사적, 행동적, 정서적인 정보들을 취합할 수 있도록 해 준다. 하나의 사실이나 현상에 대해서 이와 관련된 자료의 다양성을 확보할 수 있다면, 이를 토대로 도출될 수 있는 사례연구의 결과와 해석은 하나의 경로를 통해 수집된 단일한 형태의 자료에 의해서 뒷받침되는 연구에 비해 더욱 설득적이고 정확한 것이라고 할 수 있다. 그러나 모든 경우에 있어서 이러한 자료수집의 다양성을 확보하는 것이 가능한 것은 아니며, 최선의 방법은 아닐 수 있다. 실제적으로 연구 자료의 다양성을 확보한다는 것은 연구자로 하여금 추가적인 시간, 노력, 비용을 요구할 수 있다. 더불어 다양한 형태의 자료를 수집한다는 것은 연구자가 해당되는 여러 형태의 자료수집 기법에 대해서 알고 이를 수행할 능력을 갖추어야 한다는 점을 의미한다. 무조건 자료의 다양성을 추구하기 위해서 정확하지 않은 방법으로 자료를 수집하게 된다면, 연구 자료의 다양성을 통해서 이룰 수 있는 연구의 논리성과 정확성의 기회는 사라지게 된다.

둘째, 사례와 관련된 데이터베이스를 구축하여 활용하자. 데이터베이스라는 말이 컴퓨터와 관련된 특별한 지식이나 기술이 요구된다는 것은 아니다. 사례연구를 위한 자료수집의 다양성을 확보하기 위해 연구자가 노력하다보면 그만큼 방대한 양의 자료가 축적되고 이를 체계적으로 관리하지 못하게 되면 소중한 자료들도 무용지물이 되는 경우가 발생할 수 있다. 사례연구와 관련된 자료의 형태를 크게 두 가지의 종류로 구분하면 하나는 인터뷰 녹음파일, 관련 문서, 현장에 대한 비디오 기록 등 현장에서 직접적으로 수집된 원자료이고, 또 하나는 연구자가 연구를 수행하는 과정을 통해 만들어 내는 인터뷰 전사자료, 연구수행일지, 관찰일지 등과 같은 자료들이다. 물론 자료의 분석과정에서는 모든 자료들이 통합적으로 검토되고 분석되어 하나의 결론에 이르게 되지만, 때에 따라서 독립된 형태로 관리되는 사례연구의 원자료들은 필요한 경우 다른 연구자들에게 공개되어 본래의 연구자가 원자료를 통해 어떠한 결론을 도출해냈는지에 대한 증거자료로 활용될 수 있으며 이러한 방법은 사례연구에 대한 전반적인 신뢰성을 높이는 데 기여할 수 있다. 사례연구와 관련되어 수집된 자료들을 데이터베이스화한다는 것은 연구자가 쉽게 해당되는 정보들을 인출하여 사용할 수 있게끔 관리한다는 것을 의미한다. 자료의 형태, 수집된 시기, 보관 장소, 관련주제 등과 같은 기준들에 의해서 자료들을 목록화하게 되면 방대한 양의 자료더미 가운데서도 원하는 자료를 쉽게 찾아볼 수 있고, 이는 결국 연구자의 연구수행활동의 효율성을 증가시켜 전반적인 연구의 질을 높이는 데 기여할 수 있을 것이다.

셋째, 연구 자료의 변화에 대한 기록을 유지하자. 사례연구가 갖는 복잡성과 변화성이라는 특징은 자료수집 단계에서도 그대로 적용된다. 사례연구의 대상이 되는 현상은 시간이나 맥락에 따라 변화할 수 있으며 대부분의 경우 이러한 변화를 수반한다. 이 같은 이유 때문에 사례연구 수행의 초기에 연구자가 가지고 있었던 연구문제의 성격이나 범위가 변화하기도 하고 결과적으로 수집되는 자료의 초점과 범위도 함께 변하게 된다. 이러한 상황에서 연구자가 고민해야 할 연구의 질적인 문제는 연구주제나 연구문제와 관련된 변화요인들을 연구자가 얼마나 체계적으로 관리 또는 추적하고 있으며 연구 자료의 수집과정에 어떻게 반영하고 있는가이다. 어떠한 요인들이 연구 자료를 수집하는 연구자의 생각과 활동에 영향을 미쳤으며, 이에 따라서 연구자가 취한 의사결정은 무엇인지, 그러한 의사결정으로 이후의 연구자료 수집의 방향이나 형태에 어떠한 변화가 있게 되었는지에 대한 내용들이 연구자가 아닌 다른 사람들이 보아도 이해할 수 있게끔 정리되어야 하며, 이러한 정보들을 통해 연구자는 사례가 갖는 역동성과 변화성에 대한 중요한 정보를 독자들에게 제공할 수 있게 된다.

2) 자료수집의 시기

질적 사례연구에 있어서 자료수집의 시기는 연구주제와 연구수행을 둘러싼 주변 환경, 사례에 대한 연구자의 친숙함 등에 따라서 달라질 수 있다. 예를 들어, 혁신적인 교육프로그램이 시범적으로 실시되고 있는 교실현장에서 학습자들의 학습경험에 대한 사례연구를 수행한다고 가정하자. 혁신적인 교육프로그램이 특정 기간 동안만 시범적으로 운영되기로 계획된 상황이라면, 연구의 충실한 수행을 위해서는 가능한 한 많은 자료들이 해당 실시기간 동안에 수집되어야 할 것이다. 그러나 만일 연구자가 시행되는 혁신적인 교육프로그램에 대해 또는 혁신적인 교육프로그램이 시범적으로 실시되는 학교, 교사, 해당 학생들에 대해서 친숙하지 않을 경우도 있을 것이다. 이러한 상황에서의 자료수집 기간은 교육프로그램이 실시되는 한정된 기간뿐만 아니라, 연구자가 혁신적인 교육프로그램에 대해 관심을 가짐으로써 자연스럽게 진행하게 되는 프로그램과 사례현장에 대한 이해를 위한 기초적인 자료의 수집에서

표 7-2 사례연구를 위한 자료수집 활동

단계	자료수집의 범위 및 활동
준비단계	- 사례에 대한 연구자의 친숙성, 이해도 증가를 위한 관련자료의 수집 - 사례에 대한 접근방법 및 표집대상의 선정 - 필요시 래포형성 활동 - 자료수집에 필요한 행정적인 요구사항 검토 - 사례에서 수집가능한 자료의 목록 개발 - 자료수집 대상, 일정 - 자료별 준비사항 검토(인터뷰: 질문지의 개발, 대담시간 및 장소 결정/ 관찰: 관찰일지 양식개발, 관찰일시 및 장소 등) - 자료의 저장 및 보안에 관한 사항 검토
수집단계	- 자료수집 계획에 따른 자료수집 활동 실시 - 필요에 따른 자료수집 일정 변경 - 수집된 자료의 일차적인 분석 및 검토 - 필요시 추가 자료수집 목록 및 일정 검토 - 자료의 목록화 및 저장
정리단계	- 자료수집 현황에 대한 전반적인 정리 - 자료분석과정에서 도출된 추가적인 자료수집 요구 파악 - 수집된 자료의 보존 및 필요시 폐기

부터 실제적인 자료수집이 시작되었다고 할 수 있을 것이다. 즉, 혁신적인 교육프로그램과 전통적인 교육프로그램의 비교에 관한 다른 사례연구, 실시되는 학교에 대한 정보를 담은 문서, 교육프로그램 개발과정에 대한 보고서 등을 통해 연구자가 연구의 대상이 되는 사례를 이해하기 위해서 관련 자료를 수집하는 순간부터 이미 연구와 관련된 자료수집이 시작되었다고 할 수 있을 것이다. 또한 계획된 기간 안에 자료수집을 하고 일차적인 분석을 진행하는 과정에서 추가적인 자료수집에 대한 필요가 발생할 수 있다. 이러한 경우에는 자료수집의 기간이 계획보다 연장될 수도 있다. 이러한 사례연구의 자료수집 활동에 대한 내용은 **표 7-2**와 같이 정리할 수 있다.

마. 자료의 분석과 해석

사례연구를 소개하는 기존의 학술서적이나 논문들에서 자료의 분석과 해석에 대한 부분은 독자들의 입장에서는 가장 궁금해 하는 부분임과 동시에 아직까지 명쾌한 가이드라인이 제시되어 있지 못한 부분일 수 있다(Simons, 2009). 여기에는 크게 두 가지 이유가 있다. 첫째, 질적 연구에 있어서 분석과 해석은 연구자의 관점, 경험, 질적 연구자로서의 역량과 기술에 상당히 의존할 수밖에 없기 때문에 같은 현상에 대해서도 서로 다른 해석이 존재하고, 그 해석을 이끄는 분석의 과정 또한 개별적일 수밖에 없기 때문이다. 둘째, 사례연구의 폭넓은 범주에 속한 다양한 상황, 맥락, 사례의 특성을 포괄하고, 반복적으로 적용할 수 있는 공통의 가이드라인을 개발하는 것, 아울러 다른 질적 연구 방법과는 구별되는 사례연구의 특성을 고려한 분석과정의 가이드라인을 개발하는 것은 쉽지 않은 과제이기 때문이다. 그럼에도 불구하고, 질적 사례연구의 자료분석과 해석과정에서 연구자가 고려해야 할 기본적인 사항과 활동들에 대해서 우리는 몇 가지를 생각해 볼 수 있다.

1) 분석과 해석의 개념

다른 질적 연구 방법에서와 마찬가지로 사례연구에 있어서 분석의 과정이라 함은 수집된 자료에 대한 코딩, 범주화, 주제화 등을 통해 사례가 갖는 의미를 파악하고 발견하는 것을 의미한다. 수집된 자료 그 자체는 연구자에게 사례에 대해 이야기해 주지 않는다. 사례가 갖는 의미를 파악하고 드러내는 것은 다름 아닌 연구자의 몫이다. 사례에 대한 이해와 의미의 형성은 달리 표현하자면 연구자의 의사결정의 과정이다. 물론 연구자의 의사결정은 사례의 선정이나 구체적인 자료수집의 방법과 질문의 내용 등 자료수집의 과정에 있어서도 포함된다. 그러나 사례연구에서 연구자가 취하는 의사결정은 분석 과정에서 좀 더 명확하게 드러난다. 수집된 자료들을 목록화하고, 범주화하며, 그 가운데 구체적인 주제나 패턴들을 포함하는 하나의 이야기를 개발하는 과정에 있어서 어떠한 자료들을 선택할 것인가, 어떠한 인터뷰, 사건, 현상의 내용을 결과에 담을 것인가는 사례연구 수행에 있어서 연구자들이 공통적으로 경험하는 일련의 의사결정이다. 의사결정과정에 있어서 연구자가 적용하는 기준이 지닌 구체성과 논리성이 자료의 분석과 해석의 질적 차이를 가져오기 때문에 구체적인 분석작업에 앞서 수집된 자료들을 연구자가 온전히 이해하고, 자료의 선택과 집중을 위한 기준들을 개발하고 정련하는 것은 매우 중요한 과제이다.

해석은 분석을 통해 발견한 사례가 갖는 의미들을 연구자의 직관, 반성적 사고, 심상의 활용, 이론적/대안적 관점의 적용과 탐색을 통해 좀 더 전체적인 (holistic) 측면에서 드러내는 것을 의미한다. 해석의 과정은 매우 높은 수준의 지적, 직관적 행위이며, 연역적인 사고와 귀납적인 사고가 동시에 필요하다 (Simons, 2009). 따라서 수집된 자료들과 분석결과를 재점검하여 숨겨져 있는 의미와 발견되지 않은 통찰은 없는지, 사례를 통해 연구자가 배운 것은 무엇인지, 이러한 결과를 어떠한 형태로 표현하는 것이 가장 효과적인지를 고민하는 것은 '해석의 예술(the art of interpretation)'이라 표현될 수 있을 정도의 연구자의 창의성을 수반하는 작업이기도 하다(Denzin, 1994).

물론 많은 경우 연구자들은 분석 과정과 해석 과정을 엄밀하게 나누어 수행하지는 않는다. 질적자료의 분석과 해석활동들은 연구자의 연속적인 지적 노력을 요구할 뿐만 아니라 각각의 과정과 결과가 서로 상호작용하고, 반복적으로 이루어지는 특성을 지닌다.

2) 분석을 위한 준비작업

전술한 바와 같이, 대부분의 질적연구에 있어서 연구자의 분석활동은 자료의 수집단계에서부터 이미 시작된다고 해도 과언이 아니다. 특히 복수의 사례를 대상으로 하는 연구에 있어서는 향후 분석의 초점과 연관되어 있는 요소들이 누락되지 않도록 자료를 수집하는 것이 중요하다. 자료의 수집 먼저, 분석은 나중이라는 관점에서 접근하게 되면, 분석과정에서 사례들 가운데 드러나게 되는 공통점과 차이점에 연관되는 자료들이 완전하게 수집되었는지에 대해서 연구자 자신이 확신할 수 없을뿐더러, 때로는 자료수집과정을 반복해야 하는 일도 벌어지기 때문이다. 아울러 공동의 연구진에 의해서 수행되는 복수사례 연구의 경우 시험분석(test analysis)을 통해서 비교분석을 위한 요소들의 타당성과 중요성을 검증하는 작업이 필요하다. 비록 같은 연구주제를 공유하고 연구의 과정에 참여하고 있다 하더라도 복수의 연구자들은 개별사례들에 대한 이해, 개별사례와 연구자와의 관계, 배경지식 혹은 사례연구 수행 경험과 연구역량에 있어서 차이가 있을 수 있다(Carden, 2012). 이러한 연구자의 개인적인 배경들이 분석과정에 영향을 미칠 수 있다는 점은 질적 연구의 속성을 생각할 때 쉽게 유추할 수 있다. 따라서 시험분석을 통해서 분석의 대상과 초점, 분석결과를 표현하는 용어(코드 혹은 테마 등)에 대한 연구진의 협의를 통해 전체적인 분석에 필요한 일관성을 확보하는 것이 중요하다.

3) 사례 간 비교분석

주지하는 바와 같이, 하나의 사례에는 여러 가지 변인들 혹은 요인들이 포함되어 있으며, 이러한 요소들 간의 관계, 상호작용, 그리고 요소들의 영향력을 제한하거나 촉진하는 여러 가지 맥락들이 포함되어 있는 복잡성을 내재하고 있다. 특히 비교연구에 있어서 개별 사례들에 포함되어 있는 요인들이 연구에 포함되면 될수록 우리는 개별사례에 대한 이해뿐만 아니라 비교를 위한 다양한 비교점들에 대해 더 많은 정보와 이해를 얻을 수 있을 것이다. 그러나 사례가 제시하는 많은 정보들이 연구의 대상이 되는 현상과 모두 관련이 있지는 않을 것이고, 비교하고자 하는 모든 사례들에서 해당요소들을 모두 발견하지 못할 수도 있다. 아울러 많은 요소들을 포함하면 할수록 자료의 수집과 분석에는 더 많은 시간과 자원이 필요하다. 따라서 연구자로서 우리가 갖는 고민은 연구의 초점이 되는 현상을 설명하기 위해서 각 사례에서 어떠한 요소들을 추출하고 비교할 것인가이며, 구체적으로는 1) 어떻게 하면 사례가 갖는 체제적인 복잡성을 정보의 손실 없이 줄일 수 있을 것인가, 2) 어떻게 하면 설명할 가치가 있는 요인들을 찾아내고, 사례의 비교를 통해 많은 정보를 제시해 줄 수 있는 사례들을 찾아낼 것인가와 같을 것이다. 달리 표현하자면, 사례가 가지고 있는 복잡성을 비교 가능한 수준까지 줄이는 것은 복수 사례연구에 있어서 매우 중요한 과제이다. 복잡성을 줄이는 것은 먼저 분석대상이 될 수 있는 사례의 수를 줄이는 것과 개별사례들에 대한 공통의 비교점 (parameter)들을 줄여나가는 것으로 실현될 수 있다.

이를 위해서는 먼저 개별사례들에 대한 자료수집과정에서 포함된 여러 가지 요소들에 대한 목록을 작성한다. 이는 질적자료분석에 있어서 코드의 목록을 작성하고 이를 범주화하는 것과 동일하다. 예를 들어 특정한 교육정책을 실행하는 국가들의 사례에 대한 비교연구에 있어서 제도, 예산, 학교, 교사, 결과 등의 범주들이 도출될 수 있을 것이며, 각각의 범주에는 좀 더 구체적으로 제도화의 수준, 관련 규제, 예산규모, 의사결정의 형태, 교사훈련, 교사의 정책지지 정도 등 다양한 코드들이 포함될 것이다. 이러한 코드 리스트 가운데서 연구의 대상이 되는 현상과 연계성이 없는 것들을 우선적으로 지워 나가는 작업이 필요하다. 이러한 코드의 감소, 제거 작업에 있어서 필요한 것이 연구대상, 연구문제에 대한 연구자의 전문성과 경험이다. 단순히 사례들의 복잡성을 제거하고 이를 비교한다고 해서 결과가 도출되고, 자연스러운 해석이 제시되는 것은 아니다. 연구자가 왜, 어떠한 기준으로 이러한 과정을 진행했고, 그래서 결과가 어떠했으며, 이러한 결과는 어떻게 해석되는지를 제공할 책임은 연구자에게 있다.

사례 간 비교연구를 위한 비교점의 형성에 있어서 참조할 만한 접근방식은 유사한 결과를 나타내는 가장 다른 사례(MDSO: Most Different cases, Similar Outcomes), 다른 결과를 나타내는 가장 유사한 사례(MSDO: Most Similar cases, Different Outcomes)에 중점을 두는 것이다(De Meur & Gottcheiner, 2009). 복수의 사례를 비교하는 가운데 여러 사례들이 같은 결과를 보여주고 있고, 같은 결과를 보여주는 사례들이 공통적으로 어떠한 요인들을 포함하고 있다면, 바로 그 요인이 결과에 대한 설명의 초점이 되어야 한다는 것이다. 반대로 어떠한 사례들이 여러 공통 요소에도 불구하고 서로 다른 결과를 보여주고 있다면, 개별 사례들이 지니고 있는 차별적인 요소들이 다른 결과를 야기하는 요인이라는 논리적인 설명이 가능하다는 것이다. 논리적으로는 매우 간단한 접근이지만 실제 연구에 있어서 이러한 완벽한 조합을 발견해 내기는 쉽지 않다. 그래서 어느 정도의 가변성 즉 가장 유사한 시스템, 또는 가장 차이나는 시스템을 상정하고 그 시스템의 변인군에 대한 탐색을 진행하는 것이 현실적이다. 방법론적으로 주의할 점은 이러한 사례 간의 비교를 위한 작업이 결코 결과를 그대로 보여주는 것이 아니라는 점이다. 사례비교의 효과성을 향상시키고 이를 통해 비교결과에 대한 해석을 좀 더 집중할 수 있도록 해주는 사전 작업을 논리적으로 진행하는 하나의 방법이다.

4) QCA(Qualitative Comparative Analysis)

전술한 복수사례의 비교연구를 위한 구체적인 전략과 기법으로서 등장한 것이 QCA이다. 복수의 사례에 대한 분석에 있어서 많은 접근법들의 공통된 목적은 각각의 사례가 갖는 복잡성에 대해 깊은 수준의 이해와 통찰을 얻는 것과 동시에 일정한 수준의 일반화된 논리적 설명을 개발하는 것이다. 그런데 복수사례연구에 있어서 비교대상이 되는 사례의 수가 증가하게 되면 이는 사례 간 비교에 있어서의 고려요소가 증가하게 되며, 이러한 결과로 사례 간 비교를 위한 분석틀의 비정형성으로 인해 분석결과의 신뢰성과 타당성을 약화시키는 결과를 가져올 수 있다. 이러한 복수사례연구의 특성, 특히 분석과정에 있어서의 사회과학적 엄밀함의 증진을 위해 Ragin(1985)은 사례가 갖는 질적인 특성들을 수치화하여 비교분석에 활용하는 방안을 제안하였다. 기본적으로 QCA는 질적사례연구에서 가정하는 사례연구의 특성들 즉 개별적인 사례들은 그 안에 복잡성을 내재한 하나의 체제이며 그 자체로 이해되어야 한다는 점을 인정한다. 그렇기 때문에 사례 간의 비교를 통해 개발되는 현상에 대한 설명, 그리고 그러한 현상에 영향을 미치는 원인들에 대한 설명은 하나의 인과관계가 아니라 복수의 인과관계가 형성될 수 있음을 인정한다. 이를 좀 더 구체적으로 살펴보면,

- 사회과학적 연구대상이 되는 현상(결과)들에는 특정한 조건(원인)들의 결합을 전제로 한다.
- 때로는 같은 현상(결과)이 다양한 조건(원인)들의 결합으로 형성될 수 있다.
- 맥락에 따라서 조건(원인)들이 현상(결과)에 미치는 방식은 다를 수 있다.

따라서 결과적으로 QCA는 복수사례에 대한 비교를 통해서 하나의 인과관

계를 설명하고자 하는 것이 아니라, 복수사례에 존재하는 서로 다른 인과관계의 수와 성격을 결정하기 위한 분석과정이다. 즉 QCA는 연구대상으로서 사례가 갖는 질적특성들을 인정하지만, 비교분석을 위한 비교점 형성과정에 대한 하나의 접근방식을 제공함으로써 사례연구의 과학적 엄밀성을 향상시키려는 목적을 가지고 있다. QCA에 있어서 핵심과정은 사례가 갖는 질적인 특성들을 수치화하여 표현하고 이를 분석과정에 활용하는 것인데, 질적특성의 수치화 방식에 따라서 csQCA, mvQCA, fsQCA로 세분화되었다(Rihoux & Lobe, 2012).

3. 좋은 질적 사례연구를 위한 제언

사례연구의 개념을 이해하고 사례연구를 수행하기 위한 일반적인 제언들과 절차들을 수용한다는 것이 반드시 사례연구를 통해 좋은 연구성과를 얻을 수 있다는 뜻은 아니다. 다른 연구방법들과 마찬가지로 좋은 연구를 위해서는 연구자의 노력과 경험이 요구되는 것이 사실이다. Yin은 사례연구를 수행하는 연구자들에게 좋은 사례연구를 수행하는 데 도움이 될 수 있는 다섯 가지 방안을 다음과 같이 제안하였다(Yin, 2003, pp. 161~165).

가. 좋은 사례연구는 반드시 중요성을 가져야 한다

좋은 사례연구의 가장 공통적인 특징은 우선 연구의 대상이 되는 개별 혹은 복수의 사례가 일반적인 관심의 대상이 되고 있거나, 범상치 않은 속성을 지닌다. 아울러 사례가 국가적으로, 이론적으로, 정책적으로, 혹은 현실적으로 중요한 문제를 내포하고 있다. 기존의 연구를 통해서 탐색되지 않았던 주제에 대한 연구가 가능한 사례나, 이론적인 논쟁의 대상이 될 수 있는 사례를 연구대상으로 삼을 수 있다면 연구의 중요성을 확보하는 데 큰 도움이 될 수 있다. 이러한 사례를 발견할 수 있는 연구자의 눈은 관련 연구 성과물에 대한 집중적인 검토를 통해서 형성될 수 있다.

나. 좋은 사례연구는 반드시 완전해야 한다

사례연구의 완전성에 대한 기술적인 정의를 내리는 일은 매우 어려운 일이다. 그럼에도 불구하고 완전성을 이루는 세 가지 특징적인 요소를 확인할 수 있다. 첫째로 완전한 사례는 경계성을 갖는다. 사례연구를 통해 연구의 대상과 대상을 둘러싼 맥락에 대한 뚜렷한 경계선이 자연스럽게 형성되어야 한다. 이러한 경계선을 형성하기 위해서 연구자는 논증을 하거나, 관련된 증거를 제시하는 방법을 활용할 수 있다. 둘째로 완전한 사례연구는 증거수집의 완전성을 포함해야 한다. 좋은 사례연구는 연구자가 연구의 상황이 허용하는 모든 방법을 동원하여 집중적으로 자료를 수집하였다는 사실을 자연스럽게 보여준다. 현실적으로 사례와 관련된 모든 자료를 수집하는 것은 불가능하다. 이러한 점에서 자료와 증거수집의 완전성은 연구자가 제시하고 있는 설명과 논리를 뒷받침할 수 있는 충분한 자료가 수집되어 분석되었음을 보여주는 것을 의미한다. 셋째로 인위적인 요소의 배재를 통한 완전성이다. 계획된 연구수행의 기간이 끝났기 때문에 또는 가용한 자료가 더 이상 확인되지 않기 때문에 완료되는 사례연구는 완전하지 못하다. 좋은 사례연구, 완전한 사례연구를 위해서는 이와 같은 연구의 제한점을 극복할 수 있는 연구설계와 연구자의 경험이 요구된다.

다. 좋은 사례연구는 대안적인 관점을 포함해야 한다

좋은 사례연구는 자료의 분석과 결과의 도출과정에 있어서 가능한 다양한 관점을 허용하는 것이다. 이러한 대안적인 관점들은 다른 이론이나 문화적인 관점에 대한 검토를 통해서 얻어질 수 있다.

라. 좋은 사례연구는 풍부한 증거자료를 제시해야 한다

좋은 사례연구는 효과적으로 관련된 중요자료와 증거를 나타내준다. 이를 통해 사례연구를 읽는 독자들이 개인적으로 결과에 대한 해석을 형성하도록 도와준다. 수집된 많은 증거자료 가운데 어떠한 자료를 제시할 것인가에 대한 연구자의 판단이 연구자의 선입관이나 가치관이 개입되어야 한다는 것을 의미하지는 않는다.

마. 좋은 사례연구는 독자들을 끌어들이는 힘이 있어야 한다

좋은 사례연구는 연구결과의 보고형태가 어떠하든지 간에 독자들을 끌어들이는 힘을 가져야 한다. 같은 내용이더라도 어떠한 문체를 사용하여 보고되었는가, 얼마나 독자들의 주의를 환기시키는 요소들을 갖추었는가에 따라서 연구자의 의도가 효과적으로 전달될 수도 있고 그렇지 않을 수도 있다.

◆ 참고문헌_

Brewer, J., & Hunter, A. (1989). *Multimethod research: A synthesis of styles.* Newbury Park, CA: Sage.

Carden F. (2012). Using comparative data: A systems approach to a multiple case study 1. In D. Byrne & C. C. Ragin (Eds.). *The SAGE handbook of case-based methods* (pp. 331-344). London: Sage.

De Meur, G., & Gottcheiner, A. (2009). The logic and assumptions of MDSO-MSDO designs. In D. Byrne & C. C. Ragin (Eds.), *The SAGE handbook of case-based methods* (pp. 208-221). London: Sage.

Denzin, N. K. (1994). The art and politics of interpretation. In N. K. Denzin & Y. S. Lincoln (Eds.), *Handbook of qualitative research* (pp. 500-515). Thousand Oaks, CA: Sage.

Emmel, N., & Hughes, K. (2009). Small-N access cases to refine theories of social exclusion and access to socially excluded individuals and groups. In D. Byrne & C. C. Ragin (Eds.), *The SAGE handbook of case-based methods* (pp. 318-330). London: Sage.

Hays, P. A. (2004). Case study research. In K. deMarrais & S. D. Lapan (Eds.), *Foundations for research: Methods of inquiry in education and the social sciences* (pp. 217-234). Mahwah, NJ: Lawrence Erlbaum.

Merriam, S. B. (1998). *Qualitative research and case study applications in education.* San Francisco, CA: Jossey-Bass.

Patton, M. Q. (1990). *Qualitative evaluation methods* (2nd ed.). Thousand Oaks, CA: Sage.

Punch, K. F. (2005). Introduction to social research: Quantitative and qualitative approaches (2nd ed.). Thousand Oaks, CA: Sage.

Ragin, C. C. (1985). Knowledge and interests in the study of the modern world-system. *Review (Fernand Braudel Center), 8*(4), 451-476.

Rihoux, B., & Lobe, B. (2012). The case for qualitative comparative analysis (QCA): Adding leverage for thick cross-case comparison. In D, Byrne & C. C. Ragin (Eds.), *The SAGE handbook of case-based methods* (pp. 222-242). London: Sage.

Schramm, W. (1971). *Notes on case studies for instructional media projects.* Working paper for Academy of Educational Development, Washington D.C.

Simons, H. (2009). Case study research in practice. London: Sage.

Stake, R. E. (1981). Case study methodology: An epistemological advocacy In W. Welsh (Ed.), *Case study methodology in educational evaluation.* Proceedings of the 1981 Minnesota Evaluation Conference. Minneapolis: Minnesota Research and Evaluation Center.

Stake, R. E. (1995). *The art of case study research.* Thousand Oaks, CA: Sage.

Wolcott, H. F. (1992). Posturing in qualitative inquiry In M. D. LeCompte, W. L. Millroy, & J. Preissle (Eds.), *The handbook of qualitative research in education* (pp. 2-52). New York: Academic Press.

Yin, R. K. (2003). *Case study research design and methods* (3rd ed.). Thousand Oaks, CA: Sage.

UNDERSTANDING

QUALITAT

SEARCH

Chapter 8

실행
연구

(Action Research)

C·H·A·P·T·E·R
8

실행연구

주요 내용
1. 실행연구의 의미와 성격
2. 실행연구의 중요성
3. 실행연구의 과정과 수행 원리

실행연구에 대한 중요성을 언급하기 위해서는 무엇보다도 우리가 접하고 있는 사회현상에 관한 연구를 왜 하는가에 대한 보다 근원적인 질문에 대한 고민을 할 필요가 있다. 지금 이 시간에도 수많은 교육, 정치, 경제, 문화 등의 장면에서 펼쳐지는 사회현상에 관한 연구물들이 쏟아지고 있다. 이 많은 연구 물들이 배출되는 까닭은 무엇인가? 답은 조금씩 달라질 수 있겠지만, 아마도 대부분이 단순히 연구자들의 지적 호기심을 충족하기 위해서라고만 답하지는 않을 것이다. 연구(research)란, 소위 현실로부터 분리되어 있지 않은 문제의식 을 바탕으로 체계적이고 과학적인 방식으로 접근함으로써 문제에 대한 이해 를 늘리고, 나아가 문제해결을 도울 수 있는 지식을 생산해 내는 활동이라고 할 수 있다. 그렇기 때문에 전통적인 의미에서 연구의 기능은 연구자가 주목하는 문제에 대한 이해와 설명, 그리고 좀 더 확장해 보면, 문제를 개선하는 데 동원할 수 있는 효과적인 해결 방안의 제시까지 포함한다고 볼 수 있다. 실행연구는 연구가 갖는 이러한 기능에 머무르지 않고, 문제를 실질적으로 변화, 개선해 가는 연구자와 연구 참여자의 활동, 즉 '실행'의 요소에 주목하는 입장이다. 그러나 공부하는 입장에서 볼 때, 실행연구 방법을 이해하는 것은 만만치 않은 작업이다. 무엇보다도 학자들에 따라서 매우 다양한 형태로 소개되고 있을 뿐만 아니라, 실행연구물들 사이에도 일관된 논문의 형식을 발견하기가 쉽지 않기 때문이다. 이런 맥락에서 Bradbury(2010: 94)은 실행연구를 본래 출발이 서로 다른 다양한 "실천의 '유형(family)'을 포괄하여 지칭하는 용어(umbrella term)"라고 소개한다. 이 장에서는 현실 속 문제해결의 하나의 방법으로서 다루어져 온 실행연구에 대한 설명들에서 공통적으로 강조하고 있는 바를 중심으로 실행연구란 무엇이며, 그 수행 원리는 어떤 것인지 살펴본다.

1. 실행연구의 의미와 성격

실행연구(action research)란 용어를 처음 사용한 Lewin(1934)은 "공통적으로 가지고 있는 사적인 문제를 해결하기 위하여 협동 연구에 참여한 모든 사람들이 반성적 사고, 논의, 의사결정, 그리고 실행의 힘을 개발하도록 보장하는 과정"이라고 정의하였다(김미옥, 2009: 181에서 재인용). 이러한 Lewin의 정의는 실행연구란 변화와 개선을 위하여 사람들이 함께 협력적으로 수행하는 활동을 말하는 것이라고 할 수 있다. Reason과 Bradbury(2001: 1)는 학자와 실천가의 입장의 차이 그리고 학문분야의 차이에 따라서 실행연구를 이해하는 입장의 차이가 있음을 인정하며, 자신들이 "잠정적으로 정의"(working definition)하는 실행연구의 의미를 제시하고 있다.

실행연구란 지금의 시대 상황에 대한 참여적 세계관을 바탕으로 인간의 목적에 가치롭게 부합할 수 있는 실제적 앎(practical knowing)의 수준을 확장하는 참여적이고 민주적인 과정이다. 실행연구는 사람들이 함께 참여하여, 직면하는 문제를 실용적으로 해결해 가는 과정에 있어서—보다 일반적으로 표현하면 개인들과 이들이 속한 공동체의 성장과 발전을 추구해 가는 과정에서—실행과 성찰, 그리고 이론과 실천 모두에 주목한다.

독자들에게 전하려는 바는, 결국 실행연구란 앎과 지식의 체계적인 발전을 도모하는 실천으로서, 전통적인 연구와는 구별되는 목적과 구별되는 (연구자-참여자) 관계성을 가지며, 지식에 대한 개념과 지식과 실천의 관계성에 있어서 전통적인 연구와 다른 입장을 갖는 실천이라는 점이다. (...) 실행연구의 우선적인 목적은 일상적 삶을 영위해 가는데 유용한 실제적인 지식을 산출하는 것이다. 좀 더 넓은 의미에서 보면, 실행연구는 이러한 실제적 지식을 바탕으로 개인과 공동체의 경제적, 정치적, 심리적, 영적 웰빙(well-being) 수준을 발전해 가며, 인간을 포함하고 있는 전체 생태계의 형평성과 지속가능성에 기여하는 것을 목적으로 한다(Reason & Bradbury, 2001: 1-2)('연구자-참여자'는 필자 추가).

그림 8-1에 제시되어 있는 것처럼, Reason과 Bradbury의 이러한 개념 정의는 실행연구가 이론과 실천의 분리를 거부하고 실천 속에 내장되어 있는 지식의 가치에 주목함으로써 인간의 진보와 발전을 도모하는 접근임을 부각한다. 또한 실행연구란 연구 현장의 상황에 속해 있는 사람들의 참여를 바탕으로 자신들이 가지고 있는 관심사의 변화, 개선을 도모한다는 점에서 실천적이며, 현실의 구체적인 상황에 부합하는 유용한 대안을 모색한다는 점에서 실제적인 접근임을 시사해 주는 것으로 볼 수 있다.

하나의 연구방법으로서 실행연구 역시 체계적으로 계획, 수행되어야 하며, 자료의 수집과 분석에 있어서 요구되는 기본적 절차와 태도를 고려한다는 점에서 전통적인 연구와 크게 다르지 않다. 전통적 연구와 마찬가지로 실행연구

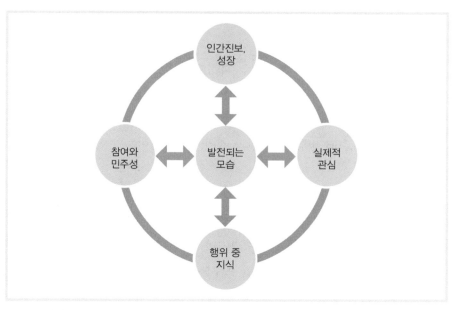

그림 8-1 **실행연구의 성격**

출처: Reason & Bradbury (2005). Introduction: Inquiry and participation in search of a world worthy of human aspiration. In P. Reason & H. Bradbury (Eds.) Handbook of action research, p. 2.

역시 그것이 주목하는 문제를 해결해 가는 일련의 과정을 체계적(systematic)으로 수행해 갈 것을 강조한다(Reason & Bradbury, 2001). 그러나 실행연구는 연구의 범위를 단순히 연구대상에 대한 이해와 설명을 도울 수 있는 지식을 도출하는 데 머무르지 않고 궁극적으로 연구대상 자체가 가지고 있는 문제를 개선하려는 시도까지 아우른다는 점에서 전통적인 연구와 구별된다(Mills, 2007; Stringer, 2004). 또한 실행연구는 연구에서 주목하는 문제 상황이 바로 연구자 자신의 문제라는 점과, 연구 참여자들 역시 연구의 대상을 탐구하고 개선하는 구체적인 연구 활동에 참여하는 공동참여자(co-participants)로서 연구자와의 긴밀한 협력과 성찰을 바탕으로 수행한다는 점 또한 전통적인 연구와 비교하여 구별되는 점이다. 이러한 차이는 실행연구란 1) 실행을 통하여 변화와 개선을 시도하는 연구, 2) 연구자와 연구 참여자의 협력적인 관계를 바탕으로 하는 연구, 3) 연구자 자신이 관련되어 있는 실천에 대한 연구, 그리고 4) 연구자의 성찰을 강조하는 연구로 정리하여 살펴볼 수 있다.

가. 실행을 통한 변화와 개선을 시도하는 연구

실행연구는 실행(action)을 가장 핵심적인 요소로 한다. 실행이란 단순히 연구자가 자신의 관심주제를 탐구하는 연구절차의 수행을 지칭하는 의미가 아니다. 실행연구에서 강조하는 실행이란 일련의 체계적인 자료수집과 분석절차를 통해서 도출된 결과를 바탕으로 연구대상을 변화시키기 위한 구체적인 실천행위를 말하는 것이다. 실행연구는 아무리 방법론적 엄밀성을 충족하여 현실의 문제에 대한 합리적 해명을 내놓는다 하더라도 그 자체가 현실을 바꿀 수는 없다는 문제의식으로부터 출발한다. 현실은 현실의 문제를 명확히 진단하고, 문제를 개선할 수 있는 실제적인 대안을 적용하는 의식적인 활동을 통해서 개선될 수 있는 것이다. 실행연구에서 강조하는 실행이란 바로 이러한 문제를 개선하기 위하여 벌이는 일련의 의식적 실천인 셈이다. 그러나 실행의 유무가 전통적인 연구와 실행연구를 구분짓는 단서가 된다고 해서, 실행이란 요소를 기존의 전통적인 연구수행 절차에 단순히 덧붙여지는 요소로 오해해서는 안 된다.

그림 8-2에서 제시하고 있는 것처럼 연구 전반에 걸쳐서 수행하는 자료수집, 분석과 해석, 성찰 등과 같은 활동들은 효과적인 실행을 뒷받침한다. 실행연구에서도 다른 질적 연구방법과 마찬가지로 인터뷰, 관찰, 각종 자료 수집과 같은 활동을 하며, 수집한 자료들을 분석, 해석하는 절차를 놓치지 않고 진행한다. 비록 수행하는 절차가 같기는 하지만, 전통적인 연구에서는 이를 통하여 연구가 주목하는 문제를 해명하는 데 주력한다면, 실행연구에서는 말 그대로 실행을 통한 문제의 개선과정에 주목한다는 점에서 구별된다. 따라서 실행연구의 맥락에서 수행하는 자료수집, 분석과 해석, 그리고 성찰과 같은 활동은 현실 상황적 조건에 맞는 효과적인 실행 가능성을 높이는 데 의의가 있을 뿐만 아니라, 실행한 바를 평가하여 실행계획을 계속적으로 수정, 발전시켜 가는 절차인 셈이다. 다시 말하면, 연구자의 머릿속에서 나오는 추상적인 생각이 아닌, 현장에서 수집한 자료를 바탕으로 구체적이고 상황적합적인 실행계획의 수립이 가능할 수 있으며, 수집한 자료에 대한 합리적인 분석과 해

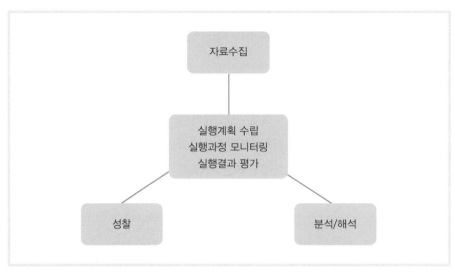

그림 8-2 실행연구의 주요활동의 의의

석을 통하여 구체적인 실행계획을 수립하여 직접 실행하며, 실행과정에 대한 성찰을 통하여 자료수집 및 분석방법, 그리고 실행계획의 현실적 타당성을 확인함으로써 이어지는 실행의 방향성을 가늠하고 조정해 갈 수 있는 것이다. 실행연구는 이러한 과정이 계속적이고 순환적으로 이어지는 가운데 변화와 개선을 추구하는 연구이다.

나. 연구자-연구 참여자의 협력적 관계를 바탕으로 하는 연구

실행연구는 연구자와 연구 참여자 간의 교류와 협력을 전제한다는 점에서 전통적인 연구와 구별된다. 연구자의 역량에 상당한 무게중심을 두는 전통적인 연구방법과 비교하였을 때 실행연구는 연구 참여자들이 자료수집과 분석의 대상에 머무르지 않고 연구과정 전반에 있어서 참여와 협력적인 역할을 강조한다. 전통적으로 연구 참여자들은 연구자가 요구하는 자료를 제공하거나 연구자가 독자적으로 수립한 연구설계에 따른 수동적 참여가 그들이 할 수 있는 역할의 전부였다고 해도 과언이 아니다. 하지만 실행연구에 있어서 연구 참여자는 연구자와 함께 연구주제에 대한 공동의 관심과 책임을 공유하는 주체로서 자료의 수집, 실행계획의 수립, 실행과 성찰을 통하여 계속적인 변화를 모색하는 과정에 공동으로 참여하는 공동 개선자로서의 역할을 부여받게 된다. 다시 말하면 실행연구에서는 주도적으로 연구를 수행하는 연구자가 필요로 하는 정보를 연구 참여자로부터 수집하는 것이 아니라, ―이때 연구자와 연구 참여자는 연구주체(subject)와 연구 대상(object)의 관계가 된다― 연구자와 연구 참여자 모두가 관련되는 자신들의 문제를 스스로 풀어가는 과정에서 중요한 자료가 되는 자신들의 경험과 생각을 함께 개진하는―이때 연구자와 연구 참여자는 모두 연구의 주체(subject)가 된다―관계를 갖게 되는 것이다. 실행연구에서 강조하는 참여적 성격은 이와 같은 실행연구 주체들의 독특한 관계성을 부각하는 개념이라고 할 수 있다(Kemmis & McTaggart, 2005).

실행연구가 전통적인 의미의 연구와 비교하였을 때 연구 수행과정에 있어서 연구 참여자들의 능동적인 역할을 좀 더 강조하면서, 연구자와의 소통과 협력을 중요하게 다루고 있다는 점은 사실이다. 그러나 실제 연구들에서 확인할 수 있는 연구 참여자들의 참여 형태와 수준, 연구자와의 관계는 연구자와 연구주제에 따라서 다양한 양상을 보인다. 실제로 실행연구물을 싣는 전문 학술지에 게재된 논문들을 살펴보면, 연구 참여자 집단 가운데 일부가 연구자와 협력하며 참여하는 연구(Noonan, 2015), 연구자의 의도와 역할을 참여자들에게 설명하고, 그에 관련하여 참여자들에게 필요한 역할을 요청하는 형태의 연구(Wamba, 2010), 연구자가 계획하여 실행한 활동에 있어서 참여자들의 의견을 듣는 연구(Kane & Chimwayange, 2014), 그리고 관심 주제의 외부 전문가들을 초청하여 이들과 프로젝트 팀을 결성한 후, 팀이 수행한 활동과정과 결과를 분석, 정리하는 연구(Harris, 2013) 등 다양하다.

그러나 다양한 실행연구물에서 확인할 수 있는 연구 참여자의 참여양상의 다양함에도 불구하고 실행연구의 본질상 연구자-연구 참여자 관계는 간과해서는 안 될 중요한 요소이다. Kemmis와 McTaggart(2005)가 강조한 것처럼 사회적 실천(social practice)으로서 실행연구주제와 실행연구 활동 자체가 갖는 성격을 감안할 때, 연구자와 연구 상황에 함께 하는 사람들, 즉 참여자들과의

사회적 관계는 중요할 수밖에 없다. 그뿐만 아니라 실행연구가 현실의 변화가
능성을 극대화하는 대안의 추출을 넘어서 실제로 변화를 실현하는 계기가 되
기 위해서, 연구자-연구 참여자 간의 협력과 참여는 연구자 개인의 전문적인
식견과 경험만으로 봉착할 수 있는 한계와 오류를 넘어설 수 있는 대책이 될
수 있다는 점에서 중요하다.

참여적 실행연구(Participatory Action Research)

Stephen Kemmis와 Robin McTaggart은 참여적 실행연구를 소개하고 오랫
동안 그 의미와 특징을 설명해 왔다. 그 가운데 2005년에 출판된 The
Handbook of Qualitative Research에서는 참여적 실행연구에 대한 설명에 앞
서 여러 학문분야에 걸쳐서 변화와 개선을 모색하는 일련의 시도를 통하여
행위주체가 접할 수 있는 긍정적 가치들, 즉 '실행을 하는 사람들이 실행의
경험 자체로부터 기대할 수 있는 변화와 성장'에 공통적으로 주목하는 유사
한 연구, 실천유형(the family action research)들을 소개하고 있다. Kemmis와
McTaggart는 이 가운데 교실 실행연구를 언급하는데, 이들이 말하는 교실 실
행연구(Classroom Action Research)란 "일반적으로 교사가 자신의 수업활동
을 개선하기 위하여 스스로 질적, 해석적 탐구형태로 자료를 수집하고 분석
하며 진행하는 연구"로서, 교사와 학생이 공유하고 있는 구체적인 교실수업
의 문제를 함께 해결하기 위한 협력적 성찰과 소통의 활동을 포함한다
(Kemmis & McTaggart, 2005: 561). Kemmis와 McTaggart가 지적하는 교실
실행연구가 갖는 가장 큰 특징은 "실제적(practical)"이라는 점이다. 즉 실제
적 성격이 두드러지는 교실 실행연구는 단순히 '이론적'인 것의 반대 의미로
서 실제적이란 점을 말하는 것이 아니라, 연구 상황의 참여자들이 현실의 구
체적인 상황에 직면하여 상황 맥락적으로 적합하고 유용한 실천행위를 모색
한다는 점에서 실제적이라는 점을 강조하는 것이다. 이와 같은 실행연구의

실제적 가치―구체적 상황으로부터 유리되지 않은 행위 가능성 마련―에 대한 주목은 대부분의 실행연구자들이 동의하고 관심을 갖는 부분이라고 할 수 있다. 그러므로 교실 실행연구의 설명에서 '교실' 또는 '수업'이란 조건과 연구자로서 '교사'라는 조건에만 변화를 주면 이들이 말하는 교실 실행연구는 일반적으로 질적 연구방법의 일환으로 실행연구의 위상과 특징, 그리고 구체적인 연구수행의 원리와 절차를 소개하는 입장에 근접해 있다고 볼 수 있다. 물론 방법론적 차원에서 실행연구를 다루는 학자들 역시도 '실제적' 성격이 실행연구의 전부라고는 생각하지 않는다. 이들 역시도 실행연구의 '참여적' 성격에 대해서 강조한다. 다만 참여적 실행연구는 '참여적' 성격을 통하여 사회개혁의 기제로서 실행연구의 가능성, 말하자면 실행연구의 급진적 성격을 좀 더 부각한다는 점에서 방법론 차원에서 실행연구를 다루는 입장과 차이가 있다(McTaggart, 1991).

이처럼 Kemmis와 McTaggart는 '실제적' 가치에 대한 관심을 확장하여 실행연구가 지향해야 할, 혹은 갖추고 있어야 할 특징으로 '비판적', '해방적' 가치를 강조하면서 참여적 실행연구를 설명한다. 참여적 실행연구의 의미와 특징은 '참여적(participatory)'이라는 수식어와 밀접하게 연관되어 있는데, 실행연구에 있어서 진정한 참여란 전체 연구과정에서 이루어지는 일련의 행위-문제의 개념화, 자료의 수집과 분석, 실행, 그리고 그 과정에 대한 성찰과 반성 등에 있어서 연구에 참여하고 있는 사람들이 함께 책임을 가지는 것을 말한다(McTaggart, 1991). 다시 말하면, 참여적 실행연구에서 강조하는 "참여"는 McTaggart(1991: 171)의 표현을 빌리면, 연구 전반에 걸쳐서 "주인의식(ownership)"을 가지고 있는 상태로서, 단순한 "개입(involvement)"과는 구별되는 의미이다. 개입의 상태는 실행연구 과정에서 연구의 주체―연구의 공동참여자로서 연구자와 연구 참여자 모두―의 책임을 항상 전제하지 않을 뿐만 아니라, 자칫 다른 누군가에 의해서 수립된 실행계획에 따라서 강요된 방식으로 실행과정에 떠밀려 들어가는 위험성도 배제하기 어렵다는 점에서 참여와 구분된다. 결국 단순히 개입한 상태의 연구가 아닌 참여적인 실행연구는 결국 연구에 참여하는 사람들이 평소 자신들에게 억압적으로 작용하던, 그러나 충분히 인식하지 못하고 있던 부조리하고 모순되는 현실을 간파할 수 있으며, 이러한 현실을 지속적으로 은폐, 재생산하던 일상의 방식에 대해서 비판적으로 접근할 수 있는 계기가 된다(Kemmis & McTaggart, 2005).

실행연구의 '참여적' 성격에 대한 강조는 연구를 수행하는 과정과 함께 연구를 통해서 탐구하는 대상 모두가 본질적으로 사회적 관계를 매개로 이루어지는 과정이자 실천이라는 점을 상기시켜 주는 것이기도 하다. 참여적 실행연구는 연구자와 연구 참여자 모두 연구의 주체로서 누군가의 문제가 아닌 자신들이 관심을 갖는 문제에 대해서 스스로 책임을 가지고 함께 소통하면서 풀어가는 과정이란 점에서 사회적 실천이다. 또한 참여적 실행연구는 소위 '우리'의 문제에 주목하는 연구라는 점에서 그 탐구대상이 사회적 실천으로서 성격을 갖는다. 왜냐하면 연구의 관심주제에 속해 있는 연구자와 연구 참여자 자신들의 문제는 결국 '우리'로 분류, 호명되는 자신들의 상호작용 경험이 축적되어져 나온 산물이기 때문이다.

나선적 자기성찰의 순환으로 소개한 참여적 실행연구의 각 단계들은 참여적 실행연구의 공동 참여자들이 서로 협력하고 소통하면서 수행될 때 가장 이상적이다. (...) 그래서 참여적 실행연구는 그 자체로 사회적이며, 교육적인 과정이다. 그런 점에서 참여적 실행연구의 연구 주체(subjects)들은 하나의 사회적 실천으로서 연구를 수행한다고 볼 수 있다. 또한 참여적 실행연구의 '대상(object)' 역시 사회적이다. 왜냐하면 참여적 실행연구는 사회적 실천을 탐구(studying)하고 재규정(reframing)하며, 나아가 재구성(reconstructing)해 나가는데, 탐구 대상인 사회적 실천이 사람들의 상호작용으로 이루어지는 것이라면, 결국 실천은 그 자체로 사회적 과정이기 때문이다(Kemmis & McTaggart, 2005: 563).

요컨대 참여적 실행연구는 사회적 실천(연구대상)에 대한 사회적인 실천(연구행위)로서, 참여적이라는 성격을 부각함으로써 일련의 연구수행 과정이 보다 더 협력적이고 자주적인 방식으로 이루어질 수 있다고 본다. 참여적 실행연구에서 연구의 주체들은 연구를 통하여 현실의 문제를 발견하고 이해하는 수준에 머무르지 않고 현실 문제를 변혁하기 위한 구체적인 실행을 전개하는 존재들이다. 결국 실행을 통하여 연구대상으로서 사회적 실천은 변화할 가능성을 얻게 되는데, 이때의 사회적 실천이란 바로 연구의 주체들의 실제 이자 경험이란 점에서 참여적 실행연구는 연구주체들의 변화까지도 의도하는 것이라고 할 수 있다.

다. 연구자가 관련되어 있는 실천에 대한 연구

실행연구는 다른 누군가의 문제를 개선하는 과정이 아니라, 바로 연구자 자신, 좀 더 확장하면 연구자와 연구 참여자들이 함께 관련된 문제를 개선하는 과정이다(Mertler, 2009). 실행연구자는 전통적으로 구분짓는 연구자와 실천가의 두 가지 역할을 동시에 모두 수행함으로써 객관적인 연구를 지향하는 탈맥락적 활동을 하기 보다는 문제 그 자체가 발생하는 현실 속의 맥락에서 문제 진단과 해결을 도모할 것을 지향한다.

실증주의 패러다임에서 시도되는 전통적인 연구 흐름에서는 소위 이론적인 박식함과 문제를 체계적으로 분석할 수 있는 능력을 갖추고 있다고 믿어지는 전문 연구자의 연구수행을 보다 정당하고 바람직한 것으로 강조하는 경우가 많았다. 또한 연구주제와 연구자 간의 거리를 크게 고려하지 않았으며, 오히려 연구자와 연구대상간의 거리가 분명히 존재할수록 연구자는 연구대상의 영향으로부터 자유롭게 객관적으로 접근할 수 있기 때문에 보다 더 가치롭게 여기기도 하였다. 반면 실행연구에서 연구자는 자신과 밀접하게 관련되는 문제에 대한 인식과 해결을 연구자 자신의 현실적 상황과 부합하는 방식과 내용으로 시도하고자 한다. 따라서 문제를 인식하고 해결하려는 노력을 점진적으로 수행하는 과정을 통해서 연구자는 자신이 관심을 가지는 현상에 대하여 다양한 시각에서 엄밀하게 점검해 볼 수 있는 기회를 가지게 되며, 이러한 과정을 통하여 현상에 대한 보다 심층적인 이해를 할 수 있게 되는 것이다. 자신에게 친숙한, 자신이 가장 주목하는 문제의 개선을 스스로 시도함으로써 실행연구자는 임파워먼트(empowerment), 즉 문제를 독자적인 시각에서 파악하고 스스로 해결할 수 있는 새로운 가능성의 개발을 기대할 수 있는 것이다(Mertler, 2009). 이런 점에서 연구과정 전반에 있어서 주인의식(ownership)을 갖고 참여하는 것은 실행연구의 가치를 높이는 데 긴요한 요소가 된다(McTaggart, 1991).

의사결정자(teacher as decision maker)로서 교사를 이야기한 Mertler(2009)나 연구자로서 교사(teacher as researcher)를 강조하는 Kincheloe(2003)와 같은 학자들은 실행연구에 내재되어 있는 연구자의 임파워먼트 가능성이 교사의 전문성 신장에 중요한 요소라는 점에 주목한다. 교사란 단순히 학교현장의 외부에서 공급되는 지식과 이론을 소비하는 존재가 아닌, 자신이 근무하고 있는 학교현장의 상황 그 자체를 개선할 수 있는 지식과 이론을 스스로 생산할 수 있어야 하며, 그를 기초로 독자적인 의사결정할 수 있는 존재가 되어야 한다. 이런 점에서 교사가 자신의 교육행위와 관련한 문제에 대해 체계적이고 반성적으로 접근하여 개선하는 노력이 곧 교사의 임파워먼트에 직결된다는 점을 강조하였다.

라. 연구자의 성찰을 강조하는 연구

실행연구가 연구자와 연구 참여자가 공유하는 자신들의 관심사에 대한 이해와 변화를 모색한다는 점에서 성찰 요소는 사실상 실행연구를 소개하는 거의 모든 학자들에 의해서 강조되어 왔다. 실행연구에서는 연구주제가 다루는 현실을 있는 그대로 면밀히 파악하는 작업과 더불어서, 이러한 현실에 대한 이해를 바탕으로 변화와 개선을 시도한다. 그러나 실행연구가 효과적으로 이루어지기 위해서는 현실을 이해하는 활동(자료수집, 분석, 해석)과 변화를 시도하는 실행이 끊임없이 변화하는 관심주제 상황에 따라서 조정되어야 하는데, 성찰은 바로 이런 점에서 중요한 의미를 갖는다(Kemmis & McTaggart, 2005). 결국 성찰은 실행연구의 전제가 되는 실천과 결부된 이론의 추구, 행위 중 앎의 확장을 실현하는 활동이라고 할 수 있다(Reason & Bradbury, 2001).

실행연구 방법을 소개하는 문헌들은 성찰이 언제, 어떻게 이루어져야 하는

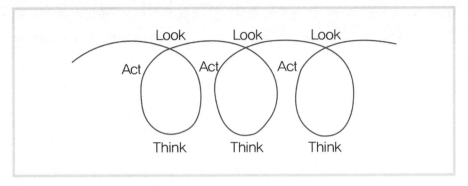

그림 8-3 Stringer의 실행연구의 나선(Helix)
출처: Stringer (2005). Action research in education. p. 12.

지에 대해서 설명하고 있다. 예컨대, Stringer(2004: 12)는 실행연구를 "들여다 보기(look), 생각하기(think), 실행하기(act) 과정"이 나선(helix) 형태로 이루어 지는 것으로 설명하면서 성찰 활동을 실행과정의 핵심적인 요소로 중요하게 강조한다. 그러면서 실행연구란 연구설계, 자료수집과 분석, 의사소통, 실행 등과 같은 연구수행에 필요한 구체적인 활동 전반에 걸쳐서 실행연구 나선이 지속적으로 작동함으로써 작고 구체적인 수준에서 출발한 문제의식이 점차 확장해 가며 주목하는 문제의 개선을 이끌어 낼 수 있다고 소개한다.

실행연구 과정에 있어서 성찰은 언제 이루어지는가에 대해서는 사실 학자 들에 따라서 조금씩 다르게—비록 단정적으로 규정짓지는 않지만—설명한다. 그래서 어떤 경우에서는 성찰을, 개선을 시도하는 구체적인 실행과정에 대해 서 이루어지는, 순환적 실행연구 과정의 마지막 단계 활동으로 강조하기도 하 며(Mertler, 2009), 또 다른 경우에서는 실행과정을 포함하여 구체적인 실행을 준비하는 단계, 즉 관심주제를 명확히 하고 현장에서 수행하는 자료수집, 분 석, 해석, 그리고 실행계획 수립에 이르는 과정에서도 지속적인 성찰이 이루 어질 것을 강조하기도 한다(Kemmis & McTaggart, 2005; Stringer, 2004). 하지만, 성찰의 위치와 역할에 대한 입장이 어떠하든지, 구체적인 현실 맥락과 동떨어 지지 않는 지식을 바탕으로 현실 속에서 부딪히는 자신의 문제를 관련되어 있는 동료들과 함께 주체적으로 풀어갈 것을 강조하는 실행연구의 의미를 감안할 때, 성찰은 효과적인 실행을 뒷받침할 뿐만 아니라, 실행연구 참여를 통한 연구자와 연구 참여자의 성장을 이끌어 내는 활동이 된다(Reason & Bradbury, 2001).

2. 실행연구의 중요성

전통적으로 연구와 실제 현상의 관계에 있어서 연구는 연구자들이 하고 그 연구결과를 바탕으로 현실의 문제를 개선하는 것은 실천가들이 한다는 이분법적 논리가 지배적이었다. 연구자들은 현실에 대한 이론적 지식을 충분히 갖추고 있을 뿐 아니라, 현실의 문제를 탐구하는 과학적인 절차를 체계적으로 교육받은 능숙한 존재들이기 때문에 이들에 의해서 현실의 문제가 탐구되는 것이야말로 합리적이고 객관적인 지식을 생산하는 데 타당하다고 생각한 것이다. 반면 실천가들은 누구보다도 현실의 문제를 생생히 인지하고 있기는 하지만, 문제의 원인과 해결책을 객관적으로 도출해 내는 훈련을 충분히 경험하지 못하였기 때문에 이들이 현실의 경험으로부터 제안하는 지식은 상황적이고, 주관적인 성격의 것이라고 흔히 간주되어 왔다.

이러한 연구와 실제, 즉 이론과 실천에 대한 이분법적 논리는 언제나 객관적으로 검증된 사실에 입각하여 도출됨으로써 보편적이고 타당한 것으로 간주되는 내용을 중요시하는 실증주의 패러다임에 의해서 더욱 증폭되었다. 그래서 연구자와 실천가 모두를 절름발이 신세로 만들었다고 해도 과언이 아닐 것이다. 즉, 연구자로부터는 생생한 실천을 감각할 수 있는 능력을, 실천가로부터는 실천의 본질을 탐구할 수 있는 능력을 쇠퇴시킨 것이다. 결과적으로 연구자는 실제와 유리되어 현실적 적용가능성이 현저히 떨어지는 화석화된 지식의 생산자가 되었으며, 실천가는 자신의 문제들을 스스로 해결할 수 없는 단순 기능인으로 전락하게 되었다는 비판에 직면하게 된다(Kincheloe, 2003; Reason & Bradbury, 2001).

실행연구는 탐구주제로서 현장 속의 사람들이 가지고 있는 연구자로서의 가능성을 바탕으로 한다. 그래서 실행연구는 실증주의 패러다임에 입각하여 연구자와 실천가를 구분하는 종래의 접근을 지양한다. 실행연구는 현장의 문제를 안고 살아가는 존재가 자신의 문제를 직접 해명하려 들 경우, 스스로의 주관성과 선입견에 붙잡히기 쉽기 때문에 문제를 정확하게 파악하여 엄밀하게 현장의 문제를 탐구하는 것이 어렵다는 설명에 동조하지 않는다. 오히려, 현장 문제에 대한 풍부한 경험과 견해를 가지고 있는 현장의 사람이 문제를 탐구함으로써 현장의 독특한 상황에 부합하는 지식을 생산할 가능성이 높아지고, 현장의 개선에 대한 고민도 현실성을 가지게 된다는 입장을 강조하는 편이다. 다시 말하면, 실행연구는 연구와 실천이 밀접하게 관련된 상호 순환적인 요소이기 때문에 이 두 기능을 분리함으로써 기대할 수 있는 소위 객관성의 담보라는 효과보다 두 기능을 통합함으로써 연구의 현실성, 구체성, 역동성의 측면에 보다 더 주목할 수 있다고 보는 입장이다.

연구와 실제가 분리될 수 없으며, 분리되어서도 안 된다는 입장을 견지하는 실행연구는 연구의 현장성을 강조한다. 그러나 실행연구에서 현장에 대한 강조는 단순히 연구자가 연구실을 벗어나 특정 물리적 현장(field)에 직접 나가서 연구를 수행할 것을 의미하는 것이 아니다. 실행연구가 강조하는 현장성은 연구수행의 방법을 넘어서, 궁극적으로 연구를 통해서 다루는 내용에 관한 사항이다. 다시 말하면, 실행연구는 연구의 기능을 논의하는 데 있어서 단순히 지식을 얼마나 체계적이고 과학적인 방식으로 생산하는가에 주목하는 데 머무르지 않고, 오히려 연구의 출발이 되는 물음, 즉 '어떤 성격의 지식을 생산하는가?'에 대한 물음에 있어서 좀 더 밀도 있는 고민을 주문하는 것이다 (Stringer, 2004). 그리고 여기서 연구자가 스스로 질문하는 '어떤 지식'이 '현실의 구체적인 문제를 확인하고 해결할 수 있는 지식'이라는 답으로 귀결될 때, 실행연구의 수행이 필요해지는 것이다. 그러므로 실행연구에서는 '실천지식(practical knowledge)', 혹은 '상황지식(situated knowledge)'의 생산자로서 실천가들의 역할이 중요하게 부각되며, 실행연구의 과정은 연구의 정당한 주체로서 실천가들의 행위와 사고를 통합하는 과정이자, 객관적인 지식 대신 구체적인

qualitative research methods

상황과 문제에 결부된 지식을 추구하는 과정이라고 할 수 있다(Kincheloe, 2003).

실행연구에 대한 관심은 여러 분야에서 나타나고 있지만, 특히 교육학 영역에서 다양한 실행연구가 수행되고 있다. 그 까닭은 무엇보다도 오늘날 교육실천이 이루어지는 장면에서 발견되는 현상과 무관하지 않다. 오늘날 학교현장의 많은 교사가 자신의 교육활동을 효과적으로 수행하기 위해서 사용하는 지식이나 방법은 대부분 학교현장을 벗어난 곳에서 가져오고 있다. 그러다 보니 교사 스스로 수동적인 지식의 적용자이자 실행자로서의 역할에만 몰두하게 되는 모습을 보이게 되고, 지식의 생산자로서의 가능성을 간과한 채 체계적인 연구 방법론을 구사하는 전문적인 연구자—현장 밖의 인물—들이 생산해 내는 지적 산물에 의존할 수밖에 없게 되어 버린다. 최근 들어서 학습자로서 교사의 역할에 대한 주장이 주목을 받으면서, 능동적인 지식의 생산자이자, 교육과정 구성자로서 교사 활동을 촉진하려는 시도가 나타나고 있는데, 이러한 시도는 현장의 일원이라는 자기 정체성을 바탕으로 자신의 현장에 대한 연구를 수행하는 연구의 주체로서 교사의 위상을 복원하려는 노력으로 볼 수 있다(오욱환, 2005; 이용숙 외, 2005; Kincheloe, 2003).

요컨대, 교육의 맥락에서 실행연구는 실천가로서 교사들 역시 단순히 학생들을 가르치고 지도하는 종래의 교사로서 기대되는 역할에만 충실한 기능인으로서의 역할에서, 자신의 상황의 문제를 스스로 파악하고 그에 대한 해결책을 생산해 내고 그 성과를 소통할 수 있는 능동적인 지식 생산자로서의 역할로 확장할 필요성을 제기하는 것이다. 결론적으로 실행연구는 교사의 능동성을 강조함으로써 교사 전문성이 한 단계 더 발전할 수 있는 기회라는 점에서 의의를 가진다. 왜냐하면 교사는 체계적으로 정립된 지식만으로 실제적 문제를 해결할 수 없으며 다양한 문제 상황에 부딪히면서 최선의 해결책을 강구하는 연속적인 문제해결의 과정 속에서 자신의 전문성을 인정받을 수 있기 때문이다. 결국 실행연구는 교사가 주체가 되어 교육현장에서 자신이 접하는 구체적이고 역동적인 문제를 현실적 맥락에서 대응하고 해결해 가는 일련의 과정을 안내하는 길잡이인 것이다.

3. 실행연구의 과정

실행연구의 수행과정에 대해서는 많은 학자들이 소개하였다(McTaggart, 1991; Mertler, 2009; Mills, 2007; Stringer, 2004). 대부분의 경우 실행연구의 과정은 순환적(cyclical), 혹은 나선적(spiral) 형태로 진행된다는 점을 강조하며, 실행연구의 과정에서 수행해야 할 주요 활동들을 단계적으로 소개한다. 기존의 학자들이 설명한 실행연구 수행과정을 정리해 보면, 실행연구는 **그림 8-4**와 같이 진행된다. 실행연구의 과정은 연구를 통하여 다루고자 하는 문제를 규정하는 문제인식(identifying initial issues), 문제를 이해하고 실행계획 수립에 필요한 정보를 확보하는 자료수집(collecting data), 수집한 자료에 대한 분석과 해석을 통한 타당한 실행계획 수립(developing action plan), 실행계획에 따라서 구체적인 변화를 이끌어 내는 실행(action), 실행과정에서 나타난 구체적인 변화양상에 대한 성찰(reflection)의 활동으로 구성된다. 그리고 실행연구는 이러한 활동을 통해 확인한 바를 바탕으로 계속해서 실행계획을 수정하여 변화된 실행을 지속해 가는 순환적, 나선적 형태로 이루어지는데, 연구자와 참여자 간의 소통과 협력은 이러한 실행연구 과정을 견인하는 중요한 조건이 된다.

qualitative research methods

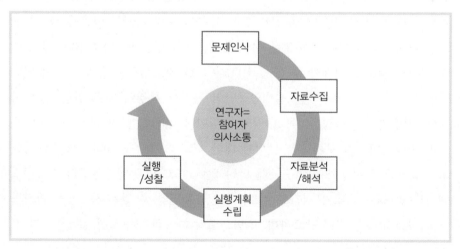

그림 8-4 **실행연구의 과정**

문제인식 단계는 연구를 통해서 주목할 주제와 대상이 무엇인지 면밀히 확인하고 규정하는 단계이다(Stringer, 2004). 연구자는 구체적인 연구주제와 목적, 그리고 연구문제를 결정하고, 적절한 자료수집의 방법과 내용, 그리고 합당한 연구 참여자들이 누가 될 수 있는지에 대해서 결정한다. 실행연구는 당면하고 있는 구체적인 관심주제의 개선을 염두에 두는 것이기 때문에 관심주제의 핵심이 무엇인지 명확하게 해 두고, 실제로 관심주제를 탐구하는 데 있어서 기준이 될 수 있는 구체적인 연구문제를 만들어 두는 것이 필요하다. 해결하려는 문제가 명확하게 결정되어 있지 않는 것은 마치 표적물을 명확하게 결정하지 않은 채 조준하는 것과 마찬가지라고 할 수 있다. 따라서 문제를 인식하는 단계에서 연구자에게 관건이 되고 있는 현재의 주요 문제의 실체가 무엇인지 명확하게 규정하는 작업이 필요하다. 이를 바탕으로 누구에게 어떤 내용의 자료를 수집할 것인지를 결정할 수 있으며, 자료수집의 대상과 수집할 자료의 성격을 결정하는 가운데 자료수집의 방법도 함께 합리적으로 결정할 수 있게 된다.

자료수집 단계는 연구를 통해서 살펴보고 개선을 시도하려는 현실의 문제를 정확히 이해하려는 활동이다(Stringer, 2004). Stringer(2004: 63)의 표현을 빌면, 먼저 문제를 인식하는 과정에서 탐구할 주제의 내용과 범위를 규정했다고 한다면, 자료수집의 활동은 "조사할 문제의 밑그림"을 그리는 작업이다. 연구자는 인터뷰, 관찰, 문서자료 검토 등을 통하여 보다 다양한 자료를 확보함으로써 관심주제에 대한 이해뿐만 아니라, 그 안에 있는 연구 참여자들의 경험의 의미도 충분히 이해할 수 있게 된다. 이러한 자료수집 활동에 있어서 일반적인 질적 연구와 구별되는 실행연구만의 독특한 특징이 따로 있는 것은 아니다. 실행연구의 특징은 자료수집의 방법이나 기법에 있지 않고, 연구의 목적과 방식—현실의 구체적인 문제에 대한 변화와 개선을 목적으로 참여자들과 협력적으로 수행하는 연구—에 달려 있다. 그러므로 실행연구의 자료수집에서도 인터뷰, 관찰, 문서자료 검토, 그리고 동원할 수 있는 자료들을 다각화(triangulation)하는 것이 중요하며, 그럼으로써 하나의 연구로서 실행연구가 갖추어야 할 엄밀성(research rigor)을 제고할 수 있다.

자료의 분석과 해석 단계는 연구자가 수집한 자료를 분석, 정리하는 과정이다. Stringer(2004: 97)는 자료의 분석과 해석을 "수집한 자료에 대한 성찰적 활동"이라고 설명한다. 실행연구의 과정에서 자료의 분석과 해석은 현실의 문제를 실질적으로 개선하는 구체적인 실행계획 마련과 직결된다. 현실 상황의 조건을 바탕으로 실제로 수행할 활동계획을 수립하기 위해서는 수집한 자료를 바탕으로 연구의 구체적인 맥락성을 놓치지 않은 채 대안을 모색하는 분석과 해석 작업이 필수적인 요건이 된다. 그뿐만 아니라, 자료의 분석과 해석을 통해서 생성하는 실행계획이 내용적으로 타당하고 방법적으로 실행가능하려면 무엇보다도 연구 참여자들의 입장과 생각이 충분히 녹아들어갈 수 있도록 해야 한다. 홀로 고립된 조건에서 참여자들과의 충분한 소통과 공감을 확보하지 않은 채, 탈맥락적인 실행계획을 수립하고 이를 토대로 개선을 시도하려는 연구자는 마치 낯선 곳에 파견되어 자신의 신앙을 전파하다가 죽임을 당하게 되는 선교사와 같은 운명에 처하게 될 수 있다. 자료의 분석과 해석에 있어서 연구 참여자의 목소리를 반영하는 노력은 연구자의 편향에 의해서 일어날 수 있는 왜곡된 분석과 해석의 가능성을 방지할 수 있으며, 이후 개선을 위한 구체적인 작업에 연구 참여자들이 함께 몰입하고 참여할 수 있도록 관심을 북돋을 수 있다(Stringer, 2004).

실행계획의 수립 단계에서는 변화와 개선을 위하여 실제로 새롭게 추진할 활동들을 구성한다. 앞서 언급한 것처럼 실행계획(action plan)은 수집한 자료에 대한 분석과 해석한 내용을 바탕으로 구체화된다. 다시 말하면, 연구문제에 따른 분석과 해석의 결과는 그 자체만 가지고서는 구체적인 실행이 어려우므로 분석과 해석한 바를 바탕으로 실질적인 변화를 의도하는 실행을 안내할 수 있는 지침의 형태로 변환하는 것이 필요하다. 실행계획의 수립은 바로 이 변환의 과정인 셈이다. 이와 관련하여 Mills(2007: 143)는 실행계획을 수립하는 하나의 방법으로서 다음과 같은 사항을 포함하고 있는 "실행과정 차트(Steps to Action Chart)"를 명세화할 수 있다고 소개하였다.

• 자료분석과 해석을 통해서 도출된 내용

- 연구문제에 따라서 권장되는 실행전략
- 각 실행전략의 수행주체
- 이어지는 실행과정에서 소통하고 협력할 사람
- 이어지는 자료수집 담당자
- 구체적인 실행전략 추진 일정
- 추가적으로 필요한 자료목록

실행과 성찰의 단계는 실행계획과 논리에 대하여 연구자와 연구 참여자가 일정한 합의에 도달하고, 그에 따라서 연구자와 연구 참여자가 함께 변화를 시도하는 과정이다. 그러나 실행계획이 면밀히 만들어졌다고 하더라도 관심 주제의 개선을 도모하는 실행은 실행계획 구상을 위해 자료를 수집하고 분석하던 상황과 다르게 상황이 새롭게 변화되었거나, 예상치 못한 사건의 발생 등으로 당초 실행계획과 다르게 전개되기도 하고, 실행계획을 실행의 과정에서 수정해야 하는 경우가 종종 있다. 그렇기 때문에 실행연구에서는 실행과정에 대한 지속적인 관찰, 즉 성찰활동을 강조한다. 성찰을 통해서, 연구자와 연구 참여자들은 변화를 이끌어 내기 위하여 실행과정에서 벌이는 자신들의 구체적인 노력들이 본래 기대한 바에 부합하는 결과물들을 산출하고 있는지, 그리고 일련의 노력들이 이어짐에 따라서 상황적 변화가 계획대로 나타나고 있는지 등에 대해서 면밀하게 점검할 수 있어야 한다. 그럼으로써 변화과정과 결과가 당초의 계획된 논리에 따라서 실제로 이루어지는지에 대해 확인할 수 있으며, 이를 바탕으로 수정 실행계획 수립에 필요한 자료의 수집, 분석, 해석의 범위와 방향을 가늠할 수 있다. 그렇게 세워진 수정 실행계획에 의해서 후속 실행이 이루어지고, 그 가운데 성찰이 다시 계속해서 이루어지는 순환적 과정으로 실행연구가 진행된다.

4. 실행연구의 수행 원리

이상의 실행연구의 과정이 효과적으로 이루어지기 위해서 전통적인 연구 수행의 과정과 마찬가지로 연구자의 연구수행에 요구되는 절차적 지식과 기능의 숙달이 필요하다. 왜냐하면 실행연구 역시 연구, 즉 관심주제에 대해서 체계적이고 과학적인 방법으로 탐색해 가는 과정이기 때문이다. 그러나 전통적 연구와 달리 실행연구에서는 연구 참여자들과의 관계성을 어떻게 정립하고, 연구의 수행과정에서 이들을 어떻게 참여시킬 것인가에 대한 고민이 중요하게 부각된다. 이런 점에서 실행연구의 전문가들은 실행연구에서 강조하는 실행이 효과적으로 이루어지기 위해서 관계(relationship), 의사소통(communication), 포섭(inclusion), 그리고 참여(participation)의 네 가지 원리가 충분히 고려되고, 또 지켜져야 할 필요가 있다고 설명한다(Stringer, 2004).

첫째, 관계(relationship)의 요소는 연구자와 연구대상에 존재하고 있는 모든 연구 참여자들과의 관계성에 대한 것이다. 실행연구는 연구대상에 내재되어 있는 문제와 그에 대한 해결 방안을 과학적이고 체계적으로 도출하여, 직접 적용하는 것을 포함한다. 실행은 연구자와 참여자의 공동노력을 전제로 하기 때문에 연구자와 연구대상의 참여자 간의 관계가 효과적으로 구축되지 않았을 경우, 실행연구를 통해서 기대하는 효과, 즉 연구의 상황 변혁을 실질적으로 창출하기 어렵다. Stringer는 연구자와 참여자 간의 긍정적 관계는 다음과 같은 요소를 내포하고 있다고 지적한다.

- 모든 연구 참여자들이 동등하게 대우받고 간주된다는 점을 느낄 수 있도록 한다.
- 연구 참여자들 간의 갈등이 있을 경우, 열린 자세와 원활한 대화를 지속함으로써 갈등적 상황을 최소화한다.
- 연구 참여자들의 당위적 역할에 주목하지 않고 이들의 실제 역할 그대로를 존중할 수 있도록 한다.
- 연구 참여자들의 감정과 정서적 상태를 세심하게 살펴볼 수 있도록 한다.

둘째, 의사소통(communication)의 요소는 연구자와 연구 참여자 간의 긍정적인 관계 지속이 가능하게 하는 근간이 된다. 연구대상의 변화를 효과적으로 창출하기 위해서는 연구자를 포함한 연구 상황의 다양한 참여 구성원들이 조화롭게 문제해결을 수행해 갈 수 있어야 하며, 각자의 역할수행에 대하여 상호 정보공유를 원활하게 할 수 있어야 한다. Stringer는 연구 상황에 존재하는 참여자들이 대체로 다음과 같은 모습을 보일 때 효과적인 의사소통이 가능할 수 있다고 본다.

- 연구 참여자들의 의견을 경청하며, 타인의 입장과 상황을 배려하는 행동을 한다.
- 연구 참여자들의 의견을 자신의 입장에서 해석하지 않고, 개진된 그대로의 내용으로 이해하고 수용한다.
- 자신의 역할수행에 대한 정보를 수시로 공유한다.

셋째, 포섭(inclusion)의 요소는 연구의 상황에 포함되어 있는 참여자들의 다양한 의견과 이해가 함께 고려되는 것의 중요성을 강조한다. 연구자의 독단적인 분석과 자의적인 해석에 기초하여 도출되는 문제 상황에 대한 정보와 해결 방안은 실제 문제 상황과 맞지 않는 경우가 많다. 그뿐만 아니라, 윤리적으로도 연구 참여자들의 권리 침해라는 측면에서 잠재적 문제를 내포하는 연구 과정이 될 수 있다. Stringer는 포섭의 요소가 제대로 충족되기 위해서 다음과 같은 사항에 대한 고려를 주문한다.

- 연구대상에 결부되어 있는 모든 잠재적 이해관계자들을 연구 참여자 범위로 포함한다.
- 가능한 한 많은 참여자들의 이해와 관심을 연구주제와 연관하여 함께 다루도록 한다.
- 연구를 통해서 연구 참여자 모두에게 나름대로의 의미 있는 결과가 창출될 수 있도록 한다.

넷째, 참여(participation)의 요소는 연구의 상황을 개혁하는 과정에 연구자를 포함한 다양한 참여자들이 적극적으로 활동할 수 있도록 유도함으로써 연구문제에 대한 이들의 주인의식(ownership)을 배양할 수 있는 것이다. 실행연구가 지향하는 연구의 목적은 지식과 정보의 생산에만 국한하지 않으며, 연구상황에 따른 문제에 대한 협력적, 능동적 참여를 통한 연구 참여자들의 임파워먼트까지 포함하고 있다. Stringer는 실행연구의 과정에서 다음과 같은 조건이 원활하게 구비될 때 참여가 효과적일 수 있다고 주장한다.

- 연구 참여자들의 개별적 활동이 능동적으로 이루어질 수 있는 분위기를 조성한다.
- 연구 참여자들이 실제로 실행 가능한 활동계획을 수립한다.
- 연구 참여자들의 활동에 대한 피드백은 정확하게, 직접적으로 제공한다.

지금까지 실제 추세를 정리하여 보면, 다양한 형태의 실행연구가 이루어져 오기는 했지만, 실행연구에 관한 문헌들에서 대체로 합의하고 있는 실행연구의 의미는 연구자 자신의 현실적 문제에 주목하여 관련한 이웃들과 함께 해결방안을 도출하고, 그 방안을 실제로 적용함으로써 문제를 개선하는 과정이다. 그렇기 때문에 실행연구의 과정은 탐구의 과정인 동시에 현장의 실제 개선을 도모하는 방법으로서 '연구과정 자체가 변화의 기제'라고 요약될 수 있다(김미옥, 2009). 그리고 실행연구가 변화의 기제로서 관심주제의 개선과 변화를 이끌어 내기 위해서는 연구자와 참여자 모두의 반성적 활동과 참여라는 협력적 노력이 요구된다.

◈ 참고문헌_

김미옥 (2009). 사회복지학에서의 실행연구 적용과 유용성. **한국사회복지학**, 61(5),

179-204.

오욱환 (2005). **교사 전문성**. 서울: 교육과학사.

이용숙, 김영천, 이혁규, 김영미, 조덕주, 조재식 (2005). **실행연구방법**. 서울: 학지
사.

Bradbury, H. (2010). What is good action research. *Action Research, 8*(1), 93-109.

Harris, A. (2013). Peered and tiered learning: Action research as creative cultural
pedagogy. *Educational Action Research, 21*(3), 412-428.

Kane, R. G., & Chimwayange, C. (2014). Teacher action research and student
voice: Making sense of learning in secondary school. *Action Research, 12*(1),
52-77.

Kemmis, S., & McTaggart, R. (2005). Participatory action research: Communicative
action and the public sphere. In N. K. Denzin & Y. S. Lincoln (Eds.).
Handbook of qualitative research (3rd ed.) (pp. 559-603). Thousand Oaks,
CA: Sage.

Kincheloe, J. L. (2003). *Teachers as researchers: Qualitative inquiry as a path to
empowerment*. New York: Routledge.

McTaggart, R. (1991). Principles for participatory action research. *Adult Education
Quarterly, 41*(3), 168-187.

Mertler, C. A. (2009). *Action research: Teachers as researchers in the classroom*
(2nd ed.). Thousand Oaks, CA: Sage.

Mills, G. E. (2007). *Action research: A guide for the teacher researcher* (3rd ed.).
Upper Saddler River, NJ: Merril Prentice Hall.

Noonan, J. (2015). When soda is a social justice issue: Design and documentation
of a participatory action research project with youth. *Educational Action
Research, 23*(2), 194-206.

Reason, P., & Bradbury, H. (2001). Introduction: Inquiry and participation in
search of a world worthy of human aspiration. In P. Reason & H. Bradbury
(Eds.). *Handbook of action research* (pp. 1-14). Thousand Oaks, CA: Sage.

Stringer, E. (2004). *Action research in education*. Upper Saddler River, NJ: Pearson
Education.

Wamba, N. (2010). Developing an alternative epistemology of practice: Teachers'
action research as critical pedagogy. *Action Research, 9*(2), 162-178.

UNDERSTANDING QUALITATIVE RESEARCH METHODS

Chapter **9**

내러티브 연구

(Narrative Inquiry)

Qualitative
Research Methods

C·H·A·P·T·E·R
9
내러티브
연구

> **주요 내용**
> 1. 내러티브 연구의 주요 개념
> 2. 내러티브 연구의 과정

인간은 이야기를 말하고, 말한 이야기대로 사는 존재이다(Savin-Baden & Niekerk, 2007). MacIntyre(1984; 이흔정, 2004에서 재인용)는 근본적으로 인간은 이야기를 말하는 동물이라고 했다. 우리가 알고 있는 신화, 전설, 인물의 전기, 구전 동화 등이 모두 이야기에 속한다. 인간은 아동기 때부터 많은 이야기를 들으면서 많은 정보와 문화를 습득한다. 이야기에는 우리의 삶에 영향을 미치는 다양한 사건들이 전개되어 있다. 인간들은 서로 이야기를 통해서 자신들이 갖고 있는 경험들을 자유롭게 공유한다(Savin-Baden & Niekerk, 2007).

내러티브 연구는 이야기를 통해 인간의 경험을 탐구하는 질적 연구의 방법이다. 연구 참여자가 갖고 있는 내러티브를 연구한다는 것은 그들이 갖고 있는 내러티브에 영향을 준 그들의 삶 전체에 대한 관심이 있다는 것을 뜻한다.

인간은 자신들의 삶을 내러티브를 통해 기억한다. 우리가 과거의 경험을 기억해 낸다면 그 경험과 관련된 사람, 시간, 공간, 배경 등을 같이 기억하며, 이는 내러티브를 이루는 요소가 된다. 우리의 인생은 다양한 내러티브의 조각들로 이루어져 있다(Clandinin & Connelly, 2007). 내러티브 연구 이외의 다른 질적 연구의 방법은 연구 문제의 답을 얻기 위해서 연구 참여자의 특정한 경험에 대한 이해를 추구한다. 하지만 한 연구 참여자의 내러티브 안에는 그 사람의 전반적 인생의 모습이 담겨져 있기 때문에, 내러티브 연구가 갖는 연구주제는 연구 참여자의 인생 전체와 관련되어 있다.

인간의 삶이 그들이 말하고 듣는 내러티브와 관련을 갖고 있다면, 인간을 이해하기 위해서는 내러티브의 탐구가 필요하다(Webster & Mertova, 2007). 내러티브에는 내러티브를 만든 사람의 견해, 내러티브 속의 주인공들의 다양한 경험, 내러티브가 존재하는 사회의 문화와 역사 등이 고스란히 담겨 있다. 따라서 내러티브 연구는 내러티브의 분석을 통해서 내러티브 속에 존재하는 다양한 인간의 모습에 대한 탐구를 실시하는 것이다.

인간은 오랜 시간 동안 내러티브와 함께 생활을 하였지만, 내러티브를 통한 인간의 경험의 연구를 위한 학문적 논의는 다른 질적 연구의 전통에 비하여 비교적 짧은 편이다. 이번 장에서는 내러티브의 탐구가 무엇이며, 이를 실제적으로 수행하기 위해서 필요한 절차를 제시하겠다.

1. 내러티브 연구의 개념

먼저 내러티브 연구를 이해하기 위해서 내러티브가 무엇인지 정의를 내리고, 그 후에 내러티브 연구가 다른 종류의 질적 연구방법과 다른 특성을 소개하도록 하겠다.

가. 내러티브의 특성

사전적 정의에 따르면 내러티브(narrative)란 이야기를 뜻한다. 하지만 짧은 형태의 이야기(story)와 비교하여 일반적으로 내러티브는 비교적 긴 개인의 경험이나 역사적으로 전해 내려온 이야기를 정리한 형태를 지칭한다. 내러티브는 어원적으로 '말하다', '서술하다'의 뜻인 라틴어 'narro'와 '알다', '친숙하다'를 뜻하는 라틴어 'gnaruis'에서 유래되었다(이흔정, 2004). 어원적으로 따지고 보면 내러티브는 "익히 알고 있는 것을 말한다"라는 뜻으로 해석할 수 있다. 즉 화자의 입장에서 이미 경험한 알고 있는 사건을 청자에게 내러티브라는 매개체를 통하여 전달해 주게 된다. 내러티브에는 내러티브를 전달하는 사람의 견해, 내러티브 속의 주인공들의 다양한 경험, 내러티브가 존재하는 사회의 문화와 역사 등이 고스란히 담겨 있다. 따라서 내러티브 속에는 인간 삶의 복합성이 통합적으로 그려져 있다(Webster & Mertova, 2007).

Bell(2000; Webster & Mertova, 2007에서 재인용)에 따르면 인간은 무질서한 경험에 이야기라는 구조를 부여함으로써 자신들의 경험의 의미를 이해하게 된다. 실제로 각 개인의 삶에 큰 의미를 부여한 사건들은 우리들 속에 이야기의 형태로 기억되어 있으며, 다른 사람에게도 이야기를 통해 전해지게 된다. 만약 누군가가 당신의 삶에서 가장 기억에 남는 사건을 이야기해 보라고 한다면 당신은 어떻게 할 것인가? 당신은 많은 사건 중에서 이야기할 가치가 있는 중요한 경험의 요소들을 선정하고, 이를 일정한 기준을 갖고 배열한 후에 전달하게 될 것이다. 내러티브란 객관적으로 존재하는 인생 경험의 조직이 아니라, 한 개인이 자신의 인생을 어떻게 경험했는지를 보여주는 틀이 된다.

내러티브의 핵심 요소는 줄거리(plot)이다(이흔정, 2004). 내러티브 안에 존재하는 많은 인물, 사건, 배경 등은 무질서하게 존재하는 것이 아니라, 처음부터 끝까지 줄거리라는 끈을 통해서 연결되어 있다. 줄거리는 결국 내러티브를 전달하는 사람의 의도에 의해 결정되며, 대부분 자신이 그 경험을 통해서 어떠한 변화를 경험했는지를 보여준다(이흔정, 2004). 하지만 Savin-Baden과 Niekerk(2007)는 줄거리가 없다고 하더라도 내러티브가 존재할 수 있다고 주장한다. 대신 내러티브는 이야기된[1] 삶(storied life)에 대한 성찰이라고 할 수 있다. 왜냐하면 이야기된 삶에는 줄거리를 가진 사건만 존재하는 것이 아니라, 질병과 같은 계획하지 않은 어려움 등이 나타나서 삶의 주인공의 정체성의 변화를 주기도 하기 때문이다(Savin-Baden & Niekerk, 2007).

Bruner(1991)는 내러티브의 특성을 다음과 같이 정리했다. 첫째, 통시성(diachroncicity)으로 내러티브는 일정한 시간 동안 일어난 사건에 대한 기술 혹은 설명이다. 둘째, 독자성(particularity)으로 각각의 내러티브는 독자적 사건을 갖고 있다. 셋째, 의도성 내포(intentional state entailment)로 모든 내러티브 안에는 이를 통해 드러내고자 하는 의도적 성격이 포함되어 있다. 넷째, 해석학적 조작가능성(hermeneutic composability)으로 내러티브를 통해 의도하고자 했던 바와 내러티브가 의도하고 있는 것과의 차이가 발생할 가능성 있다. 다섯째, 정통성과 파괴(canonicity and breach)로 내러티브 안에는 사회, 문화적으로 옳다고 인정되는 내용과 그것에 반하는 내용이 모두 포함된다. 여섯째, 지시성(referentiality)으로 모든 내러티브 안에는 현실의 삶을 나타내는 요소들이 포함되어 있다. 일곱째, 규범성(normativeness)으로 내러티브가 널리 회자되기 위해서 내러티브는 규범적 내용들을 반드시 담고 있어야 한다. 여덟째, 상황 민감성과 협상가능성(context sensitivity and negotiability)으로 대부분의 내러티브는 상황에 대해 비교적 자세히 묘사하고 있지만 그렇지 않은 경우도 있다. 아홉째, 자연증식(accrual)으로 하나의 이야기는 여러 작은 이야기로 나누어질 수 있으며, 하나의 이야기는 새로운 이야기를 만들어 낸다.

내러티브는 인간의 삶에 다음과 같은 두 가지 영향을 미친다(이흔정, 2004). 첫째, 내러티브를 통해 화자는 자아를 발견할 수 있다(이흔정, 2004). 두 사람이 동일한 사건을 경험했다고 하더라도, 그 사람이 누구인지에 따라서 그 경험을 전하는 내러티브는 서로 다르다. 인간은 내러티브를 구성하는 과정 속에서 내러티브 안에 존재하는 사건, 타인과 자신과의 관계에 대해서 해석하고 의미를 부여하게 된다. 내러티브를 받아들이는 입장에 있어서도, 그 사람이

---

1) "storied"의 사전적 뜻은 '유명한', '잘 알려진'이지만 이곳에서는 직역하여 "이야기 된"으로 번역함.

누구인지에 따라서 동일한 내러티브라도 서로 다른 의미로 작용할 수 있다. 즉 내러티브를 해석하는 과정에서 기존의 자신의 세계관과 삶의 경험이 녹아져서 새롭게 재구성하게 된다. 내러티브는 전하는 사람과 받아들이는 사람 모두에게 자신이 누구인지, 자신의 삶이 어떠한지에 대해 이해할 수 있는 기회를 제공한다. 둘째, 내러티브는 과거의 경험에 대한 의미의 형성을 가능하게 한다(이흔정, 2004). 화자는 내러티브를 통해서 자신의 과거의 경험을 새롭게 해석하고, 그 안에 있는 의미를 깊이 이해할 수 있게 된다. 화자는 내러티브를 통해서 무질서하게 존재하는 다양한 사건들을 선택해서, 줄거리에 맞추어서 의미 있는 경험들로 재조직한다. 화자는 내러티브 안에 의도적, 혹은 비의도적으로 다양한 사건들에 논리적 관계, 시간적 흐름 등에 따라 구성하게 되며, 이는 내러티브를 받아들이는 사람에게 내러티브를 전하는 사람이 갖고 있는 의미와는 다른 의미를 갖게 할 수도 있다.

나. 내러티브 연구의 특성

내러티브 연구란 간단히 말해서 내러티브 안에 그려진 인간의 경험 탐구이다(Webster & Mertova, 2007). 내러티브를 연구의 데이터로 사용하는 연구 방법을 뜻한다(Savin-Baden & Niekerk, 2007). Clandinin과 Connelly(2007)는 내러티브 연구를 수행함에 있어서 연구 현상의 시간적 특성, 개인적-사회적 의미(상호작용), 물리적 환경(상황) 개념과 관련한 사고를 강조했다. 이 세 가지 개념은 연구 현상의 3차원적 내러티브 연구 공간을 만든다(Clandinin & Connelly, 2007). 연구자는 연구 참여자가 자신의 경험을 내러티브로 표현하게 될 때 연구 참여자의 경험 안에 존재하는 3차원적 내러티브 공간을 경험하게 된다. 내러티브를 통해 연구 참여자가 만들어 낸 3차원적 내러티브 공간에 연구자가 머물게 되면서 연구 대상이 되는 경험의 시간적 특성, 개인적-사회적 상호작용의 의미, 특정한 장소와 같은 물리적 환경과 관련된 상황을 보다 깊이 있게 연구할 수 있게 된다. 그리고 연구를 접하게 되는 독자는 내러티브 연구를 통해서 연구 참여자가 경험한 3차원적 공간을 경험할 뿐만 아니라 이에 대한 연구자의 의미 해석 역시 동시에 접하게 된다. 다시 말해 내러티브 연구는 연구의 독자에게 연구 참여자가 경험한 사건에 대한 시간적 특성, 개인적-사회적 의미, 물리적 환경에 대한 보다 생생한 이해를 가능케 하는 방법이다.

연구자는 내러티브 연구를 통해 자기 자신의 경험을 연구 참여자의 내러티브의 3차원적 공간 속으로 이동시킨다(Clandinin & Connelly, 2007). 연구자는 연구 참여자의 경험을 단순히 연구하는 것이 아니라, 연구자 스스로 연구하는 대상의 경험과 유사한 이야기를 돌아보게 되고 새로운 의미를 구성하게 된다. 독자 역시 내러티브 연구를 통해서 연구 참여자의 경험과 유사한 자신의 경험을 내러티브의 3차원적 공간에 이동시켜서 자신의 경험에 대해 새로운 의미를 부여하게 된다. 예를 들어 직장에서 벌어지는 성별에 따른 불합리한 차별에 대한 연구 대상자의 이야기는 연구자의 이와 비슷한 경험과 관련한 이야기를 상기시켜서, 연구자를 과거의 내러티브의 3차원적 공간으로 이동시킨다. 아울러 독자는 연구 참여자의 성차별적 경험에 대한 이야기와 연구자의 해석을 통해 붙여진 의미를 받아들이면서 스스로 이와 비슷한 자신의 인생 경험을 새롭게 내러티브적 3차원의 공간으로 이동시켜 의미를 부여한다.

내러티브의 3차원적 특성은 다른 종류의 질적 연구와 구별되는 내러티브 연구의 특성을 낳는다. 연구하고자 하는 주제가 다음과 같을 때 내러티브 연구가 적합하다고 볼 수 있다(Clandinin & Connelly, 2007). 첫째, 시간적 순서에 의해 일어난 사건에 대한 연구이다. 내러티브 연구에서는 연구대상자가 경험한 한 사건을 현재 벌어진 사건이 아닌 과거에 있었던 다양한 사건과 연관되어 일어나는 것으로 이해한다. 내러티브 안에는 항상 사건이 시간의 흐름에 따라 존재한다. 따라서 연구대상자가 자신의 경험을 내러티브를 통해서 표현하게 될 때 자연스럽게 그 경험과 관련한 과거의 경험과 연결지어 해석하고 새로운 의미를 부여하게 된다. 둘째, 내러티브 연구는 한 개인의 삶의 변화와 관련된 연구와 적합하다. 내러티브 연구는 다른 질적 연구의 방법보다 한 사람의 인생에 초점을 맞추는 연구에 적합하다. 내러티브의 특성상 한 개인은 자신에게 일어난 다양한 사건들을 이야기하게 된다. 자신의 삶을 관통한 어떠한 주제에 대해서 이야기할 때 연구 대상자는 자신의 인생의 현재, 과거, 미래를 자연스럽게 이동하며 내러티브를 통해 표현하게 된다. 따라서 연구 참여자가 말하고 살아온 전반적 삶의 경험을 이해하는 방법으로 적합하다. 셋째, 내러티브 연구는 연구 참여자의 경험의 맥락에 대한 강조가 가능하다. 내러티브 안에는 사건과 관련한 다른 등장인물, 역사적 배경, 공간적 특성 등이 자연스럽게 등장하게 된다. 연구자가 연구 참여자의 경험과 관련한 다양한 맥락에 관심이 있을 때 내러티브 연구 방법을 선정하는 것이 바람직하다.

Chase(2005), Savin-Baden과 Niekerk(2007)에 따르면 내러티브 연구는 다음과 같은 형태로 나누어 볼 수 있다. 첫째, 특정한 주제, 사건, 사람과의 만남에 관한 짧은 형태의 이야기에 관한 연구로서, 이를 인생 이야기(life story)연구라고 부른다. 둘째, 학교, 직장, 결혼 등과 같이 한 사람의 인생에 있어서 특정한 주제와 관련된 비교적 긴 이야기에 관한 연구로서, 이를 생애 과정(life-course) 연구라고 부른다. 마지막으로, 태어나서 죽을 때까지 한 사람의 인생에 대한 연구로서, 이는 자서전(autobiography) 혹은 전기(biography) 연구이다.

2. 내러티브 연구의 과정

내러티브 연구의 과정은 다른 종류의 질적 연구 방법과 크게 다르지 않다. 하지만 앞부분에서 살펴본 내러티브 연구가 갖고 있는 특성으로 인해서 내러티브 연구 과정 중에 유의해야 할 점이 존재한다. 독자들의 내러티브 연구의 과정에 대한 이해를 돕기 위해서 실제 내러티브 연구 방법을 이용한 다양한 연구들을 실례로 사용하여 내러티브 연구의 과정을 기술하겠다.

가. 연구주제 선정하기

다른 질적 연구방법이 아닌 내러티브 연구를 연구 방법으로 선정한다는 것은 연구자가 보기에 내러티브 연구방식이 연구주제를 탐구하는 데 가장 적합하기 때문이다. 모든 내러티브 연구의 공통된 연구주제는 간단히 말해 연구참여자의 내러티브이다. 내러티브 연구가 다른 종류의 질적 연구와 구별되는 점은 내러티브 안에 존재하는 연속적 사건(sequence)과 결과(consequence)의 강조이다(Bruner, 1987; Frankland, 2010에서 재인용). 내러티브의 근본적 특징은 한 개인의 성장 혹은 변화와 관련되어 있다. 따라서 내러티브 연구에 알맞은 주제로는 한 개인의 삶에 전반적으로 나타난 사건이 그 사람에게 미친 영향이다. 아울러 시간적 연속성을 갖고 일어난 사건에 대한 탐구 역시 내러티브 연구의 주제로 적합하다.

Frankland(2010)는 내러티브 연구를 통해서 학부 때 같은 전공으로 졸업한 6명의 전문대학교 총장의 학문적, 전문적 삶의 길에 대해 이해하고자 하였다. 연구 참여자들이 어떠한 과정을 거쳐서 총장이 되었고, 그 과정 중에 어떠한 것들이 그들의 학문적, 행정적 영역에 영향을 미쳤는지를 이해함으로써 전문대학교의 존재이유, 발전방향, 리더십 등을 정립하는 것을 목적으로 삼고 있다. 이 연구는 같은 학부 전공을 갖고 있는 전문대학교 총장이 겪은 출생부터 지금까지의 삶의 이야기를 탐구한다는 점에서 내러티브 연구 방법으로 적합하다.

이새암(2010)은 내러티브 연구를 통해서 사범대학 학생들의 삶에 대한 연구를 실시했다. 사범대학 학생들의 내러티브를 통해서 사범대학 학생으로서 어떠한 삶을 살고 있는지, 그리고 그들의 사범대학 학생으로서의 경험이 그들의 삶에 주는 의미에 대한 연구를 실시했다. 이러한 연구를 수행하기 위해서는 연구 참여자들의 인생 전반에 대한 이해가 필요하다. 사범대학에 입학하기 전에 어떠한 삶을 살았으며, 그들의 현재의 삶에 미치는 다양한 영향들을 살펴보기 위해서는 내러티브 연구가 적합하다.

다른 종류의 질적 연구방법과 비교하여 내러티브 연구가 갖는 특색이 있는 주제 중 하나는 연구자 자신의 삶에 대한 연구이다. 한 개인의 삶을 연구하는 데에는 내러티브 연구 방법이 가장 적합하기 때문에, 연구자는 스스로 자신의 삶이 갖고 있는 내러티브를 탐구하면서 연구를 진행하게 된다. 연구자 자신의 삶에 대한 연구를 자아도취에 빠진 연구라고 비판할 수도 있지만, 나의 삶에 대한 연구를 가장 잘 수행할 수 있는 사람은 '나' 자신이라는 것을 인정할 때 자서전 형태의 내러티브 연구가 가능하다. 예를 들어 최희진(2007)은 연구자 자신이 중학교 체육교사로 재직할 때부터 현재 체육교육학과 교수로 재직하기까지의 경험을 내러티브 형식으로 기술하였다. 그리고 내러티브 분석을 통해서 여성 체육교육학자로서의 자신의 삶은 자기 성찰을 통해 삶의 의미를 스스로 발견하는 과정임을 밝히고 있다.

참고자료

연구자의 경험 돌아보기 (Clandinin & Connelly, 2007)

내러티브 연구를 수행하는 연구자는 연구 현장에서 자료를 수집하기 이전에 연구주제와 관련한 연구자 자신의 경험에 대한 이야기를 기술해 보는 것이 바람직하다. 연구자 자신의 현재 삶에 영향을 준 과거의 사건을 시, 산문, 편지 형태 등으로 이야기해봄으로써, 연구 문제를 좀 더 구체화하고, 수집하고자 하는 자료를 보다 세분화할 수 있다. 한 개인의 내러티브 안에는 삶의 이야기를 살아가기(livings), 삶의 이야기를 말하기(tellings), 삶의 이야기를 다시 말하기(re-tellings), 삶의 이야기를 다시 살아가기(re-livings)의 순환적 관계가 존재한다. 따라서 연구자 자신의 이야기를 돌아보는 것은 자신이 현재 수행하고 있는 연구를 이해하는 데 큰 도움이 된다.

나. 연구 자료 수집하기

내러티브를 어떻게 이해하는지에 따라서 내러티브 연구 과정 중에 수집해야 할 자료가 결정된다. 내러티브를 연구 참여자가 말하는 이야기라고 한정할 경우, 연구자는 연구 참여자의 인생에 있어서 중요한 사건에 대해서 자연스럽게 이야기하도록 할 수 있다(Grbich, 2007). 하지만 내러티브를 사건에 대한 이야기가 아닌 연구 참여자의 인생 전체에 대한 해석이라고 해석할 경우, 연구자는 연구 참여자의 이야기 이외의 다양한 자료를 수집해야 한다(Clandinin & Connelly, 2007). 내러티브를 어떻게 정의하든지 간에 대부분의 내러티브 연구에 있어서 주로 수집되는 자료는 인터뷰 중에 연구 참여자에 의해 구술된 이야기이다. Savin-Baden과 Niekerk(2007)에 따르면 인터뷰를 통해서 다음의 두 가지 방식으로 이야기가 수집될 수 있다. 첫째, 연구자가 연구 참여자에게 묻는 인터뷰 질문을 통해서 이야기가 수집될 수 있다. 둘째, 연구자가 연구 참여자에게 중요한 의미를 갖고 있는 사건들을 이야기하도록 요청할 수 있다.

　Frankland(2010)의 연구의 경우 자료 수집은 인터뷰를 통해서 이루어졌고, 다른 자료는 수집되지 않았다. 다른 종류의 질적 연구방법 역시 인터뷰를 주된 자료 수집방법으로 사용하지만, Frankland(2010)의 연구에서는 내러티브 연구에 적합한 인터뷰 질문이 사용되었다. Frankland(2010)가 제시한 인터뷰 질문으로는 "대학생일 때 학교 공부와 관련된 당신의 삶에 대해서 이야기해주세요," "학교에 있는 동안 가장 기억에 남는 긍정적 혹은 부정적 순간에 대해서 이야기해주세요," "고등교육기관에서 학위를 받으려는 당신의 노력이 당신의 삶에 어떠한 영향을 미쳤나요?" 등이 있다. 제시된 인터뷰 질문들은 연구 참여자의 인생 전반에 걸쳐 일어난 사건들에 대한 이야기를 이끌어 낼 수 있는 것들이다.

　Clandinin과 Connelly(2007)는 내러티브 연구는 단순히 인터뷰를 통해서 연구 참여자의 이야기를 수집하는 것 이상이라고 주장한다. 인간의 삶은 내러티브를 통해 기록되고, 인간의 삶은 내러티브를 통해 영위된다고 가정할 때, 내러티브 연구는 '이야기를 듣고 탐색'하는 것 이상이다(Clandinin & Connelly, 2007). 그들은 연구 현장에서 벌어지고 있는 연구 참여자의 삶 역시 내러티브의 또 다른 종류가 될 수 있다고 주장한다. 연구 참여자가 장기간 연구 현장에 있으면서 연구 참여자와 친밀한 관계를 구축할 때, 내러티브 연구는 연구 참여자 인생의 전반을 이해하는 노력으로 간주될 수 있다(Clandinin & Connelly, 2007). 연구자는 연구 참여자가 전해 준 그들의 삶에 대한 내러티브를 이해하고 있을 때 그들이 현재 보이고 있는 행동과 발언에 대해서 그 진정한 의미를 이해하게 된다. 연구자가 연구 참여자의 인생에 대해서 관심을 갖고 있을 때 연구 참여자가 들려주는 이야기는 작은 부분에 지나지 않게 된다(Clandinin & Connelly, 2007). 아울러 내러티브 연구자는 연구 현장에서 3차원적 탐구 공간을 늘 염두에 두는 것이 바람직하다(Clandinin & Connelly, 2007). 자신이 연구하는 현상에 대한 시간적 연속성, 개인적-사회적 의미, 물리적 환경이 미치는 영향 등에 대해서 자료를 수집하는 것이 필요하다. 이러한 경우 인터뷰뿐만 아니라 연구 현장노트, 자연스러운 대화, 역사적 메모, 일기, 편지, 논픽션 문학작품, 전기 등도 내러티브 연구의 자료가 된다(Clandinin & Connelly, 2007; Patton, 2002; Savin-Baden & Niekerk, 2007).

이새암(2010)의 연구에서는 연구자료로서 현장 일지(field note), 비형식적 대화, 연구 일기, 반구조적 인터뷰 내용 등이 사용되었다. 이새암(2010)의 경우 연구 참여자들이 속한 한 대학에서 강의를 하면서 연구 참여자들을 자연스럽게 만나게 되었고, 인터뷰뿐만 아니라 자연스러운 대화, 이들이 사용하는 다양한 물리적 도구 등에 대한 자료 수집이 가능했다.

다. 해석하기

내러티브 연구에서 자료를 분석하는 방법의 큰 특성은 자료를 세분화하여 이해하기보다는 자료를 전체 이야기의 배경 안에서 분석한다는 점이다(Ezzy, 2002). 질적 연구에서 일반적으로 사용되는 반보적 비교분석법을 이용하여 자료를 분석할 경우 다양한 사건들을 코딩된 자료들로 세분화하여 세분된 자료의 유사점과 차이점을 비교하는 작업을 하게 된다. 하지만 내러티브 연구의 자료분석법은 자료를 세분화하기보다는 자료가 포함되어 있는 하나의 이야기 안에서 자료의 의미를 이해하게 된다(Ezzy, 2002). 즉 이야기 안에 포함된 하나의 사건의 의미를 이해하기 위해서 그 사건의 현재, 과거, 미래의 맥락을 고려하여 이해하게 된다(Ezzy, 2002). 간단히 말해서 세분화된 자료와 자료를 비교하여 분석하는 것이 아니라, 한 사람의 이야기와 다른 사람의 이야기를 비교하여 분석하는 작업이다.

Ezzy(2002)는 내러티브의 분석은 매우 다양한 방법이 존재하지만 크게 두 가지로 나누어 볼 수 있다고 하였다. 첫 번째는 이야기 속에 존재하는 중요한 사건에 초점을 맞춘 분석 방법이다. Webster와 Mertova(2007)에 따르면 이야기는 중요한 사건을 듣는 사람에게 전달해 주는 매개체의 역할을 하기 때문에, 내러티브 분석에서는 중요한 사건(critical event)을 찾는 것이 우선시되어야 한다. Webster와 Mertova(2007)가 지적하는 중요한 사건이란 이야기를 하는 사람의 세계관(worldview)의 변화를 드러내는 계기가 되는 사건이다. 아울러 직장과 기타 사회적 역할에 영향을 준 사건을 뜻한다. 내러티브 안에 중요한 사건을 찾게 되면 이 사건 안에 시간, 인물, 사건, 환경 등에 대해서 초점을 맞추어 사건을 분석하는 것이 도움이 된다.

내러티브를 분석하는 두 번째 방법은 사람들이 어떻게 말하는가에 초점을 맞춘 방법으로 문화적, 사회적 배경이 이야기에 어떠한 영향을 미쳤는지를 분석하게 된다. 내러티브 안에는 연구 참여자의 경험, 경험에 대한 해석, 신념, 삶의 우선순위 등이 포함되어 있다(Grbich, 2007). 따라서 내러티브의 내용은 연구 참여자가 속한 사회배경, 문화, 이데올로기뿐만 아니라, 연구 참여자의 삶에 영향을 미친 정치적, 역사적 배경을 포함하고 있다(Grbich, 2007). 이러한 점을 고려하여 Grbich(2007)는 내러티브를 분석할 때 연구 참여자의 이야기를 있는 그대로 해석하기보다는 이야기 내용을 정치적 구조, 문화적 상황, 사회적 배경 등에 연결시켜서 이해할 것을 강조했다.

Clandinin과 Connelly(2007)는 앞에서 지적한 내러티브 분석의 두 가지 분석 방법을 통합하여 하나의 내러티브 분석 방법을 제시하였다. Clandinin과 Connelly(2007)의 내러티브 분석방법은 현재 가장 널리 사용되고 있는 방법이므로 보다 자세히 설명하도록 하겠다. 첫째, 내러티브 분석을 시작하기 전에 연구주제와 관련된 연구자 자신의 경험에 대한 내러티브를 구성해볼 필요가 있다(Clandinin & Connelly, 2007). 연구자가 자신에 대해 탐구한다는 것은 연구자가 갖고 있는 현재의 입장을 형성하게 한 과거의 사건, 자신의 경험에 대한 개인적-사회적 의미, 경험이 이루어졌던 다양한 환경 등에 대해서 돌아보는 것을 뜻한다. 내러티브 연구에서는 인간의 경험이 내러티브 안에서 존재한다고 가정하기 때문에, 연구 대상이 되는 사건에 영향을 주는 연구자의 내러티브에 대한 탐구가 필수적이다.

둘째, 내러티브의 시간 개념을 분석한다. 내러티브를 분석할 때는 시간의 연결성에 대한 인식이 필요하다. 연구 참여자들의 내러티브 안에는 그들이 과거에 어떠한 삶을 살았으며, 앞으로 어떠한 삶을 살 것인지에 대한 이야기가 포함되어 있다. 내러티브의 이러한 특성으로 인해서 내러티브를 분석할 때 사건 혹은 경험의 시간적 연속성에 대한 이해가 필요하다. Frankland(2010)의 연구에서 연구자가 연구 참여자인 전문대학교의 총장에게 그들의 대학교 시절에 대해서 물어봤을 때 모든 참여자들이 자신의 아동기 시절부터의 삶에 대해 이야기를 시작했다고 한다. 사회-경제적 위치의 차이, 문화적 차이, 인종-성별 차이를 갖고 있는 연구 참여자들의 대학생 시절에 대한 이해는 그들의 아동기 시절부터의 삶을 분석함으로써 보다 쉽게 이해할 수 있었다. 이새암(2010)의 연구에서도 사범대학생들의 학생으로서의 삶의 이해를 목적으로 하고 있지만, 연구 참여자들의 내러티브를 이해하기 위해서 이들이 어떠한 배경에서 자라왔으며, 어떠한 이유로 사범대학의 진학을 결정하였는지에 대한 분석이 진행되었다. 연구 참여자들의 과거의 삶에 대한 분석은 연구 참여자의 내러티브를 이해하는 데 매우 핵심적 요소이다.

셋째, 내러티브의 개인적-사회적 의미에 대해 함께 분석하는 것이 필요하다. 한 개인의 삶에 존재하는 내러티브는 각 개인의 삶에 다양한 의미를 부여한다. 하지만 아울러 개인의 삶은 사회적, 문화적, 역사적 배경에 영향을 받으며, 한 개인의 삶은 사회적으로 다양한 의미를 갖게 된다. Frankland(2010)에서는 내러티브 분석을 통해서 전문대학교 총장으로서의 개인적 삶의 경험이 가져다주는 의미가 전문대학의 목적, 전문대학과 지역사회와의 관계, 고등교육의 존재 이유 등의 사회적 의미와 서로 어떻게 연결되어 있는지를 보여주었다. 이새암(2010)에서는 내러티브 분석을 통해서 사범대학생들이 중등교사 임용시험을 준비하는 삶의 모습이 개인적으로 어떠한 의미가 있으며, 이것이 사회적으로 특히 미래의 중고등학교 학생들에게 어떠한 긍정적, 부정적 의미를 줄 수 있는지를 암시해 주고 있다.

라. 글쓰기

내러티브 연구의 글쓰기 과정에는 내러티브의 특성이 반영되어 있다. 많은 경우 내러티브 연구에서는 줄거리를 만들어 연구의 결과를 제시한다. 이새암 (2010)의 경우 연구 결과를 '연어의 삶'에 비유하여 제시하였다. 즉 연어가 알에서 태어나서 고향을 떠나 생활하다가 다시 고향으로 돌아오는 모습을 줄거리로 삼아서 사범대학생의 삶을 제시하였다. Frankland(2010)의 경우 전문대학 총장의 개인적, 학문적 삶과 그들이 생각하는 전문대학의 목적, 리더십에 관한 연구 결과를 영역(boundaries), 연결(connections), 변혁(transformations)이라는 줄거리에 맞추어 차례로 제시하였다.

◆ 참고문헌_

이새암 (2010). 사범대학 학생들의 삶에 관한 내러티브 연구. **교육인류학연구**, 13(1), 95-129.

이흔정 (2004). 내러티브의 교육과정적 의미 탐색. **한국교육학연구**, 10(1), 151-170.

최희진 (2007). 대학체육교육자의 삶과 교육에 대한 내러티브 연구. **중등교육연구**, 55(2), 59-79.

Bruner, J. (1987). Life as narrative. *Social Research, 54*, 11-32.

Bruner, J. (1991). The narrative construction of reality. *Critical Inquiry, 18*, 1-21.

Clandinin, D., & Connelly, F. (2007). **내러티브 연구**(소경희 역). 경기: 교육과학사. (원저 2004년 출판).

Chase, S. (2005). Narrative inquiry. In N. K. Denzin & Y. S. Lincoln. *Handbook of qualitative research* (3rd ed.) (pp. 651-679). Thousand Oaks, CA: Sage.

Ezzy, D. (2002). *Qualitative analysis: Practice and innovation*. London: Routledge.

Frankland, T. (2010). English-major community college presidents: A narrative inquiry. *Community College Review, 37*(3), 243-260.

Grbich, C. (2007). *Qualitative data analysis: An introduction*. Thousand Oaks, CA: Sage.

Patton, M. (2002). *Qualitative research and evaluation methods* (3rd ed.). Thousand Oaks, CA: Sage.

Savin-Baden, M., & Niekerk, L. (2007). Narrative inquiry: Theory and practice. *Journal of Geography in Higher Education, 31*(3), 459-472.

Webster, L., & Mertova, P. (2007). *Using narrative inquiry as a research method*. Oxon, Canada: Routledge.

UNDERSTANDING

QUALITAT

RESEARCH

METHODS

Chapter **10**

질적
연구 설계

Qualitative
Research Methods

C·H·A·P·T·E·R

10

질적 연구 설계

주요 내용

1. 연구주제 및 문제 선정하기
2. 질적 연구 방법 및 이론적 틀 선정하기
3. 문헌 분석하기, 연구 참여자 선정하기, 자료 수집방법 선정하기

연구(research)란 기존에 밝혀진 바를 뛰어넘어 아직까지 발견되지 못한 새로운 바를 밝혀내는 체계적 과정이다. 따라서 연구는 우연히 이루어지는 발견과는 다르게 어떠한 목표한 바를 밝혀내기 위해서 계획에 맞추어 연구 대상을 반복적으로 탐구(re-search)하는 과정이다(Merriam & Simpson, 2000). 한 주제에 대한 반복적 탐구를 위해서는 체계적 준비가 필요하며 이것이 질적 연구의 가장 첫 단계인 설계하기이다. 질적 연구를 설계할 때는 일반적으로 연구의 주제 및 문제 선정하기, 이론적 틀 선정하기, 문헌 분석 실시하기, 연구 참여자 선정하기, 자료수집 방법 선정하기 등을 고려하게 된다. 모든 형태의 연구가 그렇지만 질적 연구의 설계과정 역시 순차적으로 이루어지지 않고, 상호보완적으로 이루어진다. 예를 들어서 연구의 문제에 따른 문헌 분석을 실시

하다가 새로운 아이디어를 얻어서 연구의 문제를 수정할 수 있으며, 연구의 문제를 수정하다가 다시 새로운 문헌을 찾기 위해 문헌 분석을 실시할 수 있다. 따라서 본 장을 읽는 독자들은 질적 연구의 설계의 순서에 집중하기보다는 어떠한 절차들이 질적 연구 설계에 필요한지에 대해서 이해하는 것이 중요하다.

1. 연구주제 선정하기

연구는 내가 무엇에 관해서 연구할지를 정하는 단계로부터 시작한다. 무엇을 연구할 것인가를 결정하는 것이 결코 쉬운 일이 아니라는 점은 연구를 해 본 경험이 있는 독자라면 알 것이다. 연구의 주제를 정하는 단계는 일반적으로 연구할 만한 관심이 있는 주제를 선정한 뒤 이를 구체화하는 작업으로 이어진다. 예를 들어서 여러분이 연구주제로 '은퇴'를 선정했다고 하자. 그 다음으로 여러분은 '은퇴'에 관해서 질적 연구방법을 통해서 어떠한 것을 구체적으로 연구할지 선정해야 한다. 예를 들어 어떤 연구자는 한 개인이 은퇴의 과정을 어떻게 경험하면서 '직장인'에서 '은퇴자'로서 자아정체성을 이루어가는지가 궁금할 수 있다. 또한 어떤 연구자는 '은퇴'의 경험 이후에 부모세대가 자식들과의 상호작용이 어떻게 변화하는지의 과정에 대해서 연구할 수 있다. 혹은 은퇴 이후에 중고령자들이 재취업이나 사업을 시작하면서 자아존중감이 어떠한 과정을 거쳐 변화하는지에 대해서도 연구할 수 있다. 이렇듯 동일한 연구의 주제일지라도 다양한 세부 주제가 존재하기 때문에 연구자가 연구의 주제를 구체화하는 것은 많은 단계를 거쳐서 이루어진다.

연구의 주제를 선정하는 첫 단계는 연구할 만한 관심이 있는 일반적 주제의 선정이다. 첫째, 일반적으로 질적 연구의 주제찾기는 연구자의 일상의 삶을 돌아보는 데서부터 시작한다(Marshall & Rossman, 2009; Merriam & Simpson, 2000). 자기 자신이 매일 접하게 되는 직장, 지역사회, 종교기관, 교육기관 등에서 자신이 흥미를 느꼈거나, 자신을 당황하게 했던 사건이나 현상은 좋은 연구주제가 될 수 있다. 특별히 연구자 자신이 반드시 해결해야 할 것 같은 느낌을 가진 문제점을 경험했다면 그 부분을 연구의 주제로 삼는 것을 추천한다. 예를 들어 한수연(2009)의 경우는 연구자가 평생학습도시에서 평생교육 담당자로 근무하면서 본인이 경험한 다양한 평생학습도시 관련 담당자들 사이의 갈등에 대해서 이를 이해하고, 해결할 수 있는 방안에 대해서 연구를 실시했다.

연구의 주제는 일상생활의 경험 이외에 사회적, 정치적 문제로부터 비롯될 수 있다(Merriam & Simpson, 2000). 우리 사회가 경험하고 있는 다양한 문제점들은 사회의 구성원들이 해결해야 할 필요가 있다고 공통적으로 인식하고 있기 때문에 훌륭한 연구주제가 될 수 있다. 특별히 신문이나 시사 잡지의 특집 기사나 인터뷰 내용들이 질적 연구의 주제에 대한 아이디어를 제공해 주기도 한다. 최근 우리 사회에서 다양한 문제를 야기하고 있는 저출산-고령화 문제, 무상급식과 관련한 교육복지 문제, 청소년의 자살문제, 다문화 가정관련 사항 등은 훌륭한 질적 연구의 주제가 될 수 있다. 예를 들어 다문화 가정에 관한 질적 연구의 주제로 이주 여성의 한국 사회 적응과 정체성, 다문화 가정 아이들의 학교 적응 문제, 다문화 가정 학생들에 대한 일반인들의 인식, 탈북 청소년들의 한국사회 적응 등에 관해서 다양한 질적 연구가 활발히 진행되고 있다.

학술지나 서적에서 아이디어를 얻어 새로운 연구의 주제를 선정하는 경우도 있다(Merriam & Tisdell, 2015). 특히 아직 많은 연구를 수행해 보지 않은 연구자들에게는 연구의 주제를 찾기 위해서 해당 학술 분야의 저명한 학술지나 정책 연구를 다루는 학술지 등을 살펴보는 것이 도움이 된다. 이러한 학술지를 현재 호부터 과거로 거슬러 가면서 살펴볼 경우 해당 학술 분야의 연구 동향 혹은 중요한 정책, 사회적 이슈에 대한 연구 아이디어를 얻을 수 있다. 특히 학술지에 실린 논문의 '논의' 장에는 새로운 연구를 제안하는 부분이 있다. 이 부분을 읽는 것은 새로운 연구 아이디어를 선정하는 데 도움이 된다. 학술지 이외에 다양한 이론과 실제 연구들을 소개하는 학술 서적 역시 연구주제를 선정하는 데 도움이 된다.

앞에서 살펴본 것처럼 다양한 경로를 통해서 연구의 주제를 선정할 수 있지만, 연구의 주제를 선정하는 가장 중요한 기준은 연구자가 연구주제에 대해 갖는 관심의 정도이다(Merriam & Tisdell, 2015). 양적 연구도 마찬가지이겠지만, 특히 질적 연구의 과정은 많은 시간이 소요되는 작업이다. 양적 연구와 비교하여 질적 연구는 연구자가 자료를 수집하고 분석하는 도구의 역할을 하게 된다. 연구자가 연구의 주제에 대해 더 깊은 관심과 지식을 갖고 있을 때 더욱 질이 높은 질적 연구가 진행될 수 있다. 만약 연구자 자신이 관심을 갖고 있지 않은 주제를 연구하게 되면, 비록 다른 사람에게는 흥미를 주는 연구일지라도 본인에게는 괴로움을 줄 수 있다. 연구자의 소중한 시간을 들여서 진행하게 될 연구의 주제이기 때문에, 연구자가 관심을 갖고 있는 주제를 선정하는 것이 바람직하다. 가끔 연구하기 쉬워 보이기 때문에 혹은 다른 사람이 추천을 해서 연구의 주제를 선정하는 경우를 보게 되는데, 아무리 수행하기 쉬워 보이는 연구주제라 하더라도 당신이 관심을 갖고 있지 않는다면 연구하기 가장 어려운 주제가 될 수 있다(Esterberg, 2002).

2. 연구 문제 정하기

연구의 주제가 선정된 뒤에는 연구 문제를 구체적으로 선정하는 단계에 접어들게 된다. 연구 문제를 선정하기 위해서는 연구 문제와 관련된 기존의 이론과 실증적 연구에 대한 검토가 필요하다. 질적 연구에 대해 종종 갖고 있는 오해 중 하나는 질적 연구자는 연구의 현장에 들어가기 이전에 연구자로서의 견해를 갖지 않은 채 연구를 실시한다고 여기는 것이다. 하지만 연구자가 연구의 주제에 대해서 의견을 갖지 않은 채 연구에 임하게 되면, 과연 무엇을 연구해야 하는지, 연구 참여자에게 어떠한 것을 질문해야 할지, 연구자의 어떤 행동을 관찰해야 할지 모르게 된다. 연구 문제를 선정한다는 것은 연구를 구체적으로 시작하기 이전에 자신이 연구하고자 하는 바를 명확히 하고, 연구하고자 하는 구체적 주제에 대해서 기존에 어떠한 연구가 진행되었으며, 앞으로 어떤 연구가 진행되는 것이 바람직한지를 선정하는 것이다.

보통 '문제'라는 단어는 해답을 필요로 하는 물음, 해결하기 어렵거나 난처한 대상을 뜻하지만, 연구에서 '문제'란 일정한 주제에 대해서 알려진 지식과 알고자 하는 지식 사이의 차이를 뜻한다(Merriam & Tisdell, 2015). 다시 말해 연구 문제란 본 연구를 통해서 기존의 연구에서 밝혀내지 못한 새롭게 밝혀낼 지식이 무엇인지를 명확히 하는 것이다. 연구의 문제를 선정한다는 것은 구체적으로 무엇을 연구할지를 선정하는 것이므로, 연구의 필요성, 중요성, 과정 등에 대한 종합적 검토 이후에 결정된다. 연구의 문제 안에는 연구를 통해 밝혀내고자 하는 바가 드러나게 된다. 즉 연구의 문제를 통해서 독자들은 본 연구가 어떠한 이론적 틀을 통해 이루어질 것이며, 연구의 결과를 어떻게 활용할 수 있을지 유추해 볼 수 있다. 잘 기술된 질적 연구의 문제는 본 연구가 어떻게 학문분야에서 이론적으로 그리고 현실 속에서 실질적으로 기여를 할 수 있는 지를 발견할 수 있다(Marshall & Rossman, 2009).

Moon(2011)은 노년기에 발생한 가까운 사람과의 사별 경험이 어떻게 죽음과 삶의 가치를 새롭게 이해하는 전환학습이 될 수 있는지에 대한 연구를 실시했다. 이 연구의 연구 문제는 다음과 같다. 1) 노인들은 노년기에 경험한 사별이 자신들에게 구체적으로 어떠한 변화를 일으켰다고 진술하는가? 2) 어떻게 전환학습이 노인의 삶에 영향을 미쳤나? 3) 어떻게 노인들은 자신의 변화의 과정을 기술하는가? 4) 어떠한 노년기 삶의 특성이 전환 학습의 과정에 영향을 주는가? 위의 네 가지 문제에는 본 연구가 노인의 심리학 분야 그리고 성인 교육의 분야에 새로운 지식을 더하는 학문적 기여를 할 수 있음이 드러나 있다. 그리고 위의 연구 문제는 가까운 사람을 사별한 노인들에게 어떠한 변화가 일어나는지를 이해함으로써 그들을 이해하고, 심리적으로 안정을 취하는 방법에 대한 실질적 합의점을 얻을 수 있다는 점을 보여준다.

질적 연구의 특성으로 질적 연구의 문제는 "왜…" 혹은 "어떻게…"로 시작하는 것이 일반적이다. 질적 연구의 일반적 특성은 연구하고자 하는 현상에 대한 과정과 의미의 탐구이다. 양적 연구는 일반적으로 어떠한 현상이 발생했

qualitative research methods

는가 아닌가, 일정한 요인들간에 어떠한 관계가 존재하는가 등을 연구한다. 이에 반해 질적 연구는 일정한 현상이 왜 이루어졌으며, 그 현상은 어떠한 과정을 거쳐 이루어졌고, 그 현상이 연구 대상자들에게 주는 의미는 무엇인지에 대해 연구한다. 즉 연구하고자 하는 현상의 자세한 기술을 통해 현상의 과정을 이해하고, 현상이 갖고 있는 의미를 밝혀내는 것을 목적으로 한다(Marshall & Rossman, 2009).

연구자가 연구 문제를 선정할 때 고려해야 할 점은 다음과 같다. 먼저 실행 가능한 연구인지(Do-Ability)를 살펴보아야 한다(Esterberg, 2002; Marshall & Rossman, 2009). 연구자가 갖고 있는 연구의 능력, 시간과 돈의 제약, 연구할 대상의 접근 용이성, 연구의 윤리적 딜레마 등을 종합적으로 고려해서 연구 문제의 적합성을 돌아보아야 한다(Marshall & Rossman, 2009). 예를 들면 비슷한 주제의 연구 문제일지라도 어떤 연구 문제는 비교적 짧은 시간 안에 수행할 수 있지만, 반대로 많은 시간이 걸릴 수 있는 문제도 있다. 만약 당신이 가정주부로서 지내다가 재취업에 성공한 중년 여성에게 관심이 있다고 가정하자. 만약 여러분이 직장에서 근무하는 전직 가정주부들에 관한 연구 문제를 선정한다면, 주로 여성들이 근무하는 직장에 접근해서 비교적 짧은 시간 안에 연구 대상자를 모을 수 있다. 하지만 만약 당신이 현재 개인 사업을 운영하고 있는 전직 가정주부와 관련된 연구 문제를 선정한다면 개별 사업체를 조사해야 하므로 시간이 오래 걸릴 것이다.

둘째는 연구할 만한 가치가 있는 문제(Should-Do-Ability)인지 물어야 한다(Esterberg, 2002; Marshall & Rossman, 2009). 아무리 당신이 관심을 갖고 있는 연구 문제이고, 연구를 수행하는 데 시간과 자원이 충분하다고 할지라도, 연구의 가치가 없다면 실행하지 않는 것이 더 바람직하다. 아무리 훌륭한 연구 문제라 할지라도, 무엇보다 실시하려는 연구의 문제가 기존의 연구에서 다루어지지 않았던 것이 밝혀져야 한다. 아울러 연구의 문제를 통해 밝혀질 결과가 해당 학문 분야에 이론적으로 혹은 실천 분야의 실무자와 정책자들에게 어떠한 기여를 할 것인지가 확고해야 훌륭한 연구주제가 될 수 있다(Marshall & Rossman, 2009). 예를 들어 농촌 지역에 거주하는 노인의 자기주도 학습을 연구한 Roberson과 Merriam(2005)의 연구는 자기주도 학습이 노인에게도 이루어진다는 이론적 기여와 함께 노인의 자기주도 학습을 진흥할 수 있는 방법에 대한 해법을 실무자들에게 주고 있다.

마지막으로 앞에서도 강조했지만 연구자가 연구하기 원하는 문제(Want-to-Do-Ability)인가를 물어야 한다(Marshall & Rossman, 2009). 다른 연구에서도 마찬가지이지만 질적 연구에서는 특히 연구자가 연구하는 현상에서 자료 수집과 분석에 직접 도구가 되어서 참가하는 특성을 갖고 있다. 따라서 정말 연구자가 연구하기를 원하는 주제이고 본인이 이 연구를 하는 데 충분한 흥미와 에너지가 있는지를 물어서 연구주제를 정하는 것이 필요하다.

3. 질적 연구방법 선정하기

연구주제를 선정한 후에 결정한 것은 어떠한 질적 연구방법을 사용할지를 선정하는 것이다. 연구주제를 수행하기에 가장 적합한 질적 연구방법의 선정이 필요하다. 본 책의 앞장에서 살펴보았듯이, 질적 연구방법은 근거이론, 문화기술지, 현상학적 연구, 사례연구, 실행 연구, 내러티브 연구 등의 방법으로 나누어 볼 수 있다.[1] 각각의 질적 연구방법은 특정한 연구 문제를 수행하기에 적합한 형태로 발전되어 왔다. 근거이론은 연구하는 현상 특히 현상을 이루고 있는 과정을 설명할 수 있는 실제적 이론을 개발하는 목적을 수행하기에 적합하다. 문화기술지는 특정 집단의 문화를 찾아내고 해석하려는 연구주제에

---

[1] 이러한 특정한 질적 연구방법 이외에 Merriam과 Tisdell(2015, pp. 23-25)은 해석주의 패러다임에 입각해서 연구 참여자들이 그들의 경험과 세상에 부여한 의미를 탐구하기 위해 질적 자료를 수집하고 이를 분석하는 연구방법을 기본적 질적 연구(basic qualitative research)로 분류하였다. Merriam과 Tisdell(2015)은 기본적 질적 연구가 다양한 학문분야에서 널리 사용된다고 했으며, 김영석(2014)에 의하면 2000년~2013년간 우리나라 평생교육학 분야의 주요 학술지에 실린 질적 연구 중 기본적 질적 연구방법에 해당하는 연구가 전체 연구의 51.8%를 차지하였다.

그리고 현상학적 연구는 연구하고자 하는 현상 혹은 연구 참여자의 체험의 본질이 무엇인가를 찾는 연구주제에 적합하다. 사례연구는 다른 사례들과 구분 지을 수 있는 독특한 특성을 갖고 있는 사례에 대한 심층적 이해를 목적으로 삼는다. 실행연구는 연구자가 연구 참여자와 같은 입장에서 연구 참여자가 겪고 있는 문제를 해결할 수 있는 방법을 찾는 것을 목적으로 한다. 마지막으로 내러티브 연구는 연구 참여자의 이야기 속에 담겨져 있는 그들의 삶 전체 혹은 개별 경험을 해석하고자 하는 연구주제에 적합하다. 연구자는 연구주제 및 연구 문제에 가장 적합한 연구방법을 선정하여 연구의 후속 과정을 설계하게 된다.

참고자료

질적 연구(Qualitative Research)?
질적 연구방법(Qualitative Research Method)?

종종 우리들은 '질적 연구'와 '질적 연구방법'이라는 개념을 혼동해서 사용한다. 하지만 이 두 개념을 구분해서 사용하는 것이 바람직하다. 먼저 '질적 연구'란 주로 의미 탐구를 목적으로 하며, 숫자보다는 어휘를 사용하여 연구를 표현하고, 폐쇄형 질문보다는 개방형 질문을 사용하는 귀납적 연구 방식을 갖고 있는 연구를 통틀어 표현하는 개념이다. 양적 연구에서 변수간의 복잡한 관계의 분석을 위해 다양한 분석 방법이 개발되고, 분화되었듯이 질적 연구도 연구주제를 보다 효과적으로 수행하기 위한 구체적 '질적 연구방법'이 전개되어 왔다. 대표적 질적 연구방법으로는 근거이론, 문화기술지, 현상학적 연구, 사례연구, 실행 연구, 내러티브 연구 들이 있다. '질적 연구방법'을 때로는 '질적 탐구전략'이라고 부르기도 한다(Creswell, 2011).

4. 이론적 틀 선정하기

질적 연구의 방법을 선정한 이후에 해야 할 일은 연구의 이론적 틀(theoretical or conceptual framework) 선정하기이다. 이론적 틀은 간단히 말해서 한 연구가 존재할 수 있도록 뼈대의 역할을 하고 있는 이론을 말한다(Merriam & Tisdell, 2015). 이론적 틀은 연구를 형성하고, 지탱하는 개념, 가정, 예상, 신념, 이론의 총합을 지칭한다(Maxwell, 2005). 이론적 틀은 연구자가 연구 목적과 문제의 선정, 참고문헌의 탐구, 수집할 자료의 종류 선택, 자료분석의 과정 및 결과를 명확히하는 데 도움을 준다(Maxwell, 2005). 연구자는 이론의 토대 위에 시행하고자 하는 연구가 왜 필요하며, 연구가 어떻게 가능한지, 그리고 본 연구의 결과가 학문적으로 어떠한 결과를 가져다주는지를 독자들에게 보여주게 된다. 종종 학술지 논문을 심사하다 보면 이론적 틀이 존재하지 않는 질적 연구를 접하게 되는데, 이러한 원고들은 학술적 연구로서 가치를 갖지 못한다. 이론적 틀이 없는 연구란 단지 연구하고자 하는 현상을 기술한 신문기사나 묘사에 지나지 않는다.

사람이라면 누구나 자신의 주변에서 발생하는 일을 해석하는 데 본인 나름대로의 이론을 갖고 있다. 예를 들어서 어려운 환경 속에서 자수성가한 사람에 대해서 사람들은 각자가 가진 틀에 의해 그의 성공의 이유를 해석한다. 예를 들어 어떠한 사람은 그 사람의 성공이 신의 축복이라고 해석할 수 있으며, 어떠한 사람은 그 사람이 처세술에 능통했던 것이 성공의 비결이라고 해석할 수도 있다. 이렇게 사람들이 자신의 삶에서 세워놓은 해석의 틀을 암묵적 이론(tacit theory)이라고 할 수 있다(Marshall & Rossman, 2009). 그러나 일상생활과 달리 학문적 연구에서는 하나의 현상을 연구하는 데 있어서 기존의 학문적 연구를 통해서 형성된 형식적 이론(formal theory)이 사용되고(Marshall & Rossman, 2009) 이것을 바로 이론적 틀이라고 지칭한다.

질적 연구에서 이론적 틀은 연구자가 연구하고자 하는 현상에 대해 갖고 있는 생각 혹은 태도를 보여준다. 질적 연구에 대해서 갖고 있는 오해 중 하나는 질적 연구를 시작하기 전에 하나 이상의 이론을 연구자가 연구의 뼈대로 선정할 경우 연구의 결과가 미리 선정한 이론이 결정해 놓은 방향으로 나올 것이라는 생각이다. 하지만 질적 연구에서 이론적 틀을 갖지 않는다면, 연구자는 무엇을 연구의 문제로 선정할지, 연구 참여자를 인터뷰할 때 어떠한 질문을 던져야 할지, 연구 참여자들을 관찰할 때 어떠한 행동들을 관찰할지, 그리고 어떠한 결과를 발견하기 위해서 자료를 분석해야 할지 모르게 된다. 오히려 연구자가 연구를 위한 이론을 선정함으로써 본인의 사적 흥미와 견해가 연구의 결과에 영향을 미치는 것을 막을 수 있다. 연구자의 견해가 연구의 결과에 영향을 미치는가에 관한 문제는 이론적 틀의 문제이기보다는 연구자의 윤리성, 연구자의 자료수집과 분석 능력 등과 관련되어 있다.

이론적 틀에 관한 예를 들면 강유진(2004)은 한국 여성노인들의 생애 이야기를 분석하는 데 있어서 닥친 위험에 적절히 적응하는 현상을 설명하는 '적응유연성(resilience)' 이론을 이론적 틀로 사용하였다. 이 연구에서는 이론적 틀에 맞추어 어떻게 우리 사회의 여성 노인들이 역경과 위기를 극복하고 현재에 이르렀는지를 해석했다. 김한별(2008)은 일선 학교에 부임한 초임교사들이 자신이 속한 학교 문화에 적응하는 과정을 경험학습과 교사발달이라는 두 가지 이론적 틀을 이용하여 분석하였다. 이 두 이론적 틀에 맞추어 김한별(2008)은 초임 교사가 학생들과 동료교사들과의 관계에서 다양한 학습이 이루어짐을 밝혀냈다.

양적 연구에서는 이론적 틀의 존재 여부를 강조하지 않지만, 질적 연구에서는 이론적 틀의 존재 여부가 중요하게 다루어지는 것은 양적 연구는 연역적 연구의 과정을 갖고 있는 반면, 질적 연구는 귀납적 연구 과정을 갖고 있기 때문이다. 양적 연구는 연구 설계 단계에서 문헌 분석의 과정을 통해서 연구자가 조사하고자 하는 변인들을 명시한다. 예를 들어서 양적 연구의 방법을 통해서 우리나라 대학교의 중국 유학생들의 사회적 관계망의 크기와 학업 스트레스와의 관계를 조사한다고 가정하자. 양적 연구의 연역적 특성으로 인해서 연구자는 연구를 시작하기 이전에 사회적 관계망과 학업 스트레스와 관련된 측정 도구를 찾아야 한다. 그리고 두 변인간의 관계와 관련된 가설을 세우고 이 가설을 기각 혹은 채택할 자료를 수집하게 된다. 양적 연구에서는 변인을 도출하고, 가설을 세우고, 이를 측정할 도구를 선정하기 위해서 연구의 뼈대를 이루는 이론적 틀을 갖게 된다.

하지만 질적 연구는 귀납적 연구 과정의 특성을 갖고 있기 때문에 이론적틀이 없이도 연구를 수행할 수 있다. 예를 들어 당신이 어떤 중국 유학생들은한국 대학교에서 높은 성적을 받지만, 어떤 학생들은 왜 낮은 성적을 받는지에 관심이 있다고 가정하자. 이럴 경우 당신은 연구의 이론적 틀을 선정하지않은 채 중국 유학생들을 인터뷰하고 관찰함으로써 성적의 차이가 어디서 오는지를 질적 연구방법을 통해 연구할 수 있다. 하지만 이렇게 이론적 틀이 없이 인터뷰를 실시할 경우 여러분은 어떤 질문을 해야 할지, 어떠한 점을 관찰해야 할지, 이 연구가 어떠한 것을 밝혀낼지에 대해 막연한 상태에서 연구를실시하게 된다. 이럴 경우 연구를 수행하는 데 이론적 틀을 미리 선정한 경우에 비해서 보다 많은 시간이 걸리고, 아울러 기존의 연구와 비교하여 가치 있는 연구 결과를 찾아내기 어렵다.

질적 연구를 설계함에 있어서 자신이 연구하고자 하는 문제의 뼈대를 이루는 이론을 선정하는 것은 연구가 보다 객관적으로 그리고 학문적으로 가치있는 결과를 만들어 내는 데 반드시 필요한 작업이다. 이론적 틀을 선정하는것은 결코 어려운 일이 아니다. 대부분의 연구자는 이론적 틀로서 평소에 관심을 갖고 있던 이론이나 자신이 갖고 있는 생각과 가장 유사한 이론을 선정하게 된다. 예를 들어 중국 유학생의 한국 대학생활 적응의 성공 여부는 다양한 이론적 틀을 가지고 질적 연구를 수행할 수 있다. 한국 학교생활의 적응에성공한 중국 유학생의 학습과정을 자기주도학습의 이론을 갖고 연구할 수 있다. 또한 상황학습이론을 토대로 학교생활 적응에 성공한 학생들이 어떠한 실천공동체를 이루었으며, 그 안에서 어떠한 자아정체성의 변화가 이루어졌는지를 질적 연구방법으로 연구해 볼 수 있다. 질적 연구는 이론적 틀이 선정되면연구의 목적, 자료 수집 방법, 해석 방법 등이 보다 체계적으로 결정된다.

이론적 틀이 없는 질적 연구가 존재할 수 있는가?

질적 연구에서 이론적 틀은 연구자에게 연구하고자 하는 현상에 대한 연구 질문을 형성하고, 수집된 자료를 해석하는 방향을 제공하는 중요한 관점의 역할을 제공한다. 그러나 아주 적은 경우이기는 하지만 이론적 틀이 없는 질적 연구도 존재한다. 연구 참여자의 경험의 핵심이 무엇인지를 찾으려는 일부 현상학적 연구와 연구하고자 하는 사례의 풍부하고 상세한 묘사를 목적으로 삼는 사례연구가 이러한 경우에 속한다(Creswell, 2011). 하지만 이론적 틀이 없는 경우 연구를 설계하고, 자료를 수집하며, 수집된 자료를 분석하는 데 많은 어려움을 겪을 수 있다. 따라서 질적 연구를 수행한 경험이 많은 연구자들을 제외하고, 이론적 틀이 없는 질적 연구를 설계하는 것은 바람직하지 않다.

5. 문헌 분석하기

질적 연구의 과정에서 문헌 분석이 필요한 이유는 실시하고자 하는 연구가 학문 분야에 어떠한 새로운 지식을 더할 수 있는지를 명확하게 하기 위해서이다(Merriam & Tisdell, 2015). 연구란 새로운 지식의 발견을 목적으로 하기 때문에, 연구와 관련된 주제에 대해 어떠한 지식이 존재하는지 그리고 연구를 통해 밝혀내고자 하는 지식이 기존의 지식과 비교하여 연구할 만한 가치가 있는 것인지에 대한 고민이 없이는 훌륭한 연구가 진행될 수 없다(Merriam & Tisdell, 2015).

그러나 연구의 주제 및 목적과 관련한 기존의 연구가 충분히 존재하지 않는 경우가 존재하는데, 이는 다음과 같은 이유 때문이다. 첫째, 실질적으로 연구를 수행하기에 불가능한 주제이기 때문에 기존의 연구가 충분히 존재하지 않는다. 예를 들어서 불법 체류자로 거주하는 이주 여성에 대한 연구를 실시한다고 가정하자. 이럴 경우 불법 체류자 신분으로 인해서 자신의 신분 노출을 걱정한 연구 대상자들이 연구 참여에 소극적이기 때문에 연구가 불가능할 수 있다. 둘째로 연구주제 자체로써는 연구를 하는 것이 가능하지만 연구를 할 만한 가치가 크게 없는 경우이다. 연구자의 흥미로 인해서 연구를 하려고 하지만 연구의 결과가 연구 참여자, 연구를 읽는 독자, 사회 구성원 전체에게 큰 가치를 부여하지 않는 경우가 이에 속한다. 예를 들어서 우리나라에서 비교적 많은 수의 중국, 필리핀, 구소련 지역의 이주여성에 대한 연구에 비해서 아주 극소수가 존재하는 인도나 중동 지역의 이주 여성들에 대한 연구는 우리나라 사회 구성원들에게 보다 관심을 끌지 못할 수 있다. 셋째, 문헌 분석의 범위를 너무 좁게 잡아서 문헌을 분석한 경우이다(Merriam & Tisdell, 2015). 어떠한 연구의 주제이든지 간에 반드시 그 주제와 관련한 기존의 연구들은 존재한다(Merriam & Tisdell, 2015). 예를 들어서 탈북 청소년들의 대학 생활 적응에 대한 연구를 실시한다고 가정하자. 탈북 청소년들의 대학 진학에 대한 경우가 적고, 사회적 관심이 부족해서 이에 대한 연구가 아직 많지 않기 때문에 이에 관한 기존 연구를 찾는 것이 쉽지 않을 것이다. 대신 탈북 청소년들이 겪는 사회 적응 문제, 다문화 가정 자녀들의 학교 적응 문제, 북한과 남한의 대학생들의 차이 등에 관해서 좀 더 범위를 넓혀서 문헌을 조사하면 관련된 연구를 찾을 수 있다.

문헌 분석의 결과는 연구의 설계 과정에서 다음과 같이 사용될 수 있다. 첫째, 연구 문제와 이론적 틀을 선정하는 데 도움이 된다(Merriam & Tisdell, 2015). 인터넷을 기반으로 한 데이터베이스로 인해서 문헌 분석을 비교적 손쉽게 수행할 수 있다. 이를 위해 RISS(www.riss.re.kr)를 추천한다. 선행 연구 분석에는 이론적 내용이나 실증적 연구를 다룬 학술지 논문, 학술서, 학위 논문 등이 모두 포함된다. '기존의 연구에서는 내가 하고자 하는 연구와 유사한 어떠한 문제들이 탐구되었는가, 기존의 연구에서 사용되었던 연구의 가정은 무엇인가, 기존의 연구에서는 용어들이 어떻게 정의되었는가' 등의 문헌분석을 통해서 당신의 연구 문제가 보다 명료해진다. 그리고 자신이 연구하고자 하는 비슷한 연구 문제를 갖고 있는 기존의 연구들이 어떠한 이론적 틀을 사용했는지를 살펴보는 가운데 본인의 연구에 가장 적합한 이론적 틀을 살펴볼 수 있다. 둘째, 문헌 분석의 결과는 연구의 방법을 선정하는 데 도움이 된다(Merriam & Tisdell, 2015). 당신이 연구 문제와 비슷한 문제를 갖고 실시한 연구들은 어떠한 연구방법들을 사용했는가? 기존에 실시한 연구는 질적 연구의 방법 중 어떠한 연구방법(실행연구, 근거이론, 사례연구 등)을 사용했는가? 어떻게 연구 참여자들을 선정했는가? 어떠한 자료 수집 방법(인터뷰, 관찰, 문헌)이 사용되었는가? 어떻게 자료를 분석했는가 등의 조사는 당신의 연구방법을 선정하는 데 큰 도움이 된다. 특별히 당신이 사용하고자 하는 연구방법과 비슷한 연구방법을 사용한 연구를 찾는다면, 그 연구방법에 당신의 연구 상황을 대입해 봄으로써 실질적으로 당신의 연구를 실시하는 데 일어날 수 있는 시행착오를 줄일 수 있다.

질적 연구에서 기존 연구의 분석을 실시하는 것이 반드시 필요하다는 점은 누구나 인정하지만, 언제 이를 실시하는 것이 가장 바람직한가에 대해서는 이견이 존재한다(Merriam & Tisdell, 2015). 앞에서 언급한 것처럼 연구를 설계하는 것은 선형적 과정이 아닌 상호보완적 과정이기 때문에 언제든지 문헌 분석이 실시될 수 있다. 하지만 기존의 문헌을 집중적으로 분석하는 시기는 연구 중에 필요한데, 연구의 초기가 가장 적합하다는 의견이 지배적이다. 왜냐하면 문헌 분석이 연구의 문제, 이론적 틀, 연구의 방법을 선정하고 명료화하는 데 도움을 주기 때문이다(Merriam & Tisdell, 2015). 오랜 시간 동안 이루어진 철저한 문헌 분석은 자신이 연구하고자 하는 연구 문제, 연구 대상자들의 특성, 이론적 틀에 대해서 깊숙이 이해하는 것을 도와서, 보다 높은 질의 연구 그리고 보다 빠른 연구 진행을 돕는다. 이러한 견해와 달리 근거이론의 창시자 중 한 명인 Glaser(1978; Merriam & Tisdell, 2015에서 재인용)는 자료가 모두 수집되기 전까지 문헌 분석을 실시하지 않는 것이 바람직하다고 주장했다. 그는 자신이 연구하고자 하는 주제와 비슷한 기존의 문헌의 분석은 연구자가 연구의 자료를 수집하는 과정에 영향을 미쳐서 연구하고자 하는 현상을 가장 잘 설명할 수 있는 연구의 결과를 밝히는 데 방해가 될 수 있다고 주장했다. 하지만 Glaser(1978; Merriam & Tisdell, 2015 재인용)도 역시 연구의 결과가 기존의 학문 분야에 어떠한 기여를 하는지를 명확히 밝히기 위해서 관련 문헌에 대한 철저한 조사가 필요하다고 했다.

연구를 설계하는 데 철저한 문헌 분석이 필요하다면 어느 정도까지 문헌 분석을 해야 하는가? 하나의 연구주제와 관련해서 매우 다양한 문헌들이 존재할 수 있다. 하지만 다음과 같은 기준에 의해서 어느 정도 분석할 문헌의 범위를 정할 수 있다. 첫째, 최근 10년 내에 출간된 문헌만을 분석한다. 가끔 출간된 학술지 논문이나 학위 논문을 보면 10년 이전에 출간된 연구물을 분석하는 것을 종종 본다. 자신의 분석하고자 하는 영역의 큰 획을 그은 연구 혹은 이론적 틀의 근간이 되는 핵심적 문헌 등은 비록 10년 이전에 출간되었다 하더라도 문헌 분석의 범위에 포함되는 것이 바람직하다. 하지만 그 이외에 출간된 서적, 학술지 논문, 학위 논문 등은 모두 최근 10년 내에 것만을 분석하도록 한다. 최근 10년 안에 출간된 연구물에는 그 이전에 출간된 연구물을 분석한 내용이 포함되어 있기 때문에 굳이 10년 이전의 연구물의 결과를 본인 스스로 정리할 필요가 없다. 둘째, 같은 분야의 분석을 실시하는 과정 가운데 자신이 이미 분석한 문헌이 계속 다른 문헌에서 인용되고 있고, 더 이상 새로운 문헌이 발견되지 않는다면 문헌 분석을 멈추도록 한다. 모든 연구들은 기존의 연구물을 분석하고 그 토대 위에서 연구를 실시하기 때문에 비슷한 주제를 연구하는 연구물에서는 어느 정도 동일한 연구물이 문헌 분석의 범위에 포함된다. 만약 연구자가 충분히 기존 문헌들을 분석하는 과정을 거쳤다면 자신이 이미 분석한 문헌을 언급하는 연구물들을 읽게 될 것이다. 또한 연구자 자신이 문헌 분석을 통해 밝혀낸 결과물과 계속해서 비슷한 연구 결과만을 밝히는 문헌이 반복적으로 조사되고 새로운 결과를 밝히는 문헌을 찾기 어렵다면 이는 더 이상 새로운 연구 결과가 없다고 가정하고 문헌 분석을 멈추어도 된다.

6. 연구 참여자 선정하기

연구 문제 및 이론적 틀이 선정되고 이와 관련된 기존의 문헌이 철저히 정리되었다면 이제 연구에 참여할 집단을 선정하는 단계에 이르렀다. 연구 문제를 수행하기 위해서 연구를 수행할 장소와 만날 사람들, 수집해야 하는 문서가 무엇일지, 그리고 장소, 사람들, 문서의 수는 몇 개로 선정해야 할지를 결정해야 한다. 양적 연구에서는 연구 참여자 선정의 가장 큰 기준은 통계적으로 일반화가 가능한 집단을 선정하는 것이다. 하지만 연구 결과의 일반화를 목적으로 하지 않고, 연구 현상에 대한 깊은 이해를 목적으로 하는 질적 연구에서 연구 참여자 선정의 가장 큰 원리는 '내 연구 문제에 가장 심도 깊은 답을 줄 수 있는 충분한 지식, 경험, 태도를 갖고 있는 대상은 누구인가?'이다. 즉 연구자가 연구문제와 관련하여 가장 많이 배울 수 있는 대상이 누구인지 선정하는 것이다(Merriam & Tisdell, 2015). 이를 Patton(2017)은 '의도적 표집 (purposeful sampling)'이라고 했다. '의도적 표집'을 실시하기 위해서는 연구를 계획하는 단계에서 연구 문제의 답을 찾는 데 가장 합당하다고 여겨지는 대상(장소, 사람, 문서)을 선정하는 기준을 미리 세워야 한다(Merriam & Tisdell, 2015). 그리고 나중에 연구를 기술할 때 본인이 세운 연구의 대상 혹은 참여자를 선정할 때 세운 기준이 왜 중요했는지 언급해야, 독자들이 참여자 선정에 대해 납득할 수 있다(Merriam & Tisdell, 2015).

'의도적 표집'은 어떠한 기준을 갖고 표집을 실시했는지에 따라서 다양한 방법이 존재하는데, 여기서는 Merriam과 Tisdell(2015), Patton(2017)이 주장한 방법을 소개하겠다. 각각의 종류는 장점과 단점을 갖고 있으므로, 연구의 문제 및 연구의 상황에 맞는 표집의 방법을 선택하도록 한다. 첫째는 '전형적 표집선정(typical sampling)' 방법으로, 이는 연구하고자 하는 문제에 대해서 가장 일반적 환경과 사람 등을 연구대상으로 선정하는 경우이다. 예를 들면 대학에 입학한 중년 여성에 대한 연구를 실시할 때 가장 일반적 경우인 4년제 대학에 다니는 현재 자식과 남편과 함께 사는 40대 중후반의 가정주부를 연구 대상자로 선정한다. 이러한 방법의 장점은 연구를 읽는 독자들이 자신의 주변에서 흔히 일어날 수 있는 상황 혹은 흔히 만나는 사람들에 대한 연구를 접함으로써 연구의 결과를 독자의 상황에 쉽게 대입해 볼 수 있다는 점이다. 그러나 단점은 너무 일반적 상황을 연구한 나머지 연구의 결과가 흥미롭지 않을 수 있다. 두 번째 표집방법은 첫 번째 표집방법과 반대인 '특수 표집선정(unique sampling, extreme case sampling)' 방법이다. 이 방법은 연구 목적에 부합하는 특수하고 흔하게 일어나지 않는 상황이나 대상자를 표집으로 선정하는 방법이다. 대학에 입학한 중년 여성의 연구의 경우에서 흔하게 발생하지 않는 의대나 한의대 등에 입학한 중년 가정주부에 대한 연구가 이 경우에 속한다. 이 방법의 장점은 그동안 관심을 받지 못했던 현상을 연구함으로 다른 사람들이 미처 생각하지 못한 흥미로운 연구 결과를 얻을 수 있다. 그러나 단점은 너무나 특수한 상황을 연구한 나머지, 일부 독자에게만 흥미 있는 연구가 될 수 있다. 셋째는 근거 이론의 방법(Glaser & Strauss, 1967)에서 유래된 '최대편차 표집선정(maximum variation sampling)' 방법이다. 이 방법은 표집의 대상 안에 최대한 다양한 차이를 보이는 대상을 수집해서 연구하는 방법을 뜻한다. 예를 들어 나이, 전공, 전직 직업 유무, 자식의 유무 등에서 최대한 다양한 특성을 가진 대학에 입학한 중년 여성들을 연구 대상자로 선정한다. 이 방법의 장점은 다양한 특성을 가진 현상을 연구함으로써 그 현상의 다양한 차이에도 불구하고 존재하는 핵심적 개념에 대해서 이해를 할 수 있다. 그러나 다양한 특성을 가진 참여자들을 모집하는 것이 어렵다는 단점이 있다. 넷째, '편리한 표집선정(convenience sampling)' 방법이다. 이 방법은 연구자가 자신의 재정적 상태, 연구에 허락된 시간, 접근 가능한 장소 등을 고려할 때 연구하기에 가장 편리한 표집을 선정하는 경우이다. 예를 들어 연구자가 거주하는 곳에서 가장 가까운 대학 혹은 연구를 위해서 연구 대상자의 접근이 허용된 대학에 다니는 중년 여성들을 연구하는 경우이다. 이 방법은 연구를 쉽고 빠르게 진행할 수 있다는 장점이 있지만, 연구 문제에 충분한 답을 줄 수 있는 표집을 선정하기 어려울 수 있다는 단점도 존재한다. 다섯 번째 방법은 '눈덩이 표집선정 (snowballing sampling)' 방법으로, 연구자는 초기에 자신이 세운 기준에 부합한 핵심 연구대상자를 선정하고 그들에게 연구의 주제에 대한 풍부한 정보를 갖고 있는 다른 연구대상자를 소개받는 경우이다. 예를 들어 연구에 참여한 초기 대상자들에게 자신이 알고 있는 연구에 적합한 대학에 재학중인 다른 중년 여성을 소개받는 경우이다. 이 방법의 장점은 연구 참여자의 수집이 용이하다는 점이지만, 소개받은 연구 대상자들이 연구주제에 대한 풍부한 자료를 갖고 있는지 아닌지는 자료를 수집하기 이전에 확실히 알 수 없다는 단점이 있다.

위에서 언급한 다양한 표집 선정 방법 중 하나로 연구대상자를 선정한 후에 연구자가 결정해야 할 사항은 과연 얼마만큼의 표집을 수집하는 것이 질적 연구를 수행하기에 적합한가이다. 질적 연구를 수행함에 있어서 적절한 표집의 수를 선정하는 데 가장 이상적 기준은 표집의 수를 초기에 정하지 않고 지속적으로 자료를 수집하는 중에 더 이상 새로운 내용이 발견되지 않을 때 자료수집을 멈추는 것이다(Merriam & Tisdell, 2015). 질적 자료의 분석을 다룬 장에서 보다 자세히 언급을 하겠지만, 질적 연구의 특성 중에 하나는 자료의 수집과 분석이 동시에 이루어진다는 점이다. 자료 수집 중에 실시하는 분석을 통해서 더 이상 새로운 자료를 수집하는 것이 무의미할 정도로 연구 문제에 대한 충분한 자료 수집이 이루어졌다고 여겨질 때 새로운 자료 수집을 멈추는 것이다. 하지만 실제적으로 연구를 하다 보면 대부분은 연구자에게 한정된 시간 혹은 재정적 지원의 제약으로 자료의 수집을 멈추는 것이 대부분이다. 학위 논문이나 외부에서 재정적 지원을 받은 프로젝트를 위해 질적 연구를 수행한다면 외부에 의해 정해진 기간 안에 어쩔 수 없이 자료 수집을 멈추어야 한다. 그리고 연구 현장에 나가서 많은 시간 동안 머무르게 되는 문화기술지 연구와 같은 경우는 체류 비용 등을 포함한 연구의 재정적 지원이 허용된 한에서 연구를 진행하게 된다.

7. 자료 수집방법 선정하기

연구 참여자의 선정과 거의 동시에 이루어져야 하는 단계는 자료 수집방법의 선정이다. 질적 연구에서 자료 수집방법은 관찰, 인터뷰, 문서수집의 세 가지로 나뉜다. 자료 수집방법을 선정할 때 주의해야 할 점은 다음과 같다.

첫째, 각 수집방법은 각자의 장단점을 갖고 있기 때문에, 어떠한 수집방법을 사용할지는 연구 문제와 연구의 상황에 따라 달라진다(Maxwell, 2005). 관찰은 연구 참여자의 실제 삶에 들어가서 그곳에서 일어나고 있는 복잡한 상황을 종합적으로 이해하는 데 도움을 준다(Merriam & Tisdell, 2015). 인터뷰는 관찰을 통해 수집될 수 없는 연구 참여자의 사고, 감정, 의도와 관련된 자료를 수집하는 데 도움을 준다(Patton, 2017). 문서수집 방법은 연구자가 연구 참여자에게 미치는 영향 없이, 연구 참여자가 이미 만들어 놓은 각종 자료를 수집해서 연구문제와 관련된 자료를 수집하게 된다. 이러한 세 가지 방법의 특성을 고려하여 연구 문제를 해결하는 데 가장 적합한 해답을 줄 수 있는 방법을 연구자는 선정한다.

둘째, 하나의 자료 수집방법만을 사용하기보다는 복수의 자료 수집방법을 사용하는 것이 바람직하다(Maxwell, 2005; Patton, 2017). 복수의 자료 수집 방법을 사용하는 것을 삼각화(또는 다각화(triangulation))라고 부른다. 이는 건축학에서 사용하는 용어를 비유적으로 사용하는 것으로 반드시 세 개의 자료 수집방법을 사용하는 것을 가리키는 것이 아니라, 복수의 자료 수집방법 사용이 보다 안정적임을 가리키는 용어이다. 하나의 자료 수집방법만을 사용할 경우 부정확한 자료 혹은 연구자의 편견에 치우친 자료가 수집될 수 있다. 예를 들어서 한 연구 참여자가 인터뷰 중에 자신은 모든 동료 학습자들과 활발한 상호작용을 한다고 말했다고 하자. 그런데 막상 관찰을 해 보니 이 참여자는 자신과 친한 소수의 학습자들과만 상호작용을 할 뿐이라는 것이 밝혀질 수 있다. 아울러 삼각화를 사용할 경우 보다 의미 깊은 자료를 수집할 수 있다. 예를 들어 연구자가 컴퓨터 교실에서 한 참여자가 자신은 수업의 진도를 잘 따라가면서, 바로 옆에서 진도를 잘 따라가지 못하는 동료를 도와주지 않는 장면을 자주 관찰했다고 가정하자. 연구자는 인터뷰를 통해서 왜 이 연구 참여자가 동료를 도와주지 않았는지, 둘 사이에 어떠한 과거의 사건이 있었는지에 대해서 보다 심도 깊은 질문을 던질 수 있게 된다.

◆ 참고문헌_

강유진 (2004). 한국 여성 노인의 적응유연성에 관한 질적 연구. **한국가족복지학**, 14, 49-82.

김영석(2014). 평생교육학 분야의 질적 연구 동향분석(2000년-2014년). **평생교육학 연구**, 20(3), 135-166.

김한별 (2008). 초임교사의 학교문화 적응과정에서의 학습경험 이해. **평생교육학 연구**, 14(3), 21-49.

한수연 (2009). **평생학습도시 평생교육사의 교육적 갈등에 관한 연구**. 석사학위논문, 동의대학교.

Creswell, J. W. (2011). **연구 방법: 질적, 양적 및 혼합적 연구의 설계**(김영숙, 류성림, 박판우, 성용구, 성장환 공역). 서울: 시그마프레스. (원저 2009년 출판).

Esterberg, K. G. (2002). *Qualitative methods in social research*. New York: McGraw-Hill.

Glaser, B. G., & Strauss, A. (1967). *The discovery of grounded theory*. Chicago: Aldine.

Marshall, C., & Rossman, G. B. (2009). *Designing qualitative research* (5th ed.). Singapore: Sage.

Maxwell, J. A. (2005). *Qualitative research design: An interactive approach* (2nd ed.). Thousand Oaks, CA: Sage.

Merriam, S. B., & Tisdell, E. (2015). *Qualitative research: A guide to design and implementation*. (4th ed.). San Francisco: Jossey-Bass.

Merriam, S. B., & Simpson, E. L. (2000). *A guide to research for educators and trainers of adults* (2nd ed.). Malabar, FL: Krieger.

Moon, P. (2011). Bereaved elders: Transformative learning in late life. *Adult Education Quarterly*, *61*, 22-39.

Patton, M. Q. (2017). 질적연구 및 평가 방법론(김진호 외 공역). 경기: 교육과학사. (원저 2015년 출판).

Roberson, D. N., & Merriam, S. B. (2005). The Self-directed learning process of older, rural adults. *Adult Education Quarterly*, *55*(4), 269-287.

S F N E V C F P X Z K N H S F
UNDERSTANDING T A S
O C T Y W D F B X S F M A
R E S E A A C W S I B C I E S
QUALITAT N V Y E T L
F G K X L S D I E N I D V H F
G Q W D S E V W I V W O E
V B R R Q T J E A X U G D N
Z C E V U Z B A K H R V W S O
Z U R Q K C I O

Chapter 11

W I E V H E G S

Q A SEARCH

인터뷰

(Interview)

Q E A L I T A T

I E M V L S O M

O V P B X C Y W

C·H·A·P·T·E·R
11

인 터 뷰

주요 내용
1. 자료수집활동으로서 인터뷰의 개념과 특징
2. 인터뷰의 유형별 특징
3. 인터뷰 수행방법과 유의사항

이 세상에 완벽한 것은 아무것도 없는 것이 세상의 이치이듯이 어떤 연구를 수행하기 위하여 우리가 채택할 수 있는 여러 가지 자료수집의 방법들도 다 완벽하지 못하다. 각 방법마다 나름대로의 장점과 동시에 한계점들을 가지고 있으며, 방법에 따라서 수집할 수 있는 자료의 성격과 범위도 한정되기 마련이기 때문에 연구자는 자신의 연구 상황에 맞게 최적의 방법을 선택할 수 있는 능력이 필요하다. 특정한 사회적 실천 장면에 참여하는 구성원들의 관점에서 파악되는 현상의 의미를 이해하려는 질적 연구방법의 목적과 관련하여 보편적으로 활용되는 자료수집의 방법은 인터뷰, 관찰, 그리고 문서자료의 분석이 있다. 이 장에서는 이 가운데 연구자와 참여자 간의 언어적 상호작용을 매개로 자료수집이 이루어지는 인터뷰에 대해서 살펴본다.

1. 인터뷰의 특징

세 가지의 대표적인 자료수집 방법 가운데 인터뷰는 오늘날 질적 연구방법의 전통에서 가장 보편적으로 널리 활용되는 자료수집의 방법이라고 할 수 있다. 우리는 일상생활 속에서 인터뷰 활동이 이루어지는 장면을 그리 어렵지 않게 목격할 수 있다. 회사에 취직을 하기 위한 면접, 사건을 취재하는 기자들이 어떤 사람들로부터 사건에 대한 정보를 수집하는 활동, 또는 병원을 찾은 환자들의 상태를 진단하기 위해서 의사가 증상을 물어보는 활동, 교사가 학생의 관심사나 걱정 등의 원인을 파악하고 그에 대한 적절한 조언을 제공하는 등 인터뷰의 모습은 우리네 생활 가운데에서 다양하게 나타난다. 이처럼 일반적인 의미에서 인터뷰란 어떠한 정보를 구하는 사람과 관련된 정보를 가지고 있는 사람 간의 언어적인 의사소통의 과정으로 볼 수 있다.

하지만 질적 연구방법에서 주목하는 인터뷰는 친밀감을 매개로 이루어지는 통상적인 대화나, 단순한 의견교환과는 구분된다. 인터뷰는 일정한 정보를 습득하려는 뚜렷한 목적의식을 바탕으로 이루어지는 의사소통으로서 "guided conversation"이란 표현으로 요약될 수 있다(Bogdan & Biklen, 2007; Merriam, 1998). 여기에서 의사소통을 가이드해 주는 지침은 바로 연구자의 연구주제가 되는 것이다. 즉, 질적 연구수행을 위한 자료수집의 방법으로서 인터뷰란 일종의 형식과 구조를 가지고 있는 대화, 또는 유목적적인 의사소통 과정으로 규정할 수 있으며, 특히 연구자가 관심을 갖는 주제와 관련한 지식의 생산을 목적으로 이루어지는 연구자와 참여자 간의 의도적인 대화인 것이다. 즉, 어떤 주제에 대해서 관심을 가지고 연구를 수행하는 연구자는 주제에 대해서 많은 정보를 갖고 있다거나, 그와 관련된 풍부한 경험을 가지고 있을 것으로 기대되는 사람을 선별하여 미리 계획된 질문내용과 형식에 맞추어서 관심주제를 보다 명확하게 이해하고 탐색하는 데 도움이 되는 정보를 수집할 수 있게 된다. 이때 인터뷰를 통해서 수집되는 자료는 연구 참여자가 연구주제 혹은 인터뷰 질문사항에 대하여 자신이 생각하고 있는 바를 자신의 언어적 습관과 표현으로 서술한 것이다.

일반적으로 인터뷰는 연구자의 연구주제에 대한 정보를 풍부하게 가지고 있는 참여자를 대상으로 이루어짐으로써 참여자의 이야기를 연구자가 획득하는 형태로 이해할 수 있다. 즉, 참여자가 주관적으로 구성해 낸 경험을 인터뷰를 통해서 연구자는 그대로 획득하게 된다는 것이다. 물론 이러한 인터뷰에 대한 이해가 틀린 것은 아니지만, 보다 심층적으로 그 구조를 살펴보면 연구자와 참여자의 공동의 경험구성과정으로서 인터뷰를 이해할 수 있다. 다시 말하면, 인터뷰란 연구의 참여자가 제보하는 내용을 연구자가 일방적으로 청취, 수용하고 연구결과를 도출하는 과정에서 해석, 재구성하는 과정이라기보다는 인터뷰가 진행되는 과정에서 연구자가 참여자의 경험구성에 개입하고 함께 만들어 가는 역할을 한다는 것이다. **그림 11-1**은 연구 참여자가 진술하는 사건, 관심대상에 대한 경험이 연구자의 연구결과로 재현되는 과정을 도식적으로 보여준다. 그림에서 확인할 수 있는 바와 같이 연구 참여자가 인터뷰 과정에서 제보하는 내용은 특정한 사건, 인물, 현상 등에 대해서 가지고 있는 경험이다. 그런데 이 경험은 객관적인 실재이기보다는 참여자의 개인적 특성, 문화적 배경, 선입견 등에 의해서 조형된 구성체(construct)이다. 질적 연구의 자료수집 방법으로서 인터뷰가 갖는 매력은 바로 구성체로서 경험을 확인할 수 있다는 점에 있다. 인터뷰 자료는 바로 참여자의 주관이 개입하여—의식적이든, 무의식적이든—구성된 것이기 때문에 인터뷰를 통해서 획득한 자료들은 참여자가 어떤 식으로 의미해석을 하고 있는지, 왜 그렇게 이해하고 있는지 등을 확인할 수 있는 근거가 될 수 있다. 만약 참여자들이 진술하는 이야기가

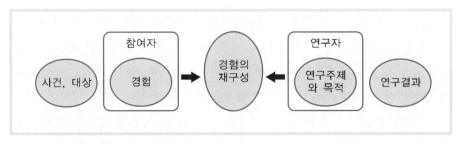

그림 11-1 인터뷰의 구조

이들과 무관한 고정불변의 객관적인 사실들뿐이라면, 참여자의 관점에서 현상이 어떻게 이해되는지를 살펴보려는 질적 연구의 전통에서 그리 주목받지 못했을 것이다.

하지만 인터뷰는 참여자의 주관에 의해서 구성된 경험을 연구자가 확인할 수 있는 과정이라는 의미를 넘어서서 연구자와 참여자간의 공동의 경험 재구성 과정으로서 의미를 갖는다. 참여자가 인터뷰의 진행과정에서 언급하는 내용은 순수하게 참여자의 주관에 의해서만이 구성된 경험이 아니라, 연구자가 제공하는 질문의 형식과 내용에 영향을 받아서 새롭게 재구성된 것이다. 참여자는 연구자가 질문하는 내용과 질문의 형식을 인식하고 그에 대한 적절한 형태로서 자신의 경험을 다시 구성하게 되는데, 이때 연구자의 질문은 바로 연구주제 및 목적과 관련한 연구자의 관심과 밀접하게 관련된다. 결과적으로 연구주제와 목적에 충족할 수 있는 정보를 얻기 위하여 연구자가 던지는 질문에 따라서 참여자가 제보하려는 구성체로서 자신의 경험은 다시 한번 더 재구성되어 이야기되는 것이다. 가령, 어제 저녁에 누구를 만났는지에 대한 질문을 받았을 경우, 우리는 어제 저녁에 있었던 다양한 사건들 가운데, 의미 있게 기억나는 인물에 대해서 주로 이야기하게 된다. 이처럼 질문은 적절한 응답의 형식과 내용을 규정짓게 되므로, 인터뷰 질문을 구성하여 제공하는 연구자의 의도와 관심에 따라서 참여자의 경험이 구성되는 모습이 나타나게 되는 것이다.

언어적 상호작용으로서 인터뷰는 연구자가 시간이나 공간의 제약으로 인해서 직접 관찰하기 어려운 사항에 관한 정보들을 수집할 수 있는 특징을 갖는다. 예컨대, 인터뷰 참여자가 과거에 경험하였던 내용이나 그에 대한 감정, 느낌, 생각 등은 연구자가 눈으로 직접 확인할 수 없는 정보이다. 이에 대한 정보들은 누구보다도 참여자 스스로가 이야기함으로써 연구자에게 전달되어질 수 있는 것이다. 이런 점에서 볼 때 인터뷰는 연구 참여자의 관점에서 해석된 경험이나 사건에 대한 정보를 제공할 수 있으며, 앞서 언급한 구성체로서 경험이란 인터뷰 자료의 이러한 성격을 말하는 것이다. 다시 말하면, 인터뷰 과정 중에 참여자가 진술하는 내용은 어떤 대상, 사건에 대한 참여자의 주관적인 해석인 것이다. 나름대로 가치관과 의견, 생각 등을 가지고 있는 인터뷰 참여자는 하나의 사건을 결코 가치중립적으로 해석하지 않으며, 자신이 가지고 있는 가치관이나 문화, 신념을 바탕으로 사건을 해석하고 이해하며, 자신이 어떤 사건에 대해서 나름대로 의미를 구성한 것을 인터뷰를 통해서 재현해내는 것이다.

인터뷰를 통해서 얻을 수 있는 자료의 수준은 연구 참여자의 개인적 자질이나 능력, 그리고 주제에 대한 관심 정도나 익숙한 정도에 따라서 매우 다양하게 나타날 수 있다. 연구주제에 대해서 높은 관심을 가지고 있으며 그에 대한 해박한 정보를 가지고 있더라도, 그것을 언어로써 표현해 내는 능력이 부족하다면, 인터뷰 자료는 이해하기 어렵고 연구자가 분석하기에 매우 복잡하고 어려운 것일 수 있다. 반대로 언어로 자신의 경험이나 생각을 표현하는 데에는 매우 익숙하지만, 연구주제와 관련해서 이야기해 줄 정보가 별로 없다면, 인터뷰 자료는 단편적이고 피상적인 내용들만 포함할 가능성이 많을 것이다. 그러나 인터뷰 방법이 기본적으로 연구자와 연구 참여자 간의 언어 소통을 전제로 한다는 점에서 연구 참여자의 문해수준이나 이해능력에 대해서 상대적으로 자유로울 수 있는 장점을 가진다. 예컨대, 설문조사를 하는 경우에는 응답자들이 문자로 제시된 설문항목을 읽을 수 없다거나 질문의 의도를 제대로 이해하지 못했을 때 신뢰도가 떨어지는 응답을 할 수 있다. 그러나 면대면으로 이루어지는 인터뷰는 질문의 의도를 충분히 이해하지 못했을 경우, 반복적으로 이해시킬 수 있으며, 참여자의 응답이 애매모호한 경우에도 캐묻기(probing)를 통해서 명확하게 할 수 있다.

2. 인터뷰의 유형

인터뷰의 유형은 인터뷰 진행의 형식과 짜임새에 관한 논의이다. 실제에서 보면 인터뷰의 유형과 인터뷰 질문의 유형과 혼동하는 경우가 있는데, 인터뷰의 유형에 대한 이야기는 인터뷰의 구조화 정도에 대한 이야기로서 한 회기의 인터뷰를 어떻게 구성하여 운영할 것인가에 대한 논의이다. 반면 인터뷰 질문 유형은 연구 참여자와의 면담을 진행할 때, 제시하는 질문의 형태가 어떤 모습인가에 대해서 주로 주목하는 사항이라고 할 수 있다. 예를 들면, 인터뷰 질문이 개방형 질문인가, 예/아니오 질문인가 등을 점검하고 확인하는 것이라고 보면 될 것이다.

인터뷰의 유형은 대체로 구조화된 인터뷰(structured interview), 반구조화된 인터뷰(semi-structured interview), 그리고 비구조화된 인터뷰(unstructured interview)로 나뉜다. 첫째, 구조화된 인터뷰란 연구자가 사전에 인터뷰 진행에 활용하기 위해 준비하는 인터뷰 가이드가 매우 구체적으로 조직되어서 진행되는 인터뷰 형태를 말한다. 구조화된 인터뷰는 연구자가 인터뷰 가이드에 준비된 모든 질문들을 순서대로 정확하게 하는 것이기 때문에 연구자 이외에 연구주제에 대해서 지식과 경험이 없는 다른 개인을 활용하여 인터뷰를 실행할 수 있다(신경림, 조명옥, 양진향, 2004). 그렇기 때문에 인터뷰 대상자가 많은 경우에 유용하게 이용될 수 있는 인터뷰 유형이라고 할 수 있다. 보다 쉽게 생각하면, 구조화된 인터뷰는 일종의 문서화된 면담지를 바탕으로 진행되는 구두설문 형태로 이해할 수 있다.

그러나 구조화된 인터뷰는 사전에 준비된 질문에 대한 답변만을 얻을 수 있으며, 참여자가 갖는 생각이나 질문내용에 대한 다른 해석이나 독창적인 생각을 개진할 수 있는 가능성이 없는 한계점이 있다. 연구자가 사전에 예상하지 못했던 연구 참여자의 연구주제, 대상에 대한 독특한 의미내용과 의미해석의 구조를 인터뷰가 진행되는 과정에서 발견하여 포함하기에 매우 제한적인 인터뷰 유형이라고 할 수 있다. 그러므로 구조화된 인터뷰는 다수의 연구 참여자들이 가지고 있는 경험의 대략적인 경향성을 파악하거나, 질적 자료를 양화하여 분석할 의도를 가지고 있을 때 사용할 수 있다.

둘째, 반구조화된 인터뷰는 말 그대로 구조화된 인터뷰와 비구조화된 인터뷰의 중간형태를 말한다. 반구조화된 인터뷰에서는 연구자가 인터뷰 가이드, 혹은 인터뷰 프로토콜이라고 하는 인터뷰 질문지를 사전에 준비하기는 하지만, 구조화된 인터뷰에서처럼 엄격하게 질문이 결정되어 있지는 않으며, 참여자의 반응에 따라서 캐묻기와 같은 추가적인 질문의 가변성을 어느 정도 허용하고 있다. 좀 더 구체적으로 이야기하면, 연구자가 우선적으로 개방형 질문을 던짐으로써 참여자가 스스로 자신의 경험을 정리, 구성하여 이야기할 수 있도록 한다. 그리고 연구자가 연구주제와 목적과 관련하여 확인하여야 할 사항에 대한 지시어 등을 포함함으로써, 연구자가 인터뷰 진행중에 짚고 넘어가야 할 부분을 빼먹지 않도록 한다. 그림 11-2에서는 반구조화된 인터뷰에서 사용되는 인터뷰 가이드의 예시가 제시되어 있다.

인터뷰 가이드

연구주제: 학교현장에서 교사의 학습과정 탐색

1. (신규시절) 선생님께서 담당하셨던 교과수업과 관련하여 어려웠던 점들에 대해서 이야기해 주십시오.
   - 수업시수, 체제
   - 교과담당자로서 필요한 지식(교육과정)
   - 학생들 수준(개인차)
   - 수업관련 학교의 지원

2. (신규시절) 학생들의 생활지도와 관련하여 어려웠던 점들에 대해서 말씀해 주십시오.
   - 생활지도관의 차이(교사 간, 학교와 교사)
   - 학부모의 지원, 협력
   - 학생의 돌출행동

3. (신규시절) 선생님께서 담당하셨던 행정적 업무처리와 관련하여 어려웠던 점들에 대해서 이야기해 주십시오.
   - 문서처리
   - 동료교사의 협력
   - 수업결손

그림 11-2 반구조화된 면담지의 예시

반구조화된 인터뷰는 연구 참여자의 답변의 내용과 형식이 비교적 제한을 덜 받기 때문에 참여자 자신이 이야기하고자 하는 내용을 제시할 수 있고, 자신이 가지고 있는 지식과 정보를 보다 심층적이고 폭넓게 제공할 수 있다. 그러나 여전히 연구자가 가지고 있는 연구주제에 대한 의도나 편향된 가치가 인터뷰 내용을 제약할 가능성은 내포하고 있는 형태이다. 그러므로 다른 질적 연구의 방법에서도 중요하지만, 특히 반구조화된 인터뷰를 실행하는 경우에서는 연구자의 편향(researcher's bias)이 중요하게 강조된다(신경림 외, 2004). 하지만, 반구조화된 인터뷰는 유목적적인 대화로서 연구의 목적에 부합하는 정보를 확인할 수 있는 동시에, 참여자의 자유로운 경험제공 가능성도 함께 열어두고 있다는 점에서 오늘날 질적 연구의 전통에서 일반적으로 많이 쓰이는 인터뷰 유형이다.

셋째, 비구조화된 인터뷰에서는 연구자와 참여자 간의 인터뷰 진행이 주로 일상적 대화의 형식으로 이루어지게 되며, 주로 연구 참여자의 답변 내용에 따라서 이어지는 적절한 질문의 내용과 형태가 변할 수 있도록 한다. 그럼으로써 연구에 필요한 정보획득이라는 의도적 활동으로서 인터뷰의 성격을 최대한 배제하고자 한다. 그렇기 때문에 비구조화된 인터뷰에서 인터뷰 가이드는 대화의 주제에 대한 최소한의 정보만을 가지고 있거나, 또는 인터뷰 가이드 자체를 준비하지 않은 채, 질문할 커다란 주제들을 연구자가 머릿속으로만 구상한 채, 인터뷰를 진행하게 된다.

비구조화된 인터뷰의 가장 커다란 장점은 참여자가 이야기하는 형식과 내용에 대해서 제약을 거의 두지 않으며 실제 인터뷰가 진행되는 구체적인 상황에 맞추어서 자연스럽게 진행될 수 있도록 하기 때문에, 참여자가 자연스러운 일상적 조건에서 가지고 있는 풍부하고 실질적인 의미나 경험을 확보할 수 있다는 것이다(신경림 외, 2004). 그러나 비구조화된 인터뷰의 수행을 위해서는 무엇보다도 연구자가 연구주제에 대한 해박한 이해력과 숙련된 인터뷰 기법을 갖추고 있어야 한다. 또한 인터뷰 과정에서 발생할 수 있는 예상하지 않은 상황에 대한 유연하게 대처를 할 수 있는 풍부한 경험을 가지고 있어야 하며, 참여자의 답변을 청취하는 가운데 적절한 다음 질문을 생각하고, 제공할 수 있어야 한다. 그렇지 못할 경우, 비구조화된 인터뷰는 장시간의 인터뷰에도 불구하고 연구자가 원하는 정보를 얻지 못하고, 쓸모없는 정보들만을 얻을 수 있는 위험이 내포되어 있는 인터뷰 유형이다.

이상에서 살펴본 인터뷰의 형태는 연구자의 인터뷰 질문내용 및 형식에 대한 연구자의 계획의 정도, 즉 구조화의 정도에 따라서 구조화된 인터뷰, 반구조화된 인터뷰, 비구조화된 인터뷰로 구분된다. 그렇다면, 어떤 유형의 인터뷰가 질적 연구의 수행에 적절할 것인가? 이러한 질문에 대해서 많은 학자들은 구조화의 정도와 인터뷰 수행의 효율성은 비례하지만, 연구 대상에 내재된 풍부한 의미해석의 가능성은 오히려 반비례한다는 것을 공통적으로 지적한다. 즉, 인터뷰 형태가 보다 많이 구조화될수록 계획적으로 인터뷰가 진행될 수 있으며, 그럼으로써 여러 가지 비용의 절감을 기대할 수 있는 인터뷰가 될 수 있으며, 인터뷰 상황에서 발생할 수 있는 상황을 미리 예측하고, 그에 대한 준비를 사전에 계획함으로써 안정적인 인터뷰가 이루어질 수 있다. 그러나 연구자가 사전에 의도한 내용에 대해서만 인터뷰에서 다루기 때문에, 연구자가 미처 생각하지 못한, 그렇지만 연구 참여자의 주관적인 경험과 생각을 바탕으로 연구주제나 질문내용에 대해서 스스로 해석하고 규정하고 있는 새롭고 독창적인 의미들을 청취할 수 있는 가능성이 매우 제한된다는 문제점을 안을 수 있다(Kvale, 1996; Merriam, 1998).

따라서 연구자는 자신이 생각하는 연구의 궁극적 의도가 무엇인지 판단하고 그에 따라서 인터뷰 유형을 결정하는 것이 필요하다. 그렇지만, 연구의 궁극적 의도가 같더라도 연구수행과정의 시기에 따라서 바람직한 인터뷰 유형은 달라질 수 있음을 유의할 필요가 있다. 연구수행의 초기단계에서는 주제에 대한 다양한 경험, 의미해석을 탐색할 필요성이 있기 때문에 비교적 자유로운 분위기에서 인터뷰를 통해서 제보되는 내용 범위를 제한하지 않는 것이 효과적일 수 있다. 그리고 연구가 어느 정도 진행이 됨으로써 연구자가 주로 살펴볼 내용 주제, 현상이 도출이 되면, 그에 대하여 연구목적과 관련하여 보다 심층적으로 수집하여야 할 정보에 주목하여 인터뷰를 수행하는 것이 적절하다(Bogdan & Biklen, 2007).

3. 인터뷰의 진행

효과적인 인터뷰를 실시하기 위하여 고려해야 할 요소는 여러 가지가 있다. 인터뷰가 진행되는 구체적인 장소와 시간, 인터뷰 참여자의 특성, 연구자와 인터뷰 참여자와의 관계, 인터뷰의 주제 등에 따라서 최선의 인터뷰 진행 절차와 방법은 달라질 수 있다. 개별 인터뷰의 조건에 따른 바람직한 세부적인 인터뷰 수행 지침을 일일이 이야기하는 것은 어렵지만, 대체적으로 적절한 인터뷰 참여자의 선정, 공감대 형성, 효과적인 질문하기, 그리고 경청하기 등은 대부분의 질적 연구 전문가들이 조언하는 사항들이다.

첫째, 적절한 인터뷰 참여자의 선정이 이루어질 때 연구의 목적에 충족되는 좋은 인터뷰를 기대할 수 있다. 주지하는 바와 같이 질적 연구는 연구결과를 연구 상황과 구별되는 상황을 예측하거나 대상에 적용할 수 있는 일반화된 원리를 추출하는 것에 주안점을 두지 않는다. 질적 연구는 연구 대상 자체에 대한 심층적인 이해를 목적으로 하는 것이기 때문에 연구대상, 주제에 대한 깊이 있고 풍부한 경험을 제공할 수 있는 참여자를 의도적으로 선정한다. 즉, 인터뷰 참여자는 그들이 속해 있는 일종의 모집단의 대표자 자격으로 참여하는 것이 아니라, 연구주제에 대해서 누구보다도 잘 알고 있고 풍부한 이야기를 해 줄 수 있는 사람이기 때문에 참여하는 것이다. 따라서 적절한 인터뷰 참여자를 발굴, 참여시키는 것은 성공적인 인터뷰 수행 및 연구 수행에 매우 중요한 요건이라고 할 수 있다.

질적 연구의 인터뷰 활동에 대한 이야기를 하다 보면 연구 참여자에게 인터뷰 가이드를 먼저 보여주는 것이 적절한가에 대한 질문을 받는 경우가 많다. 연구 참여자에게 무엇에 질문할 것인지를 사전에 알려줌으로써 그에 대한 답변을 준비할 수 있도록 하는 것은 연구자가 필요로 하는 내용을 얻을 수 있는 가능성을 높여 준다는 점에서 매력적이다. 즉, 인터뷰가 시작하는 시점에 인터뷰 목적에 대해서 안내를 했을 경우, 참여자가 인터뷰 주제와 관련하여 충분히 생각해 오지 못해서 충실한 답을 하지 못할 수 있기 때문에 이를 미연에 방지할 수 있다. 하지만 이상적으로는 인터뷰 가이드를 먼저 보여주고 준비를 할 수 있는 여유를 주어야지만 충분히 응답을 할 수 있는 참여자를 선정하기 보다는 인터뷰 주제에 대해서 평소에 많은 생각을 하고 많은 경험을 가지고 있어서 인터뷰 주제와 취지에 대해서 이해만 된다면 풍부한 이야기를 전할 수 있는 참여자를 선정하는 것이 보다 더 바람직하다. 물론 현실적으로는 이러한 참여자를 선정하는 것이 쉽지 않지만, 연구자는 적절한 참여자의 선정이 매우 중요한 작업임을 상기하고 실행하는 것이 필요하다.

둘째, 공감대(rapport) 형성은 인터뷰의 원활한 진행에 근간이 된다. 무엇보다도 인터뷰를 실시하는 연구자는 인터뷰가 이루어지는 상황적 조건이 인터뷰 참여자에게 우호적으로 지각될 수 있도록 해야 한다. 일반적으로 인터뷰 참여자와 연구자는 서로 낯선 초면인 경우가 대부분이다. 따라서 연구자와 참여자 간의 공감대가 충분히 형성되지 않은 경우, 참여자는 자신의 솔직하고 자유로운 생각을 표현하는 것이 심리적으로 부담스러울 수 있으며, 이러한 분위기에서 진행한 인터뷰의 내용은 말 그대로 "묻는 말에만 충실한 답"에 그칠

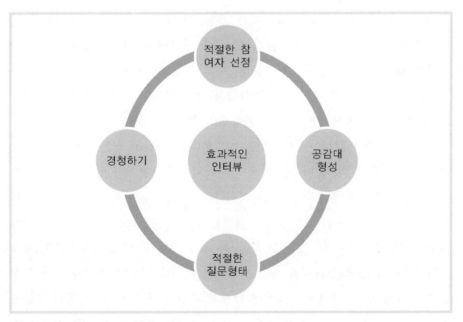

그림 11-3 효과적인 인터뷰 진행의 요소

qualitative research methods

수밖에 없다. 참여자의 생생한 경험이 표현되지 못하고 피상적인 정보만을 담고 있는 자료를 통해서는 연구자가 연구주제와 관련된 사건과 경험의 의미를 충분히 해석하기가 어렵다.

Bogdan과 Biklen(2007)은 인터뷰 참여자와 연구자가 함께 공유할 수 있는—연구와 무관한—주제를 찾아서 그에 대한 가벼운 대화를 나누는 것이 어색한 인터뷰 시작 상황에서 공감대를 형성하고 유연한 인터뷰 상황을 만드는데 효과적인 보편적 전략이라고 지적하고 있다. 예컨대, 인터뷰 참여자가 관심을 가지는 최근 유행하는 가요나, 영화, 스포츠, 요리, 취미활동 등에 대한 이야기를 하는 것은 공감대를 형성할 수 있는 좋은 시도가 될 수 있다. 그러나 지나치게 상투적인 이야기나 인터뷰 참여자가 많은 관심을 가지고 있으나 개인적 성격이 강한 주제의 이야기는 공감대 형성에 바람직하지 않다.

셋째, 효과적인 인터뷰는 연구자가 던지는 질문의 형태와도 밀접한 관련을 갖기 때문에, 인터뷰 질문의 형태를 결정함에 있어서 연구자는 주의를 기울일 필요가 있다. 대체로 질적 연구의 전통에서 두 가지 이상의 내용을 동시에 묻는 복잡한 형태의 질문이나, 예/아니오의 형태로 답을 할 수밖에 없는 형태의 질문은 피해야 할 형태로 분류한다. 그뿐만 아니라, 연구자가 듣고 싶어하는 답을 의도적으로 얻기 위해서 제시하는 유도적 성격이 강한 질문도 바람직한 질문의 형태가 될 수 없다. 예를 들면 "강의식 수업방법으로 학생들이 가졌을 부정적인 경험에 대해서 말씀해 주십시오"라는 질문의 경우 강의식 수업방법에 대한 부정적 정보만을 획득할 가능성이 높은 것이다.

질적 연구방법에서는 일반적으로 개방형(open-ended) 질문을 바람직한 형태로 생각한다. "개방적"이라는 것은 참여자의 응답내용이나 방향이 사전에 결정되거나 제한되지 않는다는 것을 의미한다. 그래서 참여자 스스로 질문내용에 대해서 자신의 주관적인 해석과 의견을 피력할 수 있으며, 그 내용이 긍정적이든, 부정적이든 모두 수용될 수 있는 것을 말한다. 예를 들어서 "본 교육 프로그램에서 쓰였던 교재에 대한 생각이나 의견을 말씀해 주십시오"라고 질문을 던졌을 경우, 참여자는 교재에 대해서 자신이 긍정적으로 느꼈던 것들과 부정적인 생각들을 모두 제시할 수 있는 가능성을 갖게 된다. 그뿐만 아니라,

보다 광범위한 자신의 생각들도 제시할 수 있는 기회를 갖게 된다. **표 11-1**은 Merriam(1998)이 제시한 바람직한 인터뷰 질문과 바람직하지 않은 인터뷰 질문의 유형을 간략하게 정리한 것이다.

넷째, 대부분의 질적 연구 전문가들이 공통적으로 조언하는 효과적인 인터뷰의 전략은 바로 경청하는 태도이다(Bogdan & Biklen, 2007; Kvale, 1996; Merriam, 1998; Shank, 2003). 한편의 인터뷰 회기가 얼마나 효과적이었는가를 가늠하는 기준은 연구자가 준비한 질문의 가치보다 인터뷰 참여자가 제시하는 답변이 연구주제와 관련하여 얼마나 풍부하고 실질적인 내용들을 담고 있는가에 좌우된다. 다시 말하면, 앞서 살펴본 바와 같은 적절한 형태의 인터뷰

표 11-1 인터뷰 질문의 유형

	질문 유형	예시
적절한 질문형태	가정형 질문 (Hypothetical Question)	학부모의 입장이라고 했을 때 귀하가 취했을 행동에 대해서 말씀해 주십시오.
	반론제기형 질문 (Devil's Advocate)	학습자 의견에 반응적 태도를 취할 경우, 평가결과 해석의 타당성이 흔들린다는 입장에 대해서는 어떻게 생각하십니까?
	이상형에 대한 질문 (Ideal Position Question)	다문화 교실상황에서 바람직한 교사의 역할에 대해서 말씀해 주십시오.
	해석형 질문 (Interpretive Question)	교육과 정치가 구분되어야 한다는 말씀을 다시 한번 설명해 주십시오.
부적절한 질문형태	이중질문 (Multiple Question)	강사의 강의방식과 학생들의 태도는 어떠했습니까?
	유도질문 (Leading Question)	실직 후에 겪은 본인의 심리적 고통에 대해서 말씀해 주십시오.
	예/아니오 질문 (Yes or No Question)	토론식 수업이 강의식 수업보다 효과적이라고 생각하십니까?

출처: Merriam (1998). Qualitative research and case study applications in education. p. 77, p. 79 재구성.

질문에 대한 고민이 강조되는 까닭은 그 자체로 중요하기 때문이라기보다는 인터뷰 질문의 유형에 따라서 참여자로부터 기대할 수 있는 답변의 질적 가치가 달라질 수 있기 때문이다.

인터뷰 참여자로부터 보다 가치로운 정보를 획득할 수 있는 가능성은 연구자가 준비하는 질문의 성격뿐만 아니라, 인터뷰를 진행하는 가운데 보이는 연구자의 듣는 자세에 의해서도 영향을 받는다. 우리는 누군가가 내 이야기를 호기심어린 표정으로 귀 기울이며 듣고 있을 때, 말 그대로 이야기하는 재미를 느끼게 된다. 인터뷰 참여자로 하여금 스스로 자신의 이야기를 계속할 수 있도록 동기유발을 시킬 수 있는 것은 바로 연구자의 경청하는 자세이다. 또한 참여자의 이야기를 주의깊게 들음으로써 사전에 인터뷰를 준비하는 단계에서 미처 생각하지 못했던 사항들을 인터뷰 진행과정에서 발견하고, 그에 대해서 보다 집중할 수 있는 가능성을 얻게 된다. 사전에 준비한 인터뷰 가이드에 대해 지나치게 의존하다 보면, 연구자는 연구 참여자의 독특한 조건에서 오는 색다른 경험과 의미를 충분히 인식하지 못한 채 소홀히 지나갈 수 있게 된다.

지금까지 언급한 연구주제와 적합한 참여자 선정, 공감대 형성, 적절한 인터뷰 질문, 그리고 경청하는 태도는 효과적인 인터뷰를 진행하는 데 필수적인 기본 조건이다. 그리고 효과적인 인터뷰란 연구주제와 관련하여 풍부한 화제를 가지고 있기 때문에 선정된 참여자가 자신이 가지고 있는 그러한 이야기거리를 자발적으로 개진할 수 있는 기회라는 점에서 이러한 네 가지 조건은 인터뷰 참여자가 자신의 생생한 경험과 의견, 그리고 느낌 등을 이야기하는 데 밀접한 관련성을 갖는 요소라고 할 수 있다.

인터뷰 수행 과정에서 고려하면 좋을 사항들

1. 최대한 편안한 분위기에서 참여자와 연구자간의 공감대를 형성한다.
   - 연구자는 참여자가 어떤 이야기를 하더라도 참여자의 의견을 지지할 것이라는 느낌을 갖도록 함
   - 본격적인 인터뷰로 순조롭게 진입하기 위해서 처음에는 인터뷰 목적과 무관한 참여자가 관심을 가지고 있을 만한 일상적인 이야기를 하면서 시작함
2. 연구의 목적을 이야기해 주고, 참여자가 어떤 이야기를 하면 좋을지 일상적인 언어로 구체적으로 제시해 준다.
   - 인터뷰 녹음을 해도 되는지 동의를 구하며, 인터뷰 내용의 보안 및 비밀유지에 대해서 확인시켜 줌
3. 인터뷰 가이드에 제시되어 있는 질문을 중심으로 해 나가되, 필요한 경우 즉흥적인 캐묻기도 가능하다.
   - 참여자의 진술이 잘 이해가 안 갈 때 캐묻기를 잘 활용하면 좋음
   - 참여자의 진술이 앞뒤가 안 맞는 것이 문제가 아니라, 연구자가 참여자의 진술을 이해하지 못하는 것이 진짜 문제라는 점
   - 논리적으로 맞지 않는 이야기를 하는 참여자의 본래 의도와 핵심을 이해하는 것이 중요하며 이를 위해서 주의깊게 경청하고 필요한 경우 캐묻기를 함
   - 캐묻기의 예는 '이야기하신 것과 관련하여 구체적인 예를 들면?' '방금 이야기하신 경험에서 왜 그랬었나요?' 등이 될 수 있음
   - 인터뷰 가이드의 질문순서에 지나치게 매달릴 필요는 없으며, 상황에 따라서 순서는 바뀌어도 무방함
4. 인터뷰 가운데 침묵의 시간을 어색하게 여기지 않도록 한다.
   - 침묵의 시간은 참여자들이 자신의 생각을 정리하고 경험을 회상하는

qualitative research methods

시간일 수 있으므로 일부러 침묵을 중단시킬 필요는 없음

- 상황에 따라서 침묵이 흐른 후에 이야기를 시작하여야 할 때 "무슨 생각을 하시는 것 같은데, 말씀해 주실래요?" 등의 표현으로 참여자의 생각을 표현할 수 있는 기회를 제공함

5. 인터뷰 질문은 구체적인 정보를 필요로 해서 던지는 캐묻기의 질문이 아닌 경우 개방적 질문을 주로 사용한다.

6. 참여자들의 적극적인 인터뷰 참여를 유도하기 위해서 이들이 전문가로 대우받고 있다고 느낄 수 있도록 한다.

- 예를 들면 "선생님께서 아이들 지도하시면서 많은 경험을 하셨을 것 같고, 또 누구보다도 많은 노하우를 가지고 계실 것 같습니다. 인터뷰를 떠나서 그런 것들이 제게 많이 도움이 될 것 같으니, 그런 것들을 좀 나누어주신다 생각하시고 말씀해 주시면 좋겠습니다"와 같은 표현처럼 연구자와 참여자는 학습자와 교수자의 관계로 이야기를 나눈다는 기분을 갖게끔 하면 좋음

- 자신이 전문가와 같은 느낌을 갖게 되면, 자연스럽게 자신의 어떠한 진술도 비판의 대상이 되지 않을 것이란 생각을 하게 되고 많은 이야기를 꺼냄

7. 간혹 연구목적 및 인터뷰 질문에 대해서 트집을 잡거나 논쟁하려는 사람이 있는데, 최대한 수용적인 자세로 대한다.

- 그러나 자신의 연구에 대해서 자부심을 가지고 만약 연구의 취지와 목적에 부정적인 태도가 심각할 경우, 인터뷰 대상자를 다시 선정하는 편이 나음

- 왜냐하면 이러한 참여자의 제보는 연구결과의 해석에 왜곡을 가져오거나 현상을 정확히 이해하는 데 방해가 될 수 있기 때문임 (이미 연구주제에 대해서 부정적인 선입견으로 경험을 해석하고 있음)

8. 인터뷰를 하는 가운데 연구주제와 무관한 이야기가 길어지더라도 인내심을 갖고 경청하는 것이 필요하다.

- 인터뷰를 통해서 수집되는 자료는 한번의 질문에 대한 답으로 얻어지는 것이 아니라, 다양한 질문에 대한 참여자의 응답이 축적되는 과정을

통해서 얻는 것임
- 어떤 인터뷰 활동이라도 분명 건질 것이 있다는 생각갖기 (참여자와의 폭넓은 공감대 형성으로 차후 인터뷰 기회에 긍정적일 수 있음)
9. 결론적으로 인터뷰는 자료수집의 형식적인 활동이지만, 기본적으로 사람과 사람이 만나서 소통하는 과정이다.
- 일상 속에서 아는 사람과 대화한다는 기분으로 편안한 마음을 갖는 것이 중요함
- 질문태도의 중요성에 더하여 경청하기는 가장 핵심이라는 사실을 주지할 필요가 있음
- 연구자의 태도는 참여자의 인터뷰 참여태도에 영향을 미침

◈ 참고문헌_

신경림, 조명옥, 양진향 (2004). **질적 연구방법론**. 서울: 이화여대출판부.

Bogdan, R. C., & Biklen, S. K. (2007). *Qualitative research for education* (5th ed.). Boston: Pearson Education.

Guba, E. G., & Lincoln, Y. S. (2000). Epistemological and methodological bases of naturalistic inquriy. In D. L. Stufflebeam, G. F. Madaus, & T. Kellaghan (Eds.), *Evaluation models* (pp. 363-381). Boston: Kluwer Academic.

Kvale, S. (1996). *Interviews: An introduction to qualitative research interviewing*. Thousand Oaks, CA: Sage.

Merriam, S. B. (1998). *Qualitative research and case study application in education*. San Francisco: Jossey-Bass.

Shank, G. D. (2002). *Qualitative research: A personal skills approach*. Upper Saddler River, NJ: Pearson Education.

UNDERSTANDING

QUALITAT

RESEARCH

METHODS

Chapter 12

관찰

(Observation)

Qualitative
Research Methods

C·H·A·P·T·E·R

12

관 찰

시각을 활용하여 사물과 현상을 인지하고 이해하는 것은 인간의 자연스러운 학습방법 가운데 하나이다. 넓은 의미에서 연구 활동은 새로운 현상과 대상에 대한 연구자의 학습의 과정이라고 볼 수 있기 때문에 시각을 통한 학습, 즉 관찰을 통한 자료의 수집도 매우 자연스러운 연구방법의 하나가 될 것이다. Adler와 Adler(1994)에 의하면 고대 그리스의 철학자인 아리스토텔레스(Aristotle)도 레스보스 섬(Lesbos Island)의 식물 생태에 관한 연구에서 관찰기법을 적용하였으며, 근대에 이르러서는 사회학의 아버지라 불리는 오귀스트 콩트(Auguste Comte)는 관찰을 네 가지 기본 연구방법 중의 하나라고 지칭하였다.

이러한 자연스러움 때문에 많은 사람들이 관찰을 위해서는 특별하게 준비할 것이 없다고 생각할 수도 있다. 그러나 질적 연구의 자료수집을 위한 관찰

행위는 일상생활 속의 관찰행위와는 질적으로 다른 행위이다. 시각을 통한 인지는 선택적인 주의집중(selective attention) 과정을 수반한다. 즉, 동일한 현상과 행위를 관찰하더라도 사람들은 자신들의 관심, 가치관, 관련된 경험, 문화적인 배경 등의 요인들로 인해 서로 다른 부분들에 집중하고 결과적으로 서로 다른 이해와 해석을 내놓는다. 이러한 점에서 사회과학을 위한 연구의 자료수집 방법으로서의 관찰에는 정확성, 실제성, 신뢰성을 확보하기 위한 훈련과 준비가 필요하다(Patton, 2002). 신뢰롭고 타당한 양적 연구를 수행하기 위해서는 훈련의 과정이 필요하듯 질적 연구를 위한 관찰자가 되기 위해서도 훈련이 필요하다. 또한 연구를 위한 관찰은 고도의 집중력을 필요로 하고 많은 에너지가 소모되는 활동이기 때문에 이를 수행하기 위해서 연구자는 정신적, 육체적, 지적 준비를 해야 한다.

이번 장에서는 질적 연구의 자료수집 방법으로서 관찰의 수행에 필요한 여러 가지 준비사항들에 대해서 알아보고, 관찰을 통한 실제적인 자료수집의 절차에 대해서 알아보자.

1. 연구행위로서의 관찰

가. 관찰이란 무엇인가?

일상생활에서의 자연스러운 관찰활동과 비교되는 연구행위로서의 관찰에 대한 일관된 정의를 찾는 것은 쉬운 일이 아니다. Gorman과 Clayton은 관찰연구를 "자연적인 상황에서 관찰 가능한 현상과 행위에 대한 체계적인 기록을 포함하는" 연구라고 정의하고 있다(2005, p. 40). 질적 연구의 한 갈래인 문화기술지의 연구가 연구자의 관찰과 참여를 중심으로 이루어지고 있는 상황 때문에 관찰(observation), 참여관찰(participant observation), 또는 문화기술지(ethnography)를 비슷한 용어로 취급하기도 한다. 예를 들어 Spradly(1980)는 문화기술지를 설명함에 있어서 "토착민의 관점을 통해 또 다른 삶에 대한 이해를 근원적인 목적으로 하는 연구"라고 정의하면서 "참여관찰을 통해 이러한 문화기술적인 진술을 이끌어 낼 수 있다(p. 3)"라고 설명하였다. Chatman의 경우에도 문화기술지를 연구자로 하여금 관찰과 참여를 통해 내부자의 시선을 갖게 하는 연구방법으로 정의하고 있다(Chatman, 1992). 용어의 개념에 대한 불명확성에도 불구하고 질적 연구의 연구방법 또는 자료수집 방법으로서의 관찰에 대해 연구자들이 공유하고 있는 요소는, 관찰은 자연스러운 상황에서 진행되어야 하며 이를 통해 다양한 인간활동에 대한 이해를 획득하고 증진하는 것을 목적으로 하는 행위라는 것이다. 따라서 연구 활동으로서의 관찰이란 "연구자가 자연스러운 상황 속에서 일어나는 연구대상의 삶의 모습들에 대한 체계적인 관찰활동을 통해 깊이 있는 이해를 추구하는 일련의 활동"으로 정의 내릴 수 있다.

나. 관찰의 장점

질적 연구를 위한 많은 자료수집의 방법들과 비교할 때 관찰이 갖는 장점은 다음과 같이 정리될 수 있다.

첫째, 관찰은 연구의 대상, 장면, 현장상황에 대하여 연구자에게 직접적인 경험을 제공해 준다(Atkinson & Hammersley, 1994). 이러한 직접적인 경험을 통해 연구자는 연구대상에 대한 이해와 통찰을 높일 수 있다. 직접적인 관찰 행위의 첫 번째 목적은 연구대상과 현장의 구체적인 상황을 기술하고, 현장에서 어떠한 일이 일어나고 있는지, 참여자들은 어떠한 행위를 하는지, 어떠한 대화들이 오고 가는지, 관찰의 대상이 되고 있는 현상에 대해서 참여자들은 어떠한 의견들을 표출하는지를 기술하기 위해서 실시된다. 따라서 연구자는 관찰의 대상에 대한 기록을 사실적이고 정확하게 기술해야 한다.

둘째, 관찰을 통해 연구자는 기존의 선입관으로부터 자유로워질 수 있다. 관찰은 연구자로 하여금 현장에서 일어나는 현상에 대해 열린 자세, 발견하려는 자세, 그리고 귀납적인 접근자세를 요구하는 자료수집 방법이다. 관찰의 경험이 없이는 연구대상에 대한 사전기록과 연구결과 등을 통해 형성된 사전 인식을 가지고 현상을 바라보는 경향이 심해질 수 있다. 이러한 연구자의 사전적인 이해는 연구대상을 이해하게 해 주는 기본적인 틀을 제공해 줄 수 있는 반면에 현상에 대한 왜곡된 이해를 가져올 수 있다. 이러한 점에서 관찰을 통해 얻을 수 있는 연구자의 직접적인 경험은 연구자가 사전에 형성된 편협된 시각으로 연구대상을 바라보는 것을 예방해 줄 수 있다.

셋째, 관찰은 관찰의 대상이 되는 현상에 대해 참여자들이 가지는 일상성을 탈피한 자료의 수집에 도움이 된다. 면담을 통한 자료수집 활동 가운데 연구자의 입장에서는 연구의 주제와 직결되는 어떠한 현상과 경험들에 대해서 참여자가 그것을 매우 일상적이고 당연한 것으로 여기기 때문에 자신들의 경험과 생각을 구체적으로 이야기하지 못하는 경우를 접할 수 있다. 연구 참여자뿐만 아니라 연구자 자신도 어떠한 현상과 경험을 매우 자연스럽고 일상적인 것으로 여겨서 그 안에 내재된 매우 중요한 시사점들을 발견해 내지 못하는 경우도 있을 수 있다. 관찰활동을 통해 연구자가 얻을 수 있는 대안적인 관점들은 일상적인 현상과 경험들을 새로운 시각으로 접근하는 데 도움이 되며, 대안적인 관점에서 현상을 이해하는 데 도움이 될 수 있는 자료를 수집할 수 있도록 해 준다.

넷째, 관찰을 통해 연구자는 면담에서 얻을 수 없는 정보를 수집할 수 있다. 여러 가지 이유로 인해 면담 대상자가 면담을 통해 진술할 수 없는 주제들이 있다. 외부에 잘 드러내고 싶지 않은 내부적인 문제, 민감한 사안과 관련된 주제들이 포함된 연구활동의 경우 면담자는 이러한 정보들을 외부자인 연구자에게 쉽사리 공개하기 어려울 수 있다. 이러한 경우에 면담을 통해 수집하기 어려운 정보들을 관찰을 통해 수집할 수 있다.

다섯째, 관찰은 다른 누군가에 의해 선택된 인식을 토대로 구축된 현상에 대한 이해를 넘어설 수 있게 해 준다. 면담을 통해 수집된 내용은 일차적으로 면담자가 현상에 대해서 어떻게 인식하고 이해하고 있는지에 대한 매우 직접적인 정보이다. 질적 연구에 있어서 이러한 정보는 매우 중요하고 필수적인 정보이다. 그럼에도 불구하고, 연구자는 동시에 이러한 정보가 면담자의 선택적인 인식에 근거한 진술이라는 점을 항상 염두에 두어야 한다. 훈련된 연구자는 관찰을 통해 면담자의 선택적인 인식에 근거한 진술을 보완해 주거나 상이한 점을 드러내 주는 정보를 수집할 수 있으며, 이러한 관점들은 현상에 대한 종합적인 이해를 가능하게 해 준다.

마지막으로 관찰이라는 직접적인 연구수행을 통해 연구자는 연구의 대상이 되는 장소, 상황, 인물들에 대한 개인적인 이해와 지식을 축적할 수 있다. 이는 본격적인 자료의 수집과 분석단계에서 매우 중요하게 활용될 수 있다. 질적 연구에 있어서 연구자의 성찰과 반성은 매우 중요한 요소이다. 대상에 대한 연구자의 개인적인 인상과 감정들은 현상을 이해하는 데 필요한 종합적인 자료의 일부분을 구성한다.

다. 관찰의 종류

질적 연구 수행을 위한 관찰의 종류는 관찰현장에 있어서의 연구자의 참여정도, 연구대상과 연구자와의 관계성, 연구 활동의 공개여부, 관찰활동의 지속기간과 같은 요인들에 의해 분류될 수 있다. 어떠한 종류의 관찰활동을 수행할 것인가는 연구의 목적과 주제, 연구자의 일반적인 상황(관찰대상에 대한 사전경험이나 지식, 관찰에 대한 훈련정도, 연구자에 대한 관찰대상의 수용여부 등), 수집되어야 하는 정보의 성격(정보의 개방성, 구체성 정도 등)들에 따라서 결정될 수 있다.

1) 참여 관찰과 비참여 관찰

관찰의 종류를 구분하는 첫 번째 방법은 관찰 상황에 있어서 연구자의 개입과 참여 정도에 따라 참여적 관찰과 비참여적 관찰(그림자 관찰)로 나눌 수 있다. 참여 관찰은 질적 연구방법에 있어 적용 가능한 일련의 현장연구기법의 총체적인 적용이라고 볼 수 있다. Denzin(1978)은 이러한 점에서 참여적 관찰을 "문서의 분석과 면담자와 정보제공자에 대한 면담의 실시, 직접적인 참여와 관찰을 동시에 수행"하는 관찰방법이라고 설명하고 있다. 즉, 참여관찰을 수행하는 연구자는 다양하면서도 중첩되는 자료수집 방법을 적용한다. 연구현장에서 일어나는 일들에 직접적으로 참여하고, 관련자들과 이야기를 나누고, 공식적인 면담을 수행하고, 다른 사람들의 행동을 관찰하는 행위를 통해 현장의 경험에 완전하게 관여하는 것이다. 참여관찰의 수행에 있어 사회적, 문화적, 정치적 그리고 대인적인 요인들이 참여의 정도를 결정하는 데 영향을 미친다. 예를 들어 연구의 대상이 되는 조직의 구성원들이 상호 간에 굉장히 친밀한 관계를 유지하고 있다면 그러한 모임에 외부인인 연구자의 참여를 허용하는 것이 쉽지 않을 것이다. 또한 연구자들은 대부분의 경우 고등교육을 받은 사람들이라는 점에서 연구의 대상이 되는 사람들이 연구자와 사회적, 계층적 차이를 느낀다면 그러한 현장에의 접근 또한 쉽지 않을 것이다. 참여의 수준을 결정하는 것은 위와 같은 다양한 요인들과 관련되어 있기 때문에 연구의 대상이 지니는 특성, 관련자들의 상호작용, 연구의 목적, 상황들을 고려하여 최대한 연구자가 원하는 정보를 산출해 낼 수 있는 수준의 참여 정도를 보장받기 위해서는 사전에 연구의 대상자 또는 조직과의 협의와 계획이 필요하다.

비참여적 관찰은 연구의 대상이 되는 현상 또는 인물들의 행동에 대해 전혀 개입하지 않는 형태로 관찰을 수행하는 것이다. 예를 들어 관찰의 대상이 되는 현장과 인물의 행동에 대해 연구자가 현장에서 관찰을 수행하는 것이 아니라, 비디오로 이를 녹화하고, 사후에 녹화된 비디오 자료를 연구 자료로 활용하여 분석을 실시하는 경우는 비참여적 관찰에 해당한다. 비참여적인 관찰은 연구 참여자들로 하여금 관찰자가 존재하고 있다는 사실에 대한 인식 때문에 평소의 행동과는 다른 인위적인 행위가 표출될 가능성을 낮추므로 최대한 자연스러운 모습을 이끌어 낼 수 있다는 장점이 있다. 반면에 관찰 현장에서 느낄 수 있는 생생한 정보를 수집하는 데 제약이 있을 수 있다.

2) 내부자 관찰과 외부자 관찰

관찰을 구분하는 두 번째 기준은 연구자의 위치에 따라 나눌 수 있다. 연구자의 위치에 따라서 연구의 과정과 결과물을 구분하는 방법은 그 기원이 오래된 방법이다. 예를 들어, Pike(1954)는 emic과 etic이라는 용어를 사용하여 인류학적 연구결과물들을 분류하였다. 이러한 분류 기준에는 1) 연구의 대상이 되는 조직, 문화, 대상이 사용하는 언어와 의미적 범주를 사용한 경우에는 emic(내부적), 2) 연구자 자신이 자료에 대한 분석결과를 토대로 기존의 문화적 산출물과 다른 범주들을 생성하였을 경우에는 etic(외부적)으로 분류한 데서 기인한다.

관찰에 있어서도 이러한 내부자적 관점과 외부자적 관점이 지닌 특성들이 구별될 수 있다. 내부자적 관점은 연구의 대상이 되는 현상에 대한 더욱 깊은 의미를 산출해 낼 수 있는 반면에, 외부자적 관점은 다른 조직이나 대상에서 벌어지는 현상과의 비교를 가능하게 해 줄 수 있다. 방법론적으로 연구자가 유의해야 할 점은 관찰에 있어서 이러한 내부자적 관점과 외부자적 관점 간의 긴장과 갈등상황을 연구자 자신이 연구의 진행과 보고 단계에서 명확하게 정당화하는 일이다. 따라서 참여적 관찰에 있어서 연구자는 참여행위를 통해 관찰의 대상이 되는 조직, 문화, 프로그램에 대해 보고, 듣고, 느끼고, 배우고, 행동하는 과정을 통해 그들에 대한 이해를 높이려는 노력을 경주해야 함과 동시에 연구의 결과를 기술함에 있어서는 외부자적 관점을 통해 객관적인 진술이 가능하도록 두 관점 사이의 조화를 항상 의식하고 있는 것이 중요하다.

3) 공개적 관찰과 잠복적 관찰

관찰의 세 번째 분류기준은 관찰의 대상이 되는 인물들이 자신이 관찰의 대상임을 인지하는가와 그렇지 않은가에 있다. 즉, 관찰의 대상이 되는 사람들이 자신이 연구의 일환으로서 연구자에 의해 관찰되고 있다는 사실을 인지하고 있을 때는 공개적 관찰(overt observation), 자신이 관찰의 대상임을 인지하지 못하는 경우에는 잠복적 관찰(covert observation)로 나눈다. 연구의 참여자가 관찰의 대상임을 인지하고 있느냐 그렇지 않은가에 따라서 사람들의 행동은 매우 다르다. 예를 들어, 초중고 수업에서 종종 연구수업이나 공개수업의 형태로 수업의 진행을 학부모나 교사, 학교행정가들이 참여한 상황에서 진행하는 경우를 경험해 본 적이 있을 것이다. 누군가가 수업에 참여하고 있는

나의 모습을 지켜보고 있다는 사실이 여러분의 행동에 어떠한 영향을 미쳤는가를 떠올리면 외부자의 존재 여부가 일상적인 행동에 미치는 영향을 쉽게 짐작할 수 있을 것이다.

관찰의 대상이 되는 사람들의 가장 자연스러운 행동을 이해하려는 목적에 비추어 잠복적인 관찰이 적절한 것으로 여겨질 수 있다. 그러나 이러한 잠복적 관찰의 수행은 연구윤리의 문제가 결부되어 있으며, 오랜 논쟁의 대상이 되어 왔다. 잠복적 관찰에 반대하는 연구자들은 개인의 사적인 행위에 대한 관찰을 진행함에 있어 비록 연구의 여건이 허락한다 할지라도 명백하고 완전한 참여자의 동의 없이 연구를 수행하는 것은 도덕적으로 비난받아야 하는 일종의 연구조작 행위라고 주장한다. 반대로, 잠복적 관찰을 허용하는 입장의 연구자들은 전통적으로 인류학적인 현장연구는 기본적으로 인간을 협조적이고, 남을 돕기를 원하며, 자신들의 행동과 견해가 타인에게서 이해받고 공유되는 것을 기꺼이 허락하는 존재로 간주한다는 점, 실제 연구에 있어서 연구자가 가지고 있는 모든 정보와 계획들이 연구 참여자에게 공개되지는 않는다는 점에서 잠복적 관찰의 타당성을 강조한다.

잠복적 관찰은 크게 세 가지 맥락에서 수행된다(McKechnie, 2008a). 첫째는 관찰 현장이 공공장소이거나 공개된 장소(예; 기차역, 공항, 공원, 백화점 등)여서 현장에 있는 대중들이 자신의 행동이 타인에게 관찰될 수 있다는 점을 암묵적으로 인지하고 있는 경우, 두 번째는 연구자 즉 관찰자 자신이 관찰의 대상이 되는 특정한 집단의 구성원인 경우(예; 교사인 연구자가 동료 교사들의 상호작용에 대해 관찰을 수행하는 경우), 마지막으로는 공개되지 않은 관찰 대상 집단에 연구자가 구성원으로 가장하여 접근을 허가받아 관찰을 수행하는 경우(예; 특정한 주제의 활동가 집단에 활동가인 것처럼 가장하여 참여하는 것)가 있다. 특히 세 번째 맥락에서 수행되는 잠복적 관찰은 일반적으로 관찰의 대상집단이 공개를 꺼려하는 현상과 경험들에 대해서 연구자가 직접적인 참여와 관찰을 통해 그들을 이해할 수 있는 기회를 얻을 수 있다는 점에서는 연구행위로서의 장점을 갖는다. 반면에 연구자가 해당집단에 접근하기 위해서는 해당집단이 공유하고 있는 특징들을 사전에 내재화해야 하고(예; 조직폭력배를 대상으로 잠복관찰을 수행하기 위해서는 연구자자 조직폭력배들의 언어, 생활습관, 행동 등에 대해서 이해하고, 이를 표현할 수 있어야 한다는 점), 관찰일지의 작성, 녹취 등 자료수집을 위한 활동이 현장에서 즉각적이고 공개적인 방식으로 이루어질 수 없기 때문에 연구자의 기억에 의존해야 한다는 점, 연구자로서의 신분이 발각될 경우 때로는 연구자에게 직접적인 위해가 가해질 수 있다는 점에서 매우 신중하게 선택되어야 할 관찰기법이기도 하다.

관찰의 현장에서 연구자의 참여 정도를 결정하는 것이 참여의 정도에 따른 연속선상에 위치한 문제인 것과 유사하게 연구자의 의도를 연구의 대상, 참여자들에게 어느 정도의 수준까지 공개하는가의 문제도 연속선상에 위치하고 있는 것으로 보인다. 이러한 의사결정에 있어서 참고할 만한 최근의 경향들은 어떠한 형태로든 연구 참여자에게 연구에 대한 정보를 제대로 알려주지 않거나 때로는 의도적으로 왜곡, 감추는 행위에 대해서 많은 연구기관들이 연구계획의 승인을 거부한다는 점이다. 반면 공공기관의 부패성을 알리기 위한 잠입연구와 같은 몇몇 특수한 사례에 대해서는 연구자가 연구의 의도를 숨기거나 거짓으로 연구정보를 제공하여 수행한 연구들이 있다.

결론적으로 이러한 연구정보의 공개수준과 연구 참여에 대한 대상자들의 인식 정도를 결정하는 데 있어서 중요하게 고려해야 할 점은 진실의 탐구와 연구자로서 가져야 할 직업적, 전문적 윤리의식 사이의 조화로움을 찾는 것이라 할 수 있다.

4) 장기관찰과 단기관찰

관찰을 구분하는 또 하나의 기준은 관찰의 기간과 관련되어 있다. 질적 연구방법을 취하는 현장연구에 있어서 대부분의 연구기간은 6개월에서부터 평생을 연구현장에서 보내는 경우와 같이 다양한 기간을 가지고 있다. 예를 들어 베네수엘라와 브라질의 접경지대에 사는 야노마미(Yanomami)부족에 대한 Napoleon Chagnon의 연구는 연구수행기간이 25년에 달했다. 이와 같이 특정한 집단이 지닌 문화적인 현상에 대해서 총체적인 이해를 구성하는 데에는 많은 시간이 요구된다. 이러한 현장연구는 복잡하게 얽혀 있는 사회적 삶의 모습들에 대한 실제적이고 연구자의 인식에 의해 구성된 패턴들에 대한 이해를 목적으로 하기 때문이다. 반면에 관찰연구의 목적이 특정한 프로그램에 대한 평가나 문제의 해결과 같은 경우에는 연구의 기간이 상대적으로 짧을 수 있을 것이다. 왜냐하면 이러한 연구들은 차후 관련된 수행의 개선을 위해 도움이 될 수 있는 정보들을 시의적절하게 산출해 내는 것에 연구의 주요한 목적이 있기 때문이다. 극단적인 경우라면 연구의 기간이 한두 시간에 불과할 수도 있을 것이다. 따라서 관찰연구의 기간이 어느 정도가 적절한가라는 질문보다는 연구자가 가지고 있는 연구의 목적과 수집되어야 하는 자료의 수준에 따라서 연구의 기간을 설정하는 것이 바람직할 것이다.

5) 구조화된 관찰과 비구조화된 관찰

면담을 통한 자료수집에서 면담의 유형을 구조화된 면담, 비구조화된 면담, 반구조화 면담 등으로 나누는 것과 마찬가지로, 관찰도 사전에 관찰의 대상과 초점을 어느 정도로 결정하여 관찰을 수행하는가에 따라서 구조화된 관찰(structured observation)과 비구조화된 관찰(unstructured observation)로 나누어 살펴볼 수 있다. 구조화된 관찰 혹은 체계적 관찰(systematic observation)이라고 불리는 관찰방법은 연구의 목적에 따라서 사전에 정의된 절차, 요소, 규칙들에 의거하여 관찰을 시행한다. 또한 구조화된 관찰은 연구 참여자와 연구자 사이의 직접적인 상호작용을 배제하기 때문에 비참여적 관찰의 한 종류이기도 하다. 구조화된 관찰의 수행에는 일반적으로 관찰이 수행될 장소와 시간을 정한 관찰계획, 그리고 사전에 작성된 관찰 체크리스트가 활용된다. 실제 구조화된 관찰의 실시과정에는 제공된 체크리스트의 항목에 따라서 관찰의 대상이 되는 현상, 활동들이 일어났는지, 얼마의 시간동안 얼마나 자주 일어났는지, 어떠한 과정을 거쳐 일어났는지 등 사실적인 정보의 수집을 통해서 차후 관찰된 현상의 해석에 필요한 근거자료의 수집에 초점을 둔다. 아울러 많은 경우 구조화된 관찰은 여러 명의 관찰자가 복수의 관찰장소에서 관찰을 수행해야 하는 비교적 큰 규모의 연구프로젝트에서 활용되는 경우가 많으며, 이를 위해 사전에 타당한 관찰 체크리스트의 개발, 복수의 관찰자에 대한 훈

련이 수반되기도 한다. 구조화된 관찰을 통해 수집된 자료들은 양적정보(예;
특정한 행동의 발생빈도, 관찰자 간 관찰 신뢰도 제시 등)로 치환되어 분석되는
경우가 많기 때문에 비구조화된 관찰결과에 비해 높은 수준의 타당성을 확보
할 가능성이 높고, 관찰 사례에 대한 비교분석에 활용될 수 있다(McKechnie,
2008b). 구조화된 관찰은 면담과 같은 다른 여타의 질적자료 수집이 어려운
대상이나 주제들(예; 유아에게 있어서 특정한 행동의 발생빈도)을 다루는 상황
이나, 면담을 통해서 얻은 연구 참여자의 진술과 실제 연구 참여자의 행동을
비교하는 경우 등에 활용된다. 반면, 관찰하고자 하는 대상에 대해서 연구자
의 이해나 사전경험이 부족한 경우 관찰일정계획이나 체크리스트의 작성에
있어서 어려움이 있기 때문에 활용하기가 어렵고, 관찰의 초점이 사전에 결정
되어 있기 때문에 맥락에 의해서 발생하는 예기치 않은 사건과 행위의 관찰이
연구에 있어서 중요한 의미를 가질 것으로 기대되는 상황에서는 적절치 않은
방법이다.

  반면 비구조화된 관찰은 연구자가 관찰의 대상과 초점에 대해서 사전에 명
확하고 구체적인 의사결정을 내리지 않은 상태로 현장에서 수행되는 관찰을
의미한다. 따라서 비구조화된 관찰 과정에서 연구자는 연구주제와 관련이 있
을 것으로 여겨지는 관찰대상의 맥락과 참여자의 행위에 대해서 가능한 많은
자료를 수집하고 기록하는 방식으로 이루어진다. 이러한 특성 때문에 비구조
화된 관찰은 관찰자와 관찰 대상의 완벽한 분리가 어렵고, 현상에 대한 이해
를 관찰자와 참여자가 공동으로 구성하며, 행위의 맥락이 갖는 중요성을 강조
하는 구성주의적, 해석주의적 연구 패러다임과 연계해서 논의가 이루어지는
경우가 많다. 비구조화된 관찰기법의 사용은 단순히 자료수집을 위한 관찰의
기법을 선택하는 문제뿐만 아니라 현장에서 무엇이 관찰되는가에 따라서 전
체적인 연구의 설계, 더 나아가서는 연구주제의 변경까지 염두에 두는 질적연
구의 가변적인 성격을 잘 드러내고 있다. 특히 연구수행의 초기에 있어서 연
구자가 아직 관찰의 초점을 명확하게 발견해 내지 못하는 경우 비구조화된
관찰을 통해서 중요한 관찰의 초점을 발견, 개발하고 이를 통해 좀 더 구조화
되고 조직적인 관찰로 연결될 수 있는 발판을 마련하기 위한 방법으로 활용

되기도 한다. 그러나 이러한 과정에서 필수적으로 수반되는 '무엇을 관찰할 것인가'에 대한 연구자의 의사결정에 있어서 연구자의 편견이나 선입관이 작용할 여지가 있는 것이 비구조화된 관찰이 지닌 약점이기도 하다. 따라서 비구조화된 관찰이 연구목적에 부합하는 충분한 양질의 자료를 수집하는 방법으로 활용되기 위해서는 연구도구인 연구자 자신이 지닌 관찰 기술, 경험을 증진하기 위한 노력이 병행되어야 한다.

라. 관찰의 대상과 범위

질적 연구를 위한 연구방법으로서의 관찰을 통하여 수집될 수 있는 일반적인 정보들은 1) 관찰현장의 물리적 환경, 2) 관찰대상의 행동, 3) 관찰대상자들의 상호작용 형태, 특징과 빈도, 4) 현장의 사회적, 감성적 환경(친밀감, 긴장감 등), 5) 공식적/비공식적 상호작용, 6) 비언어적인 의사소통(몸짓, 표정 등) 등이 있다(Patton, 2002). 관찰 가능한 다양한 요소들 가운데 특정한 관찰의 대상과 범위를 설정하는 것은 연구의 설계와 연구를 통해 답해져야 할 연구문제의 특성에 따라 결정될 것이다.

그럼에도 불구하고 현장에서 연구자는 눈앞에서 벌어지는 다양하고 복잡한 현상들에 대한 관찰의 경험을 어떠한 방식으로든 구조화해야 할 필요성을 느끼게 될 것이다. 이러한 경우에 숙련된 연구자들은 현장연구 수행을 위한 지침으로서 "sensitizing concept"을 사용한다. 사회학자이자 상징적 상호주의(symbolic interactionism)의 선구자였던 Herbert Blumer가 처음 제안한 이 용어는 현장에서의 연구 활동과 관찰의 범위를 안내해 주는 역할을 하는 연구자가 사전에 설정한 관련주제, 이론적 요소들에 대한 조작적 정의를 일컫는다. 예를 들어, 스트레스, 희생자, 학습조직, 권력관계, 사회화, 집단 상호작용, 산출물, 결과, 과정들과 같은 개념들에 대한 일련의 조작적 개념화는 연구의 대상이 되는 특정한 상황과 맥락 속에서 이러한 개념들이 어떻게 의미를 지니는지에 대해 연구자가 탐구해 볼 수 있는 일차적인 방향성을 제시하여 줄 수 있다(Patton, 2002). 이러한 sensitizing concept을 통해 연구자는 이론적인 개념들이 실제 연구현장에서 어떻게 의미를 형성하고, 연구자가 이전에 지녔던 생각들이 수정되는가를 경험할 수 있다. 이론적으로는 명확하고 단일한 요체를 지니고 있는 개념들이 시간과 장소, 참여자들의 특성에 따라 어떻게 변화되는지, 어떠한 규칙성과 변이성을 보여주는지를 이해할 수 있게 된다.

관찰에 있어서 sensitizing concept의 사용은 질적인 관찰연구가 완전한 공백의 상태에서 시작되지 않음을 의미한다. 물론 질적인 연구에 있어서 연구자가 가지고 있는 편견과 선입견을 토대로 연구를 수행해서는 의미 있는 연구수행을 기대하기 어렵다. 연구의 대상에 대한 연구자의 열린 마음과 수용적인 태도를 견지하는 것과는 별개로 관찰이라는 복잡한 경험을 어떤 방식으로든 구조화하여 이러한 복잡성들을 구별 가능하고 관리 가능한, 그리고 관찰 가능한 단위들로 구분하는 것이 sensitizing concept을 사용하는 목적이라고 할 수 있다.

관찰의 초점을 선정하는 일은 연구목적에 따라서 다음과 같이 세분화될 수 있다(Altmann, 1974). 첫 번째 형태는 관찰을 시작하기 전에 특정한 기준에 의거해서 관찰대상을 선정하는 것이 아니라 현장에서 연구자의 관심을 불러일으키는 대상을 중심으로 관찰을 실시하는 방법이다. 애드립 샘플링(ad lib sampling)이라고 불리는 이 방법은 많은 관찰연구에 있어서 사용되고 있다. 이 방법은 연구자가 관찰하고자 하는 대상에 대해 사전적인 정보가 부족한 상황이나, 관찰하고자 하는 현상에 친숙하지 않은 경우 관찰 현장과 현상에 대한 기술적인(descriptive) 정보를 수집하고자 할 때 유용하게 사용될 수 있다. 이러한 관찰을 통해 연구자는 연구대상과 현장에 대한 통찰력을 얻을 수 있고 후속 관찰을 통해서는 더욱 자세하고 체계적인 관찰을 수행하는 밑바탕을 만들 수 있다. 반면 이러한 관찰 방법을 통해 얻은 자료에는 연구자의 주관적인 관심사나 개인적인 편견이 들어 있을 수 있다.

두 번째 방법은 관찰의 초점을 주요한 개인이나 그룹에게 두고 이들 간의 상호작용을 중심으로 관찰을 진행하는 것이다. 관찰 대상이 되는 상호작용은 크게 주도적인 행위와 반응적인 행위로 분류가 가능하다. 예를 들어 초등학교 교실에서 짝꿍 간의 상호작용을 관찰하는 상황을 생각해 보자. 한 아이가 다른 아이에게 어떠한 질문을 했다면 관점에 따라서 질문을 던진 행위는 주도적인 행위로 볼 수 있고, 질문을 받은 아이가 이에 대한 답변을 했다면 이는 반응적인 행위로 볼 수 있는 것이다. 이러한 경우 관찰의 대상이 되는 개인이나 그룹의 상호작용에 있어서 주도적인 행위와 반응적인 행위의 빈도나 지속시간, 행위의 성격 등이 이러한 관찰방법을 통해서 수집될 수 있는 자료가 된다.

세 번째 방법은 관찰 현장에 속해 있는 모든 구성원들의 특정 행동이나 현상을 모두 관찰의 대상으로 삼는 방법이다. 이러한 관찰 방법은 동시다발적으로 일어나는 현상도 관찰 기록에 남을 수 있도록 관찰의 조건이 매우 양호해야 하며, 관찰하고자 하는 행동이나 현상이 관찰자의 눈에 잘 띄는 것이며, 너무 빈번하게 일어나지 않는 성질의 것일 때 가능하다. 이러한 방법을 통해 얻어지는 자료는 관찰기간 동안 관찰 대상 행동이나 현상의 발생 빈도뿐만 아니라 발생빈도의 시간적인 변화양상에 대한 정보를 제공할 수 있다.

네 번째 방법은 관찰의 초점을 관찰대상의 특정한 상호작용의 일련성(sequence)에 맞추는 것이다. 관찰 상황하의 모든 행동을 기록하는 것이 아니라 연구자의 관심 대상이 특정한 상호작용에 있기 때문에 관찰의 단위는 하나의 상호작용이라 할 수 있다. 이러한 경우 연구자는 연구의 주제에 맞는 상호작용이 어떠한 것인지를 분명히 해야 하며, 시작과 끝을 어떻게 판단할 것인지에 대한 사전결정을 내려야 한다. 이 방법은 사회적인 상호작용 현상의 과정에 대한 구조적인 정보(예를 들어 특정한 상호작용이 어떻게 다른 상호작용을 유발하는지 또는 특정한 형태로 수렴되는지)를 제공해 줄 수 있으며, 관찰 대상이 특정한 상호작용에 한정되므로 비록 관찰 현장에 많은 수의 사람이 있다 할지라도 연구자는 필요한 부분에만 관찰을 집중할 수 있다는 장점이 있다.

2. 관찰을 통한 자료의 수집

관찰을 통해 이루어지는 질적 자료의 수집과정은 일반적으로 연구목적에 부합하는 1) 관찰 장소를 선정하기, 2) 연구자의 관찰활동에 대한 동의를 획

득하기, 3) 연구자와 관찰대상과의 관계 설정하기, 4) 관찰일지와 같은 자료를
수집하기로 이루어진다.

가. 관찰 장소 선정

연구목적에 따라 관찰가능한 장소가 매우 많을 수도 있고, 혹은 굉장히 한
정될 수도 있다. 또한 한 장소에서 관찰이 이루어질 수도 있고, 여러 곳에서
관찰을 수행해야 하는 경우도 있을 수 있다. 어느 경우이건 간에 우선 연구자
는 연구목적을 기반으로 최적의 정보를 수집할 수 있으리라 판단되는 관찰
장소의 목록을 작성하고, 각각의 관찰 장소에 대한 일반적인 정보를 정리할
필요가 있다. 이러한 정보를 기준으로 해당하는 관찰 장소가 연구 활동에 대
한 협조를 구할 수 있는지, 연구자가 방문하기에 적당한 거리에 위치하고 있
는지를 판단하여 필요한 협조를 구해야 한다.

나. 관찰에 대한 동의 구하기

관찰 장소 또는 대상 인물의 상황에 따라서 연구를 위한 관찰활동에 대한
동의를 구하는 절차가 필요하다. 학교나 회사와 같은 공식적인 기관이나 조직
의 경우에는 연구자에 대한 소개와 연구의 목적, 예상되는 관찰의 기간, 협조
가 필요한 사항 등을 정리하여 담당자로부터 동의를 구하는 공식적인 절차를
거치는 것이 좋다. 길거리, 카페, 공원 등과 같은 일반적인 공공장소에 해당하
는 곳에서의 관찰활동의 경우에는 위와 같은 공식적인 동의획득 절차가 필요
하지 않은 경우가 대부분이나, 필요시에는 연구에 대한 일반적인 정보를 제공
할 수 있는 간단한 자료를 준비하여 연구 참여자의 권리를 보호하고, 불필요
한 마찰을 줄이려는 연구자의 노력이 필요하다. 관찰 장소에 대한 연구자의
접근을 허락하는 일반적인 동의를 담당자로부터 얻었다 할지라도 연구 참여
자의 개별적인 동의과정이 필요한 경우도 있을 수 있다. 예를 들어 학교를 관
찰의 장소로 선정한 경우 학교장과 교사로부터 전반적인 관찰활동에 대한 동

의를 얻었다 할지라도 학생들 개개인으로부터 동의를 얻어야 하며, 때에 따라 학부모의 동의가 필요한 경우도 있다. 이러한 경우 연구자는 연구 참여자에게 필요한 정보를 제공하고 동의를 얻어야 하며, 위와 같은 과정에서 관찰 활동이 여의치 않은 경우에는 차선의 관찰 장소로부터 협조를 얻어야 할 것이다.

다. 관찰대상과의 관계설정

앞서 서술한 바와 같이 관찰대상과 연구자의 관계맺음, 현장에의 참여 정도에 따라서 시행하는 관찰의 종류가 나누어질 수 있다. 종종 연구 설계 단계에서 연구자가 선택한 관찰의 종류가 관찰 현장의 상황에 따라서 적용되지 못하는 경우가 있다. 예를 들어 연구자는 교실현장에서 일어나는 일들에 대한 비참여적인 관찰을 선택하여 이를 위해 비디오로 수업내용을 녹화하는 것을 준비하였으나, 학교의 규정에 의해 비디오 녹화가 제한되는 경우라면 교실에서의 비참여적 관찰활동을 수행하는 대신 이에 대한 보완책을 마련해야 할 것이다. 학생들이 연구자라는 외부인사가 교실에 있기 때문에 비참여적 관찰을 통해 얻을 수 있는 자연스러운 환경에서의 자료수집에 한계가 있다고 판단될 경우 관찰의 기간을 연장하여 관찰이 진행되면서 연구자의 존재에 익숙해진 학생들이 평상시의 자연스러움을 보인다고 판단되는 시점부터 본격적인 연구 자료를 수집하는 대안 등이 선택될 수 있을 것이다.

라. 관찰일지 작성하기

관찰에 있어서 가장 주요하고도 일차적인 자료수집은 로그(logs)와 현장노트(field notes)를 통해서 이루어진다(Polit & Hungler, 1987). 로그가 현장에서 일어난 일련의 대화나 사건의 기록을 의미하는 것이라면, 현장노트는 로그보다 광범위하고, 분석적이며 동시에 해석적인 성격을 갖는다. 이러한 현장 노트를 보다 구체적으로 관찰노트(observational notes), 연구방법노트(method notes), 이론노트(theory notes), 또는 개인노트(personal notes) 등으로 나누기도 한다

(Chatman, 1992; Polit & Hungler, 1987). 관찰 노트는 연구자가 현장에서 직접 목격한 것을 상세하게 기술하는 데 초점을 두고 있는 반면, 연구방법노트는 현장에서 연구자가 적용하였던 연구방법에 대한 기술 또는 그러한 관찰 경험을 바탕으로 차후 관찰에서 사용하는 것이 적절하다고 생각되는 방법들에 대한 전략들을 담고 있다(Chatman, 1992). 개인노트는 연구과정의 진행에 따라서 연구자가 개인적으로 느낀 감정이나 생각들을 담는다. 이론노트는 관찰에 대한 연구자의 의미를 찾는 해석적인 노력들이 주로 기술된다. 이외에 Spradley (1980)의 경우에는 관찰의 현장에서 작성된 노트를 압축노트(condensed notes)라 하고, 관찰이 끝난 이후에 연구자가 관찰 당시에 기록되지 못했던 추가적인 정보들을 첨부하여 기술한 것을 확장노트(expanded notes)로 구분하기도 하였다.

관찰일지가 어떠한 종류의 것이든 간에 연구자가 관찰일지의 작성에 있어서 항상 유념해야 하는 몇 가지 원칙들을 살펴보자(Spradley, 1980). 첫째는 관찰일지에 기록된 언어들이 어디서부터 온 것인지를 명확히 해야 한다(이종원, 2002). 실제적으로 관찰일지에는 현장에서 연구자가 직접적으로 들은 대화내용뿐만 아니라, 관찰 현장에 대한 일반적인 묘사, 관찰대상 행동이나 현상에 대한 기술, 관찰 도중 떠오르는 연구자의 느낌이나 일차적인 해석 등 다양한 언어적 정보들이 뒤섞이기 쉽다. 소괄호, 중괄호, 대괄호, 큰 따옴표, 작은따옴표 등의 여러 가지 문장부호를 적절하게 사용한다든지, 연구자 자신만이 알아볼 수 있는 기호체계를 스스로 개발하여 이를 적용하거나, 필기도구의 색깔을 달리하는 등의 여러 방법을 동원하여 관찰일지에 포함된 여러 말들이 연구자 자신의 것인지 관찰 대상으로부터 온 것인지를 정확하게 구별하여 기록하여야 한다. 둘째는 관찰일지의 기록은 일반적인 진술, 압축된 진술, 생략된 진술이 아니라 가능한 상세하고, 구체적이며 세밀한 정보들을 담아야 한다는 것이다. 이러한 점에서 관찰 현장의 상황이나 행동을 기술하는 데 있어서는 단어의 선택이 매우 중요하다. 추가적인 해석을 요구하는 진술보다는 설명적인 진술이 적합하다. 예를 들어 관찰 현장을 묘사함에 있어서 "교실은 산뜻한 분위기로 꾸며져 있었다"와 같은 진술보다는 "교실의 뒷면 양쪽 게시판에는 학생들의 미술 작품이 두 줄로 게시되어 있었고, 중앙에는 녹색 바탕의 게시판에 추천 도서 목록, 신문 기사의 스크랩과 같은 학습 자료들이 게시되어 있었다"와 같은 진술이 보다 현장상황에 대한 직접적이고 세부적인 정보를 제공할 수 있다. 현장을 관찰하면서 이러한 기록들을 일지에 적어나가는 것이 쉬운 일은 아닐 것이다. 이러한 부분들이 연구행위로서의 관찰이 일상생활에서의 관찰활동과 차이가 나는 부분이며 이를 위한 훈련이 필요하다고 할 수 있다.

관찰일지의 형식과 관련하여 일률적으로 적용할 수 있는 형태가 있는 것은 아니다. 관찰에 대한 연구자의 의도나 연구의 주제에 따라서 사용하는 관찰일지의 형태도 다양하게 나타날 수 있다. 단순히 기록이 가능한 노트와 필기도구를 가지고 관찰현장에서 벌어지는 다양한 사건들과 인물들의 행동들을 자유롭게 기술할 수도 있고, 관찰의 초점이 되는 현상과 행동들을 사전에 추출하여 체크리스트 형태로 구성하여 실제 현장에서 이러한 행동들이 언제, 얼마나 자주 일어나는지를 중점적으로 기록할 수도 있을 것이다. 그러나 연구 자료로서의 정확성을 위해서는 일반적으로 다음과 같은 사항들을 포함하여 관찰일지를 구성하는 것이 좋다.

1) 관찰 현장에 대한 기술: 관찰이 일어나는 장소에 대한 일반적인 정보들(관찰 대상자들의 수와 위치, 인물에 대한 묘사, 책상과 의자와 같은 기구들의 배치형태, 관찰자와 관찰대상자 간의 거리 등)에 대한 기술 및 간단한 스케치로 이러한 정보들을 기록한다.

2) 관찰 현장에서 일어나는 행동과 사건들: 기록만을 가지고도 관찰 일지를 읽는 독자가 머릿속으로 현장에서 일어난 행동과 사건들을 떠올릴 수 있을 정도의 정보를 담아야 한다.

3) 관찰된 행동과 사건에 대한 의미성: 관찰된 행동이 관찰자의 입장에서 어떠한 의미로 해석될 수 있는지에 대한 일차적인 정보들을 포함한다.

4) 관찰대상자들의 대화: 관찰대상자들 간의 대화내용에 대한 직접적인 기록을 포함한다.

5) 연구자의 의견: 관찰된 행동이나 현상에 대해 현장에서 연구자가 느낀 점, 새로운 아이디어, 또는 차후 관찰활동에 도움이 될 만한 정보를 기록한다.

6) 지속적인 업데이트 기록: 일차적으로 기록된 관찰일지의 내용 가운데

추후 연구과정을 통해 오류가 있었다고 판단되는 정보들(예를 들어 관찰 대상
자들 간의 대화내용을 현장에서 들리는 대로 기록하였으나, 후에 비디오로 녹화된
보조 자료를 검토한 결과 대화내용에 오류가 있다고 확인된 경우 이에 대한 정정
기록을 관찰일지에 남기는 것)을 포함하여 관찰일지를 지속적으로 수정, 보완
한 내용이 지속적으로 유지되어야 한다.

위와 같은 요소들을 포함하여 다음과 같은 형태의 관찰일지를 구성할 수
있을 것이다.

표 12-1 관찰일지 양식 예시

(연구제목) 관찰일지					
관 찰 자		장소		일시	
관찰주제					
관찰현장 일반정보(관찰대상 인원의 수, 관찰환경에 대한 묘사 등)					
관찰 시간		관찰내용		관찰자 노트	
시작	종료				

3. 관찰 연구에서의 타당성과 신뢰성

모든 과학적인 연구에서 그러하듯이 관찰을 기반으로 하는 질적 연구에 있어서도 연구의 타당성과 신뢰성을 확보하는 일은 연구자의 중요한 과제 가운데 하나이다. 연구의 상황이 매우 가변적이고, 때에 따라서는 연구자의 개입이 불가능한 특성을 지니고 있는 관찰 연구에 있어서 타당성과 신뢰성을 확보하기 위한 연구자의 노력이 다른 때보다 더 요구된다. 관찰 연구의 타당성을 저해할 수 있는 대표적 요인은 선택적인 관찰을 통한 자료의 수집과 연구자의 주관적인 판단과 해석이다. 관찰자 편견(observer bias)은 관찰연구에 있어서 발생할 수 있는 대표적인 오류 가운데 하나이다(Lockyer, 2008). 관찰자 편견은 관찰자 자신의 연령, 성별, 사회적 계층, 가치, 기대 등이 무의식 중에 자료의 수집과 분석에 영향을 주는 것을 뜻한다. 구체적으로 관찰자가 지닌 편견은 어떠한 것을 의미 있고 가치 있는 관찰대상으로 여길 것인지, 어떠한 것은 중요하지 않기 때문에 관찰대상에서 제외할 것인지에 대한 의사결정, 더 나아가 관찰결과가 실제 행위자의 의도와는 다르게 관찰자 자신의 특정한 의미체계와 결합하여 해석되는 결과를 낳기도 한다. 이러한 저해요인을 사전에 예방하기 위해서 연구자는 다수의 관찰자를 둔다거나, 더욱 적극적인 연구자 개인의 성찰과 이에 대한 기록과 점검, 관찰 대상에 대한 연구자의 열린 자세 확보와 같은 노력을 기울여야 한다. 관찰기록에 대한 관찰대상으로부터의 확인과정도 연구 자료의 정확성을 높이고 결과적으로 연구의 타당성을 증가시킬 수 있는 방법이다. 또한 관찰만으로 연구의 타당성 확보가 미흡하다고 판단되는 경우, 면담이나 문서를 통한 추가적인 자료의 수집과 분석이 도움이 될 수 있다.

질적 연구에 대한 비판 가운데 가장 많은 부분은 연구의 신뢰성과 관련된 부분일 것이다. 관찰연구에 있어서도 관찰을 통한 자료의 수집과 해석, 결과 도출 과정이 얼마만큼 신뢰로운가에 대한 비판은 끊임없이 제기되어 온 문제이다. 관찰연구의 신뢰성 확보를 위해서는 무엇보다도 관찰자로서 연구자의 끊임없는 역량 향상을 위한 노력이 필요할 것이다. 사실에 근거하여 관찰일지를 작성하고, 평범함 속에서 핵심적인 정보들을 놓치지 않으며, 이를 논리정연하게 표현하는 능력과 같이 일반인과는 다른 관찰자로서의 기술을 습득하고 연마해야 한다(Patton, 2002). 변화하는 관찰현장의 다양한 조건과 맥락 속에서는 체계적이고 지속적인 관찰을 반복적으로 수행함으로써 더욱 신뢰할 수 있는 자료를 수집할 수 있다. 이러한 과정을 통해 보다 폭넓은 범위의 관찰의 일관성을 확보할 수 있을 것이다.

참고자료

매스 옵저베이션(Mass-Observation)

매스-옵저베이션은 1937년에서 1949년 사이에 영국에서 일어난 대중적이고도 급진적인 사회과학연구조직이자 그들의 활동을 지칭한다. 매스-옵저베이션은 인류학자였던 톰 해리슨(Tom Harrison), 시인이자 언론가였던 찰스 매지(Charles Madge), 화가이자 영화 제작자였던 험프리 제닝스(Humphrey Jennings)의 협업을 통해 시작되었고 이후 이들의 신문기고, 라디오 방송, 관련 서적 출판 등을 통해서 확산되었다. 이들은 대학의 엘리트 연구자들을 중심으로 이루어지던 당시의 사회과학 연구전통의 대안으로서 '우리들의 인류학(anthropology of ourselves)'이라는 표어 아래 가정에서의 인류학, 통합적인 사회학을 주장하였다. 매스-옵저베이션 운동의 기저에는 관찰과 현장연구의 중요성을 강조했던 미국 시카고 학파 사회학, 1930년대 후반 사회과학적 연구방법으로서의 조사의 중요성을 강조했던 조사연구운동(the Survey Movement), 그리고 당시 영국의 인류학, 사회학, 응용심리학, 경제학 분야에서 고양되고 있었던 현장연구에 대한 관심의 영향을 받았다.

매스-옵저베이션은 그 명칭이 의미하는 바와 같이, 훈련된 연구자가 아닌 일반대중의 사회과학적 연구활동의 참여, 다수의 연구 참여자로부터 획득된 광범위한 분량의 자료수집과 분석활동, 일반대중의 일상성과 집단성에 대한 관심이라는 특징을 지닌다. 매스-옵저베이션 운동에 참여한 연구자들은 '평범한 대중은 어떻게 생각하고 행동하는가?'라는 연구주제하에 광범위한 현장연구와 일반대중에 의한 관찰, 기록을 토대로 영국의 평범한 사람들이 겪는 일상적인 삶의 모습들을 분석해 내고자 하였다. 예를 들어 험프리가 주도한 볼튼 지역에서 이루어진 연구프로젝트에서 연구자들은 다양한 일상의 장소와 상황(마을회의, 종교집회, 스포츠나 레저활동, 거리나 일터 등)에서 벌어지는 대화, 사건, 행위들을 기록하고 수집했다. 한편 매지는 영국전역에 걸쳐 자신의 일상 혹은 관찰기록을 일기형태로 기록하거나, 사안에 따른 개방형 설문조사에 참여하는 자원봉사자들로 구성된 전국패널(national panel)을 통해 일상에 대한 자료를 수집하여 분석하였다. 매스-옵저베이션은 그 결과를 표현하는 방식에 있어서도 기존의 사회과학적 연구의 전통과는 차이를 지녔다. 다양한 사진과 영상, 다큐멘터리, 일기, 포스터, 그림, 서적 등 대중들이 쉽게 접하고 이해할 수 있는 형태로 연구의 결과를 표현했다. 초기 사회적인 논제들에 대해 이루어진 매스-옵저베이션의 연구활동은 1940년대 말 소비자 행태로 관심영역을 전환하여 이를 위해 1949년에는 독립적인 회사로 조직의 성격을 변화하기도 하였다. 현재 사회과학 운동으로서의 매스-옵저베이션은 영국의 석세스 대학(University of Sussex)의 주도로 지속되고 있다. 이들은 관련 웹사이트를 운영하여(http://www.massobs.org.uk/) 초창기 매스-옵저베이션을 통해 수집된 자료에 대한 보관과 분석을 진행할 뿐만 아니라, 1981년 이래로 새로운 자료들의 수집도 진행하고 있다.

매스-옵저베이션 운동은 대학 혹은 일부 연구자들의 전유물로 여겨졌던 사회과학적 탐구주체를 일반 대중으로 확산시키고, 평범한 대중들도 사회과학적 연구자로서의 위치를 가질 수 있다는 점을 제시하였다. 또한 사회과학 분야의 연구주제를 새롭게 발굴해 내고, 기존의 연구방법과 기법들에 대한 혁신과 변화에 대한 논의를 촉진하였으며, 이를 통해 연구자와 일반 대중 사이의 교류를 촉진했다는 점에서 사회과학 연구방법론의 발전과정에 기여한 것으로 평가된다(Stanley, 2001).

◈ 참고문헌_

이종원 (2002). 관찰연구에서 질적 접근과 양적 접근의 불가공약성. **초등교육연구**, 15(2), 365-386.

Adler, P. A., & Adler, P. (1994). Observational techniques. In N. K. Denzin & Y S. Lincoln (Eds.), *Handbook of qualitative research* (pp. 377-392). Thousand Oaks, CA: Sage Publications.

Altmann, J. (1974). Observational study of behavior: Sampling methods. *Behaviour* 49(3, 4), 227-266.

Atkinson, P., & Hammersley, M. (1994). Ethnography and participation observation. In N. K. Denzin & Y. S. Lincoln (Eds.), *Handbook of qualitative research* (pp. 248-261). Thousand Oaks, CA: Sage Publications.

Baker, L. M. (2006). Observation: A complex research method. *Library Trends,* 15(3), 출처: http://www.thefreelibrary.com/Observation%3A+a+complex+research+method.-a 0151440811

Chatman, E. A. (1992). *The information world of retired women.* Westport, CT: Greenwood Press.

Denzin, N, K. (1978). *The research act: A theoretical introduction to sociological method* (2nd ed.). New York: McGraw-Hill.

Gorman, G. E., & Clayton, P. (2005). *Qualitative research for the information professional* (2nd ed.). London: Facet.

Lockyer, S. (2008). Observer bias. In L. M. Given (Ed.), *The SAGE encyclopedia of qualitative research* (p. 577). Thousand Oaks, CA: Sage.

McKechnie, L. E. F. (2008a). Covert observation. In L. M. Given (Ed.), *The SAGE encyclopedia of qualitative research* (p. 133). Thousand Oaks, CA: Sage.

McKechnie, L. E. F. (2008b). Structured observation. In L. M. Given (Ed.), *The SAGE encyclopedia of qualitative research* (p. 839). Thousand Oaks, CA: Sage.

Patton, M. Q. (2002). *Qualitative evaluation methods* (3rd ed.). Thousand Oaks, CA: Sage.

Pike, K. (1954). *Language in relation to a unified theory of the structure of human behavior* (Vol. 1). Glendale: Summer Institute of Linguistics.

Polit, D. F., & Hungler, B. P. (1987). *Nursing research: Principles and methods* (3rd ed.). Philadelphia: J. B. Lippincott.

Spradley, J. P. (1980). *Participant observation.* New York: Holt, Rinehart and Winston.

Stanley, L. (2001). Mass-observation field work methods. In P. Athkinson (Ed.), *Handbook of ethnography* (pp. 92-108). Thousand Oaks, CA: Sage.

S F N E V C F P X Z K N H S F

UNDERSTANDING TAS

O C T Y W D F B X S F M A

R E S E A A C W S I B C I E S

QUALITAT N V Y E T L

F G K X L S D I E N I D V H F

G Q W D S E V W I V W O E

V B R R Q T J E A X U G D N

Z C E V U Z B A K H R V W S O

Z U R Q K C I O

W I E V H E G S

Q A **SEARCH**

Q E A L I T A T

I E M V L S O M

O V P B X C Y W

Chapter 13

문서

(Documents)

C·H·A·P·T·E·R
13
문 서

주요 내용
1. 질적 연구자료 및 자료수집 방법으로서 문서의 의미
2. 문서의 주요 종류
3. 문서를 수집하여 질적 연구에 활용하기
4. 문서 활용 시 유의할 점

지금까지 질적 연구를 수행하는 데 있어서 인터뷰와 관찰을 통해 데이터를 수집하는 기법에 대하여 살펴보았다. 흔히 연구자는 인터뷰와 관찰법을 사용하여 자료를 수집함으로써 제시된 연구문제를 현장에서 직접적으로 해결하려는 노력을 하게 된다. 즉, 연구자는 연구문제를 토대로 작성된 인터뷰 질문지를 가지고 직접 피면담자와 상호작용을 하거나, 연구문제를 토대로 계획된 장소와 대상을 직접 찾아가 관찰하는 것을 통해 데이터를 수집하게 된다. 반면에 문서를 통한 자료수집은 연구 참여자나 연구대상물과 직접적인 상호작용이나 접촉을 통하지 않고 간접적으로 데이터를 수집하는 방법이다. 다시 말하면, 연구자는 문서를 통한 자료수집 방법을 통하여 피면담자나 관찰이 필요한 장소나 대상과 직접적인 접촉이 없이 간접적으로 연구와 관련된 자료를 수집

하게 되는 것이다. 이 장에서는 질적 연구 자료수집방법의 또 한 가지 중요한 기법으로서 문서를 통한 자료수집방법에 대하여 살펴보고자 한다.

1. 문 서

사전적 의미의 문서(文書, document)란 의사소통을 위하여 글이나 기호 따위를 주로 종이 등에 나타낸 것을 일컫는다. 문서의 역사는 인류의 역사와도 그 맥을 같이하는데 종이가 발명되기 전 인류가 사용했던 비석, 암벽, 나무, 목간, 죽간, 금속 등도 넓은 범위에서 문서로 포함시킬 수 있다. 현대에는 컴퓨터나 각종 정보화 기기를 통한 각종 디지털 파일형태도 문서의 범주에 포함되기에 이르렀다.

질적 연구수집방법으로서의 문서는 질적 연구와 관련된 모든 형태의 문자로 쓰인(written), 시각적(visual), 그리고 물리적 형태의 자료를 의미한다(Merriam, 2009). 즉, 문서는 연구와 관련된 모든 형태의 손으로 작성된 문서, 컴퓨터로 작성된 문서, 그리고 각종 인쇄물 등이 포함되며, 연구자는 문서에 나타난 글이나 기호 따위를 분석하고 해석하는 노력을 통하여 연구문제를 해결하고자 한다. 또한 학자에 따라서는 문서의 범위를 좀 더 확대하여 각종 인공물(artifacts), 영화, 사진, 비디오, TV 방영물, 동영상, 예술품 등을 포함시키기도 한다. 이는 마치 형사가 자신이 맡은 어떤 강도사건의 범인을 찾기 위해 여러 정황을 살펴 주변인을 찾아가 탐문하고 문제해결에 도움이 된다고 판단되는 각종 데이터를 수집하여 사건을 해결하는 노력과 매우 흡사하다. 용의자를 찾기 위해 형사는 문서의 형태 또는 디지털 형태로 보관하고 있는 신상 파일을 검색하게 되며, 사건과 관련된 각종 인공물(artifacts)이나 사진 등을 활용하여 사건해결에 중요한 단서를 얻을 수도 있다. 이렇듯 질적 연구방법에서 문서를 통한 자료수집방법은 단순히 서류화된 문서, 인쇄물, 그리고 디지털 형태의 파일뿐만 아니라 모든 상징적인 자료(symbolic materials)의 수집을 의미한다.

사 진

사진은 인간의 생활에 있어서 매우 밀접하고 유용하게 쓰이고 있다. 불과 150여 년 전만 하더라도 인류에게 있어 사물의 실체를 표현하기 위해서는 사람이 직접 그림을 그려야만 했다. 그러나 전문가에 의해서 아무리 정밀하게 사물을 그렸다고 하더라도 오늘날의 사진이 주는 이미지만큼은 따라갈 수 없을 것이다. 물론 각도, 렌즈의 노출, 조명, 밝기, 각종 필터 및 효과 등을 사용하여 피사체가 띠고 있는 이미지에 변화를 주기도 하지만, 사진은 렌즈의 범위 내에 있는 피사체가 가지고 있는 이미지 그대로를 표현해 주는 훌륭한 기술이자 문서이다. 특히 질적 연구에서 사진은 연구자들에게 있어 매우 중요하고 유용한 정보를 줄 수 있다. 많이 알려진 금언, "A picture is worth a thousand words (그림/사진은 천 마디의 말의 가치가 있다)"처럼, 사진 한 장이 줄 수 있는 메시지의 힘은 무척 강력하다. 예를 들어, 19세기 말의 한국과 한국인들을 찍은 흑백사진을 자세히 살펴보면 한 장의 사진에서 많은 역사적 정보를 얻을 수 있다. 사람들의 신체적 조건, 얼굴 표정, 위생 상태, 옷차림새, 장신구, 신분계급, 거리의 모습, 상가, 운송수단, 생활 용품, 각종 의식을 진행하는 모습 등에서 그 시대의 상황을 이해하고 정보를 획득하는 데 한 장의 사진은 매우 유용한 정보 및 단서를 제공한다.

1880년대 서당　사진출처: http://koreanhistory.info

qualitative research methods

2. 문서의 종류

질적 연구에서 흔히 수집, 활용되는 문서로는 개인문서(personal documents), 공적 문서(public documents), 각종 인공물(artifacts), 연구자에 의해서 또는 연구를 위해 작성된 문서, 그리고 온라인(on-line) 형태의 문서 등으로 나눌 수 있다(Merriam, 2009). 다음에서는 이러한 다섯 가지 형태의 문서를 중심으로 살펴보고자 한다.

가. 개인문서(Personal Documents)

질적 연구 자료수집 방법에서의 개인문서는 일반적으로 개인 활동, 경험, 그리고 가치관 및 신념 등이 묘사되어 있는 연구 참여자 혹은 대상자 개인이 직접 작성한 문서로(Bogdan & Biklen, 2003), '개인적인 경험과 관점'이 드러나 있는 형태의 문서를 의미한다. 이러한 형태의 문서에는 일기, 편지, 육아일기, 개인 동영상물, 스크랩북, 사진(앨범), 캘린더, 자서전, 여행일지 등이 포함된다. 이런 관점에서 본다면 어떤 개인을 인터뷰한 내용을 녹취한 문서도 넓게

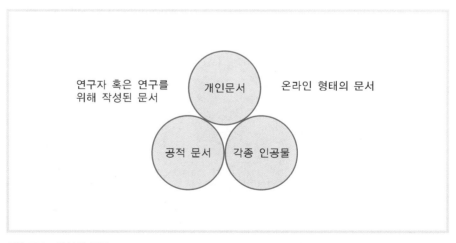

그림 13-1 문서의 종류

는 개인문서에 포함되어야 한다는 주장이 있다. 하지만 인터뷰의 녹취록은 개인문서보다는 면담자와 피면담자 사이의 대화내용을 단지 문서의 형태로 옮겨놓은 것이기 때문에 여기서는 개인문서에 포함시키지 않도록 한다.

연구자는 이러한 문서를 스스로 찾아 발견하는 경우가 대부분이며 간혹 연구대상자에게 연구와 관련된 문서를 직접 작성해 줄 것을 요구하기도 한다. 예를 들어, 청소년 집단 따돌림 현상을 연구하는 연구자는 학생들에게 집단 따돌림 현상에 관한 자신의 경험을 2-3쪽 정도의 에세이 형태로 작성해 달라고 부탁한 후 작성된 글을 분석하여 연구에 활용할 수도 있다. 이 경우 비록 연구자에 의해서 자연스럽게 발견된 문서는 아니지만 학생들에 의해서 작성된 에세이는 연구의 데이터 수집에 매우 유용하게 쓰일 수 있는 개인문서로서 연구에 활용된다. 이와 유사한 형태로 학교현장에서 학생들에게 얻을 수 있는 개인문서로는 개인 저널(journal)이 있다. 예를 들어, 교사는 한 학기 또는 일 년에 걸쳐 학생들에게 특정 주제에 관하여 저널을 쓰게 한 후 학기말에 수합하여 이를 분석하는 활동을 전개한다. 이런 경우 교사는 일정한 주제에 대하여 다수의 학생들로부터 그들의 개인적인 경험과 의견을 비교적 상세하게 얻을 수 있다는 많은 이점이 있다. 다음에서는 개인문서의 대표적인 형태인 일기, 편지(전자메일 포함), 자서전 등에 대하여 살펴보겠다.

1) 일 기

질적 연구자들에게 있어 연구대상자의 일상적이고 개인적인 내용이 담긴 일기는 매우 값진 문서로서 활용된다. 특히 대부분의 일기는 독자를 의식하지 않고 쓴 것이 대부분이므로 개인의 사고나 경험의 내용들이 비교적 상세하고 솔직하게 쓰여 있다는 점이 특징이라 할 수 있다. 물론 개인의 프라이버시를 존중하기 위하여 연구자는 반드시 일기를 작성한 연구대상자로부터 사용 동의를 얻어야 하며, 때때로 연구대상자가 특정 부분에 대하여 사용을 허락하지 않는 경우 등이 발생할 수 있으므로 각별히 주의해야 한다.

질적 연구에서 일기는 역사를 연구하는 질적 연구자들에게 특히 유용하고 값진 소스(source)로 활용된다. 예를 들어, 임진왜란 중 약 7년여에 걸쳐 쓴 진중일기로 잘 알려져 있는 이순신 장군의 '난중일기'는 전황의 보고, 이순신 장군의 개인적인 생각과 전투 후의 감회, 국정에 대한 의견, 그리고 가족, 친지 및 부하 등에 관한 생각을 담고 있어 임진왜란에 대한 연구뿐만 아니라, 이순신 장군의 개인적인 면도 살펴볼 수 있다는 점에서 역사 연구자들에게 매우 귀중한 자료로 여겨진다.

학교 현장을 연구하는 질적 연구자들에게도 학생이나 교사의 일기는 매우 값진 질적 데이터로서 활용된다. 예컨대, 교사와 학생들 간의 상호작용에 대한 연구에서 연구자는 교사, 학생들의 일기를 분석하여 연구에 활용한다. 연구자는 또한 학생들의 일기로부터 학생들 간의 친구관계 및 유의미한 타자에 관한 정보를 얻을 수 있어 학생 개개인에 대한 정보를 얻을 수 있다는 점에서 매우 유용하다.

개인적인 내용이 담긴 일기와 유사한 형태로는 교사일지, 교무일지, 여행일지, 병상일기 등이 있을 수 있으며, 내용면에서 개인 일기보다는 친밀감이나 사적인 내용이 덜 포함되는 경향이 있다. 그러나 이러한 일기 형태의 문서는 질적 연구자들에게 인터뷰나 관찰에서 얻을 수 없는 귀중한 자료를 얻을 수 있다는 장점이 있다.

2) 편 지

편지는 개인문서의 또 다른 형태로 질적 연구자에게 중요한 데이터를 제공한다. 연구대상자 혹은 연구와 직·간접적으로 관련이 있는 인물들의 편지 내용을 수집하여 분석하는 것은 그 당시 상황을 이해하는 데 유용한 정보원으로 활용될 수 있다. 특히, 편지는 편지를 주고받은 사람들 사이의 관계를 파악하는 데 있어서 용이한 정보원이다(Bogdan & Biklen, 2003). 물론 편지의 내용에는 수신인과 발신인 사이의 관계뿐만 아니라 사적인 대화나 다양한 정보 등이 포함되어 있어 이를 인간관계와 관련된 정보를 종합적으로 파악할 수 있다는 점에서 그 활용 가치의 폭이 넓어지며, 일기 형태의 문서와는 다르게 개인 간의 의사소통 수단이라는 면에서 그 내용의 질과 형태가 구분되는 특징이 있다. 최근에는 전자메일(e-mail)의 사용이 보편화되어 일반 편지의 기능을 대신하고 있는 추세이다.

이와 같은 기능을 하는 편지 유형에는 사적인 편지, 공적인 편지, 알림이나 홍보를 목적으로 하는 편지, 불특정 다수에게 전해지는 편지 등이 있을 수 있으며, 학교 현장에서는 교사와 학부모들, 교사와 학생들, 학교 행정가와 학부모들, 학생들 간의 편지 등이 있다. 이러한 성격의 편지는 주로 쌍방향 의사소통이라기보다는 편지의 형식을 띤 알림장의 목적을 한다고 볼 수 있다. 질적 연구자는 이러한 다양한 유형의 편지를 수집하여 연구 문제와 관련성이 깊은 내용을 분석하게 된다.

3) 자서전

특정 개인에 의해서 쓰인 자서전도 질적 연구 자료로서 매우 유용하다. 특히 자서전에 담긴 내용을 분석하는 과정을 통해서 그 개인의 삶과 역사, 그리고 지향하고자 하는 가치관, 이루고자 하는 바 등을 간접적으로 얻을 수 있다. 특히 인터뷰 전후에 자서전을 함께 활용함으로써 분석의 폭과 깊이를 더 할 수 있다는 장점이 있다. 따라서 연구대상자가 작성한 자서전이 존재하거나 혹은 연구대상자와 관련 있는 사람의 자서전을 인터뷰 전에 미리 분석함으로써 인터뷰에서 얻는 자료의 질적 제고를 꾀할 수 있다. 또한 인터뷰를 마친 후에도 이와 관련된 자서전을 분석함으로써 인터뷰 내용을 보완하고 추가 인터뷰의 방향과 내용을 제시하는 기능을 하기도 한다. 자서전은 집필자에 따라서 다양한 목적이 있을 수 있다.

나. 공문(Official Documents)

개인문서가 '개인적인 경험과 관점'이 문서 속에 녹아 있는 형태의 다양한 문서라고 한다면, 공문(공문서 또는 공적인 문서)은 주로 학교, 회사, 기관, 그룹, 조직 등에서 업무와 관련하여 작성된 다양한 형태의 문서라고 할 수 있다. 예를 들어, 정부관련 기관에서는 업무와 관련하여 다양한 형태의 공문이 많이 쓰이며, 특히 관료제 구조를 지닌 조직에서 비공식적인 의사소통 수단보다는 공문을 통한 공식적인 의사소통 체계를 선호하는 것으로 잘 알려져 있다. 이러한 공문에는 업무와 관련된 다양한 형태의 서류, 보고서, 프레젠테이션용 문서, 메모, 브로슈어, 회의록, 소식지, 제안서, 성과지표, 통계자료, 평가보고서, 학생 생활기록부, 성적표, 입학 및 졸업에 관한 각종 문서, 교칙, 학칙, 규정집, 정관, 각종 위원회 관련 문서 등이 포함된다.

질적 연구에 있어 공문은 개인문서가 제공하지 못하는 다른 측면에서의 데이터를 제공해 주는 질적 자료이다. 개인문서는 문서를 작성한 개인의 주관적인 관점을 보여준다면, 공문은 개인의 주관적이고 사적인 관점보다는 기관이나 기관 구성원의 직무와 관련성이 깊다. 따라서 공문을 통해 그 기관이나 조직, 혹은 개인의 업무와 관련된 '공식적인 관점'을 살펴볼 수 있다는 점에서 연구자에게는 유용한 자료가 될 수 있다. 최근 들어서는 온라인상에서 전자문서로 작성된 공문서를 주고받아 업무를 처리하는 형태가 확산되고 있으며, 전자문서 형태로 작성된 각종 문서나 서류도 공문에 포함된다.

위에서 살펴본 바와 같이 공문의 종류는 매우 다양하며, 분류 방식에 따라서 아래와 같이 여러 형태로 나눌 수 있다(Lindlof & Talyor, 2011).

- 행위에 대한 증명과 관련된 문서: 결혼증명서, 영수증, 각종 증명서 등
- 구성원에 대한 목록과 관련된 문서: 출석부, 전화번호부, 회원명부, 주소록 등
- 정책이나 절차 편찬과 관련된 문서: 강의계획서, 사용 및 조작에 관한 소책자, 사칙, 교칙 등
- 개인이나 집단의 성과와 관련된 문서: 시험 성적, 구직 신청서 등
- 성과 결과 보고와 관련된 문서: 성적표, 성과 결과와 관련된 각종 보고서 등
- 개인이나 조직의 역사와 관련된 문서: 연감, 연보, 주요 경력 등
- 각종 이벤트 및 사건기록과 관련된 문서: 회의록, 면담 녹취록 등

Bogdan과 Biklen(2003)은 학교교육 맥락에서 공문의 형태를 내부문서, 외부 의사소통 문서, 그리고 학생 기록과 파일 등으로 나누어 설명하였다. 첫째, 내부문서는 조직 내부에서 사용되는 다양한 형태의 문서를 말한다. 주로 대외적

인 목적으로 작성된 문서가 아니라 내부의 특정한 목적을 위해서 작성된 문서로 메모, 업무연락, 결재서류, 보고서 등이 이에 해당된다. 둘째, 외부 의사소통 문서는 내부문서와는 다르게 외부와의 소통을 목적으로 작성된 문서로서 주로 각종 대외 홍보용 문서, 보도자료, 가정통신문, 조직의 경영 철학과 이념을 대외적으로 홍보하려는 목적으로 작성된 다양한 문건 등이 있다. 셋째, 학교 현장에서 학생에 관한 다양한 기록물(신상명세서, 생활기록부, 출결사항, 성적과 관련된 서류 등) 등이 공문서에 포함된다. 또한 교사 및 학교 행정 전반에 관련된 모든 형태의 문서 등도 질적 연구자에게 중요한 단서를 제공하는 자료로 유용하게 활용될 수 있다.

한편, 일반적인 행정기관에서 다루는 공문서의 종류를 분류하면 다음과 같다(권인탁, 2009).

- 법규문서: 헌법, 법률, 대통령령, 총리령, 부령, 조례 및 규칙 등 주로 법규사항을 규정하는 문서
- 지시문서: 훈령, 지시, 예규, 일일명령 등 하급기관 또는 소속 공무원에 대하여 일정한 사항을 지시하는 문서
- 공고문서: 고시, 공고 등 행정기관이 일정한 사항을 일반에게 알리기 위한 문서
- 비치문서: 비치대장, 비치키드 등 행정기관이 일정한 사항을 기록하여 기관 내부에 비치하면서 업무에 활용하는 문서
- 민원문서: 허가, 인가, 기타 처분 등 민원인이 행정기관에 특정한 조치 및 행위와 관련된 문서 및 요구 사항이 기록된 문서
- 일반문서: 회보, 보고서 등 위의 문서에 속하지 않는 모든 종류의 문서

공적인 문서를 질적 연구에 활용하는 데 있어 흔히 접할 수 있는 문제점과 고려해야 할 사항들은 다음과 같다.

- 관련 문서에의 접근 가능성에 관한 문제

- 문서가 누구에 의해서, 어떻게, 그리고 왜 작성되었는지에 대한 이해
- 문서의 정확성과 신빙성에 대한 판단
- 다른 질적 연구수집 방법(인터뷰, 관찰)과의 연관성의 문제
- 연구에 문서를 분석 자료로 활용하는 데 있어서의 보안상의 문제

다. 인공물(Artifacts)

문서를 통한 질적 데이터 수집에 있어서 일반적인 문서형태(종이 위에 인쇄된 문서) 이외에도 연구와 관련이 있는 다양한 종류의 물리적 객체(physical objects) 혹은 인공물(artifacts) 등의 자료도 넓은 의미로 문서형태의 질적 데이터에 포함된다. 이러한 인공물에는 일상생활에서 쉽게 볼 수 있는 물건, 공예품, 각종 가공품 및 기구, 각종 낙서, 심지어는 쓰레기 등이 포함되기도 한다. 이는 마치 범죄 현장에서 감식반이 범행 현장을 보전하고 증거물을 수집하여 이를 분석하는 활동과 유사하다고 할 수 있다. 이러한 '물증'의 확보는 질적 연구자에게 연구문제를 해결하는 데 있어 유용한 자료로 활용되며, 특히 인터뷰나 관찰법 등을 통해서 획득된 질적 데이터를 보충·추가하는 성격의 데이터로서의 역할을 하기도 한다(Merriam, 2009).

질적 연구의 귀중한 자료로서 활용되는 '물증', 즉 물리적 행동 자취(physical trace)에 대해서 Rathje(1979)는 다음의 특징을 제시하였다.

- 보고되거나 실험에 의한 근접 결과가 아닌 실제 행동의 결과를 기록
- 무반응적이며 비개입적임
- 어디에나 편재하며 연구를 위해 쉽게 이용할 수 있음

라. 연구자에 의해서 또는 연구를 위해 작성된 문서

연구자에 의해서 또는 연구를 위해 작성된 문서 유형은 질적 연구가 시행되고 난 후 연구자에 의해서 또는 그 연구를 위해 연구 참여자에 의해서 작성

된 문서를 말한다. 즉, 연구자는 특정한 상황, 인물, 또는 사건에 대한 질적 정보를 획득하려는 수단으로 연구자 스스로 저널, 일기, 일지 등을 작성하기도 하며, 연구 참여자로 하여금 저널, 일기, 일지 등을 쓰게 하여 나중에 수합하여 연구자료로 활용한다. 이와 같은 종류의 문서는 특정한 목적을 위하여 맞춤식으로 제작될 수 있다는 게 특징이며, 연구자는 방대한 양의 문서를 수집하여 자신에게 맞는 문서를 골라내는 데 드는 비용과 시간을 절약할 수 있는 장점이 있다.

연구자에 의해서 촬영된 사진이나 동영상이 이러한 형태의 문서에 해당한다. 특히 인터뷰나 관찰법에 의한 자료수집 시에 연구 참여자에게 부탁하여 사진이나 동영상을 촬영한 것은 매우 유용한 보조 자료로 활용될 수 있다. 즉, 이러한 형태의 사진이나 동영상은 수집된 자료분석 시 연구자가 빼먹고 놓치기 쉬운 부분에 대해 시각적 이미지를 통해 기억을 되살려 줄 수 있는 보조 수단으로서의 역할과 동시에 연구 전체에 중요한 단서를 제공할 수도 있는 문서로서의 역할을 하기도 한다.

마. 온라인(On-line) 형태의 문서

질적 연구에서의 문서는 주로 전통적인 오프라인(off-line) 형태의 문서를 지칭하였지만 1990년대 후반 이후 정보통신 기술의 급속한 발달로 인해 온라인(on-line) 형태의 문서 활용 빈도와 범위가 경우에 따라서 오프라인 형태의 문서를 능가하고 있는 실정이다. 온라인 형태의 문서를 오프라인 형태 문서의 전자문서화로 여기는 것은 온라인 형태의 문서 활용도 및 범위의 측면을 지나치게 경시하는 것이다. 다시 말하자면, 오늘날 온라인 형태의 문서는 매우 중요한 위치를 차지하고 있으며 오히려 전통적인 오프라인 형태의 문서의 역할을 대체하고 있는 실정이다. 온라인 형태의 문서의 예로는 전자메일(e-mail), 블로그, 게시판 등과 같은 텍스트 형태의 정보를 담고 있는 각종 웹사이트, 컴퓨터를 사용하여 작성된 각종 전자문서 형태, 컴퓨터 및 휴대전화 등 각종 정보통신 기기를 통하여 액세스할 수 있는 다양한 형태의 데이터, 그리고 각종 정보통신 기기를 통하여 온라인상의 다른 사람들과 의견을 서로 주고받을 수 있는 각종 온라인 커뮤니케이션 애플리케이션 등을 들 수 있다.

3. 문서 수집하기

질적 연구에서 딱히 정해진 문서 수집 절차나 방법은 없다. 하지만 일반적으로 문서를 수집하는 데 있어서 연구자가 주의해야 할 가이드라인에 대해서는 한번 살펴볼 필요가 있다. 다음에서는 Creswell(2012, p. 245)이 제시한 문서 수집에 있어서의 가이드라인을 소개한다.

- 수행하고 있는 질적 연구에 유용한 정보를 제공할 수 있는 문서의 종류를 파악한다.
- 연구를 위한 정보원으로서 공적 및 사적 문서를 모두 고려한다.
- 필요한 문서의 위치를 파악한 다음 해당 관계자들로부터 문서 사용에 대한 허가를 신청한다.
- 만약 연구 참여자들로부터 저널을 원한다면 그들에게 어떻게 저널을 작성해야 하는지 상세한 지침이 필요하다. 이러한 지침에는 저널의 주제, 형식, 분량, 그리고 자기 생각을 알아보기 쉽게 쓰도록 강조함 등이 포함된다.
- 문서 사용에 대한 허락을 얻어 낸 후 연구자는 문서의 정확성, 완성도, 그리고 연구문제를 해결하는 데 있어서의 유용성들을 검토한다.
- 문서에서 정보를 기록하도록 한다. 이 과정은 문서에 대한 필기를 하거나 가능하다면 각 문서에서 필요한 부분을 스캔하여 텍스트나 워드 파일 형태로 만들도록 한다. 신문기사는 쉽게 스캔되어 텍스트 데이터베이스화할 수 있다. 예를 들어, 대통령 선거에서 교육에 관한 연설이 필요하다면 관련 신문기사를 스캔하여 컴퓨터 파일로 만들 수 있다.

4. 질적 연구에 문서 활용하기

문서를 질적 연구 자료로서 활용하는 것은 인터뷰나 관찰법과 크게 다르지 않다. 본래 질적 연구에서는 연구자가 자료수집에 있어 제1차적인 매개자이며, 연구자의 기술과 직관에 의해서 문서형태의 자료가 수집되어 분석된다. 따라서 질적 연구에 쓰이는 문서자료는 방대하게 널려져 있는 다양한 형태의 문서 중 연구자가 발굴한 것으로 연구 문제를 풀어가는 데 기여하게 되는 것이다.

문서를 질적 연구에 활용하는 첫 번째 단계는 연구문제 해결에 도움이 될 만한 문서를 찾아내는 작업이다. 이 단계에서 연구자는 연구의 목적과 연구문제 해결을 위해 필요한 문서 형태의 자료가 무엇인지 먼저 생각해 내야 한다. 예를 들어, 학급 내 특수아에 대한 질적 연구 수행 시, 학생의 생활기록부, 각종 검사 결과, 교사 일지, 병원 기록물, 학생의 일기장, 학생의 과제 제출물, 학생의 사진, 성적표, 학생 부모의 육아일기 및 각종 병원 기록물 등이 수집해야 할 문서로 포함될 수 있다.

수집할 문서를 결정한 후 연구자는 실제로 필요한 문서를 수집하는 활동을 전개한다. 도서관, 학교, 관공서, 집, 직장, 병원 등 자료가 산재해 있는 모든 장소에 찾아가서 문서 자료를 수집하게 된다. 위의 특수아에 대한 연구의 경우, 교실, 교무실, 도서관, 병원, 학생의 가정 등에서 찾고자 하는 자료를 실제로 획득하는 활동을 이 단계에서 실시하게 된다. 연구자는 현장에서 문서를 수집하는 데 있어 추가적인 자료 획득에 항상 눈과 귀를 열어 놓는 유연한 자세를 지녀야 한다. 실제로 현장에서 자료를 수집하다 보면 생각지도 못했던 중요한 자료가 눈에 뜨일 수가 있으므로, 자료 수집하는 데 있어 열린 마음가짐으로 항상 세심한 주의를 기울여야 한다.

문서를 수집하는 데 있어 또 한 가지 중요한 사항은 문서의 진정성(authenticity)을 파악하는 일이다. 질적 연구 자료에 있어 문서의 진정성을 파악하는 것은 원래의 문서가 어떠한 맥락에서 누구에 의해서 어떤 이유에서 작성되었으며, 어떠한 경로를 통해서 입수를 하게 되었는지, 왜곡되었을 가능성은 있는지, 그리고 문서의 진위여부 등에 대해 연구자가 판단을 하게 되는 중요한 과정이다. 아무리 양적으로 풍부한 문서를 수집했더라도 진정성이 떨어지는 문서들은 아무런 소용이 없을 뿐만 아니라 오히려 연구 결과에도 좋지 않은 영향을 끼치게 되어 결국 연구 전체의 신뢰성에 손상을 입히게 되는 경우가 발생할 수도 있으므로 특히 주의를 기울여야 한다. 연구자는 가능한 한 진정성이 높은 문서를 확보하는 데 노력을 기울여야 한다. 진정성이 높은 문서는 우선 문서가 작성될 당시의 시대적 상황과 맥락을 함께 고려하여 관련 분야에서 믿을 만하고 전문성이 있으며 그 문서를 작성할 만한 자격이 되는 사람(들), 기관, 단체, 조직 등에 의해서 작성되는 문서라고 할 수 있다. 두 번째로 어떠한 사건이나 현상에 대하여 직접적으로 경험한 사람(들)에 의해서 직접 작성된 문서는 그 사건이나 현상에 대해 직접적으로 경험하지 못한 사람(들)에 의해서 작성된 문서보다 진정성이 높다고 할 수 있다. 따라서 연구자는 문서를 수집하는 데 있어 1차 자료(primary sources)와 2차 자료(secondary sources)를 구분할 수 있는 능력이 요구되며, 특히 2차 자료를 수집하는 과정에서 문서 내용의 진위 여부, 왜곡 여부, 오류 가능성 등을 고려하여 수집하여야 한다. 문서의 진정성을 파악하는 데 연구자에게 유용한 질문은 다음과 같다 (Clark, 1967).

- 문서가 지니고 있는 내력은 무엇인가?
- 어떻게 해서 문서가 내(연구자)게 오게 되었는가?
- 문서가 주장하고 있는 것에 대한 믿을 만한 근거는 있는가?
- 문서가 원래 만들어진 것처럼 완성되어 있는가?
- 문서가 변경되거나 편집된 적이 있는가?
- 만약 문서가 진품이라면, 무슨 목적과 상황에서 제작되었나?
- 문서의 저자는 누구인가?
- 저자가 문서를 통해서 얻으려는 것은 무엇인가? 누구를 위하여 문서가 제작되었는가?

- 제작자의 정보원은 무엇인가? 문서가 목격자의 설명, 간접적인 진술, 문서가 쓰이기 전에 사건의 재구성, 해석을 제대로 나타내고 있는가?
- 제작자의 편견은 무엇인가?
- 저자는 어느 정도까지 진실을 말하려고 하였는가?
- 같은 이야기, 이벤트, 프로젝트, 프로그램, 맥락을 추가적으로 설명할 수 있는 다른 문서들이 존재하는가? 만일 존재한다면, 그 문서들을 얻어서 볼 수 있는가? 누가 가지고 있는가?

이렇게 수집된 문서는 분류 작업을 거치게 되는데, 연구자에 의해서 수집된 문서 자료들을 체계화하고 분류하는 이유는 분석 시 용이하게 접근하기 위해서이다. 연구자는 이 단계에서 연구자만의 '분류 시스템'을 통하여 분류를 체계화하게 되는데, 예를 들어, 여러 개의 문서 보관함을 준비하여 문서의 주제 혹은 종류에 따라 문서를 분류할 수도 있다. 문서의 분량이 많은 경우에는 많은 문서를 담을 수 있는 문서 저장 박스를 여러 개 준비하여 문서를 분류할 수도 있다. 문서 박스 이외에도 소량의 문서를 보관할 수 있는 각종 파일과 바인더(종이파일, 진행문서, 보관상자, 포켓, 시스템파일, 쫄대파일, 클리어파일, 스프링파일, 파일케이스, 컬러폴더, 클립파일, 인덱스폴더, 링바인더 등) 등을 활용하여 문서를 분류할 수도 있다. 분류된 문서파일이나 폴더가 많을 경우 분류표를 만들거나 각각의 주제를 부호화하여 보다 체계적으로 분류를 하기도 한다. 문서가 종이 형태가 아닌 전자문서의 경우에는 컴퓨터를 이용하여 문서를 분류할 수도 있다. 전자문서의 양이 많은 경우에는 컴퓨터를 활용하여 데이터를 손쉽게 처리하는 소프트웨어를 사용하여 각종 전자문서를 분류하는 방법도 고려해 볼 만하다.

수집된 문서의 분석은 실제로 어느 특정한 단계에서만 이루어지는 것은 아니다. 연구자가 문서 자료를 수집하는 과정에서부터 어느 정도의 문서 분석은 이루어지게 된다. 위에서도 언급하였듯이 연구자는 문서를 수집하는 과정에서, 그리고 문서의 진정성을 가려내는 데 있어서도 문서 분석 활동을 동시에 수행하게 된다. 또한 수집된 문서를 분류하고 체계화하는 데 있어서도 연구자

qualitative research methods

는 문서 분석 활동을 하게 된다. 문서를 분석해야만 문서를 분류하고 체계화할 수 있기 때문이다. 물론 본격적인 문서의 분석은 문서가 가공할 만한 자료 형태로 분류되고 체계화된 상태에서 일어나게 된다. 이 단계에서는 연구자는 연구목적 및 연구문제와 관련하여 문서의 구체적인 내용을 세밀하게 분석하는 활동을 전개하게 된다. 또한 신문기사나 각종 미디어의 내용을 분석하는 내용분석(content analysis)기법을 통하여 심도 있는 분석을 실시할 수도 있다. 이 단계에서의 내용분석은 주로 각종 문서에 관한 질적이고 비수량적인 내용을 비교적 체계적이고 객관적인 절차에 따라 범주화하여 내용을 분석하는 방법으로 활용될 수 있다. 내용분석법은 대개 내용분석표를 만들어 분석항목과 분석내용을 기술한다. 경우에 따라서는 이렇게 만들어진 표를 바탕으로 수량화하여 빈도를 재거나 부호화하여 체계적인 분석을 하기도 한다.

5. 문서 활용 시 유의할 점

위에서 살펴본 바와 같이 질적 연구에 있어서 문서는 비교적 쉽게 접할 수 있고, 별도의 비용이 들지 않더라도 상당히 많은 양의 질적 데이터를 포함하고 있다는 점에서 질적 연구자들이 선호하는 자료수집 방법 중 하나이다. 특히 인터뷰나 관찰 등이 불가능한 상황과 관련된 자료를 수집하는 데 있어 문서는 연구자들에게 있어 유용한 질적 자료를 제공하기도 한다. 예를 들어, 인터뷰 대상이 이미 사망한 경우에는 그 인물이나 사건과 관련된 역사적 문서를 통해 유용한 정보를 얻을 수 있다. 또한 연구자가 물리적으로 멀리 떨어져 있거나 혹은 연구자의 관찰이나 방문이 제한되어 있는 상황에서도 관찰법이나 인터뷰 대신 문서를 통하여 연구와 관련된 정보를 획득할 수 있다. 문서는 또한 인터뷰나 관찰법과는 다르게 연구자의 주관성이 적게 개입된다는 특징을 가지고 있다. 물론 문서 작성자의 주관성은 문서 자체에 내재되어 있지만 일단 작성된 문서는 연구자에 의해서 변경되거나 다르게 이해될 수 있는 소지가 인터뷰나 관찰법에 비해 적다는 것이다.

문서는 이러한 장점을 지니고 있어 널리 활용되지만 연구자들은 다음의 몇 가지 사항에 유의해야 한다. 첫째, 인터뷰나 관찰법은 연구자가 수행하는 연구만을 위해 특별하게 수행하는 자료수집 방법인 데 반해, 문서들의 대부분은 연구 목적으로 작성된 문서들이 아니다. 따라서 문서의 이러한 특성을 고려하여 연구자들은 문서가 담고 있는 정보를 왜곡하지 않고 신중하게 사용하여야 한다. 둘째, 문서의 정확성과 진정성을 파악하는 일이다. 연구에 필요한 문서를 찾았더라도 문서 자체가 정확하지 않거나 진정성이 떨어진다면 질적 데이터로서의 자격은 이미 없다고 볼 수 있다. 부정확하거나 진정성이 떨어지는 자료를 분석하여 연구 문제를 해결한다고 가정할 때 연구의 결과 자체가 부정확하고 진정성이 떨어지는 것은 자명하다. 따라서 연구자는 연구에 적당한 문서를 찾는 것도 중요하지만 그 문서가 얼마나 정확하고 진정성 있는지를 파악한 후 정확성과 진정성이 높은 문서를 선별하여 연구에 활용해야 한다.

◈ 참고문헌_

권인탁 (2009). **평생교육경영론**. 경기: 교육과학사.

Bogdan, R. C., & Biklen, S. K. (2003). *Qualitative research for education: An introduction to theory and methods* (4th ed.). Boston: Allyn & Bacon.

Clark, G. K. (1967). *The critical historian*. Portsmouth, NH: Heinemann Educational Books.

Creswell, J. W. (2012). *Educational research: Planning, conducting, and evaluating quantitative and qualitative research* (4th ed.). Boston: Pearson.

Lindlof, T. R., & Taylor, B. C. (2011). *Qualitative communication research methods* (3rd ed.). Thousand Oaks, CA: Sage.

Merriam, S. B. (2009). *Qualitative research: A guide to design and implementation.* San Francisco, CA: Jossey-Bass.

Ratheje, W. L. (1979). Trace measures. In L. Sechrest (Ed.), *Unobtrusive measurement today*. New Directions for Methodology of Social and Behavioral Science, No. 1. (pp. 75–91). San Francisco, CA: Jossey-Bass.

Chapter 14

질적 연구
자료분석법

Qualitative
Research Methods

–반복적 비교분석법(constant comparison method)을 중심으로–

주요 내용
1. 자료 수집 중 분석의 과정
2. 반복적 비교분석법을 이용한 자료분석의 과정(개방 코딩, 범주화, 범주 확인)

질적 연구에서 자료분석은 연구 문제의 해답을 연구 자료 안에서 찾는 과정이다. 다시 말해서 자료의 분석이란 수집한 자료를 조직화해서 이를 해석할 수 있는 단위로 분리하고, 자료 안에 숨어 있던 패턴을 찾는 작업이다(Bogdan & Biklen, 2007). 질적 연구에서 자료를 분석하는 과정은 많은 시간이 드는 어려운 과정이다. 동시에 질적 자료를 분석하는 과정은 불확실성에 대해서 인내해야 하는 작업이다. 양적 자료의 분석은 수집된 자료의 코딩이 완료되면 비교적 빠른 시간 안에 연구 가설이 기각 혹은 채택되었는지 알 수 있다. 하지만 질적 자료를 분석할 때는 내가 찾고자 하는 연구 문제의 답이 나오지 않을지도 모른다는 불확실성을 갖고 자료의 분석을 진행하게 된다.

질적 연구가 어떠한 연구방법을 따라서 설계되었는지에 따라 자료분석의 방법은 다르게 진행된다. 근거이론, 문화기술지, 내러티브 연구, 현상학 등의 질적 연구 전통들은 오랜 기간 동안 자신들에게 적합한 질적 자료분석법을 발달시켜 왔다. 이번 장에서는 질적 자료를 분석할 때 일반적으로 사용되는 반복적 비교분석법(constant comparison method)을 소개한다. 본래 반복적 비교분석법은 Glaser와 Strauss(1967)가 개발한 근거이론에서 한 현상을 설명하는 이론을 개발하기 위한 질적 자료의 분석법으로 개발되었다. 하지만 후대의 연구자들이 질적 자료를 분석할 때 이론의 개발을 목적으로 하지 않으면서도 반복적 비교분석법의 과정만을 따르는 경우가 많아졌다(Ezzy, 2002). 반복적 비교분석법은 다른 질적 연구의 전통들이 개발한 자료분석법에 비하여 비교적 사용하기 쉽고, 다양한 질적 자료들을 분석할 때 응용이 가능하다는 점으로 인해서 현재 질적 연구방법의 자료분석법으로 널리 사용되고 있다.

반복적 비교분석법의 과정은 '개방 코딩', '범주화', '범주 확인'으로 요약할 수 있다. 독자의 이해를 돕기 위해 이 과정을 많은 단추를 구분하는 것에 비유해서 설명하겠다. 당신 앞에 수많은 단추가 놓여 있다고 가정해 보자. 당신은 이 단추들을 분류해서 잘 정리해 놓으라는 부탁을 받았다. 당신은 가장 먼저 당신 앞에 펼쳐져 있는 단추의 특성을 살펴볼 것이다. 단추를 계속해서 보게 되면 처음에 보이지 않았던 단추의 색, 모양, 재질, 크기, 단추 구멍 수 등의 다양한 특성이 눈에 들어오게 된다. '개방 코딩'은 이렇게 당신이 현재 갖고 있는 단추 즉 자료의 특성이 무엇인지를 분석하고 이를 이해하는 작업이다. 당신은 고민 끝에 단추를 분류할 기준으로 '재질'을 선정했다고 가정하자. 당신은 단추를 지속적으로 비교하면서 단추의 다양한 재질(플라스틱, 금속, 나무 등)에 따라 분류하는 작업을 하게 될 것이다. 이렇게 '단추의 재질'이라는 범주를 선정해서 그 범주에 맞게 단추 즉 자료를 분류하는 작업을 하는 것을 '범주화'라고 한다. 마지막으로 단추를 재질로 분류하는 작업을 마친 당신은 재질대로 분류된 단추들을 재확인하면서 잘못 분류된 단추가 없는지 확인을 하게 될 것이다. 이 작업이 바로 '범주 확인'이다. 즉 질적 자료의 범주화를 마치게 되면 연구자는 다시 자료들을 확인하면서 특정 범주에 들어가야 하는데 놓친 자료는 없는지, 잘못된 범주에 들어간 자료는 없는지 재확인을 하게 된다.

지금부터는 반복적 비교분석법을 중심으로 자료분석의 과정을 살펴보도록 하겠다.

1. 자료의 수집 중 자료분석의 과정

반복적 비교분석법을 사용하여 본격적으로 질적 자료를 분석하기 전에 질적 자료를 수집하는 중에 필요한 자료의 분석과정을 설명하겠다. 질적 자료의 분석과정은 자료의 수집과 동시에 이루어지는 과정이다(Merriam & Tisdell, 2015). 질적 연구를 처음 실시하는 연구자들이 저지르는 실수 중 하나는 양적 연구처럼 자료의 분석을 자료의 수집이 모두 끝난 이후에 실시하는 것으로 여기는 점이다. 하지만 질적 연구에서는 자료의 수집과 분석이 동시에 이루어지지 않고서는 연구 목적에 맞는 양질의 자료를 수집할 수 없게 된다. 다시 말해서 자료를 수집하는 동안 어느 정도의 분석이 이루어져야 연구의 목적에 보다 부합한 연구의 초점이 결정되기 때문이다(Bogdan & Biklen, 2007). 자료 수집의 초반에는 연구자는 연구의 목적에 맞게 사전에 준비한 연구 질문을 갖고 인터뷰, 관찰, 문서수집 등의 다양한 방법으로 자료를 수집한다. 어느 정도의 양의 자료가 수집되면 연구자는 연구 목적에 맞게 사전에 준비한 자료가 수집되고 있는지, 추가적으로 수집해야 할 자료는 없는지를 파악해야 한다.

이 책의 저자 중 한 명은 질적 연구방법을 이용한 박사학위 논문[1]을 수행하면서 최종적으로 10명의 참여자를 인터뷰하였다. 10명의 인터뷰를 마친 후 수집된 자료를 분석한 것이 아니라, 일단 처음 세 명의 인터뷰 자료가 수집된 이후에 이들의 자료에 대한 분석을 실시했다. 저자가 연구 참여자에게 던진

---

[1] 본 논문은 다음의 학술지 아티클로 출간되었음. 본 논문의 자세한 결과가 궁금한 독자는 다음의 아티클을 참고하기 바람. Kim, Y. S., & Merriam, S. B. (2010). Situated learning and identity development in a Korean older adults' computer classroom. *Adult Education Quarterly, 60*(5), 438-455.

질문과 연구 참여자가 답한 내용을 분석하면서 연구목적에 보다 알맞은 자료를 수집하기 위해서 수정해야 할 인터뷰 질문, 추가적으로 수집되어야 할 자료를 위한 새로운 인터뷰 질문 등을 새롭게 구성했다. 만약 자료를 수집하는 중에 자료를 분석하는 과정이 없었다면 연구 목적에 부합하는 좋은 자료를 수집할 수 없었을 것이다.

질적 자료의 수집 중에 자료를 분석해야 하는 이유 중 하나는 자료 수집을 언제 그만둘지를 결정하기 위해서다. 양적 연구에서는 연구의 모집단을 대표하기 위해서 일정한 표집 기법을 이용해서 최소한 모집해야 하는 연구 참여자의 수를 정한다. 하지만 질적 연구에서는 최소한 모집해야 하는 연구 참여자의 수를 정하지 않는 것이 원칙이다. 질적 연구에서는 연구자가 자료수집의 중요한 도구가 되기 때문에, 연구문제를 답할 수 있는 충분한 자료가 정해졌는지는 연구자가 스스로 결정하게 된다. 연구자가 자료수집의 단계를 멈추는 것을 결정하는 기준은 크게 이론적 이유와 실제적 이유가 있다(Merriam & Tisdell, 2015). 첫째, 자료수집을 멈추는 이론적 이유는 더 이상 자료의 수집이 무의미해지는 때가 나타나기 때문이다. 자료의 수집 중에서 실시된 자료분석의 과정을 통해서 얻은 연구문제의 답과 계속해서 똑같은 답이 발견될 때 혹은 더 이상 새로운 연구의 답을 주어지는 자료가 수집되지 않을 때 연구자는 자료수집이 의미가 없음을 깨닫고 멈추게 된다. 둘째, 실제적으로 연구자는 자신이 갖고 있는 시간, 자금, 혹은 육체적 힘의 소진 등으로 인해서 더 이상 자료수집을 못하게 된다. 자료수집을 위해서 연구 현상이 이루어지는 장소를 방문해서 자료를 수집하는 경우, 연구 참여자는 언제까지나 그 현장에 있을 수는 없다. 다른 연구를 위해서 혹은 여러 가지 연구자의 개인적 사정으로 인해서 연구현장을 떠나야 할 때가 있게 된다. 혹은 연구를 위해서 일정한 재정적 지원을 약속받았는데, 그 재정 안에서 연구가 더 이상 진행될 수 없는 상황이 닥치면 연구자는 더 이상 자료를 수집할 수 없게 된다.

질적 자료의 수집 중에 자료의 분석이 필요한 다른 이유는 수집된 데이터를 정리하기 위해서다(Merriam & Tisdell, 2015). 연구자료 수집 단계를 통해 여러분은 많은 양의 인터뷰 전사자료(transcription), 관찰 노트, 그리고 현장에서 모은 문서들을 갖고 있을 것이다. 많은 양의 자료를 분석하기 위해서는 일정한 법칙을 가지고 자료를 정리해야 한다. 이를 위해서 자료의 일련번호를 부여하는 과정이 먼저 필요하다. 즉 인터뷰 전사 자료의 경우 인터뷰대상자에게 일련번호를 부여한다. 관찰노트의 경우 관찰이 이루어진 시간 순서대로 구분을 해서 예를 들어 날짜별 혹은 관찰한 수업별로 번호를 부여한다. 물론 수집한 문서들도 일정한 원칙에 의해서 번호를 부여한다. 신문의 경우 발간된 순서 순으로 혹은 학생들의 일기일 경우 학생별로 번호를 부여하는 과정이 필요하다. 만약 당신이 오랜 시간에 걸쳐서 수집한 자료가 방대할 경우 갖고 있는 자료를 한 눈에 알아볼 수 있는 목록표(inventory)를 만들 것을 제안한다(Merriam & Tisdell, 2015). 한 연구자가 자료를 수집할 경우 자료를 수집하는 동안에는 어떠한 자료가 있는지 다 알 수 있을 것 같다. 하지만 연구가 끝난 후에는 다른 일들과 분석과정 등으로 인해서 갖고 있는 자료의 종류와 수 등이 정확히 기억이 남지 않게 될 것이다. 만약 질적 연구의 자료수집기간이 길어지고, 혹은 한 사람이 아닌 여러 명의 연구자가 참여하는 연구일 경우 많은 양의 데이터를 체계적으로 관리하기 위해서 갖고 있는 데이터에 관한 목록표 정리가 필수적이다. 질적 자료분석의 과정은 한 번 분석 후 끝나는 것이 아니라 자료의 분석과 조사가 반복되는 과정이다. 따라서 자료의 수집 중에 이루어지는 자료분석은 목록표의 작성을 통해서 자료의 분실을 막기 위해 필요하다.

2. 반복적 비교분석법을 활용한 자료분석의 과정

질적 자료의 분석이 자료의 수집과 동시에 이루어진다고 해서, 질적 연구의 수집과정이 끝남과 동시에 분석도 동시에 끝남을 의미하지는 않는다. 자료의 수집을 마친 이후에 연구자는 본격적으로 수집된 자료를 분석하게 된다. 질적 연구에서 가장 일반적으로 많이 사용되는 자료분석의 방법은 반복적 비교분석법이며, 이를 간단히 표현하면 **그림 14-1**과 같다. 반복적 비교분석법의 구체적 방법은 다음과 같다.

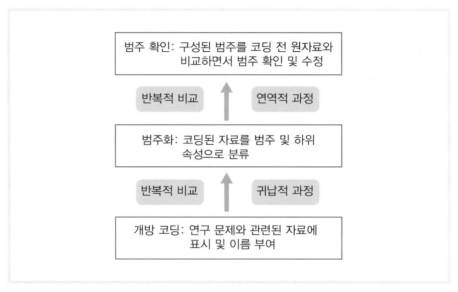

그림 14-1 반복적 비교분석법의 절차

가. 개방 코딩

개방 코딩(open coding)은 간단히 말해서 자료를 읽으면서 중요한 자료에 이름을 붙이고 이를 분류하는 작업이다(Strauss & Corbin, 1990). 양적 연구에서는 연구 참여자가 설문지에 답한 내용을 숫자로 바꾸는 것을 코딩이라고 한다. 하지만 질적 연구에서는 수집된 자료를 읽으면서 자료의 특정 부분이 연구 결과를 얻는 데 도움이 되는 부분이라고 여겨질 때 그 자료를 따로 표시해두거나 분류하는 것을 뜻한다(김윤옥 외, 2009). 개방 코딩은 이름이 뜻하는 바처럼 열린 마음을 갖고 연구 문제와 관련해서 중요해 보이는 모든 자료를 코딩하는 작업이다.

개방 코딩의 방법은 다음과 같다. 먼저 수집된 자료를 양쪽에 여백을 많이 둔 채 출력한다. 그리고 자료를 읽으면서 양쪽의 여백 부분에 연구 문제에 중요한 해답을 줄 수 있는 자료를 표시해 두거나, 자료의 이름을 붙이거나, 자료를 읽으면서 떠오른 질문이나 생각들을 적는다(Merriam & Tisdell, 2015). 이때 사소한 자료나 중요하게 생각되지 않는 의견이라도 후에 이것이 큰 도움이 될 수 있으므로, 가능한 한 모두 표시한다. 이 책의 저자 중 한 명이 박사학위 논문을 수행하면서 '노인의 컴퓨터 학습이 그들의 자아정체성에 미치는 영향'과 관련하여 수행한 개방 코딩을 예시로 **표 14-1**에서 제시하였다.

자료를 읽으면서 여백에 표시하는 코딩의 이름은 자료가 포함하고 있는 주제를 가장 잘 표현할 수 있는 단어 혹은 어구로 정한다. 저자의 경험에 의하면 자료를 읽고 첫 번째 떠오르는 주제가 그 자료를 가장 잘 묘사해 준다. 하지만 개방 코딩을 계속 진행하게 되면 '다른 코딩의 이름과 너무 비슷한 것이 아닌가?', '비슷한 이름의 코딩과 이 자료는 무엇이 다른가?' 등의 질문을 통해서 코딩의 이름을 변경하기도 한다. 모든 자료를 읽고 자료의 주제를 고려하면서 코딩을 해야 하는 개방 코딩의 작업은 많은 노력과 생각이 필요한 고된 작업이다(Ezzy, 2002). 이 작업은 쉽고 단순하게 진행되는 것이 아니라 혼란스럽고 때로는 좌절스럽기까지 한 경험이 될 수 있다(Ezzy, 2002). 하지만 개방 코딩은 다음과 같은 기능을 갖고 있기 때문에 반드시 필요한 작업이다(Richards & Morse, 2007).

첫째, 자료들을 주제별로 분류함으로써 연구 자료를 기술하는 데 도움을 준다. 자료들을 하나의 주제로 분류하는 과정을 통해서 그 자료가 갖고 있는 깊은 의미에 대해서 보다 고민을 하게 되고, 이것은 자료를 보다 정확히 기술하는 데 도움을 주게 된다. 둘째, 개방 코딩은 자료를 검색하는 데에도 도움을 준다. 자료들을 주제별로 분류함으로써, 개방 코딩 이후에 분석과정 중에 다시 살펴볼 자료가 필요할 경우, 그 자료가 분류되어 있는 코딩의 이름이나 주제에 접근해서 수집된 자료의 원문을 확인해 볼 수 있다. 혹시 찾으려고 했던 자료가 예상했던 코딩의 이름이나 주제로 분류가 되어 있지 않았다 할지라도, 비슷한 코딩 이름이나 주제로 분류된 자료들 중에서 유사한 자료를 살펴볼 수도 있다. 셋째, 자료들을 보다 추상적으로 범주화하는 데 도움을 준다. 코딩의 이름에 따라 주제별로 자료를 분류하는 과정을 통해서 연구문제에 답을 줄 수 있는 상위

표 14-1 개방 코딩의 예

개방 코딩	전사된 인터뷰 내용
자부심	좋죠. 나야. 그 사람들도 모르는 것이 있구나. 자부심이 있지요. 컴맹인이 아니라는 것.
자부심	다른 친구들이 내가 컴퓨터 사용할 줄 안다는 것을 대단하다고 해. 그런 이야기 들으면 기분이 좋지. 자부심이 생기고.
자긍심	남들도 하는데 나라고 왜 못 하나 하고. '시작이 절반이다'라는 심정으로 했더니 이제는 어디를 가도 떳떳하게 말할 수 있더라고. 인터넷 배우는 것에 대해 자긍심이 생기죠.
자긍심	나 자신에 대해 대견하지. 우리 나이에 컴퓨터 모르는 사람이 굉장히 많거든.
자신감	'시작이 절반이지' 하는 심정으로 무조건 등록해 놓고 하다 보니까 자신이 생기더라고. "아~ 배울만 하구나" 도전만 하면은 자기 마음먹기에 달렸고 할 수 있구나.
자신감	정보화 시대에 발맞추어 나가는 데 자신이 생겼어요.
즐거움	우리 며느리가 선전을 많이 해. 우리 어머님 컴퓨터 배우셔서 이메일도 보내시고 전화에, 문자도 보내시고. 대단하다고 칭찬받을 때 즐거움을 느끼죠.
기쁨	좋지요. 내가 건설적인 데 투자하고 있구나. 내일 세상에 종말이 온다고 할지라도 사과나무를 심으라고 했으니까.
기쁨	컴퓨터 교육을 받아가서 그것을 복습하고 연습하고 이래 했을 때 또 책을 가지고 연구했을 때, 하나하나 이루어졌을 때 … 그 기쁨 말할 수 없고.
기쁨	남이 하는 컴퓨터를 내가 기초라도 할 수 있다는 것을 생각할 때 내 지금 오늘의 이 시간에도 기쁨이 한량이 없다고.
앞서감	처음에는 약간 그래도 나는 컴퓨터 사용법을 배웠기 때문에 같은 동료나 친구들보다는 인터넷으로 신문도 보고 건강상식도 빨리 볼 수 있지. 또래들보다 조금 앞서 간다고 그럴까.
사회 소속감	과학 만능 속에서도 내가 한 발을 발을 현 사회에 들어놓을 수 있다는 것을 자부심을 갖고 있다.
사회 소속감	컴퓨터를 못하면 컴맹이래요. 컴맹인이. 컴맹인이 되지 않으려면 배워야겠더라고. IT 강국이라는 우리나라인데, 이렇게 하면 되냐. 소외감을 갖지 말아야겠다.
가족 소속감	미국에 있는 딸에게 이메일을 보낼 수 있어.
가족 소속감	내 자식들에게 컴퓨터에 대해서 질문하는 것이 자연스러워졌어. 그리고 애들이 무엇에 관심을 갖고 있는지도 알게 되었지.

범주 구성에 대한 아이디어를 얻게 된다. 자료 안에 존재하는 다양한 주제들이 발견되면, 주제들 사이의 관계를 연구자들은 고민하게 되며, 이러한 고민을 통해 연구문제에 답이 되는 상위범주를 구성하게 되는 아이디어를 얻게 된다.

나. 범주화

개방 코딩 이후에는 코딩된 자료를 상위 범주로 분류하는 '범주화' 작업을 하게 된다.[2] 개방 코딩을 통해 비슷한 코딩의 이름으로 분류해 놓은 자료들을 상위 범주로 분류하고, 범주에 이름을 붙이는 작업이 '범주화'이다. 범주화 작업은 개방 코딩에 비해 보다 추상적 작업이다. 자료들의 이름을 부여하고, 자료를 비슷한 주제들로 묶는 비교적 단순한 개방 코딩에 비해서, 범주화 작업은 자료들을 지속적으로 비교하면서 서로의 비슷한 점과 다른 점, 그리고 복수의 주제를 하나로 묶을 수 있는 상위 범주를 구성하기 때문에 보다 추상적 사고능력이 필요하다. 범주화를 위해서는 개방 코딩된 자료들을 "반복적으로 꾸준히 비교"해야 한다. 반복적 비교분석법(constant comparison method)이라는 자료분석법의 이름이 여기서 유래되었다.

아울러 범주화 작업은 귀납적 작업이다. 미리 자료들이 포함될 범주를 만든 후 범주에 해당하는 자료를 찾는 것이 아니라, 무수히 많은 자료들의 분석을 통해서 이 자료들을 가장 잘 표현해 줄 수 있는 상위 범주를 구성하게 된다. 하지만 여기서 Strauss와 Corbin(1990)이 주장하는 근거이론과 질적 연구자들이 일반적으로 사용하는 반복적 비교분석법의 차이가 존재한다. Strauss와 Corbin(1990)은 범주화 작업을 '축 코딩(axial coding)'이라고 지칭하면서 범주화의 연역적 과정을 강조하였다. 즉 하나의 현상을 설명해 줄 수 있는 이론을 구성하게 될 인과적 조건, 중심현상, 상호작용, 결과 등의 범주를 미리 선정하고, 이 범주에 맞는 자료들을 찾는 연역적 작업을 했다. 하지만 근거이론을 연구방법으로 사용하지 않은 질적 연구에서는 Strauss와 Corbin(1990)이 주

---

2) 이를 일부 학자는 분석 코딩(analytic coding)이라고 부르기도 한다(Richards & Morse, 2007).

장하는 축 코딩의 방식을 사용하지 않고, 범주화 단계에서 귀납적 방법을 사용하여 범주화 작업을 진행한다. 지금부터 근거이론 이외의 질적 연구에서 일반적으로 사용되는 반복적 비교분석법의 귀납적 범주화 과정에 대해서 설명하도록 하겠다.

범주화를 실시하는 구체적 방법은 다음과 같다. 첫째, 개방 코딩을 통해 코딩된 자료들을 한 곳에 모아놓는다. 이때 문서 작성 소프트웨어(예; 아래 한글, Microsoft Word) 프로그램을 이용하거나 아니면 손으로 직접 빈 종이에다가 적을 수 있다. 둘째, 코딩된 자료들을 다시 읽고 이를 계속 비교하면서 비슷한 주제의 자료들을 한데 모으는 작업을 한다. 코딩된 자료들을 지속적으로 비교하다 보면 처음에는 비슷한 주제로 보이지 않았던 자료들 사이에 공통점이 보이고, 처음에는 비슷해 보이는 자료들 간의 차이점이 보이게 된다. 셋째, 비슷한 주제의 자료들과 그 자료들의 코딩 이름을 다시 새로운 컴퓨터 파일이나 빈 종이에 적어서 리스트를 작성한다. 넷째, 비슷한 주제로 묶인 리스트를 보면서 이 리스트를 가장 잘 표현해 줄 수 있는 즉 리스트 안에 존재하는 자료들의 특성과 일정한 패턴을 가장 잘 표현해 줄 수 있는 이름을 선정한다. 이 리스트의 이름이 곧 범주의 이름이 된다. 범주화에 따른 결과의 예로서 이 책의 저자 중 한 명의 박사학위 논문에서 '컴퓨터 학습이 노인학습자의 자아정체성에 미친 영향'과 관련해서 생성된 범주들을 **표 14-2**에서 제시하였다. 다섯째, 한 개의 범주를 서로 다른 속성 혹은 특성(property)으로 나눌 수 있다면, 이를 나누어 그 개념을 분류한다. 예를 들어 **표 14-2**의 '컴퓨터 사용으로 인해 소외감을 덜 느낌'이라는 범주는 '사회로부터의 소외감 덜 느낌'과 '가족으로부터의 소외감 덜 느낌'이라는 두 가지 속성으로 나눌 수 있다.

범주화의 과정을 소개하면 매우 간단해 보이지만, 개방 코딩의 과정처럼 많은 시행착오와 노력 그리고 시간이 걸리는 작업이다. 다양한 자료들을 가로지르는 개념인 범주를 만드는 작업은 단순하게 자료 중에서 범주에 해당하는 개념을 찾는 작업이 아니라, 반복적 비교와 대조의 과정을 통하여 여러 개의 자료를 통합하는 복합적 개념을 창출하는 추상적 개념이다(Merriam & Tisdell, 2015). 연구문제에 답을 줄 수 있는 최종 범주가 결정되기 전까지 과거의 범주가 지워

표 14-2 범주화의 예

1. 범주 이름: 자기 자신에 대한 자기존중감 (self-esteem, 자기 자신에 대해 전반적으로 갖는 주관적 느낌) 상승

개방코딩	전사된 인터뷰 내용
앞서감	컴퓨터를 배움으로써 인터넷을 이용해서 다양한 정보를 얻게 되므로 동료들보다 전반적으로 앞서가고 있음을 느낌
자신감	컴퓨터를 다룰 줄 알게 됨으로써 자기 자신의 인지적 능력에 대한 자신감이 생김. 이러한 자신감으로 자신의 전반적 인지적 능력에 대해서 높은 평가를 내림

2. 범주 이름: 컴퓨터 사용능력에 대한 자기효능감(self-efficacy, 하나의 능력에 대해 스스로 평가하는 정도) 상승

개방코딩	전사된 인터뷰 내용
자부심, 자긍심	자기 자신이 컴퓨터를 사용할 줄 아는 것에 대해서 자랑스럽게 여김. 특별히 컴퓨터를 다룰 줄 모르는 같은 또래의 노인에 비해서 자신이 갖고 있는 컴퓨터 기술을 자랑스러워 함
즐거움	가족/타인이 자신이 컴퓨터 기술을 갖고 있다는 것을 인정해 줄 때 즐거움
기쁨	자기 스스로 자신의 컴퓨터 기술을 갖고 있다는 사실이 기쁨

3. 범주 이름: 컴퓨터 사용으로 인해 소외감을 덜 느낌

개방코딩	전사된 인터뷰 내용
사회 소속감	컴퓨터를 다루게 됨으로써 컴퓨터 사용이 보편화된 사회로부터 덜 소외되었다고 느낌
가족 소속감	컴퓨터를 다루는 어린 세대의 가족들과 컴퓨터를 통해서 상호작용할 기회가 많아짐으로써 가족으로부터 덜 소외되었다고 느낌

지고, 새로운 범주가 생성되는 과정을 반복하게 된다. 예를 들어서 저자의 박사학위 연구의 범주화 과정에서 '기쁨'이라고 개방 코딩된 자료들이 처음에는 모두 비슷한 내용으로 보였다. 하지만 '기쁨'으로 코딩된 자료들을 꾸준히 비교하면서 기쁨의 원천이 컴퓨터를 사용하면서 자기 자신 전반에 대한 자랑스러움(자아존중감 상승)과 컴퓨터 사용능력의 향상(컴퓨터 사용의 자기효능감 상승)으로 나뉜다는 것이 밝혀졌다.

범주를 만드는 작업은 직관적 작업인 동시에 체계적이면서 훈련이 필요한

qualitative research methods

작업이다(Merriam & Tisdell, 2015). 범주를 만드는 것은 연구의 목적, 연구자의 질적 자료분석의 숙련 정도, 연구 참여자들이 응답한 답의 깊이 정도에 따라 결정된다(Merriam & Tisdell, 2015). 범주가 연구의 질문에 민감하게 구성되었다면, 범주의 이름은 연구 질문의 답과 일치하는 방향으로 정해지게 된다(Merriam & Tisdell, 2015). 범주화 작업을 할 때 도움이 되는 요령은 범주화 작업 중에 연구문제를 지속적으로 작은 소리로 반복하는 것이다. 연구문제를 지속적으로 떠올리게 되면 코딩된 자료들이 갖고 있는 다양한 주제들 간의 관계 속에서 연구문제와 관련된 내용들이 비교적 쉽게 발견되곤 한다.

범주화 과정에서 어려운 것 중 하나는 범주의 이름을 정하는 것이다. 범주의 이름은 다음의 세 가지 방식으로 정해지게 된다(Merriam & Tisdell, 2015). 첫째, 연구자 스스로 정하는 방법이다. 분석의 과정을 통해서 연구자는 연구자료를 접하면서 떠오르게 된 개념을 범주의 이름으로 부여한다. 연구자는 연구를 실시하기 전에 읽었던 참고문헌, 자료수집 과정 중에 있었던 여러 가지 일들, 자료분석 중에 떠올랐던 직관 등을 이용해서 연구 문제에 보다 명쾌한 답이 될 수 있는 범주의 이름을 정하게 된다. 둘째, 연구 참여자가 사용한 단어나 어구를 그대로 범주의 이름으로 사용하는 방법이다. 연구 참여자가 범주의 내용을 가장 잘 표현할 수 있는 어휘를 사용한 경우, 그리고 그들의 언어가 생동감 있게 범주의 내용을 잘 표현했다고 연구자가 확신할 경우 연구 참여자가 사용한 어휘를 범주의 이름으로 사용한다. 셋째는 연구의 외부 자료 즉 참고문헌에서 사용되었던 범주를 그대로 본 연구의 범주로 사용하는 경우이다. 하지만 비슷한 연구주제 혹은 비슷한 이론적 틀을 사용한 연구에서 사용한 범주를 빌려 사용할 경우에는 본 연구에서 새롭게 범주를 발견하는 가능성을 사라지게 할 위험이 있다(Glaser & Strauss, 1967; Merriam & Tisdell, 2015에서 재인용).

Merriam과 Tisdell(2015)은 범주의 이름을 정할 때 주의할 사항을 아래와 같이 다섯 가지로 정리했다.

(1) 범주의 이름은 연구의 목적과 관련이 있어야 한다. 수집된 자료 중에서 존재하는 반복되는 패턴을 보여주는 범주는 연구의 목적 즉 연구의 질문에

답이 될 수 있어야 한다.

(2) **범주의 이름은 하위 자료들을 모두 포함해야 한다.** 하나의 범주 이름을 정할 때 그 범주가 포함하고자 하는 중요한 자료들 즉 하위 범주를 모두 포함하도록 해야 한다.

(3) **범주의 이름은 서로 배타적이어야 한다.** 하나의 특정한 자료는 반드시 하나의 범주에만 속하도록 범주를 명명해야 한다. 하나의 자료가 두 개 이상의 범주에 포함될 수 있는 범주의 이름을 정했다면, 새롭게 범주의 이름을 정해야 한다.

(4) **범주의 이름은 범주가 포함하고 있는 자료를 잘 표현해야 한다.** 연구에 대해서 전혀 모르는 사람이 연구자가 만든 범주의 이름만으로도 어떠한 것을 표현하고 있는지 어느 정도 이해할 수 있어야 한다. 예를 들어서 컴퓨터 교실에서 노인들의 학습은 '상호작용'이라고 범주의 이름을 정하기보다는 '동료 학습자와 교사와의 상호작용'이라고 이름을 정하는 것이 보다 범주가 포함하고 있는 자료를 더 잘 표현한다.

(5) **범주들은 개념적으로 유사한 수준이어야 한다.** 앞에서 이야기했던 단추를 나누는 예에서는 범주를 나누는 기준이 단추의 재질이라면 범주는 플라스틱, 나무, 금속과 같이 서로 같은 수준의 추상성을 갖고 있어야 한다. 만약 호박, 플라스틱, 오동나무, 보석, 나무라고 나눈다면 서로 다른 수준의 범주로 구분한 것이다. 예를 들면, 노인의 컴퓨터 교육이 그들의 자아정체성에 어떠한 영향을 미쳤는지에 관한 연구의 질문에 포함되는 범주들은 '자기효능감 증가', '자기존중감 상승', '사회적 소속감 증가'와 비슷한 수준의 추상성을 갖고 있다. 범주들 간의 유사한 수준을 갖도록 범주를 정하는 것은 자료분석에 몰두해 있는 연구자들에게 쉬운 일이 결코 아니다. 이를 점검해 볼 수 있는 효과적 방법은 하나의 표를 만들어 범주들을 나열해 보는 것이다. 표의 가장 윗부분에 연구의 문제를 적고 지금까지 분석을 통해 나타난 범주들의 이름을 살펴보면, 범주들이 서로 같은 수준을 갖고 있는지, 범주가 연구 문제의 답에 해당하는지 효과적으로 살펴볼 수 있다.

반복적 비교 분석법은 인터뷰를 통한 자료에만 적용가능한가?

반복적 비교 분석법은 코딩, 범주화, 범주 확인의 과정을 거쳐 많은 분량의 자료들을 지속적으로 비교해야 하기 때문에, 다양한 연구 참여자가 제공하는 많은 양의 자료수집이 가능한 인터뷰를 통해 수집된 자료만이 반복적 비교분석의 대상이라고 오해하는 경우가 있다. 하지만 반복적 비교 분석법은 인터뷰, 관찰, 문서 수집 등의 다양한 방법을 통해 수집된 자료를 모두 분석하는 데 사용될 수 있다(Merriam & Tisdell, 2015). 반복적 비교 분석법의 핵심은 자료의 코딩-범주화-범주 확인이기 때문에, 이러한 세 가지 과정이 가능하다면 어떠한 방법을 걸쳐 수집된 자료도 반복적 비교 분석법의 대상이 될 수 있다. 예를 들어, 교실 환경에서 학습자와 학습자 간 혹은 학습자와 교사 간의 상호작용에 대한 자료를 수집한다면 관찰을 통해 작성된 현장 노트(field note)의 자료들을 코딩-범주화-범주 확인의 과정을 통해 다양한 학습자들의 상호작용에 대한 결과를 도출할 수 있다. 아울러 삼각화(triangulation)의 방법을 통해서 하나의 연구 문제를 해결하는 데 필요한 자료를 인터뷰, 관찰, 문서 수집의 과정을 통해 수집할 수 있다. 이때는 서로 다른 방법을 통하여 수집된 자료들도 반복적 비교 분석법을 통하여 분석할 수 있다.

다. 범주 확인

범주화 작업을 마치게 되면 범주가 잘 구성되었는지를 개방 코딩 전 단계의 원자료와 비교하면서 확인하는 절차를 갖게 된다. 연구자가 생각하기에 구성된 범주가 수집된 자료를 잘 설명하고 있다고 판단되면 범주를 확정하게 되고, 원래 자료에 비추어 수정되어야 할 내용이 발견되면 범주를 수정하게 된다. 이러한 범주 확인의 과정을 근거이론에서는 '선택 코딩(selective coding)'

(Strauss & Corbin, 1990) 혹은 '이론 코딩(theoretical coding)'(Glaser, 1978; Ezzy, 2002 에서 재인용)이라고 불린다.

지금까지의 반복적 비교분석법의 과정은 귀납적 특성을 갖고 있지만 범주 확인 과정은 연역적 과정이다(Merriam & Tisdell, 2015). 범주 확인 작업이란 범 주화의 과정을 통해 구성된 범주가 연구의 질문과 관련하여 수집된 자료의 특성을 잘 설명하고 있는지 원 자료를 재확인하는 것이다. 범주 확인의 과정 을 통해서 구성된 범주를 보다 강력하게 뒷받침해 줄 수 있는 그동안 발견하 지 못했던 자료를 새롭게 발견할 수 있다. 혹은 원 자료들을 다시 확인하면서 이미 구성된 범주의 재수정이 불가피하다는 것을 발견하고 범주를 수정할 수 도 있다. 그리고 범주 확인의 과정을 통해서 최종적으로 구성된 범주가 연구 문제와 관련된 자료를 모두 잘 표현하고 있다고 연구자가 확신하게 될 때 자 료분석의 과정은 끝나게 된다(Ezzy, 2002).

◈ 참고문헌_

김윤옥, 박성미, 박소영, 손미, 신경숙, 이은화, 정명화, … 황희숙 (2009). **질적연 구 실천방법**. 경기: 교육과학사.

Bogdan, R., & Biklen, S. K. (2007). *Qualitative research for education: An in-troduction to theory and methods* (5th ed.). Allyn & Bacon. **교육의 질적 연 구 방법론**(조정수 역). 서울: 경문사. (원저 2006년 출판).

Ezzy, D. (2002). *Qualitative analysis: Practice and innovation*. London: Routledge.

Glaser, B. G., & Strauss, A. L. (1967). *The discovery of grounded theory strategies for qualitative research*. Piscataway, NJ: Transaction Publishers.

Merriam, S. B., & Tisdell, E. (2015). *Qualitative research: A guide to design and implementation* (4th ed.). San Francisco: Jossey-Bass.

Richards, L., & Morse, J. (2007). **질적연구방법: 초보자를 위한 길잡이**(신경림, 고 성희, 조명옥, 이영희, 정승은 공역). 서울: 현문사. (원저 2006년 출판).

Struass, A. L., & Corbin, J. M. (1990). *Basics of qualitative research: Grounded theory procedures and techniques*. Newbury Park, CA: Sage.

S F N E V C F P X Z K N H S F
UNDERSTANDING T A S
O C T Y W D F B X S F M A
R E S E A A C W S I B C I E S
QUALITAT N V Y E T L
F G K X L S D I E N I D V H F
G Q W D S E V W I V W O E
V B R R Q T J E A X U G D N
Z C E V U Z B A K H R V W S O

Z U R Q K C I O

W I E V H E G S

Q A SEARCH

Q E A L I T A T

I E M V L S O M

O V P B X C Y W

Chapter 15

글쓰기

C·H·A·P·T·E·R
15

글쓰기

주요 내용
1. 질적 연구 글쓰기의 준비 단계
2. 질적 연구 글쓰기의 주요 요소
3. 질적 연구 글쓰기의 유의 사항

글쓰기 단계는 질적 연구를 수행함에 있어서 가장 마지막 단계이지만 동시에 매우 중요한 단계이다. 초보 연구자들의 경우 연구를 수행하기만 하면 자연스럽게 글이 써진다고 생각하지만, 연구를 수행하는 것과 연구를 글로 표현하는 것은 오랜 시간과 훈련이 필요한 작업이다. 질 높은 질적 연구의 완성을 위해서 연구자는 연구를 효과적으로 완수하는 능력뿐만 아니라, 효과적으로 글을 쓸 수 있는 능력을 가져야 한다. 양적 연구와 달리 질적 연구에서 연구자의 글쓰기 능력이 보다 중요하게 여겨지는 것은 양적 연구에서는 연구의 결과를 주로 숫자로 보여주는 반면, 질적 연구에서는 서술을 통해서 보여주기 때문이다. 따라서 질적 연구에서는 아무리 질 높은 연구가 진행되었더라도, 연구자가 효과적으로 글을 쓰지 못한다면 독자들이 연구의 내용을 제대로 이해할 수 없다. 학문적 글을 쓰는 방법에는 글의 종류에 따라 차이가 있겠지만, 일반적으로 들어가야 할 내용이 존재한다. 본 장에서는 일반적으로 질적 연구를 학문적 글로 표현하는 데 포함되어야 할 요소 및 단계에 대해 소개하겠다.

일반적으로 글을 통해 학문적 글을 통해 질적 연구를 표현하는 길에는 학위 논문 작성과 학술지에 기고할 논문이 주를 이룬다. 그 이외에 프로젝트 결과 보고서 작성, 학회의 발표를 위한 원고 작성 등이 있지만 본 장에서는 일반적으로 가장 많은 경우를 차지하는 학술지 논문과 학위 논문의 경우를 가정하고 질적 연구를 표현하는 방법에 대해서 다루겠다. 최근에는 전통적 글쓰기 방법 이외에도 질적 연구의 내용을 동영상 보여주기, 각색을 통해 소설로 작성하기, 시나 음악의 형식으로 표현하기 등 다양한 방법을 통한 질적 연구의 결과 표현이 시도되고 있다. 하지만 이러한 새로운 시도들은 각자의 장점이 있기는 하지만 널리 사용되고 있지 않다. 따라서 본 장에서는 전통적 글쓰기 방식에 대해서만 다루도록 하겠다.

본 장에서는 먼저 질적 연구의 글쓰기를 시작하기 전에 필요한 준비 단계를 살펴보겠다. 그리고 일반적으로 질적 연구의 글쓰기에서 공통적으로 들어가는 핵심 요소와 유의해야 할 사항에 대해서 언급하도록 하겠다.

1. 질적 연구 글쓰기의 준비 단계

글쓰기의 첫 단계는 이 글을 읽을 사람이 누구인지를 분석하는 작업이다(Esterberg, 2002; Merriam & Tisdell, 2015). 글쓰기는 단순히 저자가 자신의 생각을 정리하는 것이 아니라 자신이 연구를 통해 밝힌 바를 독자와 대화하는 수단이다(Esterberg, 2002). 따라서 글의 독자가 누구이냐에 따라서 글의 내용, 복잡성, 형식 등이 달라진다(Merriam & Tisdell, 2015). 일반적으로 연구물이 출간되는 경로는 학위논문, 학술지 논문, 보고서이다. 어떠한 경로에 따라서 출간되는지에 따라 독자층도 바뀌게 된다. 학위 논문의 경우 일차적 독자는 논문을 심사하는 교수이며, 논문이 통과된 이후에는 같은 학문분야에 종사하는 학자들이 주된 독자가 될 것이다. 학술지 논문의 경우 일차적 독자는 논문 심사위원이며, 출간된 이후에는 학술지를 구독하는 학자 혹은 실무자들이 된다. 보고서의 경우 일차적 독자는 보고서를 제출하도록 요구하고 자금을 댄 기관이며, 출간된 이후에는 그 분야에 관심을 갖고 있는 학자, 실무자, 일반 대중이 될 것이다. 일차적 독자가 실무자일 경우, 이론적 배경, 연구방법, 연구의 결과

참고자료

질적 연구 실험적 표현방법은 과연 유용한가?

전통적으로 질적 연구의 글쓰기 방법은 산문의 방식을 사용하지만, 점차 기존의 방식을 탈피하여 다양한 실험적 방법이 시도되고 있다. 연구 결과의 일부를 동영상, 시, 음악으로 표현하기도 하며, 약간의 픽션의 요소를 추가하여 연구의 결과 전체를 연극, 혹은 소설의 형식으로 나타내기도 한다. 일부 연구자들은 질적 연구 표현의 실험적 방법이 산문을 통한 전통적 글쓰기 방법에 비해 독자들에게 질적 연구를 보다 친숙하게 다가가게 할 수 있는 방법이라고 주장한다. 하지만 일부 연구자들은 이러한 실험적 방법이 오히려 독자들이 질적 연구 결과를 보다 명확히 이해하는 것을 방해한다고 주장한다.

그렇다면 과연 질적 연구에 있어서 표현의 실험적 방법은 어느 정도까지 허용될 수 있는가? 중요한 것은 표현의 실험적 방법을 어느 정도 허용할지의 고민보다는 어떻게 하면 독자들의 마음을 보다 많이 끌어들일 수 있을까에 대한 고민일 것이다. 만약 산문의 형식 하나만으로도 독자의 마음을 연구에 끌어들일 수 있는 연구자라면 산문의 형식을 취하면 된다. 그러나 실시한 연구의 특성상 시, 소설, 동영상 자료 등의 실험적 표현방법이 독자들의 마음을 더 끌어들일 수 있다면, 이러한 실험적 방법을 적절히 사용하는 것도 필요할 것이다.

등 전체적 내용을 비교적 간단하게 기술한다(Esterberg, 2002).

쓰는 글의 독자가 누구인지 결정되었다면 글을 쓰기 전에 개요(outline)를 정해야 한다(Merriam & Tisdell, 2015). 개요란 글의 뼈대와 같은 것으로 글을 쓰기 전에 어떠한 내용을 얼마만큼의 분량으로 쓸지를 미리 정하는 것이다(Merriam & Tisdell, 2015). 개요를 적어놓게 되면 자칫 글을 쓰다가 어느 한 부분의 서술이 다른 부분보다 길어지는 것을 막을 수 있다. 아울러 자신의 글이 현재 어느 정도까지 완성되었는지를 알 수 있게 되어 글을 쓰는 데 큰 도움이 된다. 개요를 정할 때 도움이 되는 것은 본 연구가 출간하고자 하는 같은 형태의 기존 연구물이 어떠한 개요를 갖고 있는지를 분석하는 것이다. 예를 들어서 학위논문 형태의 질적 연구물을 쓸 계획이라면 같은 학과에서 기존에 질적 연구방법을 이용한 학위논문을 찾아 이 논문의 개요를 분석하는 것이다. 각 장의 어떠한 내용들이 얼마만큼의 분량만큼 쓰여졌는지를 분석하고 앞으로 저자가 쓸 연구물의 개요를 이를 참고해서 작성한다.

2. 질적 연구 글쓰기의 요소

본 장은 질적 방법을 이용한 연구가 학문적 영역의 독자를 대상으로 글쓰기를 진행할 때 필요한 글쓰기의 핵심요소에 대해서 다루도록 하겠다. 일차적 독자가 학문적 영역에 있는 사람이라면, 글을 쓸 때 유의할 점은 당신의 독자가 연구를 진행하는 절차에 대해서 어느 정도는 알고 있지만, 연구의 주제에 대해서는 잘 모른다고 가정하는 것이 바람직하다(Esterberg, 2002). 아울러 독자가 조금은 비판적으로 당신의 글을 읽을 것이라고 가정하는 것 역시 필요하다(Esterberg, 2002). 학문적 영역의 독자들은 글의 저자가 말하는 것을 무조건적으로 신뢰하지 않으며, 논리적 연구 절차와 연구 결과를 뒷받침할 만한 적절한 증거를 요구한다(Esterberg, 2002). 지금부터 학문적 영역에 있는 독자를 대상으로 전통적 글쓰기 방식으로 글을 집필할 때 일반적으로 포함되는 요소를 소개하도록 하겠다.

가. 연구의 소개

질적 연구의 서론에 해당하는 부분 중 하나인 '연구의 소개' 장은 연구에서 다룰 내용을 간략히 소개하고, 본 연구가 왜 필요한지를 독자들에게 설득하는 역할을 한다. '연구의 소개' 장을 집필하기 위해서는 연구의 내용에 대한 종합적 이해가 반드시 필요하다. 따라서 비록 이 장이 글의 가장 첫 부분에 위치하고 있다고 하더라도, 이 장을 가장 처음에 집필하는 것은 바람직하지 못하다. '연구의 소개' 장은 '이론적 배경'을 어느 정도 완성한 후에 집필하는 것이 보다 수월하게 완성할 수 있다. '이론적 배경'을 통해 본 연구와 기존 연구와의 유사점과 차이점을 분석하면서 본 연구의 필요성과 목적이 더욱 명확하게 정리되기 때문이다.

'연구의 소개' 장에서 가장 초점을 두어 기술할 부분은 연구의 필요성이다. 연구의 필요성은 사회적 필요성과 학문적 필요성으로 나누어 볼 수 있다. 사회적 필요성은 본 연구가 현 사회의 어떠한 문제를 해결하기 위해서 필요하며, 이 연구가 사회적으로 어떠한 이득을 가져다줄 수 있는지를 밝히는 부분이다. 학문적 필요성을 보여주기 위해서는 연구자는 본 연구와 관련된 연구를 간단히 개관하면서 선행연구에서 결여된 부분을 보여줌으로써 본 연구가 학문적으로 어떠한 가치가 있는지 언급하게 된다.

예를 들어서 남성 노인의 은퇴 후 삶의 과정에 대한 질적 연구를 실시한 김나연, 김성희, 정은하(2007)는 서론의 가장 초반에 연구의 사회적 필요성을 지적하고 있다. 급속한 고령화의 속도를 보이고 있는 우리나라 사회에서 아무런 준비 없이 일찍 은퇴를 맞이하게 되는 중고령자들이 늘어나고 있는 점이 사회적으로 큰 문제임을 지적하고 있다. 그리고 학문적 필요성과 관련해서는 지금까지의 은퇴에 관한 연구는 은퇴를 부정적 사건 혹은 인생의 위기로 가정함으로써 은퇴를 새로운 삶이 시작되는 인생의 전환으로 이해하는 연구가 부족했다고 지적한다. 그리고 더욱이 은퇴를 단순한 사건이 아닌 하나의 과정으로 이해함으로써 은퇴 전후에 은퇴자들에게 어떠한 변화가 일어나는지에 대한 학문적 지식이 부족하다는 것을 지적하고 있다.

연구의 필요성 부분을 기술할 때는 광범위한 내용에서 점점 그 범위를 좁히면서 기술하는 것이 보다 독자들이 이해하기 쉽다. 처음부터 연구의 내용과 직접적으로 관련된 지엽적 부분을 기술하기보다는 연구와 관련된 일반적 사항에 대해 언급한 후에 그 범위를 점점 좁혀서 연구의 구체적 내용 부분으로 기술하는 것이 보다 바람직하다. 예를 들어 대학부설 기관에서 제공하는 평생교육 프로그램을 분류하고 이의 특성을 분석한 고영화(2011)는 연구의 서론 부분에서 우리 사회에서 많은 평생교육 프로그램이 존재한다는 내용으로 시작을 했다. 그 이후에 대학부설 평생교육 기관 프로그램의 보편화, 보편화에도 불구하고 이들 기관의 프로그램에 대한 연구 부족, 평생교육 프로그램 연구에 있어서 분류 연구가 갖는 중요성 및 필요성 등의 순으로 점점 논의 범위를 좁히면서 연구의 필요성을 기술하고 있다.

'연구의 소개' 장을 일반적 내용에서 점차 구체적 내용으로 기술하는 것이 일반적이지만, 연구의 특성에 따라 좀 더 다양한 방법으로 기술할 수 있다 (Esterberg, 2002). 연구주제와 직접적으로 관련되어 있는 연구 참여자의 이야기로 '연구의 소개' 장을 시작할 수 있다. 또는 연구 참여자가 목격한 흥미로운 사건에 대해서 기술할 수도 있다. 어떻게 '연구의 소개' 장을 쓸지는 연구의 주제, 연구의 결과, 저자의 개인적 특성에 따라서 바뀔 수 있다. 그러나 가장 중요한 기준은 독자가 가장 쉽게 그리고 효과적으로 연구에 대해 이해할 수 있도록 '연구의 소개' 장을 시작하는 것이다.

'연구의 소개' 장에서는 연구의 필요성을 제시한 이후에는 연구 목적과 연구 문제를 정리하는 것이 필요하다. 연구 목적이란 연구를 수행하려는 이유와 달성하고자 하는 의도를 명확하게 진술하는 것이다(Creswell, 2011). 연구 문제란 연구하고자 하는 현상 혹은 개념을 탐구하기 위해 연구자가 던지는 질문을 뜻한다. 질적 연구에서 연구 질문은 주로 '어떻게'라는 단어로 시작하는 것이 일반적이다. '연구의 소개' 장에서 아무리 논리적으로 연구의 필요성을 언급했다고 하더라도, 연구자가 연구의 목적과 문제를 명료하게 한 번도 밝히지 않는다면 독자들이 이를 명확히 이해하는 것은 불가능하다. 따라서 '연구의 소개' 부분에서는 '본 연구의 목적은 …이다' 혹은 '본 연구의 질문은 …이다' 라고 언급하는 것이 필요하다.

'연구의 소개' 장에서 연구의 문제와 목적을 명료하게 정리한 후 본 연구의 결과가 앞으로 사회적으로 그리고 학문적으로 어떠한 기여를 할 수 있는지를 보여준다. 서론의 마지막 문단에서 구체적으로 본 논문이 학술 연구 분야에서, 실제 현장에서, 그리고 국가적 정책에 기여할 수 있는 서너 가지를 언급하는 것이 바람직하다. 이렇게 함으로써 본 논문의 가치를 강조하면서 독자들이 본 논문을 읽도록 동기를 부여할 수 있다.

나. 이론적 배경

'이론적 배경' 장의 집필 목적은 독자가 본 논문의 결과를 이해하는 것을 돕기 위해 배경지식을 제공하는 것이다. '이론적 배경' 장은 연구의 주제와 관련한 모든 기존 문헌 내용이 백과사전식으로 정리되어서는 안 된다. 대신 연구자가 보기에 독자가 본 논문을 이해하는 데 반드시 알고 있어야 할 핵심 관련 문헌만을 선정해서 그 내용을 제공해야 한다. 잘 집필된 '이론적 배경'은 본 연구가 자연스럽게 그리고 논리적 절차에 의해서 진행되었다는 사실을 알 수 있도록 돕는다(Esterberg, 2002). 학위 논문에서는 '연구의 소개' 장과 '이론적 배경' 장을 분리해서 집필을 한다. 하지만 지면이 한정되어 있는 학술지 논문의 경우 '연구의 소개' 장과 '이론적 배경' 장을 통합해서 글을 쓰는 경우도 있다. 글을 쓰는 사람의 스타일에 따라 혹은 학술지의 스타일에 따라서 '연구의 소개' 장과 '이론적 배경' 장을 분리할 것인지 통합할 것인지가 결정된다.

'이론적 배경' 장의 집필을 위해서 기존의 연구들을 정리하는 작업을 할 때 동시에 '연구의 소개' 장과 '논의' 장에 들어갈 내용을 함께 고려하는 것이 집필의 통일성을 위해서 필요하다(Merriam & Tisdell, 2015). 선행 연구의 고찰은 일차적으로 '이론적 배경' 장의 부분에 포함되지만 아울러 '연구의 소개' 장에도 일부 사용되기 때문이다. '연구의 소개' 장 중에서 연구의 학문적 필요성

부분을 논함에 있어서 기존 연구의 내용을 간략하게 제시하게 된다. 아울러서 논문의 마지막 부분을 차지하는 '논의(discussion)' 부분 역시 이번 연구가 밝힌 결과 중 기존에 존재하는 연구의 내용과 비슷하고 다른 점을 논함에 있어서 선행 연구의 고찰이 필요하기 때문이다.

'이론적 배경'은 다양한 관련 문헌을 분석하고 이를 정리하는 부분이기 때문에, 통일성을 갖고 몇 개의 주제로 나누어서 집필하는 것이 필요하다. 집필할 수 있는 페이지 수의 제한으로부터 비교적 자유로운 학위 논문의 경우 이론적 배경 부분에 들어갈 주제를 '연구 참여자의 특성, 이론적 틀, 연구의 주제 및 배경' 등의 세 가지로 나누어 집필하는 것이 일반적이다. 독자들이 연구를 이해하는 데 있어서 연구 참여자들이 갖는 일반적 특성에 대한 이해는 가장 기본적이다. 그리고 연구의 결과 해석에 핵심적 역할을 하는 이론적 틀과 연구의 주제 및 배경의 이해를 위한 선행 연구 고찰 역시 필요하다. 예를 들어서 한수연(2009)의 연구는 평생교육사가 평생학습도시의 주요 업무를 수행하면서 겪게 되는 갈등에 관한 연구를 실시했다. 이 연구의 '이론적 배경' 장은 연구 참여자의 특성인 '평생교육사의 역할과 위상', 이론적 틀인 '평생교육사의 갈등 유형과 갈등 주체', 연구의 주제 및 배경이 되는 '평생학습도시의 개념과 추진체제'로 이루어져 있다. 페이지 수의 제한이 있는 학술지 논문의 경우는 이론적 배경 장을 보다 간소하게 요약해서 집필한다.

다. 연구의 방법

'연구의 방법' 장에서는 본 논문이 실행된 구체적 방법에 대해서 소개한다. '연구의 방법' 장의 주요 목적은 독자가 본 논문이 실시된 방법을 충분히 이해함으로써, 본 논문의 결과가 믿을 만하다는 것을 설득하는 것이다. 질적 방법을 이용한 연구의 경우 일반적으로 다음의 여섯 가지 내용이 '연구의 방법'의 장에 포함된다.

첫째, 질적 연구방법의 소개이다. 질적 연구방법은 양적 연구방법에 비하여 아직 일반인들에게 널리 알려지지 않았다. 따라서 독자에게 질적 연구방법의 철학적 가정과 특성 등에 대해서 소개하는 것은 질적 연구의 방법을 통해서 실시한 본 연구를 이해하는 데 필요하다. 질적 연구의 철학적 가정 및 특성에 대한 소개 이후에는 본 연구의 어떠한 특성이 질적 연구방법의 철학 및 특성과 일치하기 때문에 질적 연구방법을 채택하였다고 설명하는 것이 바람직하다(Esterberg. 2002).

둘째, 연구의 대상 선정 방법과 그 이유에 대해 설명한다. 질적 연구에서는 연구 결과의 일반화가 목적이 아닌 연구주제의 심도 깊은 이해가 목적이기 때문에, 연구의 문제에 가장 깊이 있는 답을 줄 수 있는 연구 대상을 선정하는 것이 가장 우선하는 연구 대상 선정 기준이다(Merriam & Tisdell, 2015). 따라서 이 부분에서는 연구자가 어떠한 절차를 거쳐서 연구의 대상자를 선정하였으며, 선정된 연구의 대상자는 이 연구에 이러한 이유로 적합하다는 것을 독자에게 보여주어야 한다. 아울러 연구대상자의 보호를 위해서 가명을 사용했다는 점을 밝히는 것이 바람직하다(Esterberg. 2002).

셋째, 자료수집 방법을 소개한다. 질적 연구방법에서 사용되는 인터뷰, 관찰, 문서수집의 방법 중에서 어떠한 방법을 사용했는지에 대해 자세히 묘사한다. 인터뷰를 실행했을 경우, 한 참여자당 인터뷰를 한 횟수, 인터뷰의 평균 시간, 인터뷰의 장소, 인터뷰 내용을 녹음했는지 여부에 대해서 소개한다. 관찰을 하였을 경우, 관찰을 허가받은 방법, 관찰자의 위치, 관찰한 횟수, 관찰의 시간, 연구자가 관찰 노트를 현장에서 작성했는지, 연구자가 연구 참여자의 활동을 방해하지 않기 위해 한 행동 등에 대해서 묘사한다. 문서를 분석하였을 경우, 어떠한 경로를 통해서 문서를 입수했으며, 누구에 의해 작성된 문서인지, 문서에는 어떠한 내용이 담겨 있는지, 문서에는 어떠한 문제점이 있는지(빠진 부분 존재 여부, 진짜인지의 여부 등)를 소개한다.

넷째, 연구참가자 그리고 연구가 수행된 장소의 특성에 대한 묘사를 한다. 이에 대한 묘사는 독자가 연구의 방법과 연구의 결과를 이해하는 데 도움을 주는 것이 목적이다. 연구참가자에 대해서 소개할 내용은 이름(가명 사용), 나이, 성별, 기타 연구의 주제와 관련된 특성에 대한 설명을 한다. 연구 참여자의 특성을 일목요연하게 표현하기 위해서 대부분의 질적 연구에서 연구참가

자의 특성을 표로 나타내는 경우가 많다(Merriam & Tisdell, 2015). 노년기에 사별을 경험한 연구 참여자가 사별의 과정을 통해 어떠한 학습의 과정을 경험했는지를 연구한 Moon(2011)의 경우, 연구 참여자의 이름, 성별, 나이, 인종, 사별한 사람과의 관계, 사별 후 경과한 시간, 사별한 사람의 사망 이유를 소개하였다. 일부 학위논문의 경우 연구 참여자에 대한 설명이 길어질 경우 '연구의 방법'과 독립하여 하나의 장을 만들어 연구 참여자에 대한 자세한 묘사를 한다. 관찰을 통해서 자료의 수집방법으로 사용되었을 경우, 연구 현장에 대해 비교적 자세히 묘사한다. 연구 현장의 전체적 모양, 사람들의 배치도, 주변의 환경 등 연구의 결과에 영향을 줄 수 있다고 생각되는 다양한 특성에 대해서 묘사를 한다. 교실에서 이루어지는 노인의 컴퓨터 학습이 주변 환경과 어떠한 관련을 갖고 있는지에 대해 연구한 Kim과 Merriam(2010)의 경우 교실의 전체적 모양, 교사의 위치, 책상의 배열, 컴퓨터의 위치, 학습자들의 위치 등에 대해서 글로 묘사를 할 뿐만 아니라, 그림으로 표현함으로써 독자들이 이해하기 쉽도록 표현했다.

다섯 번째, 질적 자료의 분석방법에 대해서 설명을 한다. 연구자는 독자들이 어떻게 자료가 분석되었는지 알기 쉽게 자세히 설명하여, 독자들이 연구의 결과를 신뢰하도록 돕는다. 특히 질적 연구방법을 사용한 논문의 출간이 흔하지 않은 학술지의 경우에는 질적 자료분석의 방법에 대한 자세한 설명이 필요하다. 질적 자료의 분석이 저자의 주관적 판단에 의해서가 아닌 일련의 규정된 절차에 의해서 진행된 것을 보여줌으로써 질적 연구의 신뢰도를 높일 수 있다.

여섯 번째, 연구자가 연구의 신뢰도와 타당도를 높이기 위해서 어떠한 방법을 취했는지에 대해 설명한다. 아울러 연구의 신뢰도와 타당도를 높이기 위해 연구자가 자신이 연구주제에 대해 갖고 있는 주관성(subjectivity) 혹은 개인적 경험을 미리 밝혀두는 경우도 있다. 이를 미리 설명함으로써 독자들에게 이러한 특성들이 연구에 영향을 미칠 수 있으므로 독자들이 연구의 결과를 읽을 때 이러한 점을 고려하도록 돕는 것이다(Bogdan & Biklen, 2007). 그 외에도 그동안 연구자가 어떻게 질적 연구자로서 훈련받았는지를 적는 것 역시 연구의 신뢰도와 타당도를 높이는 데 도움이 된다(Merriam & Tisdell, 2015).

라. 연구의 결과

연구의 결과는 글의 가장 핵심적 부분이다(Esterberg, 2002). 연구의 결과란 간단히 말해서 연구 문제와 관련해서 연구자가 본 연구를 통해 찾아낸 것을 밝히는 것이다. 연구의 결과를 표현하는 가장 일반적 방법은 연구의 결과를 범주 혹은 테마에 맞추어 표현하는 것이다(Merriam & Tisdell, 2015). 예를 들어 김나연 외(2007)의 경우 은퇴 후 노인의 적응 과정에 관한 연구 결과를 근거 이론의 절차에 의해 밝혀진 범주의 순서에 따라서 차례로 기술하였다. 그러나 '내러티브 연구'의 경우는 연구의 결과를 하나의 이야기의 줄거리에 맞추어 표현할 수 있다. 예를 들어 이새암(2010)은 사범대학 학생들의 삶을 고향을 떠난 연어가 일정 시간 후에 다시 고향으로 돌아오는 이야기의 틀에 맞추어 연구 결과를 기술했다.

연구의 결과를 기술할 때 가장 중요한 것은 그 결과를 뒷받침할 수 있는 증거를 효과적으로 제공하는 것이다(Esterberg, 2002). 인터뷰 전사자료, 연구자의 필드노트, 수집된 문서 등이 증거의 자료가 된다. 연구의 결과를 증명하기 위해 얼마만큼의 증거를 보여주어야 하는지는 연구자의 판단에 따라 다르다(Merriam & Tisdell, 2015). 독자들이 연구자의 주장을 받아들일 수 있을 만큼의 증거가 제시되어야 하지만, 너무나 많은 양의 연구 데이터가 증거로 제시될 경우 독자들은 지겨워할 수 있다(Merriam & Tisdell, 2015). 하나의 연구 결과를 뒷받침하기 위해서 2-3개 정도의 서로 다른 데이터를 보여주는 것이 적합하며, 제시되는 연구 데이터는 일반적으론 한 데이터당 3-5줄 정도가 적당하다고 본다.

연구의 결과를 독자가 보다 이해하기 쉽게 표현하기 위해서 표나 그림을 통해서 표현하기도 한다. 한 연구에서 연구의 결과는 약 2-3개 정도의 범주와 각 범주를 이루고 있는 약 2-3개 정도의 속성(properties)으로 이루어져 있기 때문에, 이를 말로 설명하기보다는 표를 통해 간단히 표현하는 것이 독자들이

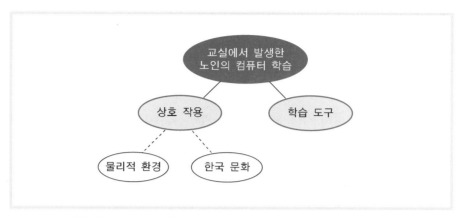

그림 15-1 노인의 컴퓨터 학습의 상황적 조건

연구 결과의 일반화가 불가능한 것이 '질적 연구'의 제한점인가?

　　질적 연구방법을 사용하여 작성된 학위 혹은 학술지 논문을 읽다 보면 종종 '연구의 제한점' 부분에 '본 연구는 질적 연구방법으로 수행되어 연구의 결과를 일반화할 수 없다는 제한점이 있다'는 글을 발견한다. 물론 질적 연구의 결과는 일반화할 수 없다. 하지만 이것은 질적 연구의 특성이지, 결코 질적 연구의 제한점은 아니다. 왜냐하면 질적 연구의 수행 목적 자체가 비슷한 환경과 비슷한 연구 참여자들에게 공통적으로 발견될 수 있는 연구의 결과를 밝혀내는 것이 아니기 때문이다. 질적 연구의 목적은 연구자가 관심을 갖고 있는 하나의 현상에 대한 깊은 이해를 통해 지금까지 발견되지 않았던 새로운 결과를 도출하는 것이다. 질적 연구는 연구 결과의 일반화를 목적으로 삼은 것이 아니기 때문에, 연구 결과가 일반화할 수 없다는 것은 결코 질적 연구의 제한점이 될 수 없다. 포도 자체가 갖고 있는 독특한 맛을 음미할 필요가 있지, '포도의 제한점은 귤의 맛이 나지 않는다'라고 말할 필요는 없다.

이해하기 쉽다(Merriam & Tisdell, 2015). 그리고 2-3개의 범주가 서로 어떠한 관계를 맺고 있는지를 표현하는 데는 그림이 효과적이다. 예를 들어 **그림 15-1**에서 보는 것처럼 노인의 컴퓨터 교실에서의 학습을 구성하고 있는 4개의 범주 간의 관계에 대해서 글로 표현하기보다는 그림으로 보여주는 것이 보다 간편하고 효과적이다. 표나 그림을 통해서 연구의 결과를 표현할 때는 반드시 필요한 정보만을 담아서 최대한 간단하게 표현하는 것이 바람직하다(Merriam & Tisdell, 2015). 가끔 표나 그림을 본문의 중간에 삽입했지만, 표나 그림에 대한 설명이 없는 경우가 있다. 연구자는 특별한 설명이 없어도 표나 그림이 무엇을 뜻하는지 알겠지만, 독자는 그렇지 않기 때문에 반드시 본문에서 그림과 표에 대한 서술을 적는 것이 필요하다.

마. 논 의

논의 부분에서 연구자는 본 연구를 통해 밝혀낸 연구의 결과를 기존 문헌의 내용을 토대로 설명 혹은 그 중요성을 강조한다. 기존의 문헌과 비교해서 본 연구가 새롭게 발견한 내용은 무엇인가? 기존에 존재했던 유사한 연구와 비교하여 어떠한 결과를 도출했는가? 연구의 결과를 통틀어서 최종 어떠한 결론을 내릴 수 있는가? 연구의 결과가 학계와 실천가들에게 어떠한 시사점을 줄 수 있는가? 등에 대해서 논의를 하게 된다(Merriam & Tisdell, 2015).

논의 부분은 크게 세 가지 부분으로 나눌 수 있다. 첫째는 본 연구의 결과를 간단하게 요약한다. 그리고 이러한 연구 결과가 이미 존재하는 유사한 주제의 연구의 결과와 비교해서 어떠한지를 밝힌다. 연구의 모든 결과에 대해서 반드시 논의할 필요는 없으며, 저자의 판단하에 중요한 연구 결과만 언급하면 된다(Esterberg, 2002). 본 연구의 결과를 기존의 연구의 결과와 연관해서 논의할 때, 기존의 연구는 '이론적 배경' 장에서 이미 언급한 연구일 수도 있으며, '논의' 장에서 새로운 연구를 언급할 수 있다. '논의'에서 본 연구가 기존의 연구 결과를 재확인했는지 혹은 기존의 것과는 다른 연구 결과를 도출했는지를 밝힌다. 이때 저자는 왜 기존의 연구와 유사한 혹은 다른 결과를 본 연구가 도출하게 되었는지를 본 연구의 특성에 비추어 해석해야 한다. 둘째는 본 연구의 결과가 현장에 어떠한 시사점을 줄 수 있는지 밝힌다. 교육과 관련한 연구는 일반적으로 교사, 학생, 그리고 정부의 정책 입안자에게 줄 수 있는 시사점을 분리해서 적는다. 셋째는 본 연구의 약점과 이 약점의 극복을 위한 후속 연구의 제언을 밝힌다. 어떠한 연구이든지 완벽할 수 없기 때문에 연구의 문제 선정, 연구 참여자 선정 등에 약점이 존재한다. 그리고 이러한 약점의 극복을 위해 앞으로 어떠한 연구가 새롭게 진행되어야 할지에 대해 밝힌다.

3. 질적 연구 글쓰기의 유의 사항

가. 일인칭 표현의 사용

일반적으로 학문적 글에서는 '나'와 같은 일인칭 표현을 사용하는 것을 금지하여 왔다. 일인칭 표현은 연구의 객관성을 떨어뜨려, 결국 연구 결과의 신뢰성을 떨어뜨린다고 여겨졌다. 그러나 질적 연구에서는 점차 연구자들이 '나' 혹은 '우리'와 같은 표현을 사용하고 있다. 예를 들어 이새암(2010)의 연구에서는 '나'라는 표현을 통해서 연구자가 어떻게 연구의 주제에 흥미를 갖게 되었는지 그리고 연구를 수행하기에 적합한지에 대해서 묘사하고 있다. 아울러 "~어떠한 연구 결과가 밝혀졌다"라는 수동태의 표현보다는 "나는 ~이라는 결과를 밝혔다"라는 능동태의 표현이 보다 독자에게 생동력 있는 표현이라는 주장도 있다(Esterberg, 2002). 연구자가 일인칭의 표현을 사용할지 말지의 여부는 연구의 결과를 뒷받침하는 데 보다 효과적 표현이 무엇인지의 고민을 통해 결정을 내려야 할 것이다.

나. 연구결과의 일반성

'연구의 결과'와 '논의' 부분에서 연구의 결과에 대해서 서술할 때 일반성의 정도에 대해서 고민할 필요가 있다(Esterberg, 2002). 가장 일반성이 높은 진술은 연구의 결과를 마치 전 인류의 공통적 현상인 것처럼 표현하는 것이다. 반대로 일반성이 가장 낮은 진술은 연구의 결과를 본 연구의 참여자에게만 일어난 현상으로 표현하는 것이다. 일반적으로 질적 연구에서는 일반성이 높은 표현과 낮은 표현을 적절하게 동시에 사용하는 것이 바람직하다(Esterberg, 2002). 예를 들어 김나연 외(2007)의 '연구의 결과'에서는 연구 참여자들이 그들의 은퇴 이후에 삶의 과정을 경험했는지를 묘사했다. 그리고 '논의' 부분에서는 연구 참여자의 수준을 넘어서 '남성 은퇴자'에 대한 보다 일반적 사항에 대해서 집필했다.

다. 연구자의 주관성 밝히기

연구자의 주관성(subjectivity)이 완전히 제외된 채 연구가 진행될 수 없다는 '구성주의' 세계관을 가진 연구자들이 주로 질적 연구방법을 사용하게 되면서, 질적 연구의 글쓰기에 점차 연구자의 개인적 경험을 밝히는 경우가 많아지고 있다. 연구자의 경험은 질적 연구의 문제 선정, 연구 참여자 선정, 자료 수집과 분석 과정 등에 영향을 미치기 때문에, 연구주제와 관련된 연구자의 경험을 독자들에게 밝히는 것이 연구의 타당도와 신뢰도를 높이는 방법이라는 주장이 존재한다(Merriam & Tisdell, 2015). 하지만 연구자의 주관성을 밝히는 것이 연구의 객관성을 떨어뜨리고, 연구자의 사생활 보호 차원에서 옳지 않다는 주장 역시 존재한다(Ezzy, 2002). 일반적으로 양적 연구와 달리 자료의 수집과 자료의 분석에 있어서 연구자 자신이 주요한 도구가 된다는 질적 연구의 특성에 따라서 과도하게 연구의 객관성과 사생활을 침해하지 않는 범위에서 연구자의 주관성을 밝히는 것이 필요하다.

라. 윤리적으로 글쓰기

질적 연구는 소수의 연구 참여자를 대상으로 진행되고, 연구 참여자의 경험이 비교적 자세히 묘사된다는 특성으로 인해서 연구 참여자를 보호하려는 연구자의 글쓰기의 태도가 필요하다. 연구자는 연구의 완성이라는 자신의 이익을 위해서 연구 참여자의 보호되어야 할 정보나 경험을 이용하거나 그들에게 어떠한 불이익을 가져다줄 수 있는 내용을 써서는 안 된다. 아울러 질적 연구가 사회적 약자를 대상으로 진행되었다면, 연구자는 글쓰기를 통하여 이들의 목소리를 사회에 제대로 대변해 주어야 한다는 윤리적 책임을 갖는다.

◆ 참고문헌_

고영화 (2011). **대학평생교육 프로그램 분류체계와 특성분석**. 박사학위논문, 동의대학교.

김나연, 김성희, 정은하 (2007). 남성노인의 은퇴 후 삶의 과정에 대한 근거이론적 접근: 새로운 삶의 의미를 찾아서. **한국가족복지학**, 21, 253-288.

이새암 (2010). 사범대학 학생들의 삶에 관한 내러티브 연구. **교육인류학연구**, 13(1), 95-129.

한수연 (2009). **평생학습도시 평생교육사의 교육적 갈등에 관한 연구**. 석사학위논문, 동의대학교.

Bogdan, R., & Biklen, S. K. (2007). **교육의 질적 연구방법론**(조정수 역). 서울: 경문사. (원저 2006년 출판).

Creswell, J. W. (2011). **연구 방법: 질적, 양적 및 혼합적 연구의 설계**(3판)(김영숙, 류성림, 박판우, 성용구, 성장환 공역). 서울: 시그마프레스. (원저 2009년 출판).

Esterberg, K. G. (2002). *Qualitative methods in social research*. New York: McGraw-Hill.

Ezzy, D. (2002). *Qualitative analysis: Practice and innovation.* London: Routledge.

Kim, Y. S., & Merriam, S. B. (2010). Situated learning and identity development in a Korean older adults' computer classroom. *Adult Education Quarterly, 60*(5), 438–455.

Merriam, S. B., & Tisdell, E. (2015). *Qualitative research: A guide to design and implementation* (4th ed.). San Francisco: Jossey-Bass.

Moon, P. (2011). Bereaved elders: Transformative learning in late life. *Adult Education Quarterly, 61,* 22–39.

UNDERSTANDING

QUALITAT

RESEARCH

Chapter 16

테크놀로지와
질적 연구

Qualitative
Research Methods

주요 내용
1. 테크놀로지를 적용한 질적 연구의 계획과 설계
2. 테크놀로지를 적용한 질적 연구의 자료수집
3. 테크놀로지를 적용한 질적 연구의 자료분석
4. 테크놀로지 사용에 대한 논의

1990년대 이후부터 질적 연구 분야에 일어난 커다란 변화 중의 하나는 바로 컴퓨터나 인터넷과 같은 다양한 테크놀로지의 발전과 연계된 연구 상황의 변화이다(김영천, 김진희, 2008; Gibbs, Friese, & Mangabeira, 2002). Brown (2002)이 지적한 바와 같이 질적 연구자들은 기본적으로 그 시대의 사회, 역사, 문화를 반영하는 행위자들이며 이러한 점에 비추어 볼 때 정보통신기술의 발달로 인한 다양하고도 급격한 변화는 질적 연구자들의 연구수행에 직접적인 영향을 끼친다. 역사적으로도 담화분석과 같은 연구방법은 녹음기의 등장이 절대적인 영향을 미쳤다(Brown, 2002; Gibbs et al., 2002). 이러한 점에서 현재 우리가 사용하고 있는 다양한 테크놀로지들이 질적 연구와 관련하여 연구자들의 존재론적, 인식론적, 방법론적 관점들과 행동에 어떠한 영향을 미치는지에 대한 연구자들의 선제적인 고민이 필요하다고 할 수 있다(Brown, 2002).

테크놀로지의 발달은 질적 연구 수행자들에게 새로운 가능성과 편의성을 제공해 줄 수 있다. 질적 연구를 수행해 본 경험이 있는 연구자라면 무엇보다도 연구과정을 통해 수집되는 방대한 양의 자료들을 어떻게 관리해야 할지에 대한 고민을 했을 것이다. 또한 앞으로 질적 연구를 수행하고자 하는 연구자들도 이와 비슷한 경험을 하게 될 것이다. 특히 많은 경우 자료의 수집과정과 분석과정이 동시에 이루어지는 질적 연구의 특성상 지속적으로 자료를 수집하고 수집된 자료에 대한 일차적인 분석을 통해 추가적으로 필요한 자료를 수집하고, 결과를 정리하는 일련의 과정은 실로 연구자의 체계적인 노력 없이는 이루어질 수 없다(김영천, 김진희, 2008). 컴퓨터로 대표되는 최근의 테크놀로지의 발전은 이러한 질적 연구의 과정을 좀 더 효율적으로 수행하는 데 도움을 주고 있다(Gibbs et al., 2002). 선대의 질적 연구자들이 많은 시간을 투자하여 직접 손으로 작업했던 과정들을 테크놀로지를 이용하여 보다 쉽고 빠르게 진행할 수 있게 되었다.

이러한 긍정적인 효과뿐만 아니라, 테크놀로지가 질적 연구의 수행에 영향을 미치면서 질적 연구의 본질적인 요소가 훼손될 수 있다는 점을 지적하는 연구자들도 있다. 예를 들어 자료의 분석에 있어서 많은 부분을 질적 자료분석 소프트웨어의 결과에 의존하여 그릇된 해석과 결론을 도출할 수 있다는 점에 대한 우려와 질적 연구자의 본질적인 역량보다는 어떠한 새로운 테크놀로지를 적용할 수 있는가를 연구자의 역량으로 취급하는 현상에 대한 우려도 존재한다. 따라서 본 장에서는 질적 연구의 설계과정에서부터 자료의 수집과 분석, 그리고 결과를 보고하는 데 이르는 일련의 과정들에서 이용될 수 있는 테크놀로지의 면면에 대해 살펴보고, 이러한 테크놀로지의 활용이 질적 연구 분야에 가져온 긍정적인 측면뿐만 아니라 새롭게 고민하고 논의해야 하는 문제들에 대해 이야기해 보고자 한다.

1. 테크놀로지를 적용한 질적 연구의 계획과 설계

일반적으로 질적 연구 분야에 있어서 테크놀로지의 활용에 대한 논의는 주로 질적 자료의 수집과 분석과 관련된 영역에 초점이 맞추어져 왔다. 그러나 질적 연구의 전과정에 걸쳐 테크놀로지가 적용된다고 이야기해도 과언이 아닐 정도로 이미 많은 질적 연구자들이 부지불식간에 테크놀로지를 활용하고 있는 것이 사실이다. 특히 연구의 계획과 설계 단계에서 우리가 사용하는 인터넷은 여러모로 활용될 수 있다.

인터넷을 정보의 바다라고 부르는 것은 이미 구태의연한 표현이라 할 정도로 인터넷을 비롯한 온라인 환경에는 다양한 정보들이 산재해 있다. 질적 연구와 관련되어서도 질적 연구 수행을 준비하는 연구자들에게 도움이 될 수 있는 다양한 정보들을 인터넷을 통해 살펴볼 수 있다. 예를 들어, 앞으로 소개할 질적 자료분석 소프트웨어를 제공하고 있는 많은 기업체들이 그들의 웹페이지를 통해 질적 연구와 관련된 기본적인 정보들을 제공하고 있으며, 프로그램의 사용과 관련한 동영상 튜토리얼 또는 사용자들의 온라인 포럼을 구성하여 다양한 질적 연구 수행 경험을 공유하고 있다. 질적 자료분석 프로그램과 관련한 웹페이지들의 목록은 다음과 같다.

〈질적 자료분석 프로그램 관련 웹페이지〉
- Atlas.ti- http://www.atlasti.com
- NVivo- http://www.qsrinternational.com
- MAXQDA- http://www.maxqda.com
- HyperRESEARCH- http://www.researchware.com
- Transana- http://www.transana.org/index.htm
- QDA Miner- http://www.provalisresearch.com
- Quirkos- https://www.quirkos.com/
- 파랑새- http://www.thebluebird.kr

또한 유럽이나 미국에 비해서 활발하지 않은 우리나라의 질적 연구 환경을 고려하였을 때, 유럽이나 미국의 교육기관이나 연구기관에서 질적 연구방법론에 대한 교육과정이 어떻게 구성되어 있는지를 살펴보는 것도 질적 연구를 처음 접하는 연구자들에게는 향후 본인의 질적 연구방법론에 대한 지식과 이해를 어떻게 발전시켜 나가면 좋을지를 생각해 볼 수 있는 좋은 지침들을 제공하여 줄 수 있다. 이와 관련하여 살펴볼 만한 웹페이지에는 다음과 같다.

〈질적 연구 관련 온라인 저널 웹페이지〉
- FQS(Forum: Qualitative Social Research)-
  http://www.qualitative-research.net/index.php/fqs/index
- Graduate Journal of Social Science- http://gjss.org/
- Journal of Political Ecology: Case Studies in History and Society-
  http://jpe.library.arizona.edu/

〈질적 연구 관련 교육 및 연구기관 웹페이지〉
- Bournemouth University Centre for Qualitative Research-
  http://www.bournemouth.ac.uk/cqr/index.html
- University of Alberta International Institute for Qualitative Methodology-
  http://www.iiqm.ualberta.ca/
- University of Georgia Student Qualitative Inquiry Group-
  http://www.uga.edu/squig/index.html
- http://onlineqda.hud.ac.uk/index.php- 질적 자료의 분석 특히 질적 자료 분석 소프트웨어에 대한 리뷰와 관련정보들을 제공하고 있음.
- http://www.surrey.ac.uk/sociology/research/researchcentres/caqdas-질적 자료분석 소프트웨어에 대한 소개 및 관련연구물을 제공하고 있음.

위와 같은 인터넷 자료들을 통하여 얻어진 정보들을 통해 연구자는 질적 연구 수행에 대한 간접적인 경험을 얻을 수 있으며 이러한 간접적인 경험을 통한 질적 연구의 특성에 대한 이해는 본인의 연구주제를 명료화하고, 더욱 정교한 연구 설계를 진행하는 데 도움이 될 수 있다.

2. 테크놀로지를 적용한 질적 연구의 자료수집

질적 연구를 위한 자료의 수집에 있어서 컴퓨터와 인터넷을 비롯한 테크놀로지의 역할은 크게 두 가지 정도로 나누어 살펴볼 수 있다. 첫 번째는 화상회의 시스템이나, 채팅 프로그램, 이메일을 통해 인터뷰 자료를 수집하는 방식과 같이 테크놀로지가 질적 자료의 수집과정에 직접적인 역할을 하는 것이고, 두 번째는 문서프로그램이나, 미디어 편집 프로그램 등을 활용하여 질적 자료의 수집과정과 자료의 관리에 도움을 주는 보조적인 역할을 하는 경우이다.

가. 온라인 인터뷰

인터넷을 기반으로 하는 온라인 환경 속에서 인터뷰를 통해 질적 자료를 수집하는 연구 활동을 온라인 인터뷰 혹은 e-interview(Bamton & Cowton, 2002)라고 부른다. 온라인 환경에서 이루어지는 인터뷰의 경우는 시간적인 요인, 구조화의 정도, 인터뷰의 주된 목적에 따라서 분류될 수 있다. 우선 시간요인에 따라서 채팅과 같은 상호작용 형태를 통한 동시적 인터뷰(synchronous)와 게시판이나 이메일을 통한 비동시적(asynchronous) 인터뷰로 나눌 수 있다. 동시적 인터뷰의 경우 연구자와 참여자의 상호작용이 실시간으로 이루어진다는 점에 있어서 면대면 인터뷰나 전화 인터뷰와 유사한 속성을 지니고 있다. 하지만 면대면 인터뷰와 전화 인터뷰의 경우가 대화를 통한 음성정보의 상호작용이라면 채팅을 통한 인터뷰는 문자정보의 상호작용이라는 점에서 차이가 난다. 또한 면대면 인터뷰와 전화 인터뷰가 추가적인 전사 작업(transcribing)을 요하는 반면 채팅을 통한 온라인 인터뷰는 대화내용을 저장하면 즉시적으로 기본적인 전사기록을 얻을 수 있다는 장점이 있다. 비동시적 인터뷰의 경우는 인터뷰를 위한 특정한 웹페이지를 개설하거나 이메일을 통해 연구자와 참여자가 상호작용하는 경우를 의미하며, 연구자의 질문에 대한 참여자의 응대에 시간적인 차이가 존재하게 된다. 연구자와 참여자 간의 상호작용에 있어서 시간적인 격차의 존재는 자료수집과 분석에 있어서 연구자의 추가적인 고려가 필요한 중요 요소이다(Bamton & Cowton, 2002). 먼저 자료수집과정에 있어서 연구자의 질문이 담긴 이메일이 발송된 이후 시간이 경과했음에도 불구하고 참여자로부터 답변 메일을 받지 못했을 경우 연구자는 여러 가지 요소를 고려해야 한다. 이메일을 통한 인터뷰 참여에 대해 참여자가 마음을 바꿔서 참여를 거부하는 행위가 될 수도 있고, 또는 질문에 대해 성실한 답변을 제공하기 위해 질문과 관련된 추가적인 정보를 수집하는 데 시간이 걸리는 경우가 될 수도 있다. 이러한 점은 추후에 자료를 분석하는 데 있어서도 고려해야 할 요소로 작용한다. 연구자는 참여자가 제공한 답변이 추가적인 정보수집과 분석을 통해서 제공된 답변인지, 평소에 참여자가 가지고 있었던 자연스러운 생각에 대한 답변인지를 구분하기가 쉽지 않다. 따라서 이메일을 통한 인터뷰를 실시함에 있어서 연구의 목적과 제한사항을 상세하게 안내해야 할 필요가 있다.

면대면 인터뷰의 유형을 분류하는 기준과 마찬가지로 온라인을 통한 인터뷰도 구조화된 인터뷰, 반구조화 인터뷰, 개방 인터뷰 형태로 나눌 수 있다. 구조화된 인터뷰는 온라인 서베이와 같이 사전에 확립된 인터뷰 질문을 연구 참여자들에게 공통적으로 제공한다. 반구조화 인터뷰는 연구주제와 관련되어 필수적으로 포함되어야 하는 질문들을 사전에 설정하여 인터뷰 질문을 구성하고 이에 추가적으로 참여자의 특성이나 인터뷰 진행에 따라서 개별화된 질문을 제공한다. 마지막으로 참여자에 따라서 개별적인 질문이 주어지는 비구조화 인터뷰가 있다. 비구조화 인터뷰의 경우 참여자의 답변에 따라 추가적인 정보를 얻거나 이전 답변에 대한 명확한 해석을 요구하는 경우가 많기 때문에 온라인을 통해 이루어지는 인터뷰의 경우에도 여러 차례 이루어지는 경우가 많다.

　온라인을 통한 인터뷰를 실시하는 목적에 따라서도 인터뷰의 유형을 나누어 살펴볼 수 있다. 연구의 상황에 따라서 인터뷰에 참여가 가능한 사람의 수가 많을 경우 참여 가능 인원들에 대한 정보를 수집하여 연구의 목적에 부합하는 최선의 정보를 제공해 줄 수 있는 사람들을 연구에 참여토록 하는 것이 효율적일 것이다. 사전 인터뷰 대상자가 많은 경우 면대면 인터뷰를 대신하여 온라인을 통해 사전 인터뷰를 실시할 수 있다. 두 번째는 온라인상으로 실시하는 인터뷰가 연구의 주된 자료수집 방법이 되는 경우이다. 이러한 방법은 연구의 여건상 연구자와 인터뷰 참여자가 지리적으로 멀리 떨어져 있어서 면대면 인터뷰의 수행이 불가능하거나, 연구자와 인터뷰 참여자의 면대면 인터뷰 시간을 확정하기가 매우 어려운 경우 대안적인 방법으로 온라인을 통한 인터뷰를 실시할 수 있다. 인터뷰의 주제가 매우 사적이거나 미묘한 주제여서 인터뷰 참여자가 자신의 정보를 연구자에게 드러내고 싶지 않은 경우나 반대로 연구자가 인터뷰 참여자의 개인적인 신상을 보호해야 하는 경우도 온라인을 통한 인터뷰의 수행이 적합한 상황이라고 할 수 있다(Bamton & Cowton, 2002). 마지막으로 면대면 인터뷰를 수행하고 나서 추가적인 정보를 수집하는데 온라인 인터뷰를 실시할 수 있다. 인터뷰의 구조화와 연관지어 생각해 볼 때 비구조화된 인터뷰의 경우 자료의 분석 단계에서 인터뷰 참여자에게 확인해야 하거나 추가적으로 요청해야 하는 정보를 흔하게 발견하게 된다. 이러한 경우 연구자의 상황이나 인터뷰 참여자의 의향을 고려하여 면대면 추가 인터뷰가 여의치 않은 경우 온라인 인터뷰를 통해 필요한 정보를 획득할 수 있을 것이다.

　온라인을 통해 인터뷰를 실시할 때 면대면 상황의 인터뷰와 달리 고려해야 할 점들이 있다. 인터뷰를 실시하는 데 있어서 인터뷰의 과정과 결과에 영향을 미치는 중요한 요소 가운데 하나는 연구자와 인터뷰 참여자 간의 친밀감, 공감대 즉, 래포(rapport)의 형성이라는 사실은 잘 알고 있을 것이다. 온라인 환경에서는 이러한 래포의 형성이 면대면 상황에 비해서 쉽게 형성되기 어렵다. 따라서 연구자는 다양한 방법을 통해 연구 참여자의 부담감을 줄이고 래포를 형성하는 전략(연구자 자신에 대한 정보의 제공, 연구목적과 소요시간 등에 대한 명시, 연구 참여에 대한 상세한 안내 등)들을 적용해야 한다. 또한 인터뷰가 이루어지는 공간이 온라인 환경이라는 점도 연구자로 하여금 주의를 기울여야 하는 요소이다. 예를 들어 이메일을 통해 인터뷰를 실시한다고 할 때, 한꺼번에 너무 많은 질문을 던진다면 많은 경우 인터뷰 참여자들은 답변을 작성하는 데 부담감을 느낄 것이다. 따라서 일반적인 이메일 환경의 인터페이스를 고려하여 작성에 부담이 되지 않을 정도로 질문을 구성해야 하며, 참여자에게 연구와 관련하여 대략 몇 번 정도의 이메일을 받게 될 것인지에 대해 미리 알려줄 필요가 있다. 또한 온라인 인터뷰에서는 면대면 인터뷰에서 얻을 수 있는 중요한 정보인 비언어적인(nonverbal) 정보의 수집이 제한적이다 (Bamton & Cowton, 2002). 이러한 제약점을 연구자는 사전에 인식하여 비언어적인 정보의 획득이 중요한 연구 상황일 경우 온라인 인터뷰를 대신할 자료 수집 방법을 선택해야 할 것이다.

나. 보조적인 자료의 수집과 관리

1) 문서 프로그램의 활용

문서 프로그램은 질적 연구를 위한 다양한 자료들을 수집, 생성, 변화시켜 줄 수 있는 가장 기본적인 도구 중의 하나이다. 인터뷰의 녹음 기록에 대한 전사기록, 손으로 작성했던 관찰일지의 중요한 내용들을 다시 정리하여 기록한 관찰일지, 연구수행과 관련하여 연구자가 직접 작성한 연구일지 등이 문서 프로그램을 통해서 만들어질 수 있는 중요한 질적 연구의 자료들이다.

2) 멀티미디어 프로그램의 활용

인터뷰와 관찰 등에서 디지털 기기를 활용하여 자료를 수집하는 것은 이제 질적 연구에 있어서 일상적인 모습이 되었다. 인터뷰의 전 과정을 아날로그 방식이나 디지털 방식으로 음성 녹음할 뿐만 아니라 인터뷰 내용을 비디오로 녹화하는 경우도 있다. 인터뷰를 비디오로 녹화하게 되면 인터뷰 과정에서 놓칠 수 있는 면담자의 비언어적인 행동에 대한 추후 분석이 가능하기 때문에 보다 양질의 자료를 수집할 수 있다는 장점이 있다. 반면 음성 녹음에 비해 참여자에 대한 동의과정을 좀 더 엄격하게 진행할 필요가 있고, 양질의 음성 녹음을 위해서는 비디오에 장착된 기본적인 마이크 외에 별도의 마이크를 연결하여 음성 정보를 기록하는 것이 좋다. 이렇게 수집된 음성정보와 영상정보는 별도의 파일들로 구성되어 저장되거나 필요한 편집과정을 거치는 것이 좋다. 녹음기나 카메라에서 해당되는 정보를 추출하여 컴퓨터에 저장하는 것을 "디지털화(digitize)"라고 하는데, 최근에는 이러한 디지털화를 위한 별도의 작업 없이 컴퓨터에 해당 녹음기와 카메라를 연결하는 것만으로 필요한 파일을 이동시킬 수 있는 환경이 제공된다. 디지털화된 음성과 영상정보는 때에 따라 편집이 요구되는 경우가 있다. 원본 파일의 크기 자체가 지나치게 커서 질적 자료분석 프로그램을 이용하는 데 어려움이 있을 경우 파일을 여러 개의 조각으로 나누어서 저장할 필요가 있을 것이다. 또한 원본 파일에 포함된 여러 가지 잡음들을 제거하거나 영상의 밝기, 색상 등을 조정해야 하는 경우도 있다. 이러한 경우 연구자는 멀티미디어 편집 프로그램들을 사용하여 원하는 작업을 수행할 수 있다. 이러한 멀티미디어 편집 도구들로는 대표적으로는 Window Movie Maker, Adobe Premiere, Apple Final Cut Pro, iMovie, Sony Vegas와 같은 프로그램들이 있으며, 이외에도 간단한 멀티미디어 편집기능들을 제공하는 다양한 소프트웨어를 인터넷을 통해 쉽게 찾아서 활용할 수 있다.

3) 인터넷 서비스의 활용

최근의 인터넷 서비스의 흐름 중의 하나는 클라우드(cloud) 기반의 서비스를 사용자에게 제공한다는 점이다. 클라우드 서비스란 두 가지 측면에서 기존의 인터넷 서비스와 차이점을 보인다. 우선 정보의 저장과 인출에 대한 기능이다. 기존에는 사용자가 자신이 생성한 자료를 컴퓨터나 외장 하드 디스크, 이동식 디스크와 같이 물리적인 매체에 저장을 해야 했다. 사용자가 이동 중이거나 공간적으로 떨어져 있는 경우와 같이 물리적인 매체에 접근이 불가능할 경우에는 해당 정보에 접근하는 것이 쉽지 않았다. 클라우드 서비스는 인터넷을 통해 사용자의 개별적인 저장 공간을 제공함으로써 인터넷에 접속이 가능한 환경에서는 언제든지 필요한 정보를 인출하여 사용하고, 다시 이를 저장할 수 있는 서비스를 제공한다. 현재 우리나라의 각종 포털 사이트에서 제공하는 클라우드 기반 저장 공간이 이러한 서비스에 해당한다. 두 번째는 소프트웨어의 활용과 관련한 측면이다. 기존의 소프트웨어가 해당 프로그램을 자신의 컴퓨터에 설치해야만 사용이 가능했던 것과 비교하여 클라우드 기반 서비스는 별도의 프로그램 구매나 설치과정 없이 해당 서비스에 등록하는 것만으로 프로그램의 여러 가지 기능들을 사용할 수 있다는 점이다. 예를 들어 Google에서 제공하고 있는 문서, 이미지, 스프레드시트 편집프로그램들이 이러한 클라우드 기반 소프트웨어 서비스라고 할 수 있다. 이러한 클라우드 서비스는 질적 연구자들에게 다양한 편의성을 제공한다. 연구 진행 간 이동시에도 필요한 정보들을 생성하여 관리할 수 있고, 필요한 자료를 추가적으로 보관할 수 있는 공간도 확보할 수 있게 된다. 또한 클라우드 기반의 소프트웨어들은 대부분 협업기능을 제공하고 있어서 공동의 연구자가 있을 경우 온라인을 통한 연구 자료의 배포, 분석결과의 검토 등과 같은 연구 활동들을 더욱 효과적으로 수행할 수 있도록 도와준다.

문서프로그램에서 언급하였던 연구일지의 작성도 인터넷 서비스를 이용하여 더욱 효과적으로 작성할 수 있다. 블로그와 같은 웹기반 서비스들은 연구자로 하여금 연구단계에 따라 연구자의 다양한 아이디어와 성찰내용들을 기록하고 저장할 수 있도록 해 주고, 이러한 기록들은 작성 시간별로 분류할 수 있기 때문에 연구의 흐름이 어떻게 변화하고 있는지를 파악하는 데 좋은 근거기록이 될 수 있다.

4) 자료 목록의 생성과 관리

수집된 다양한 형태의 자료들을 어디에 저장하고 관리할 것인가도 연구의 수행과 관련하여 연구자가 고민해야 할 문제 중의 하나이다. 수집된 자료는 일차적으로 자료의 분석과 해석 및 결과보고와 같은 연구 활동을 위한 가장

표 16-1 **자료 목록의 예시**

번호	종류	형태	파일명	보관(저장)장소	상황
1	인터뷰	전사기록	2017-인터뷰-정종원-1.hwp	연구실 1번 서류함	일차 분석중
2	인터뷰	음성파일	2017-인터뷰-정종원-1.mp3	• 내 컴퓨터/2017/연구활동자료수집/문서/인터뷰자료(원자료) • NVivo/2017 project 외장하드드라이브/2011/연구활동 • 자료수집/문서/인터뷰자료(백업자료)	전사작업 완료
3	인터뷰	전사기록	2017-인터뷰-rky. hwp	연구실 2번 서류함	일차 분석 완료
4	인터뷰	전사기록	2017-인터뷰-kys.hwp	연구실 2번 서류함	일차 분석 완료
5	문서	출력물	2017 2학기 수업계획서	연구실 1번 서류함	일차 분석자료와 cross checking
6	FGI	비디오파일	2017-1003-FGI-2.wmv	• 내 컴퓨터/2017/연구활동자료수집/문서/인터뷰자료(원자료) • 외장하드드라이브/2017/연구활동 자료수집/문서/인터뷰자료(백업자료) • NVivo/2017 project	일차 분석중

중요한 원천이며, 이차적으로는 다양한 개인적인 정보가 포함되어 있는 정보보호의 대상이기도 하기 때문이다. 출력물 형태로 획득하거나 생성된 자료(연구대상으로부터 획득한 다양한 문서자료 및 연구자의 필드노트, 인터뷰 전사출력물 등)들은 공개된 공간이 아닌 연구자의 개인적인 공간에 잠금장치를 통해 보관할 것을 권유한다.

또한 효과적인 관리를 위해서는 현재 진행 중인 연구와 관련하여 수집한 자료들의 목록과 정보를 총괄적으로 관리할 수 있는 자료 목록을 만들어 활용하는 것도 좋은 방법이다. 문서나 스프레드시트 형태를 이용하여 언제, 어디서, 어떠한 자료가 수집되었고, 현재 어떠한 과정을 거쳐 사용하고 있으며 어떠한 장소에 보관 중인지 일목요연하게 정리함으로써 연구자가 자료를 효과적으로 관리하는 데 도움이 될 수 있다. 그뿐만 아니라 연구 자료의 분실이나 훼손으로 인한 연구 진행의 문제들을 예방할 수 있다.

3. 테크놀로지를 적용한 질적 연구의 자료분석

가. 범용 소프트웨어의 활용

일상생활에서 활용하고 있는 일반적인 소프트웨어를 통해서도 질적 자료에 대한 분석이 가능하다. 예를 들어 문서 편집프로그램의 경우에는 대부분 주석달기, 변경내용 추적, 내용 찾기와 같은 기능들을 제공하고 있는데 이러한 기능들이 해당되는 문서자료에 대한 연구자의 분석과정을 효율적으로 수행하는 데 도움을 줄 수 있는 기능이다. 또한 엑셀과 같은 스프레드시트도 다양한 방면에서 분석 도구로서의 활용이 가능하다. 예를 들어 **그림 16-1**과 같이 엑셀프로그램을 이용하여 인터뷰 내용에 대한 일차적인 자료분석의 결과를 정리하여, 각각의 코드들과 해당되는 인터뷰의 내용, 자료의 위치, 코드 간의 위계성과 같은 분석내용을 정리할 수 있다. 또한 해당 코드의 빈도나 관련된 결과를 표나, 차트 형태로 손쉽게 만들 수 있는 장점이 있다.

나. 분석 소프트웨어의 활용[1]

일상생활에서 자주 사용하는 범용 소프트웨어를 질적 자료의 분석에 활용하는 것과 더불어 최근 들어 질적 자료의 분석을 위해 개발된 소프트웨어의 활

---

1) 분석소프트웨어의 활용과 관련한 본문의 내용은 정종원, 정주혁(2011)의 '웹기반 비디오 중심 수업분석활동 지원 시스템 개발요소에 대한 탐색적 연구'를 통해 발표된 내용을 인용하였음.

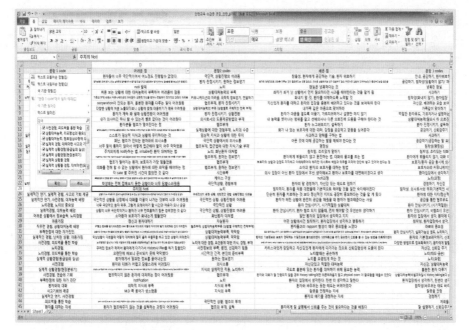

그림 16-1 엑셀 프로그램을 이용한 자료분석 예시 화면

용이 늘어나고 있는 추세이다. 컴퓨터 보조 질적 자료 분석(CAQDAS: Computer Assisted Qualitative Data Analysis) 프로그램으로 불리는(김영천, 김진희, 2008; Gibbs et al., 2002; Lewis & Silver, 2009) 이러한 소프트웨어에 대해서 알아보도록 하자.

일반적으로 이러한 질적 자료분석용 소프트웨어는 대부분 공통적인 요소로써 1) 내용 찾기(content searching), 2) 연결하기(linking), 3) 코딩하기(coding), 4) 데이터베이스 검색(query), 5) 글쓰기와 주석 만들기(writing and annotation), 6) 관계도 형성하기(mapping or networking)와 같은 기능들을 제공한다.

대부분의 질적 자료분석 소프트웨어를 통해 가능한 질적 자료의 분석은 구체적으로 다음과 같이 이루어질 수 있다.

1) 자료의 구조화와 접근성

많은 양의 자료와 정보를 필요로 하는 질적 연구의 특성에 비추어 효율적인 자료의 관리는 연구자의 시간과 노력을 감소시켜 줄 뿐만 아니라 더욱 질 높은 연구 산출물을 만들어 내는 데 기여할 수 있다. 질적 자료분석 소프트웨어들은 대부분 "프로젝트" 파일을 새롭게 생성하는데 이 프로젝트 파일은 연구자가 저장하고 있는 다양한 형태의 자료들을 한 곳에서 불러오거나 필요한 링크들을 제공하여 준다. 이러한 기능들은 특히 동시다발적으로 여러 개의 연구를 수행해야 하는 경우에 유용하다. 소프트웨어 내부적으로 원자료를 복사하여 프로젝트 파일을 생성하는 경우에는 연구자가 여러 대의 컴퓨터를 사용하는 경우나 공동의 연구자가 있을 경우 프로젝트 파일 하나만 복사하면 해당되는 데이터들이 함께 이동하므로 이동성에 편의성이 있는 반면, 원자료와 프로젝트 파일의 링크를 제공하는 소프트웨어의 경우에는 자료의 크기가 큰 미디어파일이 많이 포함된 연구 상황에 적합할 것이다. 프로젝트 파일 생성기능은 결과적으로 연구자가 분석의 대상이 되는 자료에 즉각적으로 접근할 수 있는 경로를 제공하여 줄 수 있다. 물론 자료의 양이 방대하지 않은 경우에는 일반적인 컴퓨터의 파일 생성과 분류체계를 활용할 줄 아는 연구자라면 자료의 접근성이 크게 문제되지 않을 수도 있다. 그러나 방대한 자료를 체계적으로 분류하기가 쉽지 않은 경우나 하나의 자료가 여러 연구와 연관을 맺고 있는 경우에는 이러한 기능들을 통하여 더욱 편리하고 신뢰할 만한 자료 접근성을 확보할 수 있다(최희경, 2008).

2) 자료의 검색

많은 질적 자료분석 소프트웨어는 다양한 방식으로 연구자가 자료를 검색하는 데 도움을 준다. 문서 편집프로그램에서 많이 사용하고 있는 주석달기와 같은 기능들이 소프트웨어에 포함되어 있어서 주석단위의 검색이나 연구자가 자료분석을 통해 생성해 낸 코드, 테마, 주제 단위의 검색, 문장이나 키워드 단위의 검색을 통해서 연구자가 찾고자 하는 특정 요소들이 어떠한 자료들에서 나타나는지를 쉽게 확인시켜 주며, 이러한 과정을 통해 연구자는 관련된 요소들이 어떠한 관계성을 갖고 있는지에 대한 추가적인 분석활동을 쉽게 진행할 수 있다.

3) 코드의 생성과 인출

질적 자료분석 소프트웨어가 제공하는 가장 기본적인 기능 가운데 하나는 자료의 분석을 통한 코드의 생성과 인출이다. 연구자는 자료의 분석과정을 통해 귀납적, 연역적, 혹은 두 접근법을 혼용하여 기본적인 코드들을 자료로부터 추출해 낼 것이다. 하나의 코드와 관련된 진술들은 주로 서로 다른 색깔들로 표시되어 연구자가 쉽게 구분할 수 있도록 도와준다. 계속되는 분석과정을 통해 코드들이 새롭게 생성되거나, 코드 간의 위계성에 변화가 있거나, 불필요한 코드에 대한 삭제가 필요한 경우에도 일일이 자료를 확인하며 수정할 필요 없이 소프트웨어를 통해 보다 손쉽고 신속하게 변경이 가능하다. 또한 단일한 코드와 연관되어 있는 원자료의 해당부분들을 한꺼번에 불러올 수 있기 때문에 분석과정에서 필요한 자료에 대한 세밀한 검토가 가능해진다.

4) 자료의 관리

질적 자료분석 소프트웨어를 사용하는 연구자들이 얻게 되는 또 하나의 기능은 자료의 효과적인 관리기능이다. 소프트웨어와 연결된 자료들은 데이터베이스화되어 필요시에 관련된 문헌목록, 초록들을 작성하여 저장할 수 있다. 연구자가 소프트웨어를 통해 분석 작업을 진행하면서 덧붙이는 많은 정보들(연구자 노트, 자료에 대한 추가적인 기술 등)이 나중에 자료의 검색을 통해 추출될 수 있다. 이러한 기능들은 연구자가 연구를 진행하면서 새롭게 얻게 되는 통찰에 의해서 연구문제의 새로운 방향이나 연구주제의 변화와 같은 질적 연구에 있어서 자연스럽게 나타나는 순환적인 연구의 수행을 도와줄 수 있다.

5) 분석결과의 제시

대부분의 질적 자료분석 소프트웨어는 분석된 자료에 대한 결과물을 일정한 형태(예를 들면 MS Word, MS Excel, SPSS 등)로 생성하게 하는 기능을 제공하여 준다. 연구자가 작성한 전체적인 코드에 대한 결과를 출력할 수도 있고, 필요에 의해서 특정한 코드들만 선택하여 출력할 수도 있다. 또한 대부분의 경우 해당되는 코드가 전체적인 자료에 걸쳐서 얼마나 많이 포함되어 있는가에 대한 코드 빈도를 표 형태로 제시하여 준다. 몇몇 소프트웨어의 경우에는 코드 간의 관계성을 나타내어 주는 그래픽 제시기능을 제공하기도 한다. 이러한 그래픽 파일은 필요에 따라서 그림 파일 형태로 최종 보고서에 삽입될 수 있다.

다. 분석 소프트웨어의 사례

위에서 소개한 질적 연구 분석 소프트웨어의 일반적인 기능들이 어떻게 조합되어 있는가에 따라서 개별 프로그램이 갖는 독특한 특징들이 나타난다. 현재 대표적으로 사용되고 있는 질적 자료분석 소프트웨어들의 특성에 대해서 간략하게 소개하고자 한다. 여기에 소개되는 분석 프로그램들은 각기 다른 고유의 인터페이스와 분석을 위한 다양한 기능들을 제공하고 있다. 하지만 질적 자료의 분석이라는 큰 틀에서 보았을 때 모든 프로그램이 공통적으로 수행하는 분석의 기능과 결과물을 제시하는 기본 방식은 크게 다르지 않다. 무엇보다도 중요한 점은 이러한 분석 소프트웨어는 방대한 질적 자료를 효율적으로 관리하고 연구자가 정해 놓은 일정한 카테고리, 의미 덩어리 등으로 분류하여 검색 및 인출에 용이하도록 도움을 준다는 것이다. 분석의 주체는 연구자이지 분석 소프트웨어가 아니다. 분석 소프트웨어는 자체적으로 분석 기능을 하지는 못한다.

1) Atlas.ti

Atlas.ti 프로그램은 베를린 자유대학(The Free University, Berlin)의 Thomas Muhr가 개발한 프로그램으로 현재는 'Atlas.ti Scientific Software Development GmbH'(http://www.atlasti.com)라는 회사에 의해서 판매되고 있는 유료 소프트웨어이다. Atlas.ti는 연구자가 컴퓨터에 저장해 놓은 원자료에 프로그램이 링크로 연결을 지원해 주는 외부 데이터베이스 시스템 형태로 운영된다. Atlas.ti를 통해 분석 작업을 시행할 수 있는 데이터의 형태는 다음과 같다.

표 16-2 Atlas.ti가 지원하는 자료 형태

문서	doc, docm, docx, wps, wpd, rtf, txt, asc, pdf
오디오	mp3, wma, wav, rmi, mid. midi, snd, au, dvr-ms,
비디오	mpg, mpeg, mpe, mpa wmv, avi, mov, qt, mpv2, m1v, mp4
그림	bmp, gif, jpg, jpeg, tif, tiff, mac, pbm, pcd, pcx, pgm, png, ppm, ras, rle, tga,
기타	kml, kmz

　　전체적인 인터페이스는 화면의 상단부분에 메뉴 바가 나타나고 하단 왼쪽
부분에는 분석대상자료, 하단 오른쪽 부분에는 연구자의 코딩 상황 및 분석내
용에 대한 창이 나타난다. 연구자는 연관되는 개별 코드들을 모아 "Family"로
불리는 코드 그룹을 형성할 수 있으며, 하나의 코드는 여러 개의 family에 중
복적으로 포함될 수 있다. 코드에 대한 필터링 기능을 통하여 입력된 전체 코
드 가운데 연구자가 원하는 코드만을 선택하여 분석결과를 살펴볼 수 있다.
선택된 코드를 불러오면 문서의 경우 해당되는 진술이 하이라이트 형태로 추
출되고, 멀티미디어 자료의 경우에는 해당 부분이 재생된다. 그러나 코드의

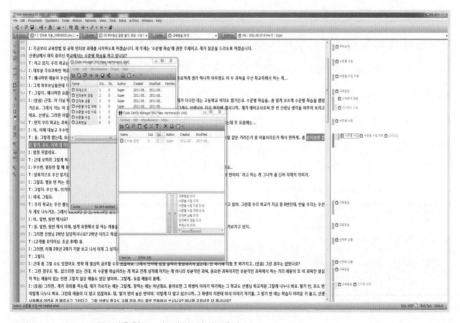

그림 16-2　Atlas.ti를 이용한 코딩 작업 화면 예시

위계성에 대한 시각적인 정보를 제공하지 않는다는 제한점을 가지고 있다.

기본적인 기능 이외의 Atlas.ti가 갖는 특징은 "Google Earth"의 지리정보(kml, kmz파일)를 분석의 대상으로 삼을 수 있고 프로그램 실행 시 소프트웨어의 자동 업데이트 정보를 제공하여 사용자가 선택하여 설치할 수 있다. 또한 프로그램 내 네트워킹 기능 강화로 공동연구의 효율적인 수행을 지원한다.

2) NVivo

현재 사용되고 있는 NVivo는 그동안 NUDI*IST로 불리던 프로그램이 업데이트되면서 새로운 명칭으로 사용되는 질적 자료분석 소프트웨어이다. NUDI*IST는 호주 멜번에 위치한 La Trobe 대학의 Tom Richards와 Lyn Richards에 의해서 개발되었으며, 현재는 QSR International(http://www.qsrinternational.com)이라는 회사에 의해서 제공되는 유료 프로그램이다. NVivo는 수집한 자료의 양에 따라서 자료 자체를 프로그램 안에 포함시키는 방식과 외부에 저장된 자료를 프로그램으로 링크시키는 방식 두 가지 모두를 지원하고 있다. 따라서 문서 파일과 같이 자료의 크기가 상대적으로 작은 자료들을 중심으로 하는 연구의 경우에는 해당 자료 자체를 프로그램 안에 저장해서 불러올 수 있고, 반대로 멀티미디어 자료와 같이 크기가 큰 자료를 많이 포함하고 있는 연구의 경우에는 프로그램과 자료의 링크를 사용해서 분석 작업을 진행할 수 있다. NVivo의 전체적인 인터페이스는 MS사의 Outlook 프로그램의 인터페이스와 유사하게 구성되어 있어 사용에 있어서의 편의성을 도모하였다. NVivo가 지원하는 원자료의 형태는 다음과 같다.

표 16-3 NVivo가 지원하는 자료 형태

문서	doc, docx, rtf, txt, pdf
오디오	mp3, wma, wav
비디오	mpg, mpeg, mpe, wmv, avi, mov, qt, mp4
그림	bmp, gif, jpg, jpeg, tif, tiff

NVivo를 통해 연구자는 크게 두 가지 방식의 코딩을 진행할 수 있다. 코딩 메뉴 가운데 'free nodes'는 단일수준에 여러 가지의 코딩을 배열할 수 있는 형태이고, 'tree nodes'는 코딩의 수준을 설정하여 위계성을 염두에 둔 코딩작업을 시행할 때 사용할 수 있다. 이외에 코드들 간의 연계성을 분석하기 위한 'relationships', 담화나 내러티브 분석에 유용한 'cases' 등과 같은 방식을 제공한다. NVivo가 갖는 장점 가운데 하나는 막대그래프, 파이그래프와 같은 다양한 시각적 형태로 결과를 표현할 수 있다는 점이다.

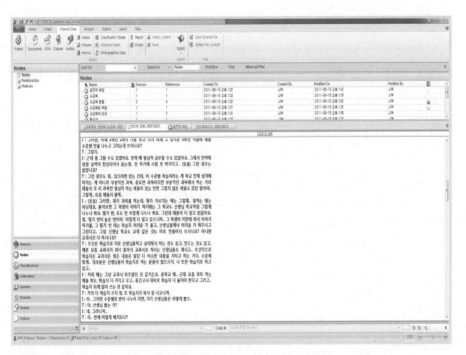

그림 16-3 NVivo를 이용한 코딩 작업 화면 예시

3) MAXQDA

MAXQDA는 독일의 연구방법론가인 Udo Kuckartz에 의해서 개발되었으며, 현재는 VERBI GmbH(http://www.maxqda.com/)를 통해 제공되는 유료 소프트웨어이다. 내용분석 전문가인 개발자의 배경상 MAXQDA는 특히 문서를 기반으로 하는 질적 자료의 분석에 강점을 갖는 것으로 평가되고 있다

(Lewis & Silver, 2009). MAXQDA는 프로그램 내부 데이터베이스에 분석대상이 되는 자료를 저장하는 형태를 제공한다. 지원하는 자료 형태는 다음 **표 16-4**와 같다.

표 16-4 MAXQDA가 지원하는 자료 형태

문서	doc, docx, rtf, txt, pdf, XLS/X, HTML
오디오	MP3, WAV, WMA, AAC, M4A
비디오	MP4, MOV, MPG, AVI, M4V, 3GP, 3GGP
그림	png, gif, jpg, jpeg, tif

MAXQDA가 갖는 코딩체계는 사용자의 편의성이 매우 높다. 특히 다른 프로그램에서는 제공되지 않는 drag&drop 기능을 지원하여 일련의 코드 리스트가 개발된 이후에는 분석 자료의 부분을 선택하고 왼쪽 창의 코드 리스트에서 해당되는 코드를 drag&drop하면 코드가 입력되는 기능을 지원한다. MAXQDA

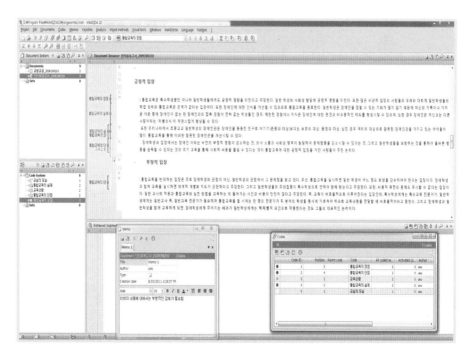

그림 16-4 MAXQDA를 이용한 코딩 작업 화면 예시

코딩 시스템이 갖는 또 다른 기능은 코드와 연관된 자료가 해당 코드를 얼마나 강하게 지지해 주는 내용인지 1-100까지의 가중치를 설정할 수 있어서, 비록 같은 코드에 해당되는 내용이더라도 가중치가 얼마나 다른지에 대한 분석 결과를 별도로 출력할 수 있다. MAXQDA는 인터페이스가 간단하고, 직관적이며 분석과정과 결과에 다양한 색상요소들을 적용하여 연구의 편의성을 높여 준다는 평가를 받고 있다(Lewis & Silver, 2009).

4) 파랑새

파랑새는 한국형 CAQDAS로 2015년에 개발되어 서비스를 시작하였으며, 기존의 프로그램과는 다르게 모든 작업을 서비스 제공사 홈페이지에 접속하여 웹상에서 수행하는 질적 자료분석 시스템이다. 앞서 소개한 Atlas.ti, NVivo, MAXQDA 등은 사용자의 컴퓨터에 해당 소프트웨어를 설치한 후 사용하는 방식인데 반해, 파랑새는 사용자의 컴퓨터에 별도의 프로그램을 설치하지 않고 인터넷이 연결되어 있는 어떠한 컴퓨터에서도 접속하여 사용할 수 있도록 되어 있다. 무엇보다도 위에서 소개된 다른 소프트웨어와는 다르게 시스템의 인터페이스가 한글로 되어 있다는 점, 그리고 한글로 작성된 문서를 보다 용이하게 분석할 수 있다는 점이 장점이다.

파랑새를 통한 질적 자료분석은 파랑새 홈페이지에 접속하여 프로젝트를 생성한 후 자료입력창을 통해 녹취록 등을 입력하게 된다. 이후 자료입력 창에서 코딩을 지정하고 이를 구조화시키는 작업을 통해 주제를 생성하게 된다. 또한 생성된 주제목록, 코딩구조, 코딩목록 등에 대해 글쓰기 작업을 실시할 수 있으며, 검색항목을 통해 코딩별 횟수 및 비율 등을 그래프와 표 등으로 확인할 수 있다.

라. 질적 자료분석 소프트웨어의 선택

많은 연구자들이 어떠한 질적 자료분석 소프트웨어를 사용하는 것이 좋은 것인지에 대한 의문을 가진다. 각각의 소프트웨어가 가지는 다양한 특성들이 있기 때문에 연구의 맥락과 연구자의 상황에 따라 적합한 소프트웨어가 다를 수 있다(Gibbs et al., 2002). 질적 자료분석 소프트웨어의 선택을 위해서는 다음과 같은 질문들을 통해 연구자의 상황에 가장 적합한 기능들을 지원해 주는 소프트웨어를 선택하는 것이 도움이 될 수 있다(Lewis & Silver, 2009).

- 내가 수집한 자료는 어떠한 종류이고(글자, 그림, 음성, 비디오 등) 양은 얼마나 되고 이것을 어떻게 관리하고자 하는가?
- 질적 자료의 분석에 있어서 내가 선호하는 방식이 있는가? 이러한 방식은 얼마나 체계화되어 있는가?
- 내가 사용하고자 하는 분석방법의 이론적 배경은 무엇이며 이러한 분석방법을 얼마나 잘 이해하고 있는가?
- 내가 질적 자료분석 소프트웨어를 통해 도움을 얻고자 하는 기능들의 수준은 어느 정도인가?
- 방대한 양의 자료를 효과적으로 관리하는 데 중점을 둘 것인가? 기본적인 코딩을 생성하고자 하는가?
- 수집한 자료 가운데 양적인 자료가 있으며, 이 양적 자료도 분석의 대상에 포함되는가?
- 하나의 자료를 대상으로 다양한 분석 방법을 적용해야 할 필요가 있는가?
- 새로운 소프트웨어를 사용해야 한다면 내가 소프트웨어를 배우는 데 어느 정도의 시간을 투자할 수 있는가?
- 전체적인 연구기간 가운데 자료의 분석에 할당된 기간은 어느 정도인가?
- 내가 속한 기관이나 조직에 가용한 질적 자료분석 소프트웨어가 있는가?

실제적으로 질적 자료의 분석 과정에서 소프트웨어를 사용하기 위해서는 위와 같은 요소들에 대한 연구자 스스로의 검토과정과 개발되어 있는 다양한 소프트웨어의 특성에 대해서 이해하는 것이 필요하다.

4. 테크놀로지의 사용에 대한 논의

전술한 바와 같이, 질적 연구를 수행하는 과정에 있어서 테크놀로지의 사용은 연구자로 하여금 연구의 실제적인 수행에 편리한 기능들을 제공해 주고, 연구의 효율성을 높여줄 뿐만 아니라 새로운 연구의 방법과 영역을 제공해 주기도 한다. 그러나 이러한 테크놀로지의 사용이 질적 연구의 중요한 본질을 훼손하고 있다는 주장도 끊임없이 제기되고 있다. 특히 질적 자료분석 소프트웨어들이 처음 소개되기 시작하였던 1990년대 중반부터 이러한 논의는 계속되어 오고 있다(김영천, 김진희, 2008; 최희경 2008).

소프트웨어의 사용을 찬성하는 입장에서는 이러한 소프트웨어를 통해 연구자는 방대한 양의 자료들을 더욱 체계적으로 관리할 수 있으며, 안정적인 코딩 기능을 통해서 수집된 자료에 포함되어 있는 코딩과 관련한 정보들을 추적 관리함으로써 연구의 체계성과 투명성을 높이는 차원에서 연구결과의 신뢰성을 높이는 데 기여할 수 있다고 주장한다(Kelle, 1998; 최희경, 2008, p. 135에서 재인용). 또한 소프트웨어를 사용하면 방대한 양의 자료 관리에 소요되는 연구자의 노력과 시간을 줄여줄 수 있기 때문에 연구자는 더욱 분석에 집중할 수 있는 기회를 얻게 됨으로써 전체적인 효율성을 높일 수 있는 것으로 기대되어 왔다.

반면에 소프트웨어의 사용을 반대하는 입장에서는 소프트웨어의 사용 자체가 연구와 관련된 타당도나 신뢰도의 향상에 영향을 주지 못하며, 오히려 연구자로 하여금 자료에 대한 기계적인 코딩만을 강조하므로, 의미있는 결과를 도출해 내기 위해서 필요한 연구자의 자료에 대한 반복적인 탐색과 해석의 과정을 도외시하는 경향을 부추길 수 있다고 주장한다(Gibbs et al., 2002).

이러한 상반된 입장이 공존하고 있는 가운데 동일한 자료를 전통적인 방법, 즉 자료분석 소프트웨어를 이용하지 않은 분석 방법과 질적 자료분석 소프트웨어를 사용하여 연구의 타당성과 효과성 측면에서 비교한 최희경(2008)의 연구는 시사하는 바가 크다고 할 수 있다. 그녀의 연구 결과에 의하면 소프트웨어를 적용한 분석의 과정은 원자료의 세부적인 내용을 파악하고, 이를 전체적인 체계로 나타내는 데 강점이 있으며, 분석의 과정에서 언제든지 원자료를 쉽게 파악하는 데 도움이 되는 것으로 나타났다. 그러나 대부분의 기대와는 달리 실제 코딩을 진행하는 데 노력과 시간이 많이 소요되며, 분석단위의 지나친 세분화가 일어나는 경향을 발견하였다. 이러한 점에 비추어 볼 때, 결국 소프트웨어를 사용하는 것 자체가 질적 연구의 신뢰성이나 타당성을 높여주는 역할을 담당한다기보다는 결국 질적 연구의 수행 과정과 결과에 있어서의 가장 중요한 변인은 바로 질적 연구자 자신이라는 결론에 이를 수 있게 될 것이다. 따라서 질적 연구자로서 갖추어야 할 여러 다양한 역량과 경험들을 등한시하고 소프트웨어에 의존하는 태도를 갖는 것은 위험하다고 할 수 있다.

◈ 참고문헌_

김영천, 김진희 (2008). 질적 연구에서의 자료분석: 소프트웨어 접근의 이해. **교육인류학연구**, 11(1), 1-35.

정종원, 정주혁 (2011). 웹기반 비디오 중심 수업분석활동 지원시스템 개발 요소에 대한 탐색적 연구. **교육방법연구**, 23(4). 799-825.

최희경 (2008). 질적 자료분석 소프트웨어(NVivo 2)의 유용성과 한계: 전통적 분석방법과 NVivo 2 분석방법의 비교. **정책분석평가학회보**, 18(1), 123-151.

Bamton, R., & Cowton, C. J. (2002). The e-interview, *FQS(Forum Qualitativy Social Research)*, *3*(2), 출처: http://www.qualitative-research.net/idex.php/fqs/article/view/848/1843

Brown, D. (2002). Going digitial and staying qualitative: Some alternative strategies for digitizing the qualitative research process. *FQS(Forum Qualitative Social Research)*, *3*(2), 출처: http://www.qualitative-research.net/index.php/fqs/article/view/851/1849

Gibbs, G. R., Friese. S., & Mangabeira. W. C. (2002). The use of new technology in qualitative research: Introduction to issues 3(2) of FQS, *FQS(Forum*

Qualitativy Social Research), *3*(2), 출처: http://www.qualitative-research.net/index.php/ fqs/article/view/847

Kelle, U. (1995). Introduction: An overview of computer-aided methods in qualitative research. In U. Kelle (Ed.) *Computer-aided qualitative data analysis: Theory, methods and practice* (pp. 1-28). London: Sage.

Lewis, A., & Silver, C. (2009). *Choosing a CAQDAS pakage. CAQDAS Networking Project and Qualitative Innovations in CAQDAS Project (QUIC)*. 출처: http://www.surrey.ac.uk/sociology/research/researchcentres/caqdas/files/2009ChoosingaCAQDASPackage.pdf

UNDERSTANDING

QUALITAT

RESEARCH

Chapter *17*

질적 연구의
타당성과
신뢰성

Qualitative
Research Methods

17

질적 연구의
타당성과
신뢰성

주요 내용
1. 질적 연구에서의 타당성의 개념과 타당성을 높이기 위한 전략
2. 질적 연구에서의 신뢰성의 개념과 신뢰성을 높이기 위한 전략
3. 관련 사례

　질적 연구자들이 연구를 수행하면서 그리고 연구 결과물에 대해서 흔히 고민하는 문제들은 '과연 연구목적을 달성하기 위해 연구를 제대로 수행하고 있는 것인가?' '이 연구의 결과가 과연 믿을 만하고 타당한 것인가?' '혹시 연구목적과는 다르게 부정확한 연구를 하고 있는 것은 아닐까?' '이 연구 결과를 내놓았을 때 주위로부터 결과의 신빙성에 대해서 공격을 받지는 않을까?' '연구 결과의 일반화 가능성은 얼마나 되는가?' 등이다. 연구자들은 이러한 고민거리에 대해서 연구의 초기부터 연구가 진행되고 있는 상황, 그리고 연구가 종료되고 연구 결과물을 발표하고 나서까지도 계속해서 의문을 갖게 된다. 실제로 질적 연구방법론을 연구해 온 많은 연구자들도 이러한 고민거리에 대해서 합의된 해답은 내놓고 있지 못한 실정이다. 하지만 모든 형태의 연구에서

신뢰성이나 타당성에 대해 관심을 가지고 논의하는 것은 지극히 당연하며, 특히 연구를 실제로 수행하는 연구자 입장에서는 올바르고 정확하며 믿을 만한 연구를 실시하여 결과물을 내놓는다는 것은 매우 중요한 일이다.

질적 연구는 인과관계, 일반화, 검사, 예측 등에 관심을 두고 있는 양적 연구와는 다르게 깊이 있는 심층기술(in-depth description)을 통한 '이해(understanding)'에 보다 많은 관심을 두고 있다. 그렇기 때문에 양적 연구에서 주로 논의되는 타당도와 신뢰도의 개념 및 적용은 질적 연구를 수행하는 상황에서는 잘 맞지 않는다는 논의가 제기되어오고 있다(Lincoln & Guba, 1986; Merriam, 2009; Patton, 2002). 예컨대 Merriam(2009)은 질적 연구에서 신뢰성과 타당성을 논하는 데 있어 질적 연구가 본질적으로 양적 연구와는 다른 세계관과 인식론에 바탕을 두고 있기 때문에 질적 연구에서의 진실성(trustworthiness)을 결정하는 척도도 달라야 한다고 주장한다. 따라서 어떠한 연구가 양적 연구든 질적 연구든 간에 연구의 신뢰성과 타당성에 대한 논의와 검토는 그 연구가 어떠한 세계관과 인식론에 근거하여 연구가 설계되었는지, 이에 따라 연구 자료는 어떻게 수집 및 분석되어 그 결과를 해석하고 있는지에 대한 주의가 요구된다는 것이다. 본 장에서는 질적 연구에서 논의되고 있는 타당성과 신뢰성에 대한 학자들의 다양한 견해를 중심으로 타당성과 신뢰성을 높이기 위한 전략에 대해서 살펴보도록 한다.

1. 타당성(Validity)

양적 연구에서 논하는 타당도는 검사도구가 측정하고자 하는 것을 실제로 충실하게 측정하였는가를 말한다(성태제, 시기자, 2006). 즉 사람의 몸무게를 정확히 측정하기 위해서는 저울이라는 도구를 사용하여 인체의 무게를 정확히 측정하면 타당도가 높아진다. 반면에 길이를 재는 데 줄자를 사용하여 몸무게를 잰다면 타당도는 상당히 낮아지게 된다. 따라서 타당도는 연구자가 알고 싶은 혹은 검사하고 싶은 내용을 측정하는 데 있어 타당성이 높은가 낮은가에 대한 정도를 의미하는 것이다. 질적 연구에서의 타당성에 대해서는 여러 학자들이 다양한 관점에서 논의하고 있으며, Creswell(2010)은 질적 연구에서의 타당성에 대한 이러한 관점들을 정리하여 제시하였다.

이 중에서 주요한 용어와 개념들을 살펴보면, 먼저 LeCompte와 Goetz(1982)의 관점에서는 실험연구와 서베이(survey) 연구 등 양적 연구에서 논의되는 타당도와 신뢰도의 개념을 질적 연구에 적용시켜 양적 연구에 상응하는 질적 연구에서의 타당성과 신뢰성에 저해되는 요인의 중요성에 대해 논의하였다. 즉 양적 연구에서와 마찬가지로 질적 연구에서 타당도와 신뢰도를 감소시킬 수 있는 요인이 존재하여 질적 연구 나름대로 타당도와 신뢰도를 향상시키기 위한 전략이 필요하다는 것이다.

Lincoln과 Guba(1985)는 양적 연구에서의 타당도에 상응하는 개념으로 질적 연구에서는 신빙성(credibility)이라는 대체 용어 및 개념을 제안하였다. Lincoln과 Guba는 양적 연구에서의 내적 타당도(연구자가 얼마나 충실하게 측정하고자 혹은 알아내고자 하는 정도)가 질적 연구의 맥락에서는 신빙성(credibility)과도 상응하는 개념으로, 연구가 수행되고 있는 사회적 맥락에서 연구자와 연구 참여자들이 연구결과물의 진실성을 인정하면 그 연구의 신빙성이 존재한다는 것을 의미하며, 이는 곧 연구에서의 내적 타당도가 높다는 것을 의미한다고

표 17-1 질적 타당성에서 사용되는 주요 관점과 용어들

연 구	관 점	용 어
LeCompte & Goetz(1982)	실험과 서베이 연구에서의 양적 대응물과 비슷한 질적 등가물의 사용	내적 타당성 외적 타당성 신뢰성 주관성
Lincoln & Guba(1985)	자연적인 원리에 더욱 적용되는 대안적 용어 사용	신뢰성 전이성 의존성

출처: Creswell (2010). Qualitative inquiry and research design: Choosing among five approaches, p. 284에서 재구성.

주장하였다. Lincoln과 Guba 이외의 여러 학자들도 질적 연구 상황에서 타당도라는 용어를 대신하여 신빙성, 이해, 확실성, 임계성, 정직성, 명백성, 생생함, 완전성, 민감성, 확증성 등의 개념을 제시하여 질적 연구에서의 타당성에 대한 재개념화를 시도하였다.

타당성과 신뢰성은 양적 연구 혹은 질적 연구의 형태와는 상관없이 중요한 이슈로 논의되고 있으나 양적 연구에서 이해, 작동되는 타당성과 신뢰성의 개념이 질적 연구에서 이해, 작동되는 개념과는 거리가 있음을 알 수 있다. 이는 곧 타당성과 신뢰성은 연구 자체의 목적 및 이론적 배경과 인식론적 바탕, 연구자 및 연구 참여자의 세계관 등에 따라서 다르게 이해되거나 작동될 수 있다는 점을 나타낸다. 이러한 점에 착안하여 Patton(2002)은 질적 연구의 신빙성(credibility)을 판단하는 데 이용할 수 있는 근거를 제시하였으며, 주요 개념 및 용어는 **그림 17-1**과 같다.

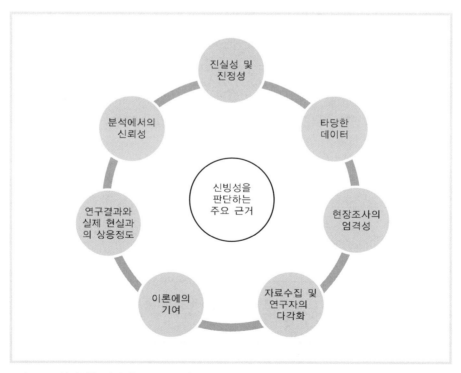

그림 17-1　신빙성을 판단하는 주요 근거

질적 연구에서의 타당성에 관한 이러한 다양한 관점들에 대해서 Creswell (2010)은 다음과 같이 정리하였다. 첫째, 질적 연구에서의 타당성은 연구자와 연구 참여자가 기술한 연구결과가 얼마나 정확한지를 파악하려는 정도를 의미한다. 둘째, 질적 연구에서는 연구현장에서 비교적 많은 시간을 할애하여 보다 정확한 결과를 얻어내며 연구 참여자들과도 더욱 친밀하게 되어 보다 상세한 기술을 할 수 있다. 이로써 얻을 수 있는 정확성으로 연구의 가치를 더할 수 있다는 점이 질적 연구에서의 타당성에 대한 논의를 차별화할 수 있는 강점이기도 하다. 셋째, 여러 학자들마다 다양한 관점에서의 타당성에 관한 유형과 용어가 있으며 그 나름대로의 맥락에서 타당성에 관한 용어와 전략을 제시한다. 넷째, 타당성을 높이기 위한 전략은 질적 연구의 여러 유형 및 접근방법(내러티브 연구, 근거이론, 사례연구, 문화기술지 등)에 관계없이 사용해도 무방하다.

가. 타당성을 높이기 위한 전략

질적 연구에서 타당성에 관한 다양한 관점들과 용어들이 존재하듯이 타당성을 높이기 위한 전략도 학자들마다 조금씩 다르다. 여기에서는 주요학자들이 제시한 타당성 전략과 기법을 소개하고 공통적으로 논의되고 있는 몇 가지 전략을 중심으로 상세하게 살펴보도록 한다. 먼저 Patton(2002)은 질적 연구의 질을 높이고 신빙성(credibility)을 향상시키기 위해 세 가지 주의할 점을 제시하였다. 첫째, 엄격한 현장조사법이다. 엄격한 현장조사방법을 통해서 높은 질의 자료를 얻을 수 있으며 나중에 체계적인 분석이 가능하다. 둘째, 연구자의 신빙성(credibility)이다. 연구자의 신빙성은 연구 훈련 정도, 경험, 추적기록, 지위, 자기표현 등에 기초한다. 셋째, 질적 연구의 가치에 관한 철학적인 믿음이다. 즉 조작되지 않은 자연스러운 탐구, 질적인 방법들, 귀납적인 분석과정, 의도적 표집방법, 그리고 종합적 사고(holistic thinking) 등에 대한 연구자의 믿음이 있어야 한다는 것이다.

Merriam(2009)은 타당성을 높이기 위한 여섯 가지 구체적인 전략을 제시하

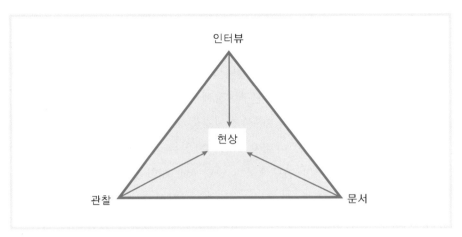

그림 17-2 복수의 자료 수집방법을 통한 삼각검증법

였다. 첫째는 삼각검증법(triangulation)이다. 삼각검증법은 다수(multiple)의 연구조사자, 다수의 자료원, 혹은 연구결과를 확인하기 위한 다수의 방법을 사용하는 것을 말한다. 삼각검증법은 Denzin(1970)이 질적 연구의 타당성을 높이기 위해 제시하였다. Denzin은 원래 기하학적인 원리에 입각하여 위치를 찾아내는 비유를 들면서 질적 연구의 타당성을 확보하기 위해서는 다수의 자료, 다수의 방법, 다수의 조사자, 그리고 다수의 이론 등을 동원할 것을 주장했다. 학자들에 따라서는 삼각검증법(혹은 삼각측정법)이 실증주의적 성격을 띠고

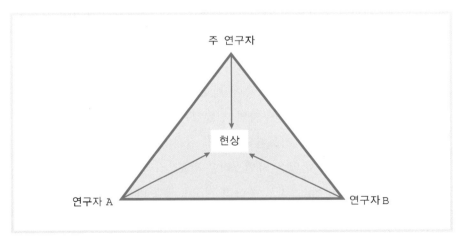

그림 17-3 복수의 연구자를 통한 삼각검증법

있어 자칫 질적 연구 본연의 목적과 성격과는 맞지 않는다고 주장하고 있지만, 삼각검증법은 질적 연구 상황에서 타당성을 확보하는 데 있어 가장 흔하게 사용되는 전략 중 하나이다. 만약 삼각측정, 삼각측량, 혹은 삼각검증법이라는 용어가 낯설게 들린다면 굳이 이러한 용어를 사용하지 않아도 된다.

참고자료

삼각측량법(Triangulation)

삼각측량법은 기하학 또는 삼각형의 원리를 이용하여 어떤 한 점의 좌표와 거리를 알아내는 방법으로 측량(토목, 천체, 로켓 공학), 항해, 일반 내비게이션 또는 GPS(Global Positioning System), 군사 미사일, 대포 등의 방향설정에 쓰이는 방법이다. 예를 들어, 해변에서 바다에 떠 있는 배와의 거리를 알고 싶을 때 삼각측량법의 원리를 사용하여 측정할 수 있다. 해변에 있는 관측자 A가 해변과 배 사이의 각도 α 를 측정하고, 또 다른 관측자 B도 해변에서 배 사이의 각도 β 를 측정한다. 그런 다음, 관측자 A와 B 사이의 거리인 l를 측정한다. 따라서 해변에서 배 사이의 거리 d는 싸인(law of sines)법을 이용하여 알아낼 수 있다.

차량용 내비게이션이 GPS위성을 통해 차량의 위치를 알아내는 방법도 이러한 삼각측량법의 원리를 이용한다. 즉 두 지점은 GPS위성들의 위치이며 알고자 하는 지점은 각 차량에 장착되어 있는 GPS 수신기의 위치인 것이다.

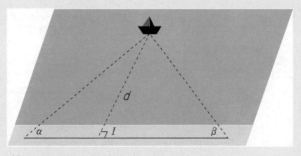

참고문헌: http://en.wikipedia.org/wiki/Triangulation

Denzin(1970)의 설명에서도 알 수 있듯이 삼각검증법(측정 혹은 측량법)은 제시된 연구문제를 해결하기 위해 연구의 자료원, 연구 참여자, 연구실시자, 이론 등을 다원화하여 확실하고 정확한 증거를 확보하는 데 목적이 있기 때문이다. 이는 마치 살인사건을 다루는 형사 혹은 다수의 수사팀원이 복수의 증거를 확보하여 용의자를 색출하고 확실한 증거를 들이대어 범죄 사실을 인정하게 하는 경우와 흡사하다고 할 수 있다. 다시 말하면 삼각검증법, 삼각측정법, 삼각측량법, 혹은 삼각법이라는 용어 대신에 다원적 검증(측정, 측량) 혹은 다원법이라는 용어를 사용해도 무방하다는 얘기이다.

질적 연구의 타당성을 높이는 또 하나의 전략은 연구 참여자 확인법(member check)이다. 연구결과에 대해서 혹은 연구를 수행하고 수집된 자료를 분석하는 과정에서 연구자는 연구 참여자들의 견해를 물어 연구의 정확성을 추구하는 방법이다. 연구자는 대개 연구에 참여했던 대상자 1명-3명(경우에 따라서는 모든 참여자 포함)에게 연구의 분석과 연구 결과물에 대한 정확성을 확인할 것을 요청하게 된다. 이때 연구 참여자는 연구자가 연구 수행 당시 자신의 의견을 왜곡하지 않고 제대로 해석하였는지, 연구자의 표현 및 기술이 정확하고 공정한지, 분석과정에서 빠뜨리거나 임의로 추가된 사항은 없는지, 그리고 연구결과의 주제가 제대로 참여자의 견해를 나타내고 있는지 등을 검토하게 된

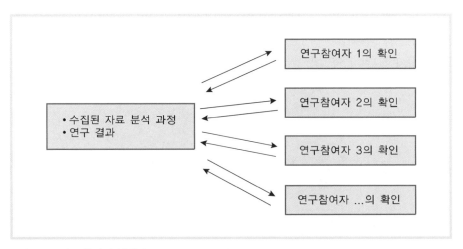

그림 17-4 연구 참여자 확인법(member check)

다. 따라서 연구자는 연구 참여자 확인법을 통하여 연구의 정확성(accuracy), 신빙성, 그리고 타당성을 확보할 수 있게 된다.

세 번째 타당성 전략은 장시간 관찰법(long-term observation)이다. 장시간 관찰법은 연구가 행해지고 있는 장소 혹은 같은 현상이 반복되고 있는 것을 비교적 장기간에 걸쳐 관찰을 수행함으로써 타당성을 높이는 방법이다. 예를 들어, 아마존 밀림지역에 거주하고 있는 원주민들의 삶에 대한 연구에서 만약 연구자가 하루 몇 시간만을 할애하여 그들의 삶의 모습을 관찰하여 그들의 삶을 제대로 이해하기는 사실상 어렵다. 물론 연구자가 얻고자 하는 것 혹은 연구의 목적에 따라 자료 수집의 절차나 방법이 다를 수 있으나, 수개월을 원주민들과 같이 지내며 그들을 관찰하여 수집한 자료와, 단 하루 몇 시간을 통해 얻은 자료와는 질적으로 차이가 있을 것이다.

넷째, 동료 검토법(peer examination)을 통해 질적 연구의 타당성을 향상시킬 수 있다. 수행하고 있는 연구주제, 질적 연구방법론, 그리고 관련분야에 식견이 있고 연구에 대해 자신의 의견을 충분히 제공할 수 있다고 판단되는 동료 3-5명을 선정하여 그들에게 연구 분석 자료와 연구결과에 대한 검토를 요청하는 방법이다. 검토자로 선정된 동료자들은 질적 연구방법, 의미, 해석 방법, 연구목적과의 관련성, 제시된 연구문제를 제대로 해결하고 있는지 등에 관한 허심탄회한 질문을 할 수 있다는 장점이 있다.

다섯째, 연구의 타당성을 향상시키기 위하여 연구 참여자를 연구목적 및 연

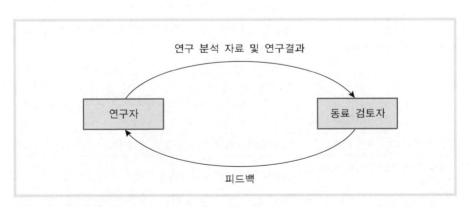

연구 분석 자료 및 연구결과

연구자   동료 검토자

피드백

그림 17-5   동료 검토(peer examination)

구문제 도출, 이론적 배경과 틀의 구성, 연구 설계, 대상자 선정, 자료수집 방법 선정, 연구 결과 분석 및 해석 등 연구의 전 과정에 관여케 할 수도 있다.

여섯째, 연구자의 편견(researcher's bias)을 독자들에게 명확하게 알리는 방법이다. 연구자는 독자들로 하여금 연구자의 성별, 인종, 나이, 출생지, 언어, 과거 경험, 경력, 직업, 직위 및 직급, 성장배경, 교육적 배경, 가정배경, 삶의 신조, 선입관, 지향성, 정치적 성향, 전제와 가정, 세계관, 연구를 착수하는 데 있어 관련되거나 영향을 준 이론적 방향 등에 관한 사항을 제공함으로써 이러한 요인들이 연구를 접근하고 수행하는 데 있어 어떠한 영향을 주며 어떻게 해석되는지를 알 수 있게 도와준다.

일곱째, 외부 감사(audit)를 통한 방법으로 연구자에 의해서 고용된 감사자 혹은 전문가가 연구의 과정과 결과에 대해 조사하여 타당성을 평가하는 방법이다. 특정한 연구자의 개인적인 의견에 전적으로 의존하기보다는 연구주제와 관련이 있는 다수의 의견을 포함시킴으로써 타당성을 향상시킬 수 있다.

이상에서 논의된 타당성 전략을 표로 정리하여 제시하면 **표 17-2**와 같다.

표 17-2 주요 타당성 전략

타당성 전략	내 용
삼각검증법(triangulation)	연구의 자료원, 연구 참여자, 연구실시자, 이론 등을 다원화하여 정확한 증거를 확보하기 위함
연구 참여자확인법 (member check)	수집자료분석 또는 연구결과에 대해서 연구 참여자들의 견해를 물어 연구의 정확성을 추구
장시간 관찰법 (long-term observation)	비교적 장기간에 걸쳐 관찰을 수행함으로써 타당성을 높이는 방법
동료 검토법 (peer examination)	연구주제, 연구방법, 그리고 관련분야에 식견이 있고 연구에 대해 자신의 의견을 충분히 제공할 수 있다고 판단되는 동료 3-5명을 선정하여 그들에게 연구 분석 자료와 연구 결과에 대한 검토를 요청
연구 참여자 관여법	연구 참여자를 연구의 과정에 관여시킴
연구자 편견(researcher's bias) 공개법	연구자의 편견을 독자들에게 명확하게 알리는 방법
외부 감사(audit)	외부 감사자에 의해 연구의 타당성을 검토함

나. 질적 연구에서의 일반화

질적 연구에서 일반화에 대한 논의도 연구자들 사이에서 종종 거론되는 주제 중 하나이다. 일반화의 개념은 대개 외적 타당도(external validity)라는 용어로 사용되며, 연구의 결과를 일반화시킬 수 있는 정도를 뜻한다. 따라서 연구의 목적이 가설의 검증을 통한 일반화가 아닌 대부분의 질적 연구 상황에서는 일반화라는 개념 자체의 사용이 적합하지 않다는 주장도 제기되고 있다. 이와 관련하여, Guba와 Lincoln(1981)은 질적 연구 상황에서는 전이성(trans-ferability)이 실험연구 상황에서 쓰이는 일반화를 대체할 수 있는 용어라고 제안하였다. 이는 실험연구에서의 일반화라는 개념과 용어가 질적 연구의 성격과는 잘 어울리지 않으며 질적 연구의 결과물에는 일반화라는 개념이 적합하지 않다는 주장이다. Stake(1995)도 실험연구에서의 일반화 개념과는 달리 질적 연구 상황에서 독자의 자연주의적 일반화(reader's naturalistic generalization)라는 개념을 제안하였다. Stake는 질적 연구의 결과를 통해서 독자들에게 다양한 경험을 제공하여 독자들 스스로가 자신의 경험과 이야기를 채워나갈 수 있도록 도와주는 것이 바로 자연주의적 일반화라고 주장하였다. 따라서 질적 연구에서의 일반화의 개념은 실험연구에서의 그것과는 성격이 다르며, 상세하고 자세한 기술과 현장감 있는 묘사를 통해서 다양하고 서로 다른 배경과 경험을 바탕으로 독자 자신만의 이해와 해석을 할 수 있게 돕는 것이 질적 연구에서의 외적 타당성 혹은 전이성을 향상시키는 전략이라고 할 수 있다.

Merriam(2009)은 질적 연구에서의 외적 타당성을 향상시키기 위한 구체적인 전략으로 다음의 세 가지를 제시하였다. 첫째, 연구자는 독자들에게 가능한 한 풍부하고 많은 양의 기술(rich and thick description)을 제공함으로써 독자들 자신의 경험과 상황과의 전이성을 향상시키는 데 기여할 수 있다. 둘째, 가장 전형적인 사례, 프로그램, 연구물, 연구 대상자를 묘사함으로써 독자들로 하여금 자신의 상황과 서로 비교하도록 도울 수 있다. 셋째, 다수의 장소, 사례, 상황, 특히 어떤 특별한 관심이 있는 현상에 다양성을 증가시킴으로써 독자들에게 많은 다른 상황들을 접할 수 있게 도움으로써 전이성을 향상시킬 수 있다.

2. 신뢰성(Reliability)

타당성과 마찬가지로 질적 연구에서의 신뢰성은 양적 연구에서 논의되는 신뢰도라는 용어 및 개념과는 다소 차이가 있다. 흔히 신뢰도는 동일한 피험자 집단에게 동일한 검사를 반복 시행하거나, 같은 대상을 상대로 다른 형태의 검사를 실시하여 얻은 두 측정치 간의 차이를 말한다(성태제, 시기자, 2006). 다시 말하면, 어떠한 연구가 신뢰성이 있다 혹은 신뢰도가 높다는 것은 연구의 결과물을 얼마만큼 동일하게 다시 내놓을 수 있는지에 관한 정도이다. 그러나 인간의 행동을 연구하는 사회과학 분야 및 교육학 분야 등의 연구에서 신뢰도를 정확하게 측정하기는 쉽지 않다. 더군다나 조작되지 않은 자연스러운 상황에서 인간의 행동을 기술하고 관찰에 의존하는 질적 연구에서는 신뢰도를 논한다는 자체가 잘 맞지 않으며, 신뢰도를 측정하기 위해 같은 연구를 반복적으로 수행하여 같은 결과를 기대한다는 자체가 어불성설이기 때문이다. Marshall과 Rossman(2006)도 질적 연구가 연구절차와 연구결과를 똑같이 재현하기가 불가능하며, 의도적 샘플링을 통해 선출된 연구 참여자나 상황을 조작하지 않고 자연스러운 상태에서 연구를 수행하게 된다는 점을 강조하여 질적 연구에서의 신뢰성의 특이성에 대해서 설명하였다.

이렇게 신뢰성의 개념이 자연과학에서의 논의와는 차이가 있을지라도, 질적 연구의 신뢰성(reliability)은 질적 연구자들의 주된 관심사항이었으며, 학자들은 질적 연구 맥락에 적합한 신뢰성의 개념을 제시하게 하였다. 예를 들어, Lincoln과 Guba(1985)는 질적 연구에서의 신뢰성(reliability)의 개념을 일관성(consistency) 혹은 의존성, 신뢰성(dependability) 등으로 제안하였으며, Merriam (2009)은 질적 연구에서의 신뢰성의 개념은 같은 연구결과를 얻어낼 수 있느냐의 문제보다는 수집된 동일한 데이터를 가지고 일관성 있는 결과를 찾을 수 있느냐의 문제라고 지적하였다.

질적 연구에서 신뢰도와 관련되어 논의되고 있는 사항을 정리해 보면 다음과 같다. 첫째, 질적 연구에서는 원칙적으로 복제연구는 불가능하다는 입장이다. 연구 참여자의 경험을 이해하고 조작되지 않은 상황에서 그들의 행위를 관찰하고 해석하는 과정 자체를 똑같이 복제한다는 것을 거의 불가능하기 때문이다. 예를 들어, 자료를 수집하는 과정에서 다수의 연구자들이 똑같은 인터뷰 가이드라인 혹은 인터뷰 질문지를 가지고 똑같은 피면담자를 따로 면담하는 경우를 가정해 보자. 누가 인터뷰를 실시하였고, 언제 인터뷰를 실시하였으며, 그때 당시 피면담자의 상태는 어떠하였으며, 면담자와 피면담자간의 래포(rapport)는 어느 정도 형성이 되었으며, 인터뷰 당시의 주위 환경은 어떠하였으며, 면담자와 피면담자 사이에 어떠한 대화가 오고 갔느냐에 따라 면담의 결과는 매우 다르게 나타날 수 있다. 관찰법에 의한 자료 수집에서도 이와 유사한 상황이 발생할 수 있다. 왜냐하면 인간의 행위는 환경에 쉽게 영향을 받고 매우 맥락적이며 지극히 유동적이어서 정확한 복제가 불가능하기 때문이다.

둘째, 바로 위에서도 언급하였듯이 질적 데이터를 수집하는 방법과 분석에 있어서도 양적 연구에서와 같이 표준화된 방법을 사용하는 경우는 드물기 때문에 연구의 신뢰도에 영향을 미칠 수 있다. 물론 질적 연구방법과 관련하여 많은 연구가 행해져 왔고 방법론상으로 어느 정도 표준화되어 질적 연구를 수행하고 있는 연구자들에게 지침을 주고 있다. 하지만 이와 같은 지침들은 가장 보편적인 지침일 뿐이며 경우에 따라서는 매우 개별적이고 특수하게 사용되는 자료수집 방법 및 과정과 분석의 절차를 적용하고 세세하게 기술하기란 쉽지 않기 때문이다.

셋째, 연구자의 지나친 주관성이 연구의 신뢰성에 영향을 미칠 수 있다. '만약 내가 아닌 다른 연구자(들)가 똑같은 연구를 한다면 과연 같은 결과를 얻을 수 있을 것인가?' '내 자신의 지나친 주관성으로 인해 연구의 결과가 왜곡되지는 않았는가?' 질적 연구의 특성상 연구자의 주관성을 완전히 배제하기란 어려우며 연구자의 주관성 개입 자체가 질적 연구의 특성이라고 말하는 학자도 있다. 하지만 연구자의 지나친 주관성에 의해 연구가 지나치게 좌지우지된다면 연구결과는 학문적 연구로서의 위상을 잃게 될 우려가 있다. 특히 연구자가 제시한 이론적 배경 및 틀을 바탕으로 자료를 수집하고 이를 분석하는 과정에서 특정 연구자의 지나친 주관성으로 인하여 개념 관계성 및 연계성의 불일치 및 오류 가능성이 높아진다면 연구의 신뢰도는 낮아질 수밖에 없다.

넷째, 질적 데이터의 특성과 신뢰성이 연구 전체의 신뢰도에 영향을 미칠 수 있다. 예를 들어, 연구를 수행함에 있어 핵심적인 정보를 제공하는 피면담자 자체의 신뢰성과 그 사람이 제공하는 정보의 신뢰성이 떨어지는 자료를 수집하여 분석하고 결과물을 내게 된다면 이는 곧 연구 전체의 신뢰성과도 직결되는 문제인 것이다. 따라서 연구의 신뢰성 확보와 관련하여 연구 참여자의 선정에 있어 각별한 주의가 요구되며 면담을 하는 과정에 있어서도 정보의 신뢰성 여부를 가려낼 수 있는 능력이 요구된다. 또한 똑같은 상황에서 재현이 불가능한 현장에서 얻는 질적 데이터의 특성을 감안하여, 자료 수집 시 오디오, 비디오, 사진 등을 이용하여 수집된 자료를 연구자가 재검토할 수 있는 방안을 고려한다면 연구의 신뢰성 확보에 도움을 줄 수 있다.

이상에서 논의한 사항을 바탕으로 질적 연구에서의 신뢰성(reliability)을 높일 수 있는 전략은 다음과 같다. 첫째는 삼각검증법이다. 타당성 전략에서도 이미 논의되었듯이 삼각검증법은 다수의 자료, 다수의 방법, 다수의 조사자, 그리고 다수의 이론 등을 활용하여 연구의 신뢰성을 향상시키는 방법이다. 예를 들어, 다수의 연구 참여자를 이용한다든지, 어느 특정 연구자의 편견이나 지나친 주관성을 배제하기 위해서 다수의 연구자 혹은 조사자를 연구 과정에 참여시킴으로써 연구의 신뢰성을 높일 수 있다.

둘째, 연구자의 견해이다. 어떠한 질적 연구를 수행함에 있어 연구자는 연구의 전제, 관점, 이론, 정보제공자에 대한 설명, 그리고 자료에 있어서의 사회적 맥락 등에 대한 정보를 충분히 제공함으로써 연구의 신뢰성을 높일 수 있다(Merriam, 2009). 예를 들어, 어느 특정한 문화적 배경을 바탕으로 하는 질적 연구에서 연구자는 자신의 연구에 대한 기본 가정, 연구자 스스로가 지니고 있는 세계관 및 인식론적 관점, 연구의 사회 및 역사적 맥락 등에 대한 충분한 설명을 명료화하여 자신이 연구하고자 하는 의도를 설명할 수 있어야 한다. 이렇게 연구자 및 연구 참여자의 처해진 상황을 이해함으로써 연구 결과에 대한 신뢰성을 확보할 수 있게 된다.

셋째, 감사추적(audit trail)기법은 질적 연구의 신뢰성 및 일관성을 확립하기 위한 것으로, 연구자가 전체 연구의 수행과정을 문서의 형태로 상세히 기록하여 제3자가 그 기록을 통해 연구자의 행적을 추적하여 연구결과물이 도출된 경위와 그 근거의 전후관계를 명확히 파악할 수 있도록 함으로써 연구 과정의 엄격함과 진정성을 밝히는 방법이다. 즉, 연구 과정의 시작에서부터 결과물을 보고하는 단계까지 무엇을 수행하고 어떻게 조사 관리를 하였는지에 대한 투명한 수사기록이라고 할 수 있다. 따라서 감사추적 기록을 작성할 때, 연구자는 연구의 행로에 대한 명확한 설명을 하는 것이 중요하다. 예를 들어, 감사추적 보고서에는 연구 설계와 데이터 수집 및 분석 과정, 연구자의 의사 결정과 관리에 대한 기록을 모두 포함해야 한다. 또한 다양한 데이터 소스와 결과물의 상호 관련성뿐만 아니라 다른 연구팀 구성원의 역할에 대한 정보를 포함하여 연구의 투명성을 밝혀야 한다.

3. 사 례

실제 질적 연구에서 연구의 신뢰성과 타당성을 확보하기 위한 노력을 변정현, 허선주, 권대봉(2007)의 연구를 통해 살펴보기로 한다. 이 연구에서는 조직 내에서 비정규 근로자들이 주로 어떠한 학습경험을 하게 되며, 그러한 학습경험은 비정규 근로자들에게 어떠한 의미를 지니는지를 질적 연구방법을 통해 탐색하였다. 총 10명의 비정규 근로자들을 인터뷰한 이 연구에서 연구자들은 첫째, 연구를 수행하는 과정에서 수집된 자료에 대한 민감성을 강화하고 코딩 및 자료 분류의 타당성을 확보하기 위해 서로 의견을 구하며 자료수집 분석 및 작업을 함께 이행하는 동료 검토법(peer examination)을 실시하였다. 동료 검토법은 연구주제, 연구방법, 그리고 관련분야에 식견이 있고 연구에 대해 자신의 의견을 충분히 제공할 수 있다고 판단되는 동료 3-5명을 선정하여 그들에게 연구 분석 자료와 연구결과에 대한 검토를 요청하는 방법으로, 이 연구에서는 3명의 공동연구자들 간에 검토를 실시하여 연구의 타당성을 확보하고자 하였다.

둘째, 문제제기 단계, 자료수집 방법의 선택, 범주 구성 및 연구결과에 이르기까지 감사추적(audit trail)을 통한 방법으로 연구자에 의해서 고용된 감사자 혹은 전문가가 연구의 과정과 결과에 대해 조사하여 신뢰성을 높이고자 하였다. 감사추적 방법은 특정한 연구자의 개인적인 의견에 전적으로 의존하기보다는 연구주제와 관련이 있는 다수의 의견을 포함시킴으로써 신뢰성을 향상시킬 수 있다는 장점이 있다.

셋째, 이 연구에서는 연구자 다각화를 통한 삼각검증법(triangulation)을 사용하였다. 삼각검증법은 다수(multiple)의 연구조사자, 다수의 자료원, 혹은 연구결과를 확인하기 위한 다수의 방법을 사용하는 것을 말한다. 제시된 연구문제를 해결하는 데 있어서 복수의 연구자의 의견과 관점을 토대로 하여 보다 확실하고 정확한 증거를 확보하여 문제의 실마리를 풀어간다는 점에서 질적 연구의 신뢰성과 타당성을 높이는 데 기여한다.

넷째, 수집된 연구 분석 자료에 대한 연구자의 해석과 의미 추론이 연구 참여자가 인터뷰를 통해 응답한 내용과 일치하는지를 점검하기 위해 인터뷰 내용을 각 연구 참여자에게 보여주고 확인하는 연구 참여자 확인(member check)을 실시하였다. 연구 참여자 확인법은 자료를 분석하고 결과를 제시하는 과정에서 연구 참여자들의 견해를 물어 연구의 정확성을 추구하는 방법이다. 연구 참여자 확인법을 통해 연구 참여자는 연구자가 연구 수행 당시 자신의 의견을 왜곡하지 않고 제대로 해석하였는지, 연구자의 표현 및 기술이 정확하고 공정한지, 분석과정에서 빠뜨리거나 임의로 추가된 사항은 없는지, 그리고 연구결과의 주제가 제대로 참여자의 견해를 나타내고 있는지 등을 검토하게 된다.

다섯째, 연구자는 질적 연구에서의 외적 타당성을 향상시키기 위한 전략으로 독자들에게 가능한 한 풍부하고 많은 양의 기술(rich and thick description)을 제공함으로써 독자들 자신의 경험과 상황과의 전이성을 향상시키는 데 기여하고자 하였다.

◈ 참고문헌_

변정현, 허선주, 권대봉 (2007). 비정규근로자의 조직 내 학습경험에 대한 이해. **한국교육**, 34(2), 129-153.

성태제, 시기자 (2006). **연구방법론**. 서울: 학지사.

Creswell, J. W. (2010). **질적 연구방법론: 다섯 가지 접근**(조흥식, 정선욱, 김진숙, 권지성 공역). 서울: 학지사. (원저 2007년 출판).

Denzin, N. K. (1970). *The research act: A theoretical introduction to sociological methods*. New York: McGraw-Hill.

Guba, E. G., & Lincoln, Y. S. (1981). *Effective evaluation*. San Francisco: Jossey-Bass.

LeCompte, M. D., & Geotz, J. P. (1982). Problems of reliability and validity in ethnographic research. *Review of Educational Research, 52*, 31-60.

Lincoln, Y. S., & Guba, E. G. (1985). *Naturalistic inquiry*. Beverley Hills, CA: Sage.

Lincoln, Y. S., & Guba, E. G. (1986). But is it rigorous? Trustworthiness and authenticity in naturalistic evaluations. In D. Williams (Ed.), *New directions for program evaluation* (pp. 73-84). San Francisco: Jossey-Bass.

Marshall, C., & Rossman, G. B. (2006). *Designing qualitative research* (4th ed.). Thousand Oaks, CA: Sage.

Merriam, S. B. (2009). *Qualitative research: A guide to design and implementation*. San Francisco, CA: Jossey-Bass.

Patton, M. Q. (2002). *Qualitative research & evaluation methods* (3rd ed.). Thousand Oaks, CA: Sage.

Stake, R. E. (1995). *The art of case study research*. Thousand Oaks, CA: Sage.

UNDERSTANDING

QUALITATIVE RESEARCH METHODS

Chapter 18

질적
연구 윤리

Qualitative
Research Methods

C·H·A·P·T·E·R
18
질적
연구 윤리

주요 내용
1. 질적 연구의 각 단계에서 고려해야 할 윤리적 문제
2. 기관생명윤리심사위원회(IRB)의 역할 및 절차
3. 연구참여동의서의 요소

　질적 연구를 수행하는 연구자는 여러 윤리적 문제(ethical issues)에 직면하게
된다. 연구의 초기 기획단계에서부터 연구 참여자를 선정하는 과정, 데이터를
수집하는 과정, 수집된 자료를 분석하는 과정, 그리고 결론을 도출하여 이를
보고하거나 출판하는 과정에 이르기까지 질적 연구의 전 과정에서 연구자의
올바르고 윤리적인 판단이 요구된다. 문제는 과연 어떠한 것이 현명하고 올바
르고 윤리적인 판단이냐 하는 것이다. 또한 연구자가 실제로 연구를 수행하는
연구현장에서 맞닥뜨리는 상황은 매우 다양하며, 예상치 못한 각종 윤리적 딜
레마에 직면할 수 있다는 것이다. 무엇보다도 윤리적 문제 해결에 있어 중요
한 잣대로 작용하는 연구자 자신의 윤리적 소양 및 자질은 연구자마다 제각
기 다르다는 것이다. 질적 연구에서의 윤리적 문제를 다루기는 매우 까다로우

나 섣불리 지나칠 수 없는 중요한 문제이기도 하다.

본 장에서는 연구주제 선정, 연구 참여자 선택, 자료수집 단계, 자료분석 단계, 그리고 연구결과물 도출 및 제출 단계에서 연구자들이 공통적으로 겪을 수 있는 혹은 예상되어지는 윤리적 문제 및 딜레마 등을 중심으로 논의한 후 미국의 각종 기관 및 조직 내 기관생명윤리심사위원회(IRB: Institutional Review Board)에서 규정하고 있는 사항 및 연구자 윤리 가이드라인을 소개하도록 한다.

1. 연구주제 선정에서의 윤리적 문제

연구자에게 있어서 연구의 주제를 선정하는 것은 결코 쉬운 일은 아니다. 물론 연구자의 개인적인 흥미와 관심 분야에 따라 연구주제를 선정한다는 사실은 당연하다. 하지만 대부분의 연구자들은 단순하게 연구자 자신의 개인적인 흥미나 호기심에 의해서만 연구주제를 선정하지는 않는다. 학문발전에의 기여, 시간 및 경제적인 문제, 혹은 기관, 사회, 정치 환경 등의 영향을 받아 주제를 선정하게 된다. 이렇게 다양한 상황과 환경에서 자신의 연구주제를 선정하는 데 있어 판단의 바탕이 되는 것이 바로 연구자의 윤리적 가치이다 (Merriam & Simpson, 1995). 또는 연구자가 지닌 윤리적 가치관 그 자체에 의해서 연구주제가 선정되는 경우도 흔하게 있다. 예를 들어, 돈을 벌기 위해 해외에서 이주해온 이주 노동자들에 대해 연구자가 평상시 많은 관심을 가지고 있다면, 이 연구자는 이주 노동자들에 관한 연구주제를 선정할 가능성이 높다. 이때 연구자가 가지게 되는 관심은 단순히 호기심일 수도 있으나 근본적인 바탕에는 연구자의 개인적인 윤리적 가치관이 개입되어 있기 때문이다. 당연히 사람들마다 내재된 윤리적 가치관이 서로 다르기 때문에 연구주제 선정에 있어서도 서로 다른 기준을 적용하게 되는 것이다. 즉 각각의 연구자들은 그들이 지니고 있는 각기 다른 윤리적 가치관으로 어떠한 현상을 바라보고 해석하기 때문에 이들이 관심과 호기심을 가지고 연구하고자 하는 주제도 다를 수밖에 없다는 것이다. 이 연구를 통해서 과연 누가(개인 혹은 집단) 이익을 얻게 되며(혹은 불이익을 당하며), 이 연구를 통해 어떤 개인 혹은 집단이 가지고 있는 문제를 해결할 수 있는지, 권력을 가진 자와 권력을 가지지 못한 자들의 이해관계에는 어떻게 영향을 줄 것인지 등 연구주제의 선정 단계에서 많은 고민과 가치 판단은 필연적인 것이다. 따라서 연구주제를 선정하는데 있어서 연구자의 윤리적 가치관을 바탕으로 개인적인 관심과 호기심, 연구자가 처한 조직, 사회, 문화, 정치, 경제적 환경 등이 맞물려 수많은 숙고와 고민과정을 거치게 되는 것이다.

2. 연구 참여자에 관한 윤리적 문제

선정된 연구주제에 따라 연구 참여자를 선택하고 참여자로부터 연구에 필요한 자료를 획득하는 과정에서도 연구자가 직면하게 되는 다양한 윤리적 문제와 고려해야 할 사항들이 생기게 된다. 연구 참여자에 관한 윤리적 문제는 특히 인간 피험자들에 대한 보호(protection of human subjects)라는 관점에서 논의가 되어 오고 있다. 인간 피험자의 보호에 관한 논의는 20세기 중반부터 실험에 참가하는 참가자 보호에 관한 세 가지 중대한 규정 〈Nuremberg Code, the Declaration of Helsinki, the Belmont Report〉으로부터 시작되었다. 이 세 가지 규정, 조항, 혹은 선언 등은 양적 연구 및 질적 연구 상황에 모두 시사점을 주므로 핵심적인 사항을 중심으로 소개하고자 한다.

첫 번째 논의의 발단은 제2차 세계대전 후 독일의 뉘른베르크(Nuremberg)에서 열린 독일 나치의 유대인 학살 관련자들에 대한 군사재판의 결과에 따라 인간을 상대로 한 생체실험과 관련한 연구윤리규정을 제정하는 것에서부터 시작되었다. 미국 정부에 의해서 1949년에 제정된 뉘른베르크 강령(Nuremberg Code)은 인간을 실험체로 하는 연구에 있어서 피험자의 권리 및 보호에 관한 사항, 실험의 위험성에 대해 사전에 동의 얻기, 그리고 참여자가 원한다면 언제든지 실험에서 빠질 수 있는 권리 등을 명시했다. 특히 뉘른베르크 강령에서는 실험참여자의 자발적인 동의(voluntary consent)를 명시했다는 점에 큰 의의를 지닌다. 뉘른베르크 강령의 주요 내용을 정리하면 다음과 같다(U.S. Government Printing Office, 1949).

- 실험에 앞서 실험대상자에 대한 자발적인 동의는 절대 필수적이다.
- 실험은 다른 방법 및 수단으로 획득될 수 없을 경우에 사회적 선(善)을 위해 유익한 결과를 얻을 수 있어야 하며, 무작위나 불필요하게 행해져서는 안 된다.
- 인체를 대상으로 하는 실험을 정당화하기 위해서는 동물 실험의 결과 및 연구대상이 되는 질병에 대한 자연발생사 및 기타 문제 등에 관한 지식에 근거하여 설계되어야 한다.
- 실험으로 인한 모든 불필요한 신체적·정신적 부상과 침해를 피해야 한다.
- 실험으로 인해 실험대상자가 사망 또는 불구의 장애를 야기할 수 있다는 이유가 있는 경우 실험을 실시하지 말아야 한다.
- 실험의 위험성 정도는 실험으로 인하여 해결되는 문제의 인도주의적 중요성을 초과해서는 안 된다.
- 부상, 장애, 혹은 사망의 위험성을 없애기 위해 철저한 준비와 적절한 시설 등을 갖추어야 한다.
- 실험은 반드시 자격을 갖춘 자에 의해서만 행해져야 한다. 실험에 관여된 모든 사람은 최고도의 기술과 주의가 요구된다.
- 만약 실험중에 신체적으로나 정신적으로 실험을 계속하기 힘들다고 판단되는 경우 실험대상자는 아무 때나 실험에 참여하지 않을 자유가 있다.
- 만약 계속되는 실험이 실험대상자의 부상, 장애, 혹은 사망을 야기하리라고 믿을 만한 상당한 이유가 있는 경우에 연구자는 실험의 어느 단계를 막론하고 즉시 실험을 중단해야 한다.

둘째, 헬싱키 선언(Declaration of Helsinki)은 1964년 세계의료협의회(World

Medical Association)에 의해서 채택된 인체실험과 관련된 윤리선언이다. 이 선언에서는 인체실험 참여자에 대한 보호와 의사의 최우선의 책임은 실험 참여자의 웰빙(well-being)이며 이것이 과학이나 사회의 다른 어떠한 이해에 우선한다는 것을 명시하였다. 헬싱키 선언문의 핵심적인 내용은 다음과 같다(대한의사협의회, 2010).

- 인간을 대상으로 하는 의학연구는 일반적으로 인정되는 과학적 원칙에 따라야 하며, 과학적 문헌의 충분한 지식이나 기타관련 정보원, 적절한 실험실, 그리고 필요하다면 동물실험 등에 근거해야 한다.
- 인간을 대상으로 하는 각 실험절차의 설계 및 실행은 실험계획서 내에 명시되어 있어야 하며 윤리위원회가 검토하도록 제출해야 한다.
- 인간을 대상으로 하는 의학연구는 과학적 자격을 갖춘 사람에 의해 행해지고 실험을 하기에 충분한 자격을 갖춘 사람의 관리 감독하에서 행해져야 한다.
- 의학연구는 실험대상 집단이 실험결과를 통해 이익을 얻을 만한 합당한 가능성을 지니고 있을 때만이 정당화된다.
- 실험대상자는 자발적으로 실험에 참가하며 실험 전 연구자로부터 충분한 설명을 들은 후 실험에 참여하도록 해야 한다.
- 실험대상자는 본인의 존엄성이 존중될 권리가 있다. 실험대상자의 사생활, 개인정보의 비밀유지, 그리고 실험대상자의 육체적, 정신적 존엄성 및 그들의 인격에 미치는 영향을 최소화하기 위한 모든 예방조치를 강구해야 한다.
- 실험대상자에게는 연구의 목적, 방법, 연구자금의 재원, 이해관계의 충돌에 관한 사항, 관련기관과의 관계, 예상 가능한 잠재적 이익 및 위험, 필연적으로 수반되는 불쾌한 상황 등에 관해서도 충분히 알려야 한다. 실험대상자에게 연구에 참여하지 않을 수 있는 권리 또는 언제라도 아무런 불이익 없이 실험 참여를 취소할 권리가 있음을 알려줘야 한다. 연구에 대한 여러 사항은 실험대상자의 자유의지에 의해 동의한 문서로 받아 동의내용을 공식적으로 문서화하고 증인에 의해 증명해 놓아야 한다.

- 연구 종료 후 연구에 참여한 모든 참여자는 연구에 의해 증명된 최선의 예방, 진단, 치료법의 이용을 보장받아야 한다.
- 연구결과를 출판하는 저자와 발행자에게는 윤리적인 의무가 있다.

뉘른베르크 강령, 헬싱키 선언과 더불어 벨몬트 보고서(Belmont Report)에서도 생명의료 및 행동 연구에서의 인간 피험자 보호를 위한 윤리 원칙과 지침을 발표하였다. 이 보고서는 크게 시술과 연구의 경계, 실험의 기본 윤리적 원칙, 그리고 적용의 세 가지 영역으로 나누어져 있다. 인간 피험자와 관련된 기본적 윤리 원칙들의 핵심적인 사항 몇 가지를 소개하면 다음과 같다(생명윤리정책연구센터, 2010).

- 연구에 있어서의 윤리적 신념은 인간은 자율적 존재로 존중받아야 한다는 것이다. 따라서 인간은 자의적으로 숙고하고 행동할 수 있는 능력이 있는 존재로 취급되어야 한다.
- 연구에 참여하는 인간 피험자는 연구에 대해서 충분한 정보를 가지고 있지 않으므로 그 피험자가 충분한 정보(연구 목적, 절차, 위험과 예상되는 이익, 대안 시술 등)를 가지고 자발적으로 연구에 참여하도록 해야 한다. 이렇게 피험자에게 충분한 정보를 알리고 숙고하게 한 다음에는 피험자에게 질문의 기회를 주며 언제라도 연구 참여를 취소할 수 있음을 알리도록 한다. 미성년자나 정신질환자 등과 같이 판단능력이 부족한 피험자에게는 특별한 주의가 필요하다.
- 연구는 가능한 한 이익을 극대화하고 해악은 최소화해야 한다.
- 연구에 참여하기로 한 동의는 오직 참여자가 자발적으로 응했을 때만 효력을 가진다.
- 피험자 선정에 있어 소수 인종, 빈민, 중환자, 그리고 시설수용인과 같은 특정 집단은 연구가 수행되는 환경에서 행정적인 편의, 낮은 사회경제적 지위, 판단능력의 부족 등의 원인으로 손쉽게 연구에 참여시키려는 위험을 고려하여 이들을 보호해야만 한다.

이상에서 살펴본 바와 같이 인간 피험자를 대상으로 하는 연구 윤리규정의 주요 내용은 연구자 및 사회전체의 알고자 하는 욕구 및 권리도 중요하지만, 인간 피험자의 권리 및 프라이버시 보장, 상해, 장애, 사망 등으로부터 보호해야한다는 내용과, 연구에 대한 정보 숙지 및 연구 참여의 자발성 등의 보장을 강조하고 있다.

하지만 인간 피험자에 관한 이러한 윤리규정의 실제 적용은 경우에 따라서 다루기 어려운 것이 현실이다. 연구에 따라서는 피험자가 연구의 목적과 연구 진행과정에 대한 정보를 알지 못하는 상태에서 진행되어야 연구자가 원하는 데이터를 얻을 수 있는 경우가 있어 피험자에게 의도적으로 제한된 정보를 제공해야 하는 경우도 발생한다. 예를 들어, 공장 종업원의 근무태도와 제품의 불량률에 관한 연구에서 피험자인 종업원에게 연구의 목적 및 업무 태도를 관찰한다는 정보를 미리 알려주게 됨으로써 연구기간 중의 종업원의 업무 태도에 영향을 끼칠 수 있게 된다. 또한 피험자의 사생활 보장 차원에서 가명을 사용한다 하더라도 특수한 환경, 직업, 나이, 성별, 지역, 학력 등에 의해 피험자의 신원상태가 밝혀지는 경우도 종종 발생할 수 있다. 따라서 피험자에 관한 윤리규정의 실제 적용은 매우 신중해야 하며 가능한 모든 경우의 수를 고려하여 각종 위험요소로부터 피험자를 최대한 보호하는 차원에서 연구를 수행해야 할 것이다.

참고자료

황우석 사건과 연구자의 윤리

황우석 교수 사건(사태)은 지난 2005년 11월 한 방송사의 사회고발 프로그램이 황우석 전 서울대 교수의 연구에 대한 각종 의혹을 제기하면서 촉발된 사건이다. 연구에 사용된 난자 출처 의혹을 비롯하여 논문 조작 의혹, 논문 진위 여부, 그리고 황우석 교수 관련 연구들의 윤리적 문제를 심의한 임상

qualitative research methods

시험심사위원회 및 IRB의 윤리적 감독의 적절성 문제 등 연구 윤리 위배 사실이 밝혀졌고, 이로 인해 연구 윤리에 대한 국민적 관심을 일깨우는 계기가 되었다. 황교수 연구의 생명윤리 문제에 대한 위배 사실이 속속 드러나자 당시 보건복지부 조사결과와 국가생명윤리심의위원회 자체 조사를 바탕으로 황우석 연구의 윤리문제에 대한 입장을 표명하였다. 위원회의 최종보고서의 주요 내용을 간추리면 다음과 같다(보건복지부 생명윤리팀 보도자료, 2006).

1. 황우석 연구에 제공된 난자 수급과정의 윤리적 문제

조사결과 황우석이 2004년 및 2005년 사이언스 논문에서 밝힌 것보다 많은 2,221개의 난자가 2002년 11월 28일부터 2005년 12월 24일까지 기간 동안 황우석의 연구에 사용된 것으로 밝혀졌습니다. 황우석 연구에 난자가 제공된 총 138회의 사례 중에서 현금 지급, 불임치료비 경감 등 반대급부가 제공된 경우는 100회이며, 이는 인공수정을 위해 제공되는 난자의 매매를 금지한 의사윤리지침 제55조 규정의 취지를 위반한 것으로 판단됩니다. 반대급부가 제공된 경우뿐만 아니라 자발적 공여의 경우에도 예견되는 이익과 내재하는 위험성·부작용 등에 대한 충분한 설명 및 공여자의 건강에 대한 세심한 고려가 부족한 상태에서 동의 과정이 이루어졌고, 관련 기관에서 받은 서면 동의서는 IRB의 심의를 거치지 않은 것으로서 헬싱키 선언, 뉘른베르크 강령 등이 규정한 충분한 정보에 의한 동의를 담보하기에는 턱없이 부족한 것으로 판단됩니다. 환자의 불임치료를 위해서 가장 좋은 난자를 사용하여야 함에도 의도적으로 성숙도가 높은 난자를 연구용으로 우선 사용하도록 한 것은 의사로서 최선의 진료 의무를 다하지 못한 것으로 판단하였습니다. 환자들로부터 적출되어 황우석 연구에 제공된 난소의 경우 그 제공의 동의 과정에서 문제점들이 발견되었으며, 난소 적출의 의학적 타당성에 대하여는 전문가들과 관련 단체의 의견이 일치하지 않아 명확한 결론에 이르지 못하였습니다. 황우석 연구팀은 난자 수급을 전제로 하는 연구계획 당시부터 과배란 증후군 환자에 대한 사후적인 조치에 이르기까지 난자를 공여하는 여성들에게 발생할 수 있는 위험이나 부작용에 대한 충분한 고려가 없었습니다. 이는 인체를 이용한 의학 연구에 있어서 피험자의 복지에 대한 고려가 과학적·사회적인 면의 이익보다 우선시되어야 한다는 헬싱키 선언의 정신에 위배될 뿐만 아니라, 동일한 내용을 규정하고 있는 국내 규범인 의약품임상시험관리기준과 의사윤리지침을 위배한 것으로 판단됩니다.

2. 황우석 연구팀 여성 연구원 난자 제공의 윤리적 문제

황우석 연구팀의 여성 연구원 2명이 황우석의 체세포복제배아연구를 위해 난자를 제공하였습니다. 그 밖에 2003년 3월 또는 5월경에 황우석 연구실 내에 난자 공여 동의서가 배포되어 여성 연구원들이 이에 서명한 사실이 확인되었습니다. 이렇게 종속관계, 기타 특별한 주의를 요하는 관계에 해당하는 여성 연구원의 난자를 사용한 것은 헬싱키 선언과 대한의사협회의 의사윤리지침을 명백히 위반한 비윤리적 행위로 판단됩니다. 더욱이 황우석 등이 난자 제공에 따르는 부작용 등에 대한 충분하고 적절한 설명도 없이 '특별한 보호'를 요하는 연구원들에게 오히려 '난자 공여 동의서'를 일괄적으로 배포하여 서명을 받았다는 사실은 연구원들의 자유를 제한한 일종의 강압으로 여겨지며, 헬싱키 선언 등의 제반 규정에 비추어 볼 때 매우 부적절한 행위로 판단됩니다. 황우석이 여러 조사를 통해 여성 연구원들의 난자를 연구에 사용하였다는 사실이 확인되기 전까지 관련 사실에 대하여 부인과 은폐로 일관한 것은, 연구의 진실성을 심각하게 훼손한 것이며, 황우석이 적어도 네이처지의 최초 문제제기 시점인 2004년 5월부터는 연구원 난자 제공의 윤리적 문제점들을 인식하였기 때문이라고 판단됩니다.

3. 황우석 연구에 대한 IRB 윤리적 감독의 적절성

황우석 연구 관련 기관들의 IRB는 국내 규정과 국제적인 생명윤리 심의기준에 미치지 못하였으며, 연구자들의 IRB의 감독에 대한 미준수는 매우 심각한 수준이었습니다. 연구계획 승인 이전에 해당 연구를 위해 난자가 채취되어 황우석 연구팀에 제공되었고, 연구계획서에는 실제 난자 채취 기관들이 포함되지 않은 채 승인되었습니다. 또한 한나산부인과의원, 미즈메디병원 등

난자를 채취한 의료기관에서 IRB가 승인한 동의서를 사용하지 않았으며, 연구자들이 IRB의 보고 요구에 연구 내용 보안을 이유로 응하지 않는 등 연구자들의 IRB 감독에 대한 미준수와 IRB의 부실한 관리·감독은 심각한 수준이었습니다. 결론적으로 IRB의 윤리적 감독 하에 연구가 이루어지지 못했다고 판단됩니다. 심의과정 전반을 살펴볼 때 IRB 위원들의 IRB 운영, 생명윤리에 대한 이해가 매우 부족하였으며, 특히 서울대 수의과대학 IRB의 경우 IRB 위원장 및 간사를 포함하여 대부분의 위원들이 IRB의 역할과 기능에 대하여 잘 알지 못하였다고 진술하는 등 황우석 연구팀이 주도하여 구성한 IRB는 체세포복제배아연구라는 고도의 윤리성이 요구되는 연구에 대하여 피상적 심의에 그칠 수밖에 없었던 태생적 한계를 가졌다고 판단됩니다. 연구자들이 IRB의 의사결정 과정에 참여하는 한편, 「의약품임상시험기준」을 위배하여 일부 IRB 위원들이 의결권을 위임하는 등 IRB의 운영 과정에서도 많은 문제점들이 발견되었습니다.

3. 자료수집과 윤리적 문제

실험연구와는 다르게 비교적 자연스러운 상황에서 데이터를 수집하는 질적 연구에서는 연구자와 연구 참여자 사이에서 발생할 수 있는 여러 윤리적 문제 또는 연구자가 어떠한 현상을 관찰하는 동안 발생할 수 있는 윤리적 딜레마 등에 맞닥트리게 된다. 물론 질적 연구자들도 아무런 계획 없이 현장에 나가 관찰을 하거나 인터뷰를 하는 것은 아니다. 연구목적에 따라서 정도의 차이는 있을 수 있으나 대개 인터뷰나 관찰을 하기 전에 일종의 계획 및 절차에 따라서 데이터를 수집하게 된다. 하지만 질적 데이터를 수집하는 과정에서는 실험연구와는 다르게 예상할 수 없는 다양한 돌발 상황을 종종 경험하게 되며 이러한 다양한 상황에서 직면하게 되는 여러 윤리적 딜레마를 어떻게 현명하게 대처할 것인가에 대한 답을 찾는 것은 쉽지 않은 일이다. 예를 들어,

연구자는 관찰 또는 면담하는 과정에서 범죄행위를 발견할 수도 있으며, 연구와 관련이 없는 개인의 사생활과 관련된 정보를 우연적으로 얻게 되는 경우, 혹은 연구 참여자와 적절하지 못한 관계를 가지게 되는 경우 등 데이터를 수집하는 과정에서 연구자의 윤리적 잣대와 판단이 요구되는 다양한 상황에 처하게 된다.

연구자가 관찰법을 통하여 질적 자료를 수집하는 과정에서 발생할 수 있는 윤리적 문제들에 관한 논의에서 Diener와 Crandall(1978)이 제시한 몇 가지 지침을 소개하면 다음과 같다(pp. 125-126).

- 연구목적과 부합되는 범위 내에서 최대한의 안내에 입각한 동의 또는 승낙을 얻어 사적 생활공간으로 들어가야 한다.
- 최대한의 익명성을 보장하기 위한 절차를 계획해야 한다.
- 관찰 대상에 대한 관찰자의 잠재적 영향에 대하여 검토하고 부정적인 결과가 예상되면 연구를 개정해야 한다.
- 연구 보조원들에게 연구에 관하여 상세히 알리고 참여 여부에 대해 자유를 주어야 한다.
- 윤리적 문제를 최소화하기 위해서 동료들에게 상의하고 그들의 고견을 요청하고, 가능하다면 연구가 수행되는 집단의 대표자와 상의해야 한다.

질적 데이터 수집방법 중 가장 대표적인 인터뷰에서도 연구자는 마찬가지로 다양하고 예상치 못한 윤리적 문제에 직면하게 된다. 인터뷰의 형태가 구조화되었든 반구조화되었든 간에 연구자는 실험연구에서처럼 연구대상을 컨트롤하기가 어렵기 때문에 예상치 못하게 윤리적으로 문제가 될 만한 대답을 들을 수도 있으며, 인터뷰 과정에서 인터뷰 대상자의 개인 사생활을 침해하거나 적절하지 못한 질문 등으로 인하여 대상자가 불쾌함, 불편함, 창피스러움 등을 느낄 수도 있다. 더군다나 심층 인터뷰(in-depth interview)로 인하여 피면담자는 정신적으로 상당한 고통을 겪을 수도 있다. 특히 과거에 기억하고 싶지 않은 사건 등은 심층 인터뷰 도중뿐만 아니라 인터뷰가 끝난 후에도 오랫

동안 피면담자의 머릿속에 남아 있어 정신적으로 건강하지 못하게 만들 수 있다. 예를 들어, 인터뷰 도중 과거 피면담자가 경험했던 살인, 강간, 폭행, 강도 등 강력 범죄와 관련된 질문으로 인하여 피면담자가 생각하기 싫은 불편한 기억을 되살리게 되어 고통을 받을 수 있으며 인터뷰 후에도 소위 '인터뷰 후유증'으로 인하여 오랫동안 정신적으로 좋지 못한 영향을 미칠 수가 있다.

이상에서 살펴본 바와 같이 인터뷰나 관찰법에 의한 질적 데이터 수집과정에서 비윤리적이거나 부도덕한 장면을 목격하거나 의도적이지는 않지만 연구자가 대상자의 사생활을 침해하여 대상자에게 피해를 끼쳤을 경우가 종종 발생한다. 이는 연구자로서는 상당히 곤혹스러운 경험일 뿐만 아니라 이를 그냥 지나쳐야 하는지 아니면 적극적으로 개입하여 문제를 해결해야 하는지에 대해서 명확한 지침이나 가이드라인은 찾아보기 힘들다. 단지 이러한 상황에 직면할 수 있다는 가능성을 배제하지 말아야 한다는 수준에서의 논의들뿐이다. 단 Diener와 Crandall(1978)의 지침이 질적 연구자에게 주는 중요한 시사점은 이러한 윤리적 문제에 직면했을 때 연구자 혼자서만 해결하려고 하기보다는 동료와 상의하고 그들에게서 도움을 청하고 의견을 들어야 한다는 것이다. 무엇보다도 연구자로서의 가장 최선의 판단이 필요한데, 같은 역사·문화적 가치를 공유하고 있는 사회구성원의 한 사람으로서 그 사회에서 통용되는 가장 상식적인 선에서 판단을 하는 것이 적합하다. 시민의 한 사람으로서 길거리 폭행사건을 목격하면 이를 저지하려 하거나 경찰에 신고하지 않는가? 만약 말하기가 곤란한 애매한 사건이나 현상을 목격하여 판단이 잘 서지지 않을 때 적어도 가족이나 친구와 상의하여 그들의 의견을 듣고 도움을 받지 않는가? 질적 데이터를 수집하는 과정에서 발생하는 예상치 못한 윤리적 문제도 마찬가지다. 가장 상식적인 선에서 연구자의 최선의 판단이 무엇보다도 중요하다.

4. 자료분석과 윤리적 문제

수집된 자료를 바탕으로 연구자는 자료를 분석하는 활동을 하게 된다. 양적 데이터를 분석하는 것과는 다르게 질적 데이터는 연구자의 주관적인 판단과 관점에 따라서 해석을 하게 되므로 여기에서 심각한 윤리적 문제가 발생할 소지가 있다. 연구자는 연구 목적, 제시된 연구 문제, 그리고 이론적 틀을 바탕으로 타당성 및 신뢰성을 최대한 고려하여 올바르게 분석을 해야 한다. 그러나 연구자는 자료의 분석을 고의적, 자의적으로 미리 정해 놓은 특정한 결과로 끌어가기 위해 '짜 맞추기'식의 분석을 할 유혹에 빠지게 된다. 특히 수집된 자료가 연구자 이외의 제3자에게 노출될 염려가 많지 않다는 점을 이용하여 연구자 스스로가 자료를 조작하여 연구자가 의도한 방향으로 해석하는 등의 연구자로서의 윤리적 책임을 져버리는 유혹에 노출되어 있다. 예를 들어, 평생 학습 환경에 있어 성 차별적인 문제를 부각시키려는 의도를 가지고 있는 연구가 있다고 가정하자. 학습자로서의 여성이 겪는 여러 가지 성 차별적인 문제를 다루는 연구에서 실제로 어떤 연구 참여자가 여성 차별이 존재하지 않으며 여성 차별은 큰 문젯거리가 되지 않는다는 식으로 인터뷰에 응했을 경우, 연구자는 자료를 분석하는 과정에서 특정 참여자의 발언을 조작하고 왜곡하여 실제의 면담 자료와는 다르게 분석할 수 있다는 것이다. 즉, 실제로 평생 학습 환경에 있어 상당한 성 차별적 요소가 존재하며 이로 인한 문제가 매우 심각하다는 방향으로 분석을 할 수 있다는 것이다. 이처럼 연구자의 관점과 배치되는 자료를 자의적으로 생략, 왜곡, 조작 등을 통해 연구자가 의도한 대로 결과를 짜 맞추는 행위는 연구자로서의 윤리의식 부재이며 연구자로서의 기본적인 자질이 의심되는 행위라 할 수 있다. 또한 이는 연구 참여자를 무시하고 우롱하는 것이라 할 수 있다.

앞 문단에서도 언급하였듯이 질적 연구의 특성상 수집된 데이터를 분석하는 과정에서 연구자의 주관성(subjectivity)을 완전히 배제할 수 없으며 연구가 취하고 있는 특정한 이론적 틀과 배경에 입각하여 분석을 하기 때문에 양적 연구처럼 주관성이 배제된 객관적인 자료분석과정과는 당연히 차이가 있다. 하지만 '나 이외의 다른 사람은 수집된 자료를 보지 못한다'는 점을 악용하여 자의적으로 해석하고 고의적으로 자료를 왜곡하고 조작하는 행위는 연구자로서의 비윤리적 행위에 해당하므로 철저하게 배제되어야 한다.

분석과정에서의 이러한 '유혹'을 통제할 수 있는 특별한 방법이 존재하는 것은 아니다. 다만 질적 연구의 타당성과 신뢰성을 향상시키기 위한 방법으로 제시된 사항 중에서 연구자 주관성 진술서 제공 및 연구 참여자 확인 방법을 여기에 적용해봄으로써 윤리성 확보를 꾀할 수 있을 것이다. 첫 번째 방법으로는 연구자의 주관성을 문서화하여 제시하는 방법이다. 연구자의 특성, 문화적 배경, 세계관, 경우에 따라서는 직업, 나이, 성별, 관심사 등을 '선포'하여 연구자 스스로가 자신을 성찰하고 이를 항상 염두에 둠으로써 분석과정에서의 윤리적 문제에 예방적 차원에서 현명하게 대처하게 된다. 두 번째 방법은 연구 참여자 확인(member check)이다. 수집된 자료를 분석하는 과정에서 연구자는 연구 참여자들의 견해를 물어 수집된 자료를 연구자가 올바르게 왜곡 없이 분석하였는지를 검증하는 방법이다. 이를 위해 연구자는 연구에 참여했던 대상자 2-3명에게 연구의 분석에 대한 정확성을 확인할 것을 요청하게 된다. 이때 연구 참여자는 연구자가 연구 수행 당시 자신의 의견을 왜곡하지 않고 제대로 해석하였는지, 연구자의 표현 및 기술이 정확하고 공정한지, 분석과정에서 빠뜨리거나 임의로 추가된 사항은 없는지, 그리고 연구결과의 주제가 제대로 참여자의 견해를 나타내고 있는지 등을 검토하게 된다.

5. 연구결과 발표와 윤리적 문제

연구결과는 다양한 통로를 통해 공개가 된다. 예컨대, 학술대회에서 연구결과를 발표한다거나 학술지, 학술서적, 전문 잡지, 연구 보고서 등을 통해 지면 또는 온라인상에서 연구결과를 출판하기도 한다(물론 연구결과를 일반에 공개하지 않거나 아예 연구결과를 발표/출판하지 않는 경우도 있을 수 있으나 여기에서는 이런 경우는 제외하기로 한다). 문제는 이렇게 무심코 공개되는 연구결과가 연구자의 의도와는 전혀 다른 목적으로 제3자에 의해서 잘못 활용되고 해석되며 연구 참여자와 관련자들에게 좋지 않은 선입견을 심어줄 수 있다는 점이다. 예를 들어, 질적 연구를 통해 해외 이주근로자의 학습활동을 이해하고 다양한 문제점을 찾아 대안을 제시하는 과정에서 연구 참여자의 낮은 교육 수준과 지적 능력을 다루는 결과물이 있다고 가정해 보자. 연구자는 단순하게 연구결과를 있는 그대로 발표하였지만 이 연구결과로 인하여 연구 참여자들과 많은 해외 이주근로자들에게는 피해가 될 수 있다. 더욱이 연구결과의 잘못된 해석과 오용의 문제는 연구자가 미리 예측하기가 대단히 어려우며 연구결과가 일단 발표되면 뒷수습을 하기는 더욱 힘들어진다는 점에 있다. 이런 경우에 과연 어느 수준까지 또는 어느 특정한 부분을 제외한 채 연구결과를 발표할지에 대한 연구자의 판단은 매우 어려울 것이다.

이렇게 판단하기 어려운 상황에 올바르게 대처하는 방법으로 Kimmel(1988, pp. 117-118)은 연구자에게 다음의 몇 가지 사항을 제시하였다. 첫째, 모든 연구는 예상되는 가능한 결과에 대한 주의 깊은 고려가 있은 후에 수행되어야 한다. 둘째, 연구결과는 최대한의 사회적 이득을 확보하고 연구결과의 왜곡 가능성은 최소화하는 방향으로 발표되어야 한다. 셋째, 연구결과를 출판할 때 연구결과가 적용되는 맥락에서 연구의 유용한 상황을 명시해야 한다.

6. 기관생명윤리심사위원회(IRB: Institutional Review Board)

기관생명윤리심사위원회 또는 임상시험심사위원회는 인간을 대상으로 연구 또는 실험을 행하는 연구에서 피험자의 권리와 안전을 보호하기 위해 연구 및 실험기관 내에 독립적으로 설치하여 운영하는 상설심사위원회를 말한다. 상설위원회의 구성은 과학자 및 비과학자로 구성되며, IRB와 관련된 주요

행정업무는 연구윤리사무국(OHRP, Office of Human Research Protection)에서 국가 혹은 지방단위 정부단체에서 제정한 법적 기준에 따라 관련 업무를 담당하며 기관에 따라서 명칭, 조직, 규모는 차이가 있을 수 있다.

연구자가 IRB를 거쳐서 연구승인을 받는 과정을 도식화하면 다음과 같다.

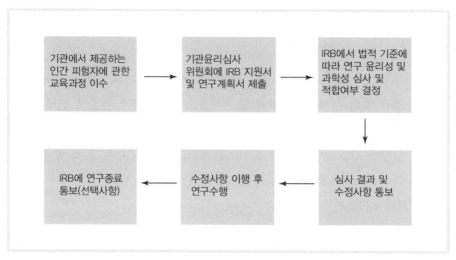

그림 18-1　IRB를 통한 연구 수행 절차

첫째, 연구자는 기관에서 제공하는 연구윤리 및 인간 피험자에 관한 훈련 과정을 이수한다. 연구자가 속한 조직에 따라서는 IRB에 연구양식 및 연구계획서를 제출하기 전에 반드시 트레이닝 과정을 이수하도록 규정하고 있으며, 경우에 따라서는 교육을 받았다는 이수증을 요구하기도 한다. 최근에는 온라인으로 교육과정을 제공하고 있는 기관이 늘어나고 있는데, 예를 들어, 미국의 경우 University of Miami와 Fred Hutchison 암 연구 센터간의 협약으로 개발된 CITI(the Collaborative Institutional Training Initiative)는 인터넷 기반 임상연구 피험자 보호와 연구 윤리에 관한 온라인 교육프로그램이다(https://www.citiprogram.org). CITI 온라인 교육프로그램은 전 세계 1000여개가 넘는 기관이 가입되어 조직 구성원들이 인터넷을 통해 교육을 받고 있으며, 미국 연방정부의 연구비 수혜를 받기 위해서는 연구자가 의무적으로 교육을 거쳐 자격증을 받아야 한다. 교육과정은 기본교육과정, 심화교육과정, 그리고 유지보수교육과정으로 나누어져 있으며, 사회과학 분야를 예를 들어 살펴본다면, 피험자 보호에 관한 간단한 소개, 역사, 원리, 사회과학에서의 인간 피험자에 관한 규정, 연구과정에서의 위험 사항 평가하기, 안내에 입각한 동의(informed consent)에 관한 사항, 피험자의 프라이버시 보호와 기밀에 관한 사항 등이 기본적인 교육과정으로 포함되어 있다.

두 번째 단계는 기관윤리심사위원회에 IRB 지원서 및 연구계획서를 작성하여 제출한다. IRB 지원서는 연구자가 속해 있는 기관마다 조금씩 다를 수 있으나 사회과학 분야의 경우 기본적으로 다음의 사항을 포함하고 있다.

- 연구자의 인적 사항
- 연구 제목, 연구의 주요 내용, 이론적 근거, 연구 문제, 가설, 연구 설계, 연구 절차
- 연구 장소 및 기간
- 연구 대상(대상자 수, 나이, 인종, 국적, 연구자와의 관계, 연구 종료 후 보상 등)
- 연구 수행에 필요한 자료, 물건, 도구
- 연구 수행으로 인한 피험자에 대한 위험 발생 정도(연구 수행 과정 동안에 발생할 수 있는 위험 정도 및 연구 종료 후에 발생할 수 있는 위험 요소 포함) 및 위험의 종류(정신적, 사회적, 법적, 경제적, 또는 신체적 스트레스, 불편함, 상해 등)
- 자료 수집 방법(오디오 및 비디오 녹화) 및 수집한 자료의 보관 및 폐기에 관한 사항
- 연구 대상자의 입장에서 연구 참여 후 얻게 되는 이익
- 연구 동의 및 승낙 과정(동의서 작성 및 서명)에 관한 사항
- 연구 대상자가 연구에 의해서 영향을 받기 쉬운 취약 대상인가의 여부(미성년자, 교도소 수감자, 임산부, 노인, 이민자, 자국어를 못하는 외국인, 장애인 등)
- 연구 수행과정에서 법에 저촉되는 행동이 있는지의 여부

이렇게 작성된 IRB 지원서와 첨부된 연구계획서를 바탕으로 IRB에서는 법

적 기준에 따라 연구 윤리성 및 과학성의 적합여부를 결정하게 된다. 전문가와 비전문가로 구성된 위원들은 IRB 지원서와 연구계획서를 검토하여 연구 승인을 하게 되며 문제가 있다고 판단되는 연구에 한해서는 수정 및 보완 사항을 통보하여 재심사를 받도록 한다.

IRB를 통해 연구 승인을 받은 연구자는 IRB 지원서에 작성한 대로 연구를 수행하게 된다. 만약 지원서에 작성한 사항을 이행하지 못하거나 변경 사항이 있을 경우 IRB에 사전에 통보하여야 한다. 연구가 종료된 후에 연구자는 IRB에게 이를 통보해야 한다. 연구 종료 통보는 기관의 선택사항이므로 반드시 해야만 하는 것은 아니다.

참고자료

우리나라의 IRB

IRB는 1970년대부터 주요나라에서 연구윤리를 전문적으로 심의하기 위해 활성화되었으며 우리나라도 1990년대 들어와서 IRB 제도를 도입하게 되었다. 현재 우리나라의 IRB 제도는 새로운 의료기기 허가 또는 신약허가를 위한 임상실험을 윤리적으로 감독하는 IRB인 임상시험심사위원회와 생명윤리 및 안전에 관한 법률에 의해 유전자 및 배아 관련 기관에서 심의하는 IRB인 기관생명윤리심의위원회가 대표적이라 할 수 있다. 하지만 이러한 의생명과학 연구 분야 이외의 다른 분야 연구에서의 IRB 제도는 설치되어 있지 않거나 IRB가 설치되어 있는 기관이라 할지라도 전문가에 의해서 엄격하게 심의되는지 의문인 실정이다(김옥주, 2010). 우수한 연구 성과를 많이 내는 것도 중요하지만 동시에 인간생명에 대한 존중과 연구자의 올바 연구윤리 의식을 바탕으로 보다 선진화된 IRB 제도를 확립하고 운영하는 것도 매우 중요하다. 최근 「생명윤리 및 안전에 관한 법률」에 적용되는 연구는 IRB의 심의를 받도록 의무화되었다. 상세한 내용은 '기관생명윤리위원회 정보포털'(http://irb.or.kr)에서 확인할 수 있다.

7. 연구참여동의서

연구참여동의서는 주로 IRB에 제출하는 서류에 포함되어 있는 경우가 대부분이며 기관 및 경우에 따라서는 연구자 개인이 작성한 양식으로 피험자에게 동의를 얻어 기관에 제출하지 않고 개인적으로 보관하기도 한다. 연구 참여자의 서명이 포함된 연구참여동의서를 빠짐없이 받는 것은 매우 중요한데, 왜냐하면 연구의 참여는 연구자의 강압에 의한 것이 아니며 순전히 연구 참여자가 자발적으로 참여하는 것이고, 연구의 목적, 기간 및 장소, 연구 절차, 각종 위험 사항에 대한 사전 인지, 개인 프라이버시 보호 등에 관한 사항을 미리 알려줌으로써 만일의 사태(연구 참여로 인한 각종 상해 및 피해로 인한 소송, 도덕적 및 법적 책임 등)에 현명하게 대처할 수 있는 증거로써 활용될 수 있기 때문이다. 연구참여동의서에 포함되는 내용 및 사항은 다음과 같다.

- 연구 제목, 연구 목적, 연구 절차, 연구 기간, 연구 활동에 관한 내용
- 연구의 참여는 자발적이라는 내용의 문구
- 연구 진행 도중 어떠한 불이익 없이 자진 탈퇴할 수 있다는 내용의 문구
- 연구로 인해 예상되는 위험 또는 불편함 등에 관한 진술
- 연구 참여로 얻을 수 있는 이점에 관한 진술
- 연구 참여 후 받게 되는 금전적 혹은 다른 형태의 보상(선물, 인센티브 등)에 관한 사항
- 피험자의 프라이버시, 익명성, 기밀성을 보장하기 위한 구체적인 방법에 관한 진술
- 수집한 자료의 처리 및 폐기 방법에 관한 사항
- 연구자의 연락처
- 동의서 사본 1부를 피험자가 받게 될 것이라는 내용의 문구
- 동의서에 있는 모든 사항에 동의하여 연구에 참여하겠다는 내용의 동의 진술문구

• 연구자 및 피험자(또는 피험자의 법정 대리인)의 자필 서명란(날짜 포함)

[샘플 양식 1]

기 관 명

연구제목:

연구 책임자: 이름, 소속, 주소, 전화번호, e-mail

   본 연구는 노인의 건강과 영양에 관한 연구이며 연구자는 ○○대학교 ○○학과 ○○전공 박사과정 ○○○입니다. 귀하를 본 연구에 참여자로 정중하게 요청합니다. 귀하의 연구 참여는 자발적이며, 언제든지 어떤 이유를 막론하고 연구 참여를 중단할 수 있으며 이것으로 인한 불이익은 없습니다. 귀하께서 연구참여동의서에 서명하기 전에 연구자는 아래의 사항에 대해 설명할 의무가 있으므로 설명을 잘 듣고 서명하시기 바랍니다.

   본 연구의 목적은 노인의 영양 상태와 신체 건강과의 관련성을 검증하기 위한 것입니다. 만약에 귀하께서 본 연구에 참여하게 될 경우 귀하는 다음의 사항에 대해 응해주실 것을 부탁드립니다.

   1. 자신의 건강, 음식, 영양, 신체적 활동에 관한 질문

   2. 일상적인 신체동작 테스트

   3. 영양물 섭취에 관한 교육

4. 혈당 및 혈압 체크

5. 1개월 후 동일한 실험에 참가

연구기간 중에 받는 건강에 관한 정보 및 교육은 귀하의 건강에 도움을 줄 수 있습니다. 연구 참여를 위해 기관에 방문 시 별도의 교통비와 식사비를 지불할 것이며 본 연구에서 실시하는 각종 검사에 관한 비용은 무료이고 이외에 추가적인 보상은 없습니다.

본 연구로 인해 예상되는 위험 및 불편함은 거의 없습니다. 귀하의 안전을 지키기 위해서 최선의 노력을 다할 것이며, 만약 연구기간 중 발생할 수 있는 안전사고에 대해서는 신속하고 적절한 조치를 취해 가능한 피해를 최소화 할 것입니다.

연구를 위해서 귀하의 개인기록 및 건강정보 등이 수집되게 됩니다. 이러한 정보는 반드시 본 연구를 위해서만 사용될 것이며 귀하의 신원이 드러나는 기록은 비밀로 보장되며, 연구결과가 출판될 경우에도 귀하의 신상정보는 비밀상태로 유지되고 이름은 익명으로 처리됩니다. 수집된 자료는 연구 종료 후 안전하게 폐기됩니다.

연구에 관하여 질문이 있으시면 연구책임자(○○○, ○○○-○○○○-○○○○)에게 언제든지 연락을 주시기 바랍니다. 서명된 동의서 1부는 연구책임자가, 1부는 귀하께서 수령합니다.

본인은 이 동의서를 읽었고 내용을 충분히 이해합니다. 본인은 연구에 대한 자세한 설명을 들었으며 자발적으로 본 연구에 참여합니다.

참여자 성명   서명   날짜

연구자 성명   서명   날짜

◈ 참고문헌_

김옥주 (2010). 한국 IRB 제도의 현재와 미래. 출처: http://www.moonline.co.kr/ News/news_view.aspx?Cid=H0604&Cno=39313

대한의사협의회 (2010). http://www.kma.org

보건복지부 생명윤리팀 (2006). 황우석 연구의 생명윤리 문제에 대한 국가생명윤리심의위원회 최종보고서 발표(2006년 11월 23일자 보도자료). 보건복지부.

생명윤리정책연구센터 (2010). http://www.bprc.re.kr/

Diener, E., & Crandall, R. (1978). *Ethics in social and behavioral research.* Chicago: University of Chicago Press.

Kimmel, A. J. (1988). *Ethics and values in applied social research.* Newbury Park, CA: Sage.

Merriam, S. B., & Simpson, E. L. (1995). *A guide to research for educators and trainers of adults* (2nd ed.). Malabar, FL: Kriger.

U.S. Government Printing Office (1949). *Trials of war criminals before the Nuremberg military tribunals under control council law.* Washington, D.C.

UNDERSTANDING

QUALITAT

RE

SEARCH

Chapter 19

질적
연구방법의
최근 동향

Qualitative
Research Methods

주요 내용

1. 학술공동체 활동을 통해 본 질적 연구의 동향
2. 질적 연구 핸드북을 통한 질적 연구 동향
3. 국내 전문 학술지를 통한 질적 연구 동향

이 장에서는 질적 연구방법의 최근 동향에 대해 살펴보도록 한다. 이를 위해 주요 질적 연구 관련 학술공동체 활동, 학술대회 주제 등에 대해 살펴본다. 또한 미국의 Sage 출판사에서 정기적으로 발행하고 있는 '질적 연구 핸드북(The SAGE Handbook of Qualitative Research)'에서 어떠한 주제를 다루고 있는지에 대해 분석하였다. 마지막으로 국내 질적 연구의 동향을 분석한 논문을 분석하여 질적 연구방법의 최근 동향을 정리하였다.

1. 학술공동체 활동을 통해 본 질적 연구의 동향

　질적 연구 분야에 있어서 연구동향과 관련된 시대적 변화상을 엿볼 수 있는 단서 가운데 하나는 관련된 학술대회의 주제가 시대에 따라 어떻게 변화하고 있는지를 추적하는 일이 될 수 있다. 어느 학문분야를 막론하고 학술대회는 해당분야의 전문가, 실천가, 후속학문세대들이 참석하는 전문적인 학술 공동체의 중요한 행사이다. 학술대회의 주제는 해당하는 학술 공동체가 공유할 수 있는 중요한 문제의식과 현실인식, 그리고 향후 공동체의 발전방향을 모색하는 논의를 촉진하고 아우를 수 있어야 한다. 따라서 학술대회의 주제를 선정하는 일은 실제 많은 논의와 토의를 거쳐 결정된다.

　질적 연구자들이 참여하는 다양한 학술대회 가운데 국제적인 규모로 열리는 학술대회는 '국제 질적 탐구 학술대회(International Congress of Qualitative Inquiry)'가 대표적이다. 국제 질적 탐구 학술대회는 2005년에 시작되어 매해 5월 미국의 일리노이주립대학 어바나 샴페인(University of Illinois at Urbana-Champaign) 캠퍼스에서 개최되고 있다. 학술대회의 개최 목적은 '다양한 학문분야에 걸쳐 질적 연구 방법의 개발을 촉진하고, 질적 연구를 통해 지역에서부터 세계에 걸친 사회문제들이 어떻게 다루어지고 있는지, 또한 이를 통해 질적 연구방법이 민주적인 실천과 연계되는지를 공유하는 것'으로 밝히고 있다. 2005년의 1차 국제 질적 탐구 학술대회의 주제부터 2018년 14회 학술대회까지의 주제명을 살펴보면 **표 19-1**과 같다.

　학술대회 주제의 변화양상을 보면, 전체적으로 질적 연구 학계를 둘러싼 다양한 환경변화, 특히 정치적인 흐름의 변화가 질적 연구자들의 인식과 그들의 탐구과정에 어떠한 영향을 미치는지에 대한 성찰을 강조하고, 연구자들이 자신이 속한 기관이나 국가의 경계를 벗어나 세계시민의 한 사람으로서 시각을 확장하도록 촉구한다는 점, 그리고 질적 연구의 수행이 학문적 결실을 맺는 것에만 머무르는 것이 아니라 사회발전을 위한 참여수단으로서 인식되어야 한다는 점들이 강조되고 있다. 이러한 강조점은 2018년 학술대회의 주제인

'문제가 많은 시대의 질적 탐구'를 설명하는 학술대회 조직위원회의 입장을 통해 다시 한 번 확인할 수 있다(ICQI, 2017).

표 19-1 1~14차 국제 질적 탐구 학술대회의 주제

회차	개최 연도	학술대회 주제
1	2005	세계적 불확실성 시대의 질적 탐구(Qualitative Inquiry in a Time of Global Uncertainty)
2	2006	새로운 밀레니엄의 윤리, 정치학 그리고 인간대상연구(Ethics, Politics and Human Subject Research in the New Millennium)
3	2007	근거의 정치학과 질적 연구(Qualitative Inquiry and the Politics of Evidence)
4	2008	근거, 윤리 그리고 사회정의(Ethics, Evidence and Social Justice)
5	2009	질적 연구를 통한 인권향상(Advancing Human Rights Through Qualitative Research)
6	2010	위기에 처한 국제적 공동체를 위한 질적 탐구(Qualitative Inquiry for a Global Community in Crisis)
7	2011	질적 탐구와 옹호의 정치학(Qualitative Inquiry and the Politics of Advocacy)
8	2012	세계적 노력으로서의 질적 탐구(Qualitative Inquiry as a Global Endeavor)
9	2013	학계 밖에서의 질적 탐구(Qualitative Inquiry Outside the Academy)
10	2014	질적 탐구와 연구의 정치학(Qualitative inquiry and the Politics of Research)
11	2015	새로운 비판적 질적 탐구의 구성(Constructing a New Critical Qualitative Inquiry)
12	2016	신자유주의 시대의 질적 탐구(Qualitative Inquiry in Neoliberal Times)
13	2017	공공영역에서의 질적 탐구(Qualitative Inquiry in the Public Sphere)
14	2018	문제가 많은 시대의 질적 탐구(Qualitative Inquiry In Troubled Times)

"지금은 문제가 많은 시대이다. … 브렉시트, 트럼프의 대통령직 수행, 세계적인 항의시위와 같은 억압이 일상적이지만, 이에 대한 반대의 목소리는 잠잠하다. 세계는 사실 전쟁 중인 상황과 다름없다. 민주주의의 근간인 도덕적, 윤리적 기반은 공격당하고 있다. 정치는 지역적일 수 있지만, 권력은 세계적이고, 공포는 내재적이다. … 노조와 교육 분야, 시

민사회, 그리고 참여적인 사회과학은 위험에 처해 있다. ... (연구자금을 관리하는) 연방관리들은 어떠한 연구를 수용할 것인가를 결정하고 이들에 의해 질적, 해석적 연구들은 저지당하고 있다. 이러한 어려운 시기를 우리 모두가 어떻게 헤쳐 나가야 할 것인가, 아직 개척되지 않은 분야들을 탐구해 낼 미래세대를 어떻게 가르치고 훈련시켜야 할 것인가가 이번 학술대회를 통해 논의되어야 한다. 구체적으로 공립 대학의 재정립, 신자유주의 책임성 측정 기준, 언론의 자유에 대한 공격, 공동 지배 구조에 대한 위협, 옹호 정치, 가치로부터 자유로운 연구, 당파, 증거를 둘러싼 정치학, 공공 정책 담론, 토착 연구 윤리, 반식민화와 같은 주제들이 다루어질 것이다.”

질적 연구방법과 관련하여 우리나라에서는 질적연구학회, 한국질적탐구학회, 한국질적연구학회, 한국교육인류학회 등의 학술단체가 활동하고 있다. 최근 들어 질적 연구방법에 대한 관심이 높아지면서 질적 연구방법을 소개하는 다양한 워크숍들이 진행되고 있는 상황과 맞물려 학술대회의 주제영역도 아직은 구체적인 방법론에 대한 논의를 중심으로 이루어지고 있는 상황이다. 예를 들어, 한국질적연구학회에서 개최한 학술대회의 최근 주제들을 살펴보면, ‘질적 연구, 새창을 열다’, ‘질적연구방법론: 문화와 해석’, ‘Max van Manen의 해석학적 현상학 연구방법에 대한 재포지셔닝’, ‘생애사연구’, ‘활동이론과 질적연구에서의 새로운 연구방법의 탐색’ 등이다. 이는 앞서 소개한 외국의 질적 연구 공동체가 새로운 연구방법에 대한 탐색뿐만 아니라 사회과학으로서의 질적 연구를 둘러싼 다양한 맥락적 변화와 대응방향, 연구자의 사회참여와 윤리 등 성찰적인 주제들을 다루고 있는 데 반해, 아직까지 우리나라의 질적 연구 공동체는 연구영역의 확대와 방법론적 정당성의 확보를 위한 논의에 중심을 두고 있는 차이점을 발견할 수 있다.

2. 질적 연구 핸드북을 통한 질적 연구 동향

질적 연구와 관련된 다양한 주제를 다루는 학술서적들 가운데서, 가장 영향력 있는 책 한 권을 꼽으라면, 많은 이들이 '질적 연구 핸드북' 즉 'The SAGE Handbook of Qualitative Research'를 떠올릴 것이다. 1994년 초판이 출간된 이래로 질적 연구 핸드북은 질적 연구와 관련된 기존의 학술논의들을 종합하고, 질적 연구 학계의 현재 상황을 제시할 뿐만 아니라 질적 연구의 미래를 조성하는 데 영향력을 행사한 것으로 평가받고 있다. 따라서 질적 연구 핸드북에서 다루고 있는 내용상의 변화는 최근의 질적 연구의 흐름을 파악할 수 있는 또 하나의 단서를 제공해 줄 수 있다.

2011년에 출간된 질적 연구 핸드북 4차 개정판은 6개 주제영역에 43개의 장을 포함하고 있다. 2017년에 발간된 5차 개정판은 4차 개정판과 마찬가지로 6개의 주제영역으로 나누고 있지만, 수록된 장은 42개의 장을 포함한다. 4차 개정판과 5차 개정판이 공통적으로 다루고 있는 6개의 주제영역은 (Ⅰ)질적 연구영역의 자리매김(locating the field), (Ⅱ)논쟁이 되고 있는 패러다임과 관점(paradigms and perspective in contention), (Ⅲ)질적 탐구 전략(strategies of inquiry), (Ⅳ)경험자료의 수집과 분석방법(methods of collecting and analyzing empirical materials), (Ⅴ)해석, 평가, 표현의 기법과 실제(the art and practices of interpretation, evaluation, and representation), 그리고 마지막으로 (Ⅵ)질적 연구의 미래(the future of qualitative research)로 구성된다. 4차 개정판과 5차 개정판의 주제영역에 따라 포함된 개별 장의 소제목을 비교하면 **표 19-2**와 같다.

표 19-2 질적 연구 핸드북 4차와 5차 개정판 비교

주제 영역	4차 개정판(2011년)	5차 개정판(2017년)
	Introduction: The Discipline and Practice of Qualitative Research	Introduction: The Discipline and Practice of Qualitative Research
I	Revitalizing Universities by Reinventing the Social Sciences: Building and Action Research	-
	A History of Qualitative Inquiry in Social and Educational Research	A History of Qualitative Inquiry in Social and Educational Research
	Ethics and Politics in Qualitative Research	Ethics and Politics in Qualitative Research
	Ethics, Research Regulations, and Critical Social Science	Ethics, Research Regulations and Critical Social Science
II	Paradigmatic Controversies, Contradictions, and Emerging Confluences, Revisited	Paradigmatic Controversies, Contradictions, and Emerging Confluences
	Feminist Qualitative Research in the Millenium's First Decade: Developments, Challenges, Prospects	Feminist Qualitative Research in the Millenium's First Decade: Developments, Challenges, Prospects
	The Sacred and Spiritual Nature of Endarkened Transnational Feminist Praxis in Qualitative Research	Feminist Qualitative Research: Emerging Lines of Inquiry
	-	Critical Race Theory and the Postracial Imaginary
	-	Doing Indigenous Methodologies: A letter to a Research Class
	Critical Pedagogy, and Qualitative Research: Moving to the Bricolage	Critical Pedagogy and Qualitative Research: Advancing the Bricolage
	Cultural Studies: Performative Imperatives and Bodily Articulations	Methodologies for Cultural and Social Studies in an Age of New Technologies
	Critical Humanism and Queer Theory: Postscript 2011: Living With the Tensions	Queer/Quare Theory: Worldmaking and Methodologies
	Asian Epistemologies and Contemporary Social Psychological Research	-
	Disability Communities: Transformative Research for Social Justice	-

	The Politics and Practices of Funding Qualitative Inquiry: Messages about messages about messages	The Marketization of Research: Implications for Qualitative Inquiry
	Controversies in Mixed Methods Research	–
	Mixed Methods Research: Contemporary Issues in an Emerging Field	–
	Case Study	Case Study Methodology
	Performance Ethnography	Performance Ethnography
	Braiding Narrative Ethnography with Memoir and Creative Nonfiction	–
	–	Ethnodrama and Ethnotheatre: Research as Performance
III	The Constructionist Analytics of Interpretive Practice	Advancing a Constructionist Analytics
	Grounded Theory Methods in Social Justice Research	Evolving Grounded Theory and Social Justice Inquiry
	–	Triangulation
	–	D...a...t...a..., Data++, Data and Some Problematics
	In the Name of Human Rights: I say (how) you (should) speak (before I listen)	In the Name of Human Rights: I Say (How) You (Should) Speak (Before I Listen)
	Jazz and the Banyan Tree: Roots and Riffs on Participatory Action Research	Critical Participatory Action Research on State Violence: Bearing Wit(h)ness Across Fault Lines of Power, Privilege and Dispossession
	What Is Qualitative Health Research?	–
IV	Observations on Observation: Continuities and Challenges	Observation in a Surveilled World
	Narrative Inquiry: Still a Field in the Making	Narrative Inquiry: Toward Theoretical and Methodological Maturity
	Critical Arts-based Inquiry The Pedagogy and Performance of a Radical Ethical Aesthetic	Critical Arts-Based Inquiry: Performances of Resistance Politics
	Oral History	The Interview
	Visual Methodology: towards a more seeing research	Visual Research

	Performative Autoethnography: Critical Embodiments and Possibilities	Autoethnography and the Other: Performative Embodiment and a Bid for Utopia
	The Methods, Politics, and Ethics of Representation in Online Ethnography	Ethnography in the Digital Internet Era: From Fields to Flows, Descriptions to Interventions
	Analyzing Talk and Text	Analyzing Talk and Text
	Focus Groups: Contingent Articulations of Pedagogy, Politics, and Inquiry	Focus Group Research and/in Figured Worlds
	–	Thinking with Theory: A New Analytic for Qualitative Inquiry
	–	Creating a Space in Between: Collaborative Inquiries
V	Qualitative Research, Science and Government: Evidence, Criteria, Policy and Politics	Evidence, Criteria, Policy and Politics: The Debate About Quality and Utility in Educational and Social research
	Reflections on Interpretive Adequacy in Qualitative Research	–
	Analysis and Representation across the Continuum	–
	Post Qualitative Research: The Critique and the Coming After	–
	Qualitative Research and Technology: In the Midst of a Revolution	–
	–	Reframing Rigor in Qualitative Inquiry
	–	Writing: A Method of Inquiry
	The Elephant in the Living Room, or Extending the Conversation About the Politics of Evidence	The Elephant in the Living Room, or Extending the Conversation About the Politics of Evidence
	Writing into Position: Strategies for Composition and Evaluation	–
	Evaluation as a Relationally Responsible Practice	–
	–	Braiding Narrative Ethnography with Memoir and Creative Nonfiction
	–	Qualitative Evaluation: Methods, Ethics, and Politics With Stakeholders

	Qualitative Futures: Where We Might Go From Where We've Been	–
	Teaching qualitative research	–
VI	–	Qualitative Research and Global Audit Culture: The Politics of Productivity, Accountability and Possibility
	–	Critical Issues for Qualitative Research
	–	Epilogue: Toward a "Refunctioned Ethnography"

2011년의 4차 개정판과 비교해 볼 때 5차 개정판에서는 기존에 다루고 있지 않은 새로운 주제들을 포함하고 있음을 확인할 수 있다. 5차 개정판에는 19개의 새로운 장이 추가되었고, 4차 개정판에 수록되었던 16개 장의 내용이 보완되어 출간되었다. 새롭게 포함된 주제들은 토착방법론(indigenous methodologies), 정보통신기술을 활용한 새로운 질적 연구방법들, 동성애론(queer/quare theory), 에스노드라마(ethnodrama), 자료와 관련된 문제들(data and its problematics), 삼각화기법(triangulation), 협력적 탐구(collaborative inquiry), 디지털 문화기술지(digital ethnography), 질적 연구에 대한 세계적인 감사문화(the global audit culture) 등을 포함하고 있다. 4차 개정판에 이어서 5차 개정판에서도 확인되는 지속적인 강조점은 페미니즘, 비판적 교육학, 퀴어이론 등 비판적 이론(critical theory)의 범주에 속하는 주제들이다. 이는 질적 연구 핸드북의 편집자인 Denzin과 Linclon(2017)의 현실인식과도 연계되는 것으로 보인다. 이들은 북미지역에서의 질적 연구의 역사적 흐름을 전통의 시대(1900-1950), 모더니즘기 또는 황금기(1950-1970), 장르의 혼재기(1970-1980), 패러다임 전쟁기(1980-1985), 표현의 위기(1986-1990), 포스트모더니즘기(1990-1995), 후기실험탐구기(1995-2000), 방법론적 경쟁의 표현기(2000-2004), 패러다임 확산기(2005-2010), 감사(audit)가 주도하는 학계의 관리주의와 싸우는 부분적인 포스트휴머니스트의 출현기(2010-2015), 공공영역에서 비판적 탐구의 목소리가 제자리를 찾는 불확실하고 이상주의적인 미래(2016-)로 구분하였다. 즉, 현재 그리고 앞으로 질적 연구자들이 마주치게 될 세계는 현상에 대한 객관적인 탐

구자를 넘어서 질적 탐구를 통해 사회적 정의의 확립에 기여하는 실천가로서의 역할을 요구하게 될 것으로 예측하였다.

3. 국내 전문 학술지를 통한 질적 연구 동향

국내에서 발간되고 있는 전문 학술지는 여러 학문분야 및 연구방법론의 흐름을 파악하는 데 중요하다. 최근 질적 연구방법을 연구방법으로 적용한 연구들이 증가하고 있는 추세에서, 질적 연구 동향을 분석한 연구는 이러한 흐름을 파악하고 향후 방향성을 찾는 데 중요한 단서를 줄 수 있다. 질적 연구 분야에서도 이와 같은 유형의 연구가 최근 들어 증가하고 있는 추세이다. 2000년 중반 이후로 주요 학문분야에서 수행된 질적 연구동향 분석 연구를 살펴보면 다음과 같다.

표 19-3 질적 연구 동향 분석 주요 연구

저자 및 발행연도	논문제목	학술지	학문분야
정혜승, 2006	국어과 교육에서의 질적 연구의 현황과 과제	교육논총	국어교육, 교육
김인숙, 2007	한국 사회복지 질적 연구: 동향과 의미	한국사회복지학	사회복지, 복지
유수경, 황해익, 2007	유아교육연구에 나타난 질적 연구논문의 동향 분석	유아교육연구	유아교육, 교육
이대균, 백경순, 2007	유아교육분야 질적연구 논문의 연구동향 분석	열린유아교육연구	유아교육, 교육
배은주, 2008	질적 연구의 최근 동향과 그 의미	교육인류학연구	교육, 문화, 인류
서현석, 2008	국어 수업 현상에 관한 질적 연구의 동향	국어교육	국어교육, 교육
강유석, 노형규, 2009	특수체육학 분야의 질적연구 동향 고찰	한국특수체육학회지	특수체육, 체육
손은정, 2010	수퍼비전에 대한 질적 연구의 동향과 과제	놀이치료연구	놀이치료, 심리

김영신, 박지은, 2011	국내 음악치료 질적연구 동향 분석	한국음악치료 학회지	음악치료, 심리
노진아, 이윤숙, 강미애, 박동환, 이유리, 2011	유아특수교육에서의 질적 연구 동향 분석	특수교육	특수교육, 교육
김영석, 2011	한국 사회과 질적 연구의 유형과 특징	사회과교육	사회교육, 교육
김영경, 황선영, 신수진, 2011	성인간호학회지에 게재된 질적 연구의 동향 분석	성인간호학회지	간호학
강경숙, 강성종, 2012	한국 특수교육에서의 질적 연구 동향과 발전 과제	한국교육	특수교육, 교육
김봉환, 배주연, 오효정, 윤영선, 제갈원, 2012	상담 분야의 질적연구 동향분석	한국심리학회 지 상담 및 심 리치료	상담, 심리
박승민, 2012	상담학 분야의 질적연구 경향분석	상담학연구	상담, 심리
박미화, 강성종, 2012	한국 특수교육에서의 질적 연구 동향과 향후 과제	지체, 중복, 건 강장애연구	특수교육, 교육
권경인, 양정연, 2013	상담학 분야의 질적연구 동향분석	상담학연구	상담, 심리
권연정, 유주연, 2013	최근 5년간 유아교육관련 학회지에 게 재된 질적연구 논문의 동향 분석	유아교육연구	유아교육, 교육
김영석, 2014	평생교육학 분야의 질적 연구 동향분석	평생교육학연구	평생교육, 교육
신현석, 주영효, 정수현, 2014	한국 교육행정학 분야 질적 연구 동향 분석	교육행정학연구	교육행정, 교육
한만석, 신주영, 2014	무용학 질적연구의 주제 및 동향분석	한국무용연구	무용
조태곤, 김용욱, 우정한, 김경일, 2014	통합교육에서의 질적 연구 동향 분석	특수교육저널	특수교육, 교육
이광호, 2015	한국 사회체육학회지 게재 논문의 질 적 연구 동향과 과제	한국사회체육 학회지	사회체육, 체육
김혜경, 최중진, 2016	청소년학 연구의 질적연구 동향분석	청소년학연구	청소년학
한상미, 2016	한국어교육 연구에서의 질적 연구 동향 분석	언어와 문화	한국어교육

qualitative research methods

백혜주, 홍정숙, 2016	중등특수교육 분야의 질적 연구 동향과 과제	특수교육저널	특수교육, 교육
김갑선, 2017	문헌정보학 학술지 논문의 질적 연구 동향 분석	한국도서관정보학회지	문헌정보
김은경, 김현주, 2017	이주배경 청소년에 관한 질적 연구 동향	상담학연구	상담, 심리, 교육
문소영, 이소현, 고미애, 2017	자폐 범주성 장애 학생 통합교육 관련 질적연구의 동향 및 질적 지표 분석	자폐성 장애연구	자폐, 특수교육
조현근, 2017	장애유아 통합교육 관련 질적 연구의 동향과 과제	유아특수교육연구	특수교육, 교육
김향란, 유승래, 손은령, 2017	진로분야의 질적연구동향분석	진로교육연구	진로교육, 교육

* 발행연도 순으로 정리

이 표에서 제시된 연구 동향에 대한 연구가 완벽하게 검색되지 않아 누락된 논문이 존재할 수 있으나 이 절의 목적은 대략의 연구 동향을 파악하기 위함이므로 세세한 내용분석보다는 전체적인 흐름을 살펴보는 데 중점을 두도록 한다. 먼저 질적 연구가 주로 사회과학 분야에서 진행되고 있다는 점을 알 수 있다. 특히 교육학 분야에서 많은 연구가 있음을 알 수 있다. 물론 연구 동향을 분석하는 연구가 존재한다는 것이 반드시 특정 학문 분야에서 질적 연구가 많이 진행된다는 것을 의미하지는 않는다. 하지만 특정 학문 분야에서 연구 동향을 분석하기 위해서는 어느 정도의 연구가 쌓여야 가능하다. 즉 논문의 개수가 분량적으로 분석하기에 충분하여야 한다는 점이다. 이러한 점에 비추어 볼 때 질적 연구는 사회과학, 교육학 분야에서 많은 연구가 진행되고 있음을 유추해 볼 수 있다. 교육학 분야에서 질적 연구의 증가 원인으로는 교육현장 및 행위자들의 자유의지, 상호작용 등에 대한 관심의 증가, 행위자의 교육 및 학습 경험 과정의 중요성에 대한 인식 증대, 엄격한 자연주의에 대한 반성 및 한계점에 대한 인식 등을 들 수 있다. 교육학 이외에 간호, 문헌정보, 심리, 복지, 청소년, 체육 등의 학문분야에서 질적 연구 동향을 탐색하는 연구가 진행된 것으로 나타났다.

이 중에서 몇 개의 주요 연구 결과를 살펴보기로 한다. 2000년부터 2013년 사이(14년간)에 진행된 평생교육 분야의 질적 연구 동향을 분석한 김영석(2014)의 연구에서는 '평생교육학연구'와 'Andragogy Today'에 게재된 질적 연구를 대상으로 연구주제 및 목적, 연구 참여자 유형 및 선정 이유(기준) 제시 여부, 질적 연구 유형, 자료수집 방법, 타당성 확보 방안에 대한 분석을 실시하였다. 연구결과에 따르면 해당 기간 동안 이 두 학술지에 게재된 질적 연구의 비율은 총 788편 중 141편을 차지하여 17.8%인 것으로 나타났다. 연구된 주제로는 학습자(41.8%), 기관/현장(21.3%), 프로그램/교육과정(20.5%), 학습과정(8.5%), 평생교육자(7.8%) 순으로 나타났다. 연구의 목적에 있어서는 대부분(약 96%)의 질적 연구의 목적이 '이해'로 나타나 해석주의 패러다임을 근거로 해서 진행되었다는 것을 알 수 있다. 또한 질적 연구 유형으로 '기본적 질적 연구'가 과반수(51.8%)를 차지하였으며, '질적 사례연구'(32.6%), '현상학'(3.5%), '생애사 연구'(3.5%), '내러티브 탐구'(3.5%), '문화기술지'(2.8%), '실천 연구'(1.4%), '근거이론'(0.7%) 순으로 조사되었다. 이들 연구에서 활용된 자료수집 방법으로 '개별 면담'이 과반을 차지하였고(50.4%), '문서'(25.4%), '참여관찰'(12.9%), '집단 면담'(9.2%), '비참여관찰'(2.1%) 순으로 활용되었다. 자료분석 방법으로 '기술 없음'(36.9%)이 가장 높은 비율을 차지하였으며, 그 다음으로 '기타'(24.8%), '반복적 비교분석법'(16.3%), '근거이론'(10.6%), '내용/주제분석'(3.5%), '현상학'(2.8%), '내러티브 분석'(2.8%), '영역/분류분석'(2.1%) 순으로 나타났다. 마지막으로 타당성 확보 방안에 대해서 밝히지 않은 연구가 전체 연구의 63.1%(89편)이나 차지했으며, 활용된 방안으로는 '참여자 확인'(30.1%), '연구자 간 삼각검증법'(19.4%), '동료 검토'(16.5%), '자료수집 삼각검증법'(13.6%), '전문가 검토'(9.7%) 순으로 나타났다.

1989년부터 2011년 사이(22년간)에 '성인간호학회지'를 통해 게재된 91편의 질적 연구논문을 분석한 김영경, 황선영, 신수진(2011)의 연구에서는 1989-1995년 9편에서 1996-2000년에 24편, 2001-2005년에 20편 그리고 2006-2011년에는 38편으로 질적 연구논문의 수가 양적으로 팽창하였다는 점을 발견하였다. 또한 논문에 이용된 연구방법의 분석 결과, 현상학적 접근이

44편(48.4%)으로 가장 많았으며 다음으로 근거이론적 접근 16편(17.6%), 문화기술지 9편(9.9%)의 순이었다. 연구대상은 환자를 대상으로 한 연구가 33편(36.3%), 노인을 대상으로 한 연구가 17편(18.7%)으로 가장 많았으며 간호사 등 의료인을 대상으로 한 연구가 13편(14.3%), 간호학생을 대상으로 한 연구가 10편(11.0%)이었다. 연구대상자수는 10명 미만이 45편(49.5%)으로 가장 많았으며 평균 연구대상자수는 16.9명인 것으로 나타났다. 구체적인 방법론을 살펴보면 현상학적 접근에서는 Giorgi(2003, 2004)와 Colaizzi(1978)의 방법을 적용한 연구가 각각 17편(18.7%), 15편(16.5%)으로 가장 많았으며, 근거이론적 접근에서는 Strauss와 Corbin(1998)의 방법을 적용한 연구가 13편(15.4%)이었다. 문화기술지의 경우 Spradley(1979)의 방법을 가장 많이 사용한 것으로 나타났다.

1994년부터 2014년 사이(21년간)에 '청소년학연구'를 통해 게재된 95편의 질적 연구논문을 분석한 김혜경, 최중진(2016)의 연구에서는 질적 논문의 수가 2006년부터 꾸준한 증가세를 보이고 있다는 점을 밝혔다. 연구 참여자 수의 경우 6~10명의 참여자를 대상으로 연구를 진행한 경우가 가장 많았으며, 11~15명, 1~5명 사이의 참여자 순으로 나타났다. 또한 세부 접근방법에 대한 분석 결과 현상학적 논문이 가장 많았고(25편), 여타의 다른 연구방법론이나 별도의 방법론을 제시하지 않은 기타(19편), 근거이론과 사례분석은 각각 12편의 순이었다. 현상학적 방법론(25편)에서는 Colaizzi의 방법론을 활용한 논문 10편, Giorgi의 방법론을 활용한 논문 8편으로 구분할 수 있었다. 근거이론 중에서는 Strauss와 Corbin의 틀을 빌려온 논문이 11편으로 전체의 92%를 차지하고 있다고 한다. 자료수집 방법으로 개인 면접과 FGI를 포함한 '심층면접'이 62편으로 가장 많고, 참여관찰을 포함시킨 심층면접이 12편으로 두 번째로 많았다. 무형식 보고서, 기사, 방송 프로그램, 모니터 요원, 일기, 인터넷 커뮤니티 글, 내용 분석과 담론 분석 등도 자료수집에 활용한 것으로 나타났다.

이상에서 본 바와 같이 질적 연구방법을 통한 연구가 꾸준히 증가하고 있는 것으로 나타났으나 특정 학문영역에 치중되어 있는 것으로 보인다. 또한 최근 일부 해외 질적 연구에서 사회비판적 관점 등 특정 이데올로기를 이해하고 해석하는 데 질적 연구가 결부되어 있는 데 반해 국내에서는 질적 연구를 하나의 또 다른 연구방법으로서 중립적 또는 실용적 관점에서 활용되고 있음을 알 수 있다. 이러한 점에서 미루어 보았을 때 향후 질적 연구는 다양한 학문분야에서의 활용, 접근방법에서의 세분화 또는 진화, 이러한 접근방법에 따른 새로운 분석 방법의 개발 등의 중대한 과제를 안고 있다.

◈ 참고문헌_

강경숙, 강성종 (2012). 한국 특수교육에서의 질적 연구 동향과 발전 과제. **한국교육**, 39(1), 35-59.

강유석, 노형규 (2009). 특수체육학 분야의 질적연구 동향 고찰. **한국특수체육학회지**, 17(3), 285-310.

권경인, 양정연 (2013). 상담학 분야의 질적연구 동향분석. **상담학연구**, 14(6), 3781-3893.

권연정, 유주연 (2013). 최근 5년간 유아교육관련 학회지에 게재된 질적연구 논문의 동향 분석. **유아교육연구**, 33(2), 191-212.

김갑선 (2017). 문헌정보학 학술지 논문의 질적 연구 동향 분석. **한국도서관정보학회지**, 48(1), 373-396.

김봉환, 배주연, 오효정, 윤영선, 제갈원 (2012). 상담 분야의 질적연구 동향분석. **한국심리학회지 상담 및 심리치료**, 24(3), 729-752.

김영경, 황선영, 신수진 (2011). 성인간호학회지에 게재된 질적 연구의 동향 분석. **성인간호학회지**, 23(6), 633-641.

김영석 (2011). 한국 사회과 질적 연구의 유형과 특징. **사회과교육**, 50(4), 1-16.

김영석 (2014). 평생교육학 분야의 질적 연구 동향분석. **평생교육학연구**, 20(3), 1-32.

김영신, 박지은 (2011). 국내 음악치료 질적연구 동향 분석. **한국음악치료학회지**, 13(2), 1-30.

김은경, 김현주 (2017). 이주배경 청소년에 관한 질적 연구 동향. **상담학연구**,

18(2), 245-270.

김인숙 (2007). 한국 사회복지 질적 연구: 동향과 의미. **한국사회복지학**, 59(1), 275-300.

김향란, 유승래, 손은령 (2017). 진로분야의 질적 연구 동향분석. **진로교육연구**, 30(3), 173-191.

김혜경, 최중진 (2016). 청소년학연구의 질적연구 동향분석. **청소년학연구**, 23(3), 365-392.

노진아, 이윤숙, 강미애, 박동환, 이유리 (2011). 유아특수교육에서의 질적 연구 동향 분석. **특수교육**, 10(1), 305-328.

문소영, 이소현, 고미애 (2017). 자폐 범주성 장애 학생 통합교육 관련 질적연구의 동향 및 질적 지표 분석. **자폐성 장애연구**, 17(1), 47-74.

박미화, 강성종 (2012). 한국 특수교육에서의 질적 연구 동향과 향후 과제. 지체, 중복, **건강장애연구**, 55(2), 205-226.

박승민 (2012). 상담학 분야의 질적연구 경향분석. **상담학연구**, 13(2), 953-977.

배은주 (2008). 질적 연구의 최근 동향과 그 의미. **교육인류학연구**, 11(2), 1-27.

백혜주, 홍정숙 (2016). 중등특수교육 분야의 질적 연구 동향과 과제. **특수교육저널**, 17(1), 33-59.

서현석 (2008). 국어 수업 현상에 관한 질적 연구의 동향. **국어교육**, 125, 229-249.

손은정 (2010). 수퍼비전에 대한 질적 연구의 동향과 과제. **놀이치료연구**, 13(3), 1-21.

신현석, 주영효, 정수현 (2014). 한국 교육행정학 분야 질적 연구 동향 분석. **교육행정학연구**, 32(3), 53-81.

유수경, 황해익 (2007). 유아교육연구에 나타난 질적 연구논문의 동향 분석. **유아교육연구**, 27(2), 295-322.

이광호 (2015). 한국 사회체육학회지 게재 논문의 질적 연구 동향과 과제. **한국사회체육학회지**, 59(1), 221-233.

이대균, 백경순 (2007). 유아교육분야 질적연구 논문의 연구동향 분석. **열린유아교육연구**, 12(3), 167-191.

정혜승 (2006). 국어과 교육에서의 질적 연구의 현황과 과제. **교육논총**, 26(1), 201-223.

조태곤, 김용욱, 우정한, 김경일 (2014). 통합교육에서의 질적 연구 동향 분석. **특수교육저널**, 15(1), 79-98.

qualitative research methods

조현근 (2017). 장애유아 통합교육 관련 질적 연구의 동향과 과제. **유아특수교육 연구**, 17(3), 251-275.

한만석, 신주영 (2014). 통합교육에서의 질적 연구 동향 분석. **특수교육저널**, 15(1), 79-98.

한상미 (2016). 한국어교육 연구에서의 질적 연구 동향 분석. **언어와 문화**, 12(1), 51-77.

Colaizzi, P. E. (1978). Psychological research as the phenomenologist views it. In R. Valle & M. Kings (Eds.), *Existential phenomenological alternatives for psy-chology* (pp. 48-71). New York, NY: Oxford University Press.

Denzin, N. K., & Lincoln, Y. S. (Eds.). (2011). *The Sage handbook of qualitative research* (4th ed.). Thousand Oaks, CA: Sage.

Denzin, N. K., & Lincoln, Y. S. (Eds.). (2017). *The Sage handbook of qualitative research* (5th ed.). Thousand Oaks, CA: Sage.

Giorgi, A. (2003). *Qualitative research methodology: Workshop on the Giorgi's phenomenological method.* Seoul: Qualitative Research Center.

Giorgi, A. (2004). *Qualitative research methodology: Advanced workshop on the descriptive phenomenological method.* Seoul: Qualitative Research Center.

International Congress of Qualitative Inquiry (2017). Fourteenth International Congress of Qualitative Inquiry. http://icgi.org/

Spradley, J. P. (1979). *The ethnographic interview.* New York: Holt, Rinehart and Winston.

Strauss, A., & Corbin, J. (1998). *Basics of qualitative research: Techniques and procedures for developing grounded theory* (2nd ed.). Thousand Oaks, CA: Sage.

사항 색인

■ 한글 색인

qualitative research methods

qualitative research methods

qualitative research methods

인명 색인

qualitative research methods

qualitative research methods

qualitative research methods

공저자약력

유기웅
고려대학교 교육학과 (B.A.)
미국 University of Georgia, Dept. of Adult Education (M.Ed.) (인적자원 및 조직개발 전공)
미국 University of Georgia, Dept. of Lifelong Education, Adminstration,
and Policy (Ph.D.) (성인교육학 전공)
상명대학교 교육학과 교수
현) 숭실대학교 평생교육학과 교수
주요 저서
평생학습을 위한 프로그램개발 및 평가 (공저, 양서원, 2010)
교육복지론 (공저, 박영스토리, 2015)
평생교육의 세 가지 지평: 기반·실천·가치 (공저, 박영스토리, 2017)
근거이론 방법의 체계적 접근: 논문작성 가이드 (박영스토리, 2022)

정종원
고려대학교 교육학과 (B.A., M.A.)
미국 University of Georgia, Dept. of Instructional Technology (Ph.D.)
고려대학교 고등교육정책연구소 연구교수
현) 울산대학교 교육학과 교수
주요 저서
알기쉬운 교육방법 및 교육공학 (공저, 양서원, 2012)
학습자 중심 학습의 연구실천을 위한 이론적 토대 (공역, 교육과학사, 2012)

김영석
고려대학교 교육학과 (B.A., M.A.)
미국 University of Georgia, Dept. of Lifelong Education, Adminstration,
and Policy (Ph.D.) (성인교육전공)
미국 University of Georgia, Institute of Gerontology (Post Doctoral Research Associate)
동의대학교 평생교육청소년상담학과 부교수
현) 한국교원대학교 교육학과 교수
주요 저서
노인교육론 (공저, 한국방송통신대학교 출판문화원, 2014)

김한별
고려대학교 교육학과 (B.A., M.A.)
미국 University of Georgia, Dept. of Adult Education (Ph.D.) (성인교육전공)
고려대학교 교육문제연구소 연구교수
명지대학교 사회교육대학원 겸임교수
현) 한국교원대학교 교육학과 교수
주요 저서
평생학습을 위한 프로그램개발 및 평가 (공저, 양서원, 2010)
성인 경험학습의 이해: 이론과 실제 (공저, 동문사, 2010)
평생교육론 (학지사, 2014)

개정판(2nd ed.)
질적 연구방법의 이해

초판발행	2012년 3월 5일
개정판발행	2018년 3월 2일
중판발행	2025년 1월 20일

지은이	유기웅·정종원·김영석·김한별
펴낸이	노 현
편 집	박송이
기획/마케팅	허승훈
표지디자인	김연서
제 작	고철민·김원표
펴낸곳	박영스토리(피와이메이트)
	서울특별시 금천구 가산디지털2로 53 한라시그마밸리 210호(가산동)
	등록 2014. 2. 12. 제2018-000080호
전 화	02)733-6771
f a x	02)736-4818
e-mail	pys@pybook.co.kr
homepage	www.pybook.co.kr
I S B N	979-11-88040-49-0 93370

* 파본은 구입하신 곳에서 교환해 드립니다. 본서의 무단복제행위를 금합니다.

정 가   20,000원

박영스토리는 박영사와 함께하는 브랜드입니다.